The Austrian Prosopographical Information System (APIS)

Vom gedruckten Textkorpus zur Webapplikation für die Forschung

Christine Gruber – Josef Kohlbacher –
Eveline Wandl-Vogt (Hrsg.)

new academic press

Bibliografische Information der Deutschen Nationalbibliothek
Die Deutsche Nationalbibliothek verzeichnet diese Publikation in der
Deutschen Nationalbibliografie; detaillierte bibliografische Daten
sind im Internet über http://dnb.de abrufbar.

Alle Rechte, insbesondere das Recht der Vervielfältigung und Verbreitung sowie der Übersetzung, vorbehalten. Kein Teil des Werkes darf in irgendeiner Form (durch Fotokopie, Mikrofilm oder ein anderes Verfahren) ohne schriftliche Genehmigung des Verlages oder der Autoren und Autorinnen reproduziert oder unter Verwendung elektronischer Systeme gespeichert, verarbeitet, vervielfältigt oder verbreitet werden.

© 2020 by new academic press, Wien, Hamburg
www.newacademicpress.at

ISBN: 978-3-7003-2116-3

Cover: © Maximilian Kaiser
Umschlaggestaltung: Peter Sachartschenko
Druck: Prime Rate, Budapest

Inhalt

   7   Heinz Faßmann
        Vorwort

Einleitung

   9   Roland Feigl – Christine Gruber
        Das Projekt APIS und der ÖBL-Textkorpus in seiner digitalen Transformation.
        Herausforderungen für ein traditionelles biographisches Lexikon

 19   Josef Kohlbacher
        Geographische Migrationsforschung. Paradigmen und rezente Entwicklungen

 25   Eveline Wandl-Vogt
        Wissenspartnerschaften, Digitale Transformation in den Geisteswissenschaften und
        Forschungsinfrastrukturen. APIS als Prototyp für ein Wissens- und Innovationsnetzwerk für die globale Biographik

Hauptteil

 31   Matthias Schlögl – Katalin Lejtovicz
        Die APIS-(Web-)Applikation, das Datenmodell und System

 49   Katalin Lejtovicz – Matthias Schlögl
        Die (semi-)automatische Verarbeitung biographischer Artikel im APIS-Framework

 83   Maximilian Kaiser
        Leitfaden für die Annotation von *Named Entities* (NE) in Biographien

107   Ágoston Zénó Bernád – Katalin Lejtovicz
        Korpusanalyse und digitale Quellenkritik – Die Vermessung des Österreichischen
        Biographischen Lexikons

159   Peter Alexander Rumpolt
        Berufsangaben im Österreichischen Biographischen Lexikon. Grundlagen, Entwicklung und Bedeutung für quantitative geistes- und sozialwissenschaftliche Analysen
        anhand von Stichproben

205 Maximilian Kaiser
Künstlerbiographien und historische Netzwerkforschung. Anwendungsbeispiele aus dem Bereich der digitalen Kunstgeschichte

247 Ágoston Zénó Bernád
Communities und Hubs in skalenfreien Graphen. Versuch einer Analyse von Journalistennetzwerken in der Donaumonarchie anhand von Biographien des Österreichischen Biographischen Lexikons 1815–1950

303 Maximilian Kaiser – Peter Alexander Rumpolt
Netzwerke und räumliche Mobilität von Künstlern

355 Autorinnen- und Autorenbiographien

Anmerkung der Herausgeberinnen und Herausgeber: Die von den Autorinnen und Autoren verwendeten Rechtschreib- und Gendergepflogenheiten wurden weitestgehend beibehalten.

Vorwort

Seit gut zehn Jahren werden an deutschsprachigen Universitäten in geschichts-, kultur- und sprachwissenschaftlichen Disziplinen sowie in der Informatik zunehmend Professuren im Bereich Computerlinguistik und Digital Humanities ausgeschrieben, jüngst auch mehrere zu Digitaler Geographie – auch in Österreich. Dies ist durchaus bemerkenswert, zumal computerunterstützte quantitative (geo-)statistische Analysen raumbezogener Daten gerade in der wissenschaftlichen Disziplin der Geographie bereits seit einigen Jahrzehnten etabliert sind. Methoden der Kartographie und Geovisualisierung weisen ebenfalls eine lange Tradition auf – dies gilt mittlerweile auch schon für die Verwendung Geographischer Informationssysteme (GIS).

Die quantitative Analyse von (bisher analogen) textlichen Quellen großen Umfangs – dabei kann es sich beispielsweise um Textkorpora wie (bisher ausschließlich in gedruckter Form vorliegende) Lexika oder Zeitungen handeln – stellt allerdings für mehrere Disziplinen im Bereich der Geistes- und Sozialwissenschaften etwas gänzlich Neues dar. Für die Umsetzung solcher Bestrebungen erscheint interdisziplinäre Zusammenarbeit äußerst sinnvoll oder sogar zwingend notwendig zu sein, wie dies auch beim Forschungsprojekt APIS der Fall war. APIS wurde im Rahmen des ÖAW-Forschungsprogrammes „Digital Humanities – Langzeitprojekte zum kulturellen Erbe", finanziert von der Nationalstiftung für Forschung, Technologie und Entwicklung, von drei ÖAW-Instituten in Kooperation durchgeführt.

Die Datenquelle des Projekts APIS stellt das Österreichische Biographische Lexikon (ÖBL) dar. Die Zielsetzung des Projekts besteht darin, dieses Lexikon durch Methoden der Computerlinguistik und Informatik in eine weiterbearbeitbare und auswertbare Datenbank (*Virtual Research Environment*) zu überführen und dadurch auch quantitative sozialwissenschaftliche Analysen beispielsweise zu den Migrationsverläufen und -mustern der im ÖBL biographierten Personen zu ermöglichen. Die State-of-the-Art-Kombination von Forschungsfragen mit digitalen Methoden wurde im Zuge der Begutachtung des Projektantrags als besonders innovativ hervorgehoben. Die Involvierung von Kolleginnen und Kollegen aus der Geschichte und Kunstgeschichte, der Humangeographie und Migrationsforschung, der Literaturwissenschaft und Linguistik sowie *last, but not least* dem Bereich der Informatik kennzeichnete die Interdisziplinarität des Projekts.

Neuartigkeit und Innovativität von Herangehensweisen und Methoden gehen naturgemäß auch mit einer gewissen Risikoaffinität des Projekts einher. Des Weiteren können auch verschiedene Perspektiven der Projektpartner sowie unterschiedliche wissenschaftliche und arbeitsorganisatorische Zugänge von Mitarbeiterinnen und Mitarbeitern, welche in verschiedenen Disziplinen ausgebildet und wissenschaftlich sozialisiert wurden, dazu führen, dass sich interdisziplinäre Projektkooperation keineswegs einfach gestaltet. Auf der anderen Seite können aber gerade erst durch solche Kooperationen neue Lösungsansätze entstehen und gemeinsam erprobt werden. Die wesentlichen Ergebnisse der Zusammenarbeit im APIS-Projekt in den Jahren 2015–2020 können nun in vorliegendem Band gesammelt nachgelesen werden. Wünschenswert wäre, wenn diese auch als Anregung für zukünftige Forschungsvorhaben dienen könnten.

BM Univ.-Prof. Dr. Heinz Faßmann
Bundesminister für Bildung, Wissenschaft und Forschung

Roland Feigl – Christine Gruber

Das Projekt APIS und der ÖBL-Textkorpus in seiner digitalen Transformation.

Herausforderungen für ein traditionelles biographisches Lexikon

Wikipedia: Konkurrenz oder Synergie?

Immer wieder sehen sich lexikalische Einrichtungen wie das Österreichische Biographische Lexikon (ÖBL) mit der Ansicht konfrontiert, dass Wikipedia (bzw. vergleichbare Angebote im Internet) die „klassischen Lexika" ersetzen und deren Fortführung daher obsolet machen würden.

Solche Argumente sind allerdings kritisch zu hinterfragen: Einerseits leistet Wikipedia einen wichtigen Beitrag zu potentiellen „Erstinformationen" bei Biographien und ist bei einer Suche über Google stets sehr prominent vertreten. Die kollaborativ erarbeiteten, steten Veränderungen unterliegenden Inhalte, die tlw. mangelnde wissenschaftliche Qualität der Beiträge sowie das Fehlen einer konstant tätigen wissenschaftlichen Redaktion führen aber oftmals auch zu erheblichen Problemen („fluide" Texte, ungenügende Quellenrecherchen, große Unsicherheiten bei der Beurteilung der Qualität, Autor/innen verbergen sich hinter „Nicknames" usw.). Auch zeigt sich bei Wikipedia deutlich, dass die postulierte Gruppen- bzw. „Schwarmintelligenz" primär bei sehr berühmten Persönlichkeiten „greift" (viele verschiedene Autoren, die einander gegenseitig ergänzen und kontrollieren, zahlreiche Aktualisierungen dieser Artikel) – sogenannte second rated people hingegen, die weniger im Vordergrund des allgemeinen Bewusstseins stehen, sind in Wikipedia oft nur lücken- und fehlerhaft, häufiger auch gar nicht vertreten.

Eine Vielzahl von Onlinerecherchen zeigt: Zahlreiche Angebote im Netz konzentrieren sich, ganz im Sinne des Mainstreams, vorwiegend auf die „großen und sehr bekannten Namen", die v. a. in Wikipedia fallweise konkurrenzlos umfassend dargestellt und auch laufend aktualisiert werden. Sie vernachlässigen allerdings oftmals weniger berühmte, aber dennoch historisch bedeutsame Persönlichkeiten, die den eigentlichen Mehrwert eines biographischen Lexikons ausmachen, weil man qualifizierte Informationen zu solchen Personen sonst oft nur schwer findet.

Insofern ist aus ÖBL-Sicht die – von außen immer wieder behauptete – Konkurrenzsituation zu Wikipedia eigentlich nur punktuell gegeben. Tatsächlich ergänzen einander die Angebote, durchaus zu beiderseitigem Vorteil (für extrem umfangreiche Biographien sehr berühmter Personen, wie sie Wikipedia öfter bietet, ist in „klassischen Lexika" meist kein ausreichender Platz vorhanden), wobei Wikipedia wiederum von der höherwertigen Qualität und Zitierfähigkeit einschlägiger, wissenschaftlicher Lexika und deren umfangreichen Recherchen massiv profitiert; zahlreiche Wiki-Einträge könnten ohne diese Quellenlage gar nicht zustandekommen. Wir sehen hier für die breite Öffentlichkeit also durchaus eine Win-win-Situation, zumal ja auch nach wissenschaftlichen Kriterien erarbeitete Nachschlagewerke zunehmend Open Access zur Verfügung stehen.

Auf dem Weg ins 3. Jahrtausend – Digital Humanities

Als neue Herausforderung sieht das ÖBL seine Positionierung in den Digital Humanities: Inwieweit ist ein traditionelles Lexikon, das auf einen langen Entstehungszeitraum (immerhin handelt es sich dabei um mehr als 60 Jahre) zurückblicken kann, als Datenbasis für die Beantwortung spezifischer, v. a. sozialgeschichtlicher Forschungsfragen überhaupt geeignet? Wie geht man z. B. mit folgenden Schwierigkeiten um:
- häufig geänderte Abkürzungen im Text,
- unterschiedliche Zitierweisen,
- wechselnde redaktionelle Richtlinien aufgrund des langen Erscheinungszeitraums,
- fehlende Informationen in den frühen Bänden des ÖBL?

Diese Überlegungen führten im Juni 2014 zur Beteiligung an der ÖAW-Ausschreibung „Digital Humanities: Langzeitprojekte zum kulturellen Erbe"[1]. In Kooperation mit den ÖAW-Instituten Austrian Centre for Digital Humanities (ACDH) sowie dem Institut für Stadt- und Regionalforschung (ISR) reichte das ÖBL den Projektantrag „Mapping historical networks: Building the new Aust-

---

1 Siehe dazu auch:
https://www.oeaw.ac.at/foerderungen/foerderprogramme/subsites/digitales-kulturelles-erbe/

rian Prosopographical | Biographical Information System" (APIS) ein, der nach einer externen Evaluierung im November 2014 positiv bewertet und bewilligt wurde.

Ziel des Projekts war es, basierend auf den biographischen Daten des ÖBL, durch den Einsatz unterschiedlicher Methoden der Computerlinguistik und moderner IT-Strukturen Möglichkeiten zu schaffen, um Lösungsansätze für Forschungsfragen im geistes-, sozial- und kulturwissenschaftlichen Kontext generell zu unterstützen bzw. spezifische Auswertungen zu ermöglichen. Parallel hierzu wurde eine erweiterte Zusammenarbeit mit nationalen und internationalen Wissenschaftler/innen angestrebt, die sich in Veranstaltungen von Workshops, Beteiligungen an Fachtagungen sowie im Eingehen von einschlägigen Kooperationen dokumentieren sollte.

Weitere in Aussicht genommene Ergebnisse waren:
- die erweiterte Zugänglichkeit und breitere „Sichtbarkeit" der Daten des ÖBL (Open-Access-Bereitstellung der Daten unter der CC-BY-NC Lizenz[2]),
- Anschluss an international gängige Standards,
- (Weiter-)Entwicklung bzw. Verbesserung bestehender Ontologien/Datenmodelle für internationale, biographierelevante Daten und Forschungen,
- zahlreiche Möglichkeiten für umfassende und vertiefende Recherchen,
- Visualisierung spezifischer Daten für Forschungs- und Rechercheergebnisse,
- Entwicklung innovativer Methoden für historische Netzwerkanalysen.

Die besonderen Charakteristika des konkreten „Werkstücks" ÖBL liegen einerseits in seinem grundsätzlich homogenen Aufbau (weitgehend ähnliche Grundstruktur und Gliederung der Biographien), andererseits weist das Lexikon aufgrund der Vielzahl der behandelten Berufsgruppen, Regionen, Sprachen und natürlich auch aufgrund des langen Erscheinungszeitraumes mit wechselnden Vorgaben und Ressourcen eine starke Heterogenität im Detail auf. Der größte Vorteil bei Projektbeginn lag darin, dass das ÖBL bereits Anfang der 2000er-Jahre retrodigitalisiert und im darauffolgenden Schritt eine grundlegende XML-Struktur mit entsprechenden Metadaten implementiert wurde, sodass der Transformationsprozess in eine digitale Forschungsinfra-

---

2 Creative Commons – Attribution – Non-Commercial.

struktur zumindest auf einer valiclen Datenbasis aufbauen konnte. Weitere Vorteile liegen in seinem inhaltlichen Umfang[3], in der hohen Informationsdichte (sprachlich komprimierte Texte, die auf eine Maximierung von Detailinformationen ausgelegt sind) sowie in der Vielzahl an strukturier- und auswertbaren sowie über Normdaten (z. B. GND, VIAF) weltweit vernetzbaren Informationen (z. B. mit Bibliotheksbeständen, Nachlässen, wissenschaftlichen Datenbanken, Bildsammlungen, Georeferenzierungen).

Gestartet wurde APIS von ÖBL-Seite im April 2015 mit den beiden Kollegen Ágoston Zeno Bernád, einem vergleichenden Literaturwissenschaftler, und Maximilian Kaiser, einem Kunsthistoriker. Im Juni desselben Jahres traten von ACDH-Seite Katalin Lejtovicz und Matthias Schlögl ein, mit Oktober 2016 vervollständigte der Geograph Peter Alexander Rumpolt von ISR-Seite das Kernteam.

Im Oktober 2015 fand unter Beteiligung von 31 internationalen Wissenschaftler/innen die Kick-off-Veranstaltung „Europa baut auf Biographien. Aspekte, Bausteine, Normen und Standards für eine europäische Biographik" in den Räumen der Wiener Hofburg statt; der diesbezügliche Tagungsband[4] wurde im Dezember 2017 veröffentlicht.

Durch die weitere Teilnahme an zahlreichen internationalen Tagungen und Workshops gelang es dem Team nicht nur, das Projekt der breiten wissenschaftliche Community bekannt zu machen, sondern das Forschungsvorhaben fand auch so große Resonanz, dass z. B. innerhalb der Österreichischen Akademie der Wissenschaften die von Kollegen Schlögl für das Projekt entwickelte Datenbank mittlerweile in mehreren Teilprojekten anderer Einrichtungen zur Anwendung kommt.

Zusammenfassung APIS

Die Datenbank

Im Zuge des Projekts wurde eine spezifische Personendatenbank generiert. Ein zentrales Merkmal dieser Datenbank besteht in der völlig freien Kombinationsmöglichkeit der Entitäten „Person – Institution – Ort – Werk – Ereignis"

---

3   Zum Zeitpunkt der Drucklegung dieses Bands sind knapp 20.000 Biographien erschienen.
4   Ágoston Zénó Bernád / Christine Gruber / Maximilian Kaiser (eds.) (unter Mitarbeit von Matthias Schlögl / Katalin Lejtovicz), *Europa baut auf Biographien. Aspekte, Bausteine, Normen und Standards für eine europäische Biographik*, Wien: new academic press, 2017.

mit einer erweiterbaren Liste an Attributen, was ein Höchstmaß an Flexibilität und Annotationsmöglichkeiten bietet. Das Team entschied sich nach eingehender Analyse bewusst gegen den Einsatz von bereits existierenden, konventionellen Lösungen (z. B. vorhandene Wikis), da jede einzelne erst aufwändig nachgerüstet bzw. auf die besonderen Erfordernisse des Projekts hätte angepasst werden müssen und nicht diesen Leistungsumfang geboten hätte.

Rückblickend erweist sich diese Entscheidung als richtungsgebend, da – wie erwähnt – bis dato mehrere an der Österreichischen Akademie der Wissenschaften angesiedelte Projekte von dieser Entwicklung bereits profitieren[5] und die Datenbank „APIS" ebenfalls als Basissystem nutzen. Für das Österreichische Biographische Lexikon eignet sich dieses System – mit entsprechenden Zusatzmodulen und einer Erweiterung zu einem umfassenden Online-Redaktionssystem ergänzt – auch als ideale Plattform für sein Fortsetzungsprojekt, nämlich das ÖBL 2000[6]. Diese Erweiterungen befinden sich im Planungsstadium, sind derzeit jedoch v. a. eine Frage der finanziellen und personellen Ressourcen nach Abschluss des vorliegenden Projekts.

Annotationen

Erwartungsgemäß hat sich gezeigt, dass durch den langen Entstehungszeitraum des Lexikons das Werk – trotz der grundlegend gleichbleibenden Struktur der Biographien – als tlw. lückenhaft und inkonsistent in seinen Informationen bezeichnet werden muss[7]. Dabei handelt es sich um „zwangsläufige" Mängel, die auch anderen vergleichbaren biographischen Projekten anhaften, die über einen so langen Zeitraum und mit sehr begrenzten, oftmals auch stark variierenden Ressourcen entstehen.[8] Zusätzlich erwiesen sich die im Laufe der Jahre wechselnden Abkürzungen und Zitierungen als großes Hindernis. Durch eine datenbankinterne Nachbereitung der ersten Lieferungen mit zusätzlichen

---

5 Darunter fallen unter anderem das „Prosopography of the Members of the Austrian Academy of Sciences"-Projekt, die „Personen der Moderne" (https://pmb.acdh.oeaw.ac.at), „Ideas crossing the Atlantic" (https://ica.acdh-dev.oeaw.ac.at/), das Editionsprojekt „Mächtekongresse 1818-1822" (https://machtekongresse-apis.acdh-dev.oeaw.ac.at/) und andere mehr.
6 In diesem Projekt werden Persönlichkeiten behandelt, die zwischen 1951 und 2000 verstorben sind und für Österreich durch besondere Verdienste oder Leistungen hervorgetreten sind. ÖBL 2000 wird nur mehr in einer Onlineausgabe erscheinen und mit multimedialen Elementen sowie Annotationen angereichert sein.
7 Vgl. den Beitrag von Ágoston Zénó Bernád / Katalin Lejtovicz, Korpusanalyse und digitale Quellenkritik. Die Vermessung des Österreichischen Biographischen Lexikons in diesem Band.
8 So etwa die Neue Deutsche Biographie, die seit 1953 erscheint und deren letzter Band relativ zeitgleich mit dem ÖBL, nämlich ca. 2022 abschließen wird.

Informationen bzw. durch softwaregesteuerte Prozesse einer automatischen Auflösung der bekannten Abkürzungen wurde in der ersten Phase des Projekts versucht, dieses Manko etwas auszugleichen, was jedoch nicht in allen Fällen (automatisiert) gelungen ist.

Bereits früh zeigte sich, dass der ursprüngliche Plan, alle bereits publizierten Biographien vollautomatisch zu annotieren (z. B. mit Hilfe der *Named entity recognition*), mit großen Problemen behaftet ist: Zwar lässt sich dieser Prozess mittlerweile mit einer recht hohen Trefferquote – wenn auch fallweise noch fehlerbehaftet – für die Entitäten „Person", „Ort" und „Institution" im ÖBL durchführen, da zu diesen Entitäten entsprechende Normdaten (z. B. die GND) im Netz existieren, mit denen ein automatisierter Abgleich möglich und sinnvoll ist; eine vollständige Annotation der Texte, die v. a. auch eine gleichbleibende Qualität über alle Biographien hin gewährleistet, erwies sich aber als nicht durchführbar.

Im Hinblick auf die Beantwortung konkreter Forschungsfragen erschien es dem Team daher sinnvoller, sich auf Teilbereiche bzw. bestimmte Berufsgruppen zu konzentrieren und diese systematisch manuell und detailgenau zu annotieren. Ausgewählt wurden dafür die Mitglieder des Künstlerhauses, die ungarischen Journalist/innen und jeweils ein Sample der Geistes-, Sozial- und Naturwissenschaftler/innen. Basierend auf den vorgenommenen Annotationen sollten in der Folge genauere Studien (z. B. zu Netzwerken, Migrationsabläufen etc.) vorgenommen werden.

Trotz dieser bereits im Anfangsstadium des Projekts getroffenen Entscheidung wollte das Team das ursprüngliche Ziel, nämlich die automatisierte Annotation aller bereits publizierten Artikel, natürlich nicht aus den Augen verlieren. Dies wurde durch die Erarbeitung eines „Gold Standards" – eines möglichst allgemein und beispielgebend annotierten, repräsentativen Samples – auf der Basis der manuell annotierten Biographien, mit dessen Hilfe das System „antrainiert" wurde, zu erreichen versucht.[9]

Mit Hilfe dieses Standards konnte das Ergebnis der automatisierten Annotationen deutlich verbessert werden, wobei das Resultat iterativ sicherlich noch weiter verbesserbar ist. Gezeigt hat sich dabei aber auch, dass eine stets eindeutige und konstante Annotation in allen Aspekten wohl niemals gegeben sein wird oder kann. Denn trotz des nunmehr vorhandenen, sorgfältig erarbeiteten

---

9 Vgl. dazu den Beitrag von Maximilian Kaiser, Leitfaden für die Annotation von *Named Entities* (NE) in Biographien, in diesem Band.

Regelwerks ist es in Teilbereichen mancher Lebensläufe immer auch von den Akteur/innen abhängig, ob und wie manche Annotationen vorgenommen werden, welche Schwerpunkte dabei gesetzt werden bzw. letztlich auch von der konkreten Fragestellung.

Bilanz und Ausblick

Die bereits im Projektantrag formulierte Frage, ob sich das ÖBL als Ausgangsmaterial für wissenschaftliche Fragestellungen im Digital Humanities Bereich eignet,[10] kann daher durchaus mit „Ja", wenn auch mit einem ergänzenden „Aber" beantwortet werden.

Wie bereits erwähnt sind durch den langen Entstehungszeitraum einerseits Defizite bei konkreten (annotierbaren) Informationen, v. a. in den frühen Artikeln des ÖBL, und auch Inhomogenitäten der Artikel gegeben, wobei letztere durchaus das Gesamtwerk betreffen. Andererseits zeigte sich auch rasch, welcher potentielle Mehrwert durch die computer- und textlinguistische Aufbereitung der Biographien und die daraus resultierenden Möglichkeiten der Datenvernetzung generiert werden konnte, v. a. im Bereich der Darstellung von Personennetzwerken und Migrationsbewegungen.

Daher lässt sich abschließend bilanzieren, dass das ÖBL für eine Vielzahl an transdisziplinären Forschungen eine durchaus solide Datengrundlage bieten **kann** – allerdings primär eben nur die Basis. Je komplexer und spezifischer die Fragestellungen sind, desto umfangreicher wird auch der Bedarf an Nachbearbeitungen, Informationsergänzungen und sehr spezifischen Annotationen bzw. Metadatenerfassung – und damit an Informationen, die das ÖBL ohne entsprechend hohen personellen und zeitlichen Zusatzaufwand nicht so ohne Weiteres „hergibt". Ohne diesen personellen Einsatz (und zwar jeweils von Fachleuten zum forschungsabhängigen Thema) und detailgenaue Nachrecherchen werden fundierte empirische Analysen in den meisten Fällen kein Auslangen finden, wobei die manuelle, „punktgenaue" Annotation zumindest derzeit noch nicht durch die maschinelle ersetzt werden kann.

---

10 Zitat aus dem Antragstext: „Durch eine differenzierte, textlinguistische Erschließung der rund 18.000 publizierten (und auch digital verfügbaren) Biographien soll ersichtlich werden, inwieweit sich Nationalbiographien als Datenbasis für die Beantwortung spezieller, v. a. sozialgeschichtlicher Forschungsfragen eignen …".

Summarisch kann für das Projekt APIS jedenfalls Folgendes als Erfolg verbucht werden:
- Mit dem Vorliegen der APIS-Datenbank und den zahlreichen Tools, die im Zuge des Projekts entwickelt wurden, liegt eine hochwertige Softwaresammlung vor, die bereits vielfältig genutzt wird, nicht zuletzt auch bei der Visualisierung von Forschungsergebnissen.
- Zudem wurden insgesamt ca. 2.800 Artikel durch weiterführende Informationen ergänzt und angereichert.
- Die automatische Annotation konnte durch die Entwicklung eines „Gold Standards" entsprechend verbessert werden, und zugleich wurde damit ein beispielgebendes Regelwerk zur Annotation von Biographien generiert.
- Bei den Einzelprojekten konnten auf der Basis von Netzwerkanalysen und mittels der systematischen und komparativen Analyse der Migrationswege von Wissenschaftler/innen, Journalist/innen und Künstler/innen neue Erkenntnisse im Feld der historischen Migrationsforschung gewonnen werden.
- Das Projektteam war auf zahlreichen nationalen und internationalen Tagungen präsent[11] und konnte neue und zukunftsweisende Kooperationen – etwa mit Univ.-Prof. i.R. Mag. Dr. Karl Husa (Institut für Geographie und Regionalforschung, Universität Wien), Univ.-Prof. Dr. Sylvia Hahn (Universität Salzburg), Assoz. Prof. Dr. Annemarie Steidl (Institut für Wirtschafts- und Sozialgeschichte, Universität Wien), Prof. Dr. Jonas Kuhn und Team (Institut für Maschinelle Sprachverarbeitung / IMS), Stuttgart, Prof. Dr. Piek Vossen und Team (Computational Lexicology & Terminology Lab / CLTL), Amsterdam, Mag. Florian Windhager und Dr. Eva Mayr (beide Zentrum für Kognition, Information und Management, Donau-Universität Krems), Prof. Ruslan Mitkov (Research Institute of Information and Language Processing, University of Wolverhampton) und Prof. Jeffrey T. Schnapp (Harvard University, Cambridge) etablieren.

---

11 In Auswahl: Entangled Worlds Conference 2016 (Wien), 3rd Digital Humanities Austria Conference 2016 (Wien), Digital Humanities Conference 2016 (Krakau), 4th Digital Humanities Austria Conference 2017 (Innsbruck), 3rd International Conference of the Hispanic Digital Humanities Society 2017 (Málaga), Biographical Data in a Digital World Conference 2017 (Linz), Tagung Digital Humanities im deutschsprachigen Raum 2017 (Bern) und 2018 (Köln), Deutscher Kongress für Geographie 2017 (Tübingen) und 2019 (Kiel), Digital Humanities Conference 2018 (Budapest), Seminar Transnational Biography (European Society for the Study of English Conference) 2018 (Brünn), Historical Network Research Conference 2018 (Brünn), 1st European Association for Digital Humanities Conference 2018 (Galway), International Forum Reloading Catalogs 2019 (Málaga), Biographical Data in a Digital World Conference 2019 (Varna).

- Des Weiteren hat das Team im bisherigen Projektverlauf mit der vorliegenden Publikation zwei Sammelbände herausgegeben, eine Dissertation[12] abgeschlossen sowie 14 Aufsätze (tlw. peer-reviewed) publiziert.

Schlussendlich resultiert für das Österreichische Biographische Lexikon aus diesem Projekt das wichtige Potential einer verbesserten Positionierung und Sichtbarkeit im europäischen Umfeld; zudem manifestierte sich in der Einwerbung des vorliegenden Projekts die logische und konsequente Fortführung des im Jahr 2004 eingeschlagenen Wegs mit der Einrichtung einer Online-Edition des Lexikons und späteren Teilnahme am Biographie-Portal[13], das vom ÖBL 2008 mitbegründet wurde. Für das Folgeprojekt – das „ÖBL 2000" – eröffnen sich durch die Entwicklung der Datenbank zudem umfassend neue und innovative Perspektiven, aber auch zahlreiche Herausforderungen.

---

12 Maximilian Kaiser, *Der Wiener Diskurs zur Avantgarde. Rekonstruktion und Analyse des Diskursnetzwerkes*, historisch-kulturwissenschaftliche Dissertation, Universität Wien: 2017.
13 https://www.biographie-portal.eu/

Josef Kohlbacher

Geographische Migrationsforschung. Paradigmen und rezente Entwicklungen

Traditionellerweise liegt das Forschungsfeld der Geographie in den Mensch-Raum-Umwelt-Beziehungen. Die Geographie arbeitet aber nicht ausschließlich mit Ansätzen, die explizit (auch) Bezug auf den Raum nehmen, wobei dieser nicht als gegenständlicher „Containerraum" aufgefasst wird, sondern in denen Migration als ein Phänomen der Verflechtung verschiedener Handlungs- und Raumebenen zu interpretieren ist. Migration repräsentiert ein zentrales Thema für die geographische Forschung, da ihr stets Mobilität und Verteilung im Raum inhärent sind. Migrationsströme wirken sich verändernd auf den Raum und die darin ablaufenden Entwicklungen aus. Jedes individuelle Migrationsvorhaben und die daraus resultierenden Formen der Migration stellen das Ergebnis von strukturellen Rahmenbedingungen im Austausch mit individuellen Entscheidungsprozessen dar, die über soziale Netzwerke und institutionelle Kontexte innerhalb bestimmter, diskursiv normierter Felder vermittelt werden. Der Vielgestaltigkeit des Phänomens der Migration entspricht die Vielfalt der Forschungszugänge hinsichtlich der Beschreibung und Interpretation der Ursachen, Erscheinungsformen und Konsequenzen von Wanderungen.

Die geographische Migrationsforschung befindet sich bereits seit Längerem in einem Prozess immer stärkerer Aufgliederung und Verfeinerung der Bandbreite ihrer Problemaufgriffe, wobei sich diese Entwicklung im sich stetig erweiternden Spektrum der Vorträge auf geographischen Fachkongressen widerspiegelt. Dies gilt gleichermaßen für die empirischen wie auch für die theoretischen Ansätze zum Verständnis von Migrationsbewegungen. Diese gehen inzwischen weit über die idealtypische Bevölkerungsgeographie hinaus und beschreiten den Pfad in Richtung neuer Sozial- und Kulturgeographien. Typisch (nicht nur) für die geographische Migrationsforschung ist die Koexistenz einer beträchtlichen Vielfalt von theoretischen Paradigmen, da sich permanent verändernde Migrationsformen und -motive nicht anhand von nur wenigen Theorien analysierbar sind. Eng ist bei den meisten Studien zur Migration die Verschränkung zwischen der Geographie und Nachbarwissenschaften, etwa den sozialwissenschaftlichen und den historischen Disziplinen, denn es trägt ganz wesentlich zum Verständnis von Migrationsbewegungen bei, wenn der jeweilige historische Kontext in die Analysen einbezogen wird. Dies gilt auch für rezente und aktuelle Migrationsströme, deren erklärende Variablen zumindest zum Teil oftmals in der Vergangenheit wurzeln.

Das ÖBL als innovative Datenbasis migrationsbezogener Analysen

Für das Institut für Stadt- und Regionalforschung (ISR), das einzige raumwissenschaftlich orientierte Forschungsinstitut außerhalb der österreichischen Universitäten, welches anwendungsoffene Grundlagenforschung auf internationalem Niveau betreibt und nicht im unmittelbar planerischen Umfeld tätig ist, stellte die Beteiligung am Projekt APIS jedenfalls eine gänzlich neuartige Erfahrung dar. Die Arbeitsgruppe „Urbane Transformation" am Institut befasst sich üblicherweise mit der Analyse von Strukturen und Dynamiken der Gegenwartsgesellschaft im urbanen und regionalen Kontext und untersucht dabei Bevölkerung und Gesellschaft im Zusammenhang mit der natürlichen, der physisch-bebauten und der sozialen Umwelt. Bis 2015 war die Forschung des ISR zu Migration, Integration und Diversität primär auf Arbeitsmigration inner- und außerhalb der EU, also besonders aus Zentral- und Osteuropa nach Österreich, ausgerichtet. Auch Wohnungsmarktintegration, interethnische Koexistenz im urbanen Kontext und Ethnic Entrepreneurship bildeten Untersuchungssujets. Dies hat sich seit 2015/16 infolge der starken Fluchtmigration aus dem Mittleren Osten, aus Afghanistan sowie aus Nordafrika geändert, und Flüchtlingsstudien wurden dauerhaft in das Forschungsprogramm inkorporiert.

Der biographische Datenpool des ÖBL bot nun den in Bezug auf die Auswertung von amtlichen Daten sowie von Ergebnissen aus eigenen Befragungen erfahrenen Mitarbeiter/innen nicht nur eine innovative Datenquelle, sondern die geographische Migrationsforschung am ISR profitierte aus der Involvierung in ein digital basiertes Projekt wie APIS auf mehrfache Art und Weise:
- durch die Erschließung eines innovativen und quantitativ äußerst umfangreichen Analysedatenpools und darauf abgestimmter Bearbeitungs- und Auswertungsmethodologien,
- durch die Formulierung neuartiger geographischer Forschungsfragen, die auf dem komplexen Material basierend auch wegweisende Erkenntnisse und Resultate zuließen,

- durch neue Analyse- und Lösungsstrategien von Forschungsfragen im Zusammenhang mit der Komplexität des individuellen Migrationsverhaltens und der Migrationsprozesse,
- durch Möglichkeiten der Visualisierung und Repräsentation räumlicher Mobilitätsmuster und sozialer Netzwerke, welche das klassische Kartieren zwar nicht ablösten, aber in idealtypischer Weise ergänzten und zusätzlichen Informationsgewinn ermöglichten, sowie
- durch die Erschließung weiterer Möglichkeiten inter- und transdisziplinärer Kooperationen mit Nachbardisziplinen und darüber weit hinausgehend mit dem IT-Sektor und anderen technikaffinen Bereichen.

Relevante Forschungsstimuli, -ziele und -fragen

Aus der Spezifität des Datenpools resultierten auch besondere Forschungsstimuli in Bezug auf die Analysen von Wanderung. Der Intention des ÖBL entsprechend, war es nur möglich, gesellschaftliche Eliten (im Sinne wissenschaftlicher Exaktheit werden die Migrant/innen zwar in Kategorien eingeordnet, in der sozialen Migrationsrealität treten aber viel häufiger Mischformen auf) und deren Migrationspfade zu untersuchen. Dies unterscheidet den Datensatz grundlegend von jenen, mit denen das ISR üblicherweise arbeitet.

Die Biographiedaten ermöglichten es, spezielle Forschungsfragen und -hypothesen an das empirische Material heranzutragen, die anhand konventioneller Daten (z. B. Ergebnissen aus den Volkszählungen in der Österreichisch-Ungarischen Monarchie) nicht zu beantworten gewesen wären. Auf Basis der demographischen (z. B. Geburts- und Sterbedaten, Geschlechtszugehörigkeit), sozioökonomischen (z. B. Konfession, aristokratische Herkunft bzw. Erhebung in den Adelsstand) und migrationsbezogenen Variablen (bei Letztgenannten handelte es sich v. a. um Ortsnamen wie Studienorte, Ort der ersten beruflichen Tätigkeit etc., aber auch um andere topographische Informationen, z. B. berufliche und Studienreisen sowie Angaben zur Remigration) konnten Migrationsmuster der Eliten, aber auch von relevanten „Personen in der zweiten Reihe" in der späten k.k. Monarchie nachgezeichnet und analysiert werden.

Im Rahmen der Arbeiten mit und am Datensatz stellte sich heraus, dass Analysen mit Bezug auf den Gesamtbestand von 18.000 Biographien aufgrund der erheblichen Vielfalt sowie der divergierenden zahlenmäßigen Präsenz der im Datensatz enthaltenen Berufsgruppen nur schwer durchführbar sein würden. Die automatisierte Annotation war nicht hundertprozentig fehlerfrei, die manuelle Annotation der Biographien erwies sich aufgrund des damit verbundenen Zeitaufwands nur für ausgewählte Samples als realistisch durchführbar. Aus diesem Grund wurde – akkordiert mit den Projektpartnern – seitens des ISR beschlossen, mehrere qualifikatorisch und hinsichtlich ihres beruflichen Tätigkeitsfelds exakt umrissene Teilsamples von beruflichen Eliten herauszugreifen. Die Kategorie der Wissenschaftler/innen erschien auf Basis der Ausgangshypothesen des Projekts besonders geeignet und versprach interessante Resultate, da für diese Berufsgruppe in logischer Konsequenz auch weitere Analysen mit räumlichen Bezügen durchgeführt werden konnten. So war es möglich, die Einzugsbereiche der wichtigen universitären (und anderer höherer) Bildungsanstalten auf dem Territorium der Donaumonarchie zu erheben und kartographisch darzustellen.

Um vergleichbare Teilsamples geeigneten Umfanges untersuchen zu können, fiel die Wahl auf die Natur-, Geistes- und Sozialwissenschaftler/innen. Im Vergleich aufschlussreiche Ergebnisse zur Elitemigration in Österreich-Ungarn und über dessen Grenzen hinaus waren durch eine Gegenüberstellung mit einer Künstler/innen-Collection zu erwarten, die in Beziehung zum Künstlerhaus stand. Karriereverläufe und soziale Netzwerke dieser Kategorien von Hochqualifizierten versprachen Aufschlüsse über wesentliche Charakteristika der Elitemigration des durch das biographische Material abgedeckten historischen Zeitraums.

Ein Wechsel von der personenbezogenen Mikro- auf die räumliche Makroebene war gegeben, indem anhand des Datenmaterials des Weiteren auch die migratorischen Einzugsbereiche von Metropolen, aber auch kleinerer urbaner Zentren als Sitz wichtiger wissenschaftlicher bzw. künstlerischer Institutionen in der Monarchie nachgezeichnet werden konnten. Auch die krisenhaften Einschnitte in der politischen Geschichte und die Phasen ökonomischer Depressionen und Unsicherheiten des späten 19. und frühen 20. Jahrhunderts spiegelten sich in der Elitemigration der damaligen Epoche wider. Hierbei konnte auch eine Reihe von Divergenzen hinsichtlich der Formation von Netzwerken, des Migrationsverhaltens sowie der Reichweite von Migrationsbewegungen zwischen den Teilsamples der intellektuell-wissenschaftlichen und den künstlerischen Eliten der Monarchie nachgezeichnet werden.

Zudem war es möglich, aus dem breiten Feld der Migrationstheorien sowie der empirischen Migrationsforschung Konzepte, Analysenmethoden und Dateninterpretationsstrategien zu übernehmen, an geographische Methoden sowie die Biographiedaten zu adaptieren und selbige dann dem spezifisch raumorientierten Erkenntnisinteresse gemäß einzusetzen. In Kombination mit fachtypischen geographischen Fragestellungen konnte somit ein innovativer Beitrag zur Erforschung und Analyse der komplexen Thematik des Migrationsverhaltens der ausgewählten Berufs- und Qualifikationsgruppen erbracht werden. Die Erkenntnisse daraus, in einen weiteren historischen Analysezusammenhang gestellt, unterstützten völlig neue Problemzugänge und Darstellungsoptionen. Digital basierte Möglichkeiten der Visualisierung und Repräsentation konnten Netzwerke quasi auf Knopfdruck sichtbar machen, deren konventionelle deskriptive Darstellung einen unverhältnismäßig höheren Aufwand erfordert hätte.

Datenspezifische Limitierungen

Selbstverständlich konfrontierte das biographische Datenmaterial die an den Kanon konventioneller sozialwissenschaftlicher Daten und Methoden gewöhnten Forscher/innen am ISR auch mit spezifischen Herausforderungen und definierte Grenzen möglicher Auswertungen. Die Datenqualität aus eigenen Befragungen kann mittels geeigneter empirischer Erhebungsinstrumente in einem hohen Ausmaß eigenverantwortlich gesteuert werden. Amtlichen Daten der Statistik Austria oder der Gebietskörperschaften sind hohe Reliabilität und Validität quasi inhärent. Die Biographien des ÖBL wurden aber über einen Zeitraum von nahezu 60 Jahren von einer großen Zahl an Mitarbeiter/innen kompiliert, was in logischer Konsequenz eine gewisse inhaltliche, umfangsmäßige sowie terminologische Inkonsistenz bedingte. Die Extraktion wichtiger erklärender Variablen für die Interpretation von Migration, etwa die Erhebung von individuellen Migrationsmotiven – ein höchst relevantes Item in der Umfrageforschung unter Migrant/innen –, war kaum möglich. Chain-Migration (Kettenwanderung von Familienangehörigen und Verwandtschaftsgruppen) war in etlichen Fällen nachweisbar, fand faktisch aber wahrscheinlich viel öfter statt, als dies anhand des Materials stichhaltig belegt werden konnte. Auch über andere wichtige Migrationsstimuli, etwa die Anziehungskraft von in urbanen Metropolen ansässigen Diaspora-Communities und deren Einfluss auf individuelle Migrationsentscheidungen, konnten aus den biographischen Daten per se keine Aufschlüsse gewonnen werden. Das Aufzeigen dieser Einschränkungen soll den Wert des ÖBL als Datenquelle geographischer Migrationsforschung keinesfalls schmälern, sondern nur die realistischen Grenzen für die Analysen abstecken und ex ante etwaige Kritik an fehlenden, aus der Perspektive empirischer Migrationsforschung relevanten Forschungsfragen ausschalten. Diese wurden nicht gestellt, da sie anhand des Datenmaterials nicht schlüssig beantwortbar gewesen wären!

Eveline Wandl-Vogt

Wissenspartnerschaften, Digitale Transformation in den Geisteswissenschaften und Forschungsinfrastrukturen.

APIS als Prototyp für ein Wissens- und Innovationsnetzwerk für die globale Biographik

Hintergrund – Von der Notwendigkeit einer Vision: das Projekt Österreichisches Biographisches Lexikon (ÖBL)

Das Projekt APIS gründet in einem Langzeitprojekt der Österreichischen Akademie der Wissenschaften, dem ÖBL. Die ersten Überlegungen, die sich im Sinne einer umfassenden, zeit- und kostenintensiven Transformation und Konvertierung der Daten, Prozesse und des Wissens ergeben, gehen daher von der Überzeugung aus, dass dadurch Mehrwert für die Forschung per se (Biographik, auf Biographien zurückgreifende Forschungsbereiche) und für das Ausgangsprodukt im Konkreten (ÖBL) generiert werden kann. Sowohl Arbeitspakete als auch Visionen für eine Weiterentwicklung werden primär grundlegend aus dem ÖBL-Projekt genährt bzw. in der Folge aus analogen Unternehmungen.

Im Rahmen des Projekts APIS wurde daher versucht, diesen Aspekten (Entwicklung eines „neuen" ÖBL-Produkts, einer vom ÖBL ausgehenden Infrastruktur sowie von Visionen für die trendsetzende Biographik) gerecht zu werden.

Es erwies sich als komplexes Unterfangen, mit der gegebenen Projektstruktur und in der definierten Zeit diese Ziele ausgewogen zu erreichen. Insofern wurden im Projekt APIS Schwerpunkte auf die Entwicklung einer technischen Infrastruktur und auf forschungsrelevante Überlegungen zur Verwendung eines biographischen Lexikons des Typs ÖBL (bzw. derselben neu entwickelten Infrastruktur) für quantitative Forschung am Beispiel der historischen Migrations- und der Netzwerkforschung gelegt.

Forschungsinfrastrukturen –
Vom Irrglauben des Erfolgs rein technologiegetriebener Entwicklungen

Das Verständnis für die Nutzung von Forschungsinfrastrukturen und deren Mehrwert beziehungsweise deren Vorhandensein ist in den Geisteswissenschaften noch relativ begrenzt, was bedauerlicherweise zu einer Vergrößerung der Kluft zwischen Natur- und Geisteswissenschaften führt. Selbst die Nutzung absolut forschungsfragenunabhängiger Infrastrukturen, wie beispielsweise von Cloud-Services, ist für die Geisteswissenschaften fern von alltäglich. Die European Open Science Cloud wird im Wesentlichen nicht von Geisteswissenschaftlerinnen und Geisteswissenschaftlern mitgestaltet.

Leider ist zu bemerken, dass hierbei auch die sogenannten Digitalen Geisteswissenschaften einen gewissen Verzögerungsprozess erfahren.

Ähnlich kurz und gering entwickelt ist das Bewusstsein eines Mehrwerts durch kollaboratives Arbeiten, tief vernetzte globale (d. h. auf Diversität gründende, multikulturelle, organisationsübergreifende) Kooperation und Einbinden der Beiträge von – sogenannten – Laien (Citizen Science, Citizen Innovation) sowie darauf aufbauend der Notwendigkeit und des Mehrwerts von Open Science.

Im Rahmen des Projekts APIS wurde daher von Beginn an versucht, eine Involvierung in internationale Netzwerke sicherzustellen, mit Forschungsinfrastrukturen zusammenzuarbeiten und eine Vernetzung hinsichtlich des Ausbildens sozialer Infrastrukturen anzuregen, um offene Fragen gemeinsam im globalen Kontext zu lösen.

Beispiele für derartige internationale und globale Netzwerke sowie Arbeitsgruppen im Kontext von Infrastrukturen sind:
1) Die DARIAH-EU-Arbeitsgruppe „Analyzing and Linking Biographical Data"[1],
2) in deren Rahmen u. a. ein Workshop im Rahmen der internationalen Tagung „Digital Humanities 2016" in Krakau (PL) abgehalten worden ist,
3) das Netzwerk zur Organisation der Tagung „Biographical Data in a Digital World" (BD-Jahr),

---

[1] https://www.dariah.eu/activities/working-groups/analyzing-and-linking-biographical-data-2/ (Zugriff: 01.11.2019).

4) in dessen Rahmen auch im Jahr 2017[2] eine von der Arbeitsgruppe mitorganisierte Tagung im Kontext mit APIS in Linz (AT) unter anderem in Kooperation mit der Ars Electronica abgehalten worden ist,
5) die „Global Infrastructure for Biographical Research", die sich im Initialisierungsstatus befindet. Hierzu fanden bis zum Datum der Publikation einige Einladungs- und ein offenes Treffen statt; Letzteres wurde im Rahmen der BD2017 mitorganisiert. Darüber hinaus erfolgten die Zusammenarbeit mit Wikimedia Österreich seit der Tagung BD2017 in Linz sowie die Erarbeitung von jeweils organisationsspezifischen Workflows zur Etablierung von Datenaustausch.
6) Kontaktaufnahme mit dem Citizen Scientist Felix Gundacker – Genealogienetzwerk[3] und Organisation eines gemeinsamen Infrastrukturworkhops bei der Citizen Science Konferenz 2017[4].

Diese Vernetzungen wurden grundlegend von der Verfasserin dieses Beitrags (ko-)initiiert und haben im Wesentlichen das Ziel, Personenkreise mit ähnlichen/analogen Problem-/Fragestellungen nachhaltig zusammenzubringen und/oder Personen aus anderen Arbeitsclustern mit methodischen Ansätzen und Methoden, die eventuell zur Lösung und sinnvollen Weiterentwicklung von erkannten Problemen/Fragestellungen dienen könnten, zur Zusammenarbeit anzubinden, um partizipativ und gemeinsam abseits einer reinen Projektabwicklung einen weiteren und wesentlichen Schritt für die Forschung per se zu setzen. Hierbei haben wir uns einer Analogiebildung bedient: Gerade in traditionellen akademieinternen Editions- und Lexikographiewerken war es – aus historischer Perspektive – üblich, sich für die Konzeption der Best Cases global und international auszurichten und hierfür ein Team von Expertinnen und Experten zusammenzustellen. Dieses Prinzip wurde und wird in unser Beispielprojekt übertragen und in selbigem adaptiert.

Darüber hinaus wurde ebenso versucht, bei der Auswahl der Partner bereits über die reine Forschungsgemeinschaft hinauszudenken und im Sinne einer Knowledge Society vor allem auch relevante bürger/innengetriebene Netz-

---

2 https://www.oeaw.ac.at/de/acdh/detail/event/biographical-data-in-a-digital-world-2017/ (Zugriff: 01.11.2019).
3 http://www.felixgundacker.at/felix/de/ (Zugriff: 01.11.2019).
4 https://www.ages.at/expandinghorizons/workshops/lernen-durch-kennen-lernen-citizen-scientists-und-ihre-sozialen-und-technischen-infrastrukturen-personen-projekte-plattformen/ (Zugriff: 01.11.2019).

werke einer trendsetzenden Do-it-yourself-Forschung mitzuberücksichtigen und mit Partnern aus der Wirtschaft zusammenzuarbeiten.

Bei der aktuellen Bedeutung, die Wikimedia für die Forschung und Gesellschaft hat, scheint es erwähnenswert, dass hier auch auf organisatorischer Ebene – und nicht nur in Bezug auf Datenverwertung – eine Annäherung gelungen ist.

Neben der in diesem Band dokumentierten Arbeit brachten die Experimente mit Software bestehender Marktführer (z. B. IBM [Watson], ClarifAI) auch erste Ergebnisse[5] zur Nutzung von Business Analytics Tools für Transformationsprozesse in Digital-Humanities-Projekten hervor sowie Unterstützung bei Enrichment und Analyse von Bildmaterial durch Computer Vision Tools[6]. Ziele dieser Zusammenarbeit sind neben einem projektbegleitenden Alignment und Innovationsprozess eine nachhaltige Einbettung und Ausrichtung für eine – entwicklungsoffene – Zeit nach dem Projekt.

Das Projekt APIS wurde als In-kind-Leistung in die genannten Netzwerke eingebracht und disseminiert. Bei mangelnder vergleichbarer Ausgangspositionierung einer Person bzw. Einrichtung mag diese Entwicklung wesentlich herausfordernder sein und sollte gründlich kalkuliert werden.

Digitale Transformation in den Geisteswissenschaften – Vom Experimentieren in einem statischen Langzeitprojekt: „exploration space"

Mit besonderem Blick auf die Biographik zeigte sich bereits in der Status-quo-Analyse des Ausgangsprojekts ÖBL zwar eine ausgezeichnete basisdigitale Aufbereitung, die einem guten digitalen Editionsprojekt entspricht (wenn auch nicht in trendsetzenden, zukunftsweisenden Technologien), ebenso eine gediegene Vernetzung im deutschsprachigen Raum, jedoch ein sehr enges Editionskonzept mit sehr begrenztem Raum für die Mitarbeiterinnen und Mitarbeiter für das Einbringen von Innovationen.

---

5   Präsentation zu einem biographischen Projekt mit dem japanischen Projektpartner Yoshiyuki Asahi (Ninjal), in das Erkenntnisse übertragen und in dem weitere Methoden eingesetzt worden sind: https://drive.google.com/drive/folders/1NrK3e_Gjl8VcDBciEvTHmxcjR_BLUAC1 (Zugriff: 01.11.2019).

6   https://superset.acdh-dev.oeaw.ac.at/login/ (User: explore_apis; Passwort: apisproject; Zugriff: 01.11.2019).

Diese Erfahrungen können bei traditionellen lexikographischen und/oder (Editions-)Langzeitprojekten durchgehend gemacht werden, sofern die Redaktionsgruppen über das nötige Problembewusstsein und ausreichende finanzielle Unterstützung verfüg(t)en. Es ist anzumerken, dass in entsprechenden Projekten das Innovationspotential dennoch im Wesentlichen an einzelnen Innovationstreiberinnen und Innovationstreibern festgemacht werden kann und mit deren Handlungsfähigkeit bzw. -bereitschaft steht und fällt.

Das Projekt APIS war in hohem Maße ein Transformationsprojekt. Der „exploration space" der ÖAW, entwickelt an der Arbeitsgruppe „Methoden und Innovation" des Austrian Centre for Digital Humanities (ACDH)[7] im Jahr 2017, bietet das Service einer Innovationsbegleitung in Transformationsprojekten an. Hierbei wird immer in iterativen Prozessen und – um Innovation zu triggern – mit externen Expertinnen und Experten (basierend auf Prinzipien und Methoden von Open Innovation [in Science]) gearbeitet, um Szenarios für Realweltanwendungen und erweiterte Forschungsfragen zu generieren. Dadurch werden nicht nur Forschungsparadigmen herausgefordert, sondern auch technische Infrastrukturen im Hinblick auf echten Zugang und/oder Interoperabilität; des Weiteren mögen Strukturen und Organisationen sowie Menschen an die Grenzen ihrer Bereitschaft zu Transparenz, Lernen und Wachsen stoßen. Im Kontext mit dem Projekt APIS wurden mehrere Innovationspiloten und Entwicklungen von „Minimal Viable Products" und „Products of Value" gestartet und mit diversen externen Partnerinnen und Partnern, alle ausschließlich im Rahmen von Forschungspartnerschaften, durchgeführt. Diese ergaben forschungsrelevante Ergebnisse für den „exploration space".

Für das Projekt APIS und ÖBL wurde der offene Ansatz einer kollaborativen, flexiblen und agilen Innovationskultur vor dem Hintergrund von Open-Innovation-Methoden und -Praktiken nicht umgesetzt und implementiert. Für das Projektteam hatte er sich innerhalb der gegebenen Rahmenbedingungen nicht bewährt. Stattdessen wurde ein bewährter Digital Humanities Approach gewählt, der die prognostizierten Projektergebnisse zuverlässig sicherstellte und die Entwicklung einer nachhaltigen Infrastruktur gewährleisten sollte.

Teilweise wurden darüber hinaus kleinere Experimente durchgeführt, welche konkrete Resultate (und weiterführende Zusammenarbeit) bei analogen Projekten und mit Lead-Partnern in Japan und den USA zur Folge hatten.

---

7   https://openinnovation.gv.at/portfolio/oeaw-exploration-space/ (Zugriff: 01.11.2019).

Es wird daher daraus geschlossen, dass die Methode einer Innovationsstimulierung im richtigen Projektsetting und Projektzyklus (zum Beispiel in der Projektentwicklung) durchaus Berechtigung hat. Die Rahmenbedingungen werden entsprechend analysiert.

Im Wesentlichen gilt auch hier, dass Transformationsprozesse keine rein inhaltlichen, geschweige denn rein technischen Prozesse sind und dass daher das strukturelle und organisatorische Setting für den angestoßenen Change-Prozess von höchster Relevanz erscheint und Zeit einen essentiellen Faktor darstellt.

Folgende Forschungspartnerschaften für externe Innovationspiloten im Kontext des Projekts APIS wurden etabliert (Auszug):

University Wolverhampton | UK (Ruslan Mitkov), University of Virigina | US (Rennie Mapp), Namsor | FR (Elian Carsenat), Ninjal | JP (Yoshiyuki Asahahi), Universität Stuttgart | DE (Jonas Kuhn), metaLAB (at) Harvard | US (Jeffrey Schnapp).

Wissenspartnerschaften und Knowledge Design – Vom APIS-Team zum Innovationsnetzwerk: ein Ausblick

Im Projekt APIS wurden erste Schritte unternommen, welche die Entwicklung eines Innovationsnetzwerks ermöglichen. Hierbei gehen wir von der Begleitung einer offenen, cross-sektoralen, cross-organisatorischen, antidisziplinären Wissenspartnerschaft aus.

Es erscheint gerade in (wissenschaftlichen) Langzeitprojekten essentiell, im ganz spezifischen Spannungsverhältnis von Tradition und Fortschritt Modi für intrinsische Innovation zu finden. Für den „exploration space" zeigen sich dabei Methoden und Praktiken von Open Innovation als vielversprechend.

Das Projekt APIS hat am ACDH wesentlich dazu beigetragen, den Forschungsbereich „Digitale Prosopographie" auszugestalten und mittelfristig prominenter aufzustellen. Insofern darf die Verfasserin mit Freude feststellen, dass die Erkenntnisse aus dem Projekt APIS hinsichtlich Infrastrukturentwicklung in eine nachhaltige Organisationsstruktur münden werden und das Projekt zur Integration des ÖBL in das mit 1.1.2020 neu entwickelte ACDH-CH (Zentrum für Austrian Digital Humanities and Cultural Heritage) beigetragen hat. Strukturell sind somit die Voraussetzungen für eine Weiterführung der APIS-Teamarbeit (zumindest mit einigen der Kernteammitglieder und unter einem spezifischen Fokus) gegeben.

Matthias Schlögl – Katalin Lejtovicz

Die APIS-(Web-)Applikation, das Datenmodell und System

1. Problemstellung

Ziel des APIS-Projekts war es, das ÖBL in die Welt des „semantic web" zu überführen. Es sollte möglich sein, nicht nur in den Volltexten nach Strings zu suchen, sondern dezidiert nach Entitäten und Relationen zwischen diesen Entitäten. Ziel war es also, in den Biographien die Stadt Wien und nicht nur den (Sub-)String „Wie", der in allen möglichen zusammengesetzten Wörtern vorkommt, zu finden. Zusätzlich sollten diese Entitäten mit Metadaten, z. B. Längen- und Breitengraden, angereichert werden. Diese technische Aufbereitung sollte in enger Abstimmung mit den ebenfalls am Projekt arbeitenden Fachforscherinnen und -forschern geschehen. Dieses Forscherteam nutzte die erarbeiteten Lösungen auch gleich, um an den jeweiligen Teilprojekten zu arbeiten.

Das ÖBL weist mehrere Besonderheiten auf, die diese Aufgabe verkomplizieren. Zum einen wurde das Lexikon seit den 1950er-Jahren in sehr unterschiedlichen personellen Konstellationen verfasst.[1] Dies führte hinsichtlich der Länge und Detailgenauigkeit zu stark variierenden Biographien. Zum anderen wurde das Lexikon natürlich auf Druckkosten und nicht auf Maschinenlesbarkeit hin optimiert. Die Biographien beinhalten deshalb eine Vielzahl – teils wenig gebräuchlicher – Abkürzungen.

Abgesehen von den Besonderheiten des Lexikons selbst muss sich eine semantische Erschließung dieser Ressource mit den historischen Gegebenheiten auseinandersetzen. So haben sich die politischen Grenzen seit dem 19. Jahrhundert massiv verändert und damit auch die Namen zahlreicher Siedlungen. Viele der damals zentralen Institutionen und Berufe existieren heute nicht mehr.

---

1 Zu den Details siehe den Beitrag „Korpusanalyse und digitale Quellenkritik. Die Vermessung des Österreichischen Biographischen Lexikons" in diesem Band.

Zu Beginn des Projekts wurde in Zusammenarbeit zwischen den beiden Projektpartnern INZ und ACDH ein Lastenheft für die APIS-Applikation kompiliert. Im Rahmen der Diskussionen stellten sich zwei Desiderate als primär wichtig heraus:

1. Es war eine Webapplikation aufzubauen, die das Editieren der Daten einfach und zentral gespeichert ermöglichen sollte.
2. An den Daten in dieser zentralen Datenbank sollten sowohl automatische NLP-Systeme als auch Forscherinnen und Forscher gleichzeitig arbeiten.

2. Design Choices

Auf Basis der erwähnten Anforderungen und der 2015 gegebenen Voraussetzungen wurden einige Schlussfolgerungen gezogen:

- Die Applikation sollte ein internes Datenmodell verwenden, das zwar komplex genug wäre, um die zu extrahierenden Daten abzubilden, aber im Sinne der Benutzerfreundlichkeit zugleich so einfach wie möglich bliebe.
- Dieses interne Datenmodell sollte in einem zweiten Schritt in international übliche Austauschformate serialisiert werden.
- Der Zugriff auf die Daten sollte sowohl maschinell (via Restful APIs) als auch via Webapplikation erfolgen können. Beim Zugriff über die Webapplikation sollte der Download der Daten möglichst einfach und intuitiv möglich sein.
- Das Editieren der Daten sollte sowohl via Webapplikation als auch via API möglich sein.
- Die Applikation sollte zudem möglichst generisch und modular aufgebaut sein, um die Wiederverwendbarkeit und Anpassbarkeit an spezifische Forschungsfragen sicherzustellen.

3. Datenmodell

3.1 Existierende Ontologien/Datenmodelle

Bei einer überblicksmäßigen Analyse existierender Datenmodelle bzw. Ontologien muss zunächst zwischen solchen unterschieden werden, die (hauptsächlich) für biographische oder prosopographische Daten geschaffen wurden, und jenen, die für ein weiteres Feld an Datenkategorien erdacht wurden.

Eine der in den Digital Humanities am weitesten verbreiteten Ontologien ist CIDOC CRM[2]. CIDOC CRM ist ereignisbasiert und eine sogenannte High Level Ontology.[3] Als solche interessiert sie sich nur für die größeren Zusammenhänge und überlässt die Details den Extensions. Für biographische bzw. prosopographische Daten fehlt eine solche leider bis dato. Hyvonen und Kolleginnen und Kollegen haben Ideen zu praktischen Ergänzungen des CRM für biographische und prosopographische Daten vorgestellt und verwenden diese auch in eigenen Projekten.[4] In diesem Zusammenhang liegt allerdings keine Formalisierung der Klassen vor.[5] CIDOC CRM wurde als primäres Datenmodell hauptsächlich seiner komplexen Struktur wegen ausgeschlossen. Als High Level Ontology, die den Anspruch besitzt, im Grunde die gesamte Welt modellieren zu können, bringt CIDOC CRM – vor allem durch den nötigerweise hohen Abstraktionsgrad – viele Schwierigkeiten bei der Modellierung alltäglicher Dinge mit sich, die die Entwicklung einer (Web-)Applikation deutlich erschweren.[6] So benötigt man z. B. für die Modellierung eines einfachen Geburtsdatums fünf Triples.[7]

---

[2] Patrick Le Boeuf et al., *Definition of the CIDOC Conceptual Reference Model*, 2017. http://www.cidoc-crm.org/sites/default/files/cidoc_crm_version_5.0.4.pdf (Zugriffsdatum 10.12.2019).

[3] Zu den verschiedenen Typen siehe Mário Rodrigues / António Teixeira, Conclusion, in: M. Rodrigues / A. Teixeira (eds.), *Advanced Applications of Natural Language Processing for Performing Information Extraction*, Cham: Springer International Publishing, 2015, 71–72. https://doi.org/10.1007/978-3-319-15563-0_6 (Zugriffsdatum 16.2.2019).

[4] Jouni Tuominen / Eero Hyvonen / Petri Leskinen, Bio CRM: A Data Model for Representing Biographical Data for Prosopographical Research, in: Antske Fokkens et al. (eds.), *Proceedings of the Second Conference on Biographical Data in a Digital World 2017*, Linz, 2017, 59–66. http://ceur-ws.org/Vol-2119/paper10.pdf (Zugriffsdatum 10.12.2019).

[5] Zum Zeitpunkt der Erstellung des Artikels waren die Links zur Serialisierung des RDF nicht funktional. Eine Rücksprache mit den Autorinnen bzw. Autoren ergab, dass dies technische Gründe habe, die demnächst gelöst sein würden.

[6] Das liegt nicht zuletzt daran, dass Webdevelopment Frameworks und andere Tools zur Erstellung von Webapplikationen immer noch hauptsächlich auf relationale Datenbanken setzen und nur selten den Einsatz eines Triple stores erlauben. Mit Metaphactory (und eingeschränkt Wikibase) ist in den letzten Jahren aber eine Lösung präsentiert worden, die genau das ermöglicht, aber leider nicht Open source zugänglich ist.

[7] Matthias Schlögl, *APIS Person modeled in CIDOC CRM Zenodo*, 2019. https://zenodo.org/record/3568034#.Xe5T1nWYUUE (Zugriffsdatum 9.12.2019).

<https://apis.acdh.oeaw.ac.at/appellation/birth/74164> a cidoc:E67_Birth ;
  rdfs:label «Geburt von Vinzenz von Jünger»@de ;
  cidoc:P4_has_time-span [a cidoc:E52_Time-Span ;
    rdfs:label "1761-01-01" ;
    cidoc:P82a_begin_of_the_begin "1761-01-01"^^xsd:date ;
    cidoc:P82b_end_of_the_end "1761-01-01"^^xsd:date] ;
  cidoc:P7_took_place_at <https://apis.acdh.oeaw.ac.at/18393>;
  cidoc:P98_brought_into_life <https://apis.acdh.oeaw.ac.at/74164> .

Tabelle 1: Beispiel der Modellierung einer Geburt in CIDOC CRM

Dieser Umstand verlangt schon für die Darstellung des Geburtsdatums einer Person (z. B. in list views) ziemlich komplexe Sparql-Abfragen. CIDOC CRM wurde ursprünglich für die Modellierung von Cultural-Heritage-Daten erstellt. Dies impliziert, dass für einige Kategorien, die bei biographischen bzw. prosopographischen Daten essentiell sind, zum damaligen Zeitpunkt in CIDOC CRM noch keine Modellierungsvorschläge existierten (z. B. für „social relationships").[8] Für diese Problemfälle hätte es einer neu zu erstellenden Extension bedurft.

Eine weitere immer wichtiger werdende Ontologie ist jene von Wikidata.[9] Wikidata wird zunehmend für und in DH-Projekten verwendet und ist im Gegensatz zu CIDOC CRM, das zwar auch von der Forschungscommunity weiterentwickelt, aber in Forth geleitet wird, ein communitygetriebenes Projekt. Dies hat – ähnlich wie in DBpedia – zu einem Wildwuchs der Properties und Klassen geführt. So ist die Anzahl der Properties seit 2014 von rund 1.000 auf mehr als 6.000 (Stand: Sept. 2019) angewachsen.[10]

Zusätzlich zu diesen generellen Ontologien existieren auch solche, die auf Prosopographien oder Biographien fokussiert sind. So hat das Digital Humanities Department des King's College London (KCL) bereits in den 1990er-Jahren begonnen, eine „Factoid Prosopography" zu entwickeln. Als Factoid bezeichnet man in diesem Zusammenhang eine Informationseinheit, die aus einer Person, einer Aussage über diese Person und einer Ressource, in der diese

---

8 Siehe Issue 385 des CRM sig zur aktuellen Diskussion rund um „social relations" http://www.cidoc-crm.org/Issue/ID-385-social-relationships (Zugriffsdatum 10.12.2019).
9 Fredo Erxleben et al., Introducing Wikidata to the Linked Data Web, in: P. Mika et al. (eds.), *The Semantic Web – ISWC 2014*, Cham: Springer International Publishing, 2014, 50–65.
10 Ebenda.

Aussage getroffen (oder festgehalten) wurde, besteht.[11] KCL hat diese Grundidee in mehreren prosopographischen Projekten weiterentwickelt[12] und 2017 auch in einer formalisierten Ontologie[13] veröffentlicht. Zum Zeitpunkt des Projektstarts existierte die formalisierte Ontologie noch nicht, das APIS-Datenmodell hält sich in weiten Teilen dennoch an die Grundideen des Factoids. Das heißt, jeder hochgeladene Text wird mit einer Source verbunden, jede Annotation oder Änderung von Daten wird versioniert und gemeinsam mit der Benutzerin/dem Benutzer, die/der die Änderung vollzogen hat, abgelegt. Diese Vorgangsweise erlaubt es, jeder Aussage über eine Person Provenance-Daten hinzuzufügen und ein Factoid zu erstellen.

3.2 Datenmodell APIS

Im Rahmen des APIS-Projekts wurde trotz bereits existierender Datenmodelle bzw. Ontologien entschieden, ein eigenes Datenmodell zu entwickeln. Diese Entscheidung wurde aus mehreren Gründen getroffen:

- Es sollte ein Datenmodell verwendet werden, das einerseits so einfach wie möglich ist, während es andererseits die nötige Komplexität mitbringt, um die für das Projekt zentralen Daten abzubilden.
- Zudem sollte es die einfache Erstellung und Wartung einer Webapplikation möglich machen.
- Im Kontext der Evaluierung der gängigen Ontologien wurde klar, dass jedes System seine Vor- und Nachteile gegenüber anderen hat und die einzelnen Ontologien in verschiedenen Forschungsbereichen verbreitet sind. Da biographische Daten eine Querschnittsmaterie darstellen und für viele Forschungsbereiche von Interesse sind, wurde entschieden, intern ein maßgeschneidertes Datenmodell zu verwenden und die Daten dann in verschiedene Ontologien zu serialisieren.

---

11 Michele Pasin / John Bradley, „Factoid-based prosopography and computer ontologies: towards an integrated approach", in: *Literary and Linguistic Computing* 30, 1 (2015), 86–97; Ralph W. Mathisen, „Where are all the PDBs?: The Creation of Prosopographical Databases for the Ancient and Medieval Worlds", in: K. S. B., Keats-Rohan (ed.), *Prosopography approaches and applications. A handbook*, Oxford: Occasional publications of the Unit for prosopographical research, 2007, 95–126; Ralph W. Mathisen, „Where are all the PDBs?: The Creation of Prosopographical Databases for the Ancient and Medieval Worlds", in: *Chronicle of Higher Education*, 1989, 95-126.
12 John Bradley / Harold Short, „Texts into Databases: The Evolving Field of New-style Prosopography", in: *Literary and Linguistic Computing* 20, Suppl. (2005), 3–24.
13 Vgl. https://github.com/johnBradley501/FPO (Zugriffsdatum 13.12.2019).

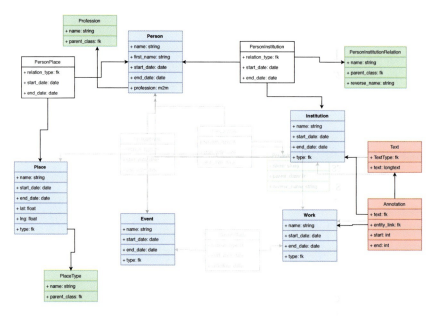

Abb. 1: Reduzierte schematische Darstellung des APIS-Datenmodells (Graphik des Autors)

Das APIS-Datenmodell[14] besteht aus Entitäten, Relationen, Vokabularien, Annotationen und Volltexten. Die Entitäten umfassen Personen (Person), Orte (Place), Institutionen (Institution), Ereignisse (Event) und Arbeiten (Works). Diese fünf Entitäten können untereinander mittels Relationen verbunden werden. Während Entitäten spezialisierte Attribute beinhalten (z. B. Längen- und Breitengrade für Orte), sind die Attribute für die Relationen festgelegt (Art der Relation, Start- und Enddatum, Notizen, Referenzen). Jede Entität kann mit jeder anderen Entität (inkl. sich selbst) verbunden werden. Zusätzlich kann jeder Entität eine unbeschränkte Anzahl an Volltexten zugewiesen werden. Annotationen wiederum sind mit einem Volltext, einer Entität oder Relation – also dem, was im Volltext annotiert wird – verbunden und beinhalten sowohl die annotierenden Benutzerinnen bzw. Benutzer (hierbei kann es sich um eine Forscherin bzw. einen Forscher oder ein automatisches Tool handeln) als auch den String Offset. Offset 12–15 würde also die Buchstaben 12 bis 15 eines Textes

---

14 Siehe Abbildung 1 für eine schematische Darstellung des Datenmodells. Im Sinne der einfacheren Lesbarkeit wurden wiederkehrende Systematiken, wie z. B. Relationen zwischen einzelnen Entitäten, entfernt. Ein komplettes ER-Diagram findet sich unter: Matthias Schlögl, APIS ER Data Model, 9 Dezember 2019. https://zenodo.org/record/3568085#.Xe5fr3WYUUE (Zugriffsdatum 9.12.2019).

betreffen. Zusätzlich werden die Annotationen in Annotationsprojekten gruppiert. Diese Vorgangsweise erlaubt es, alle Annotationen eines bestimmten Typs schnell ein- bzw. auszublenden.

Im Vergleich zu den zuvor besprochenen Datenmodellen bzw. Ontologien können mehrere bemerkenswerte Punkte festgestellt werden. So handelt es sich bei dem gewählten Datenmodell um eines, das auf Relationen setzt und nicht ereignisbasiert funktioniert (auch wenn Ereignisse im Modell abgebildet werden können). Dieser Ansatz wurde aus mehreren Gründen gewählt: Zum einen denken Forscherinnen und Forscher unserer Erfahrung gemäß häufiger in Relationen, als dass sie sich an einer Abfolge von Ereignissen orientieren würden, wie dies bei den „event based models" der Fall ist. Beispielsweise Person A ist verheiratet mit Person B (relation based model), im Gegensatz zu Person A hat als Bräutigam an der Hochzeit von A und B teilgenommen (event based model). Zum anderen sind einfache 1:1-Relationen mit wenigen festgelegten Attributen deutlich unkomplizierter und für die Benutzerinnen und Benutzer verständlicher in einer Webapplikation zu erstellen. Die für die Dateneingabe nötigen Formulare sind einfach zu befüllen und auch für Laien gut verständlich. Ein eventbasiertes Modell würde ob seiner Flexibilität deutlich komplexere Formulare benötigen. Die größere Flexibilität, die eventbasierte Modelle bieten, wird aber unserer Erfahrung gemäß im Rahmen der Nutzung des APIS-Datenmodells in der Praxis nur sehr selten benötigt.[15]

4. Webapplikation

Zu Projektbeginn wurde entschieden, alle datenbezogenen Arbeitsabläufe über eine Webapplikation durchzuführen. Dies weist im Gegensatz zu der in den DH weiter verbreiteten Methode des Arbeitens an meist XML-basierten Rohdaten folgende Vorteile auf:
- Da niemand über lokale Versionen der Daten verfügt, existiert zu jedem Zeitpunkt nur eine Version der Projektdaten.
- Funktionen wie etwa das Backup der Daten, das Hinzufügen von Provenance-Informationen etc., die zwar wichtig sind, aber im Zuge der Pro-

---

15 Das Datenmodell wird momentan im Rahmen von mehreren ACDH-internen sowie -externen Projekten verwendet, und bis dato konnten alle wissenschaftlichen Anforderungen an das Datenmodell erfüllt werden.

jektarbeit oftmals vernachlässigt werden, können somit automatisch und auf zentralisierte Weise erledigt werden.[16]
- Mögliche Editierungen können exakt auf das Projektziel zugeschnitten werden (z. B. ist es möglich, die Auswahl an Berufen mittels der Funktion Autocomplete zu beschränken).[17]
- Die wissenschaftlichen Editoren der Daten benötigen – abgesehen von etwas Erfahrung mit Webseiten/Formularen – keinerlei technisches Wissen, um an den Daten zu arbeiten.
- Updates am Datenmodell oder an der Eingabemaske können zentral durchgeführt werden und setzen oftmals nicht einmal eine Einschulung der Editoren voraus (viele Änderungen des Datenmodells sind auch ohne Änderung der Eingabemaske vollziehbar).

Zusätzlich zu diesen eher allgemeinen Vorteilen eines zentral geführten Systems war für das APIS-Projekt auch das einfache Ineinandergreifen von automatischen Tools/Systemen und händischer Editionsarbeit wichtig. Auch dafür hat sich ein zentrales System als hilfreich erwiesen, denn NLP-Tools wie auch Wissenschaftlerinnen und Wissenschaftler können jederzeit auf den aktuellen Datenstand zugreifen.

5. Software Stack

Um den Entwicklungsaufwand für die Applikation so gering wie möglich zu halten, wurde weit verbreitete Open-Source-Software eingesetzt:
- erstens Django, welches ein auf Python basierendes Web-Development-Framework zur Entwicklung datengestützter Webapplikationen ist. Django wird von großen Seiten wie Instagram, Disqus oder der Washington Times eingesetzt und auch kontinuierlich weiterentwickelt. Es beinhaltet einen integrierten Admin-Bereich, einen Object-Relational-Mapper (ORM), der den Austausch der Datenbank ohne Änderung des Applikationscodes erlaubt, ein mächtiges Templating System, eine sehr detaillierte Rechteverwaltung und ein sehr umfangreiches Ökosystem an Plugins (z. B. das Django Restframework, das die einfache Erstellung von Rest APIs erlaubt);

---

16 So wird in APIS z. B. jede Änderung eines Datensatzes versioniert und mit User und Timestamp abgelegt.
17 Ähnliches ist zwar mittels Validierung gegen ein Schema z. B. in TEI auch möglich, die Validierung wird jedoch meist nicht von den Editoren selbst durchgeführt. Mögliche Fehler zu korrigieren ist dann relativ aufwändig.

- des Weiteren MariaDB als relationale Datenbank sowie
- JQuery mit diversen Bibliotheken für das Frontend.

6. Funktionen der Webapplikation

Die Webapplikation ermöglicht es, die Datenbank zu durchsuchen, die Listen der Ergebnisse zu sortieren, Einträge zu editieren und Visualisierungen der Daten zu erstellen. Die Filter für die Listenansichten können in der Konfiguration gesetzt werden. Die in Abbildung 2 dargestellte Listenansicht der Entitäten kann auch als CSV, Excel oder JSON heruntergeladen werden. Dies ermöglicht es den Forscherinnen und Forschern, relativ leicht an die Daten zu gelangen.

Abb. 2: Gefilterte Listenansicht Personen

6.1 Edit-View

Für die einzelnen Entitäten existieren eine nicht veränderbare Detailansicht und eine Edit-View.

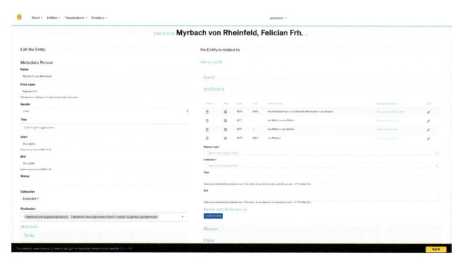

Abb. 3: Detailansicht Person

Die Edit-View erlaubt es, die Metadaten der jeweiligen Entität zu ändern und diese mit anderen Entitäten zu verbinden. Für beides werden – um die Arbeit zu vereinfachen und Fehlerquellen zu verringern – Autocomplete-Felder eingesetzt.

In Abbildung 3 ist eine Edit-View dargestellt. Jede Edit-View ist in zwei Spalten unterteilt. In der linken Spalte können die Metadaten der jeweiligen Entität editiert werden, in der rechten kann die Entität mit anderen verbunden werden. Hierzu durchsucht die Forscherin bzw. der Forscher mittels eines Autocomplete-Felds die intern schon existierenden Entitäten (im Bild oben z. B. Orte) sowie zusätzlich konfigurierte externe Referenzressourcen (in unserem Fall GeoNames und Gemeinsame Normdatei). Entscheidet sich die Forscherin bzw. der Forscher für einen Ort, der sich noch nicht in der Datenbank befindet, so verwendet das System den GenericRDFParser (siehe Exkurs weiter unten), um eine neue Entität anzulegen. Ist die zu verbindende Entität im System bereits vorhanden, so wird die Relation mit den wenigen zusätzlich nötigen Metadaten (Start- und Enddatum, Relationstyp, Referenzen und Notes) abgespeichert.

6.2 Vokabularien

Eine grundlegende Tätigkeit aller (quantitativen) Forschung ist es, Dinge zu kategorisieren und die gewählten Kategorien möglichst hierarchisch und strukturiert zu organisieren. Dafür werden in den DH meist Vokabularien eingesetzt. Seit 2009 existiert mit SKOS (Simple Knowledge Organisation System)[18] auch eine W3C-Empfehlung.

Im APIS-Datenmodell werden für die Typisierung von Entitäten, Relationstypen, Labels und Texttypen Vokabularien eingesetzt, die dem SKOS-Datenmodell folgen. Diese Vokabularien können im Admin-Bereich angelegt, editiert und gewartet werden. Zudem ist es möglich, sie mit einem Kommandozeilenbefehl in ein SKOS-konformes Resource Description Framework (RDF)[19] zu serialisieren.

6.3 Highlighter

Eine der Kernkomponenten des APIS-Frameworks stellt der sogenannte Highlighter[20] dar. Technisch betrachtet handelt es sich dabei um ein eigenständiges Modul, das – wenn benötigt – installiert werden kann.

Wie im Abschnitt über das Datenmodell schon dargelegt, können zu jedem Entitätstyp beliebig viele Textfelder ergänzt werden.[21] Im Highlighter wiederum ist es möglich, AnnotationProjects anzulegen. In diesen AnnotationProjects werden einzelne Texttypen aktiviert. Ist das AnnotationProject angelegt, so werden dem Kontextmenü beliebige Unterpunkte und Formulare zur Erstellung einzelner Annotationen hinzugefügt.

Ist die Konfiguration abgeschlossen, dann erscheint – sobald ein String in einem aktivierten Text markiert wird – das Kontextmenü. Wählt man daraus z. B. die zu annotierende Relation aus, so wird das benötigte Formular nachgeladen und angezeigt. Abbildung 4 zeigt z. B. die Annotation einer Person-Ort-Relation. Dafür wurde der String „Münster" markiert und „Person-Ort-Relation" aus dem Menü ausgewählt.

---

18 SKOS (Simple Knowledge Organisation System), https://www.w3.org/2004/02/skos/ (Zugriffsdatum 10.12.2019).
19 RDF (Resource Description Framework), https://www.w3.org/TR/rdf-primer/ (Zugriffsdatum 10.12.2019).
20 APIS-Highlighter, https://github.com/acdh-oeaw/apis_highlighter (Zugriffsdatum 10.12.2019).
21 Im Admin-Bereich des Systems.

Abb. 4: Annotationsmenü im Volltext

Das daraufhin angezeigte Formular zur Erstellung einer Person-Ort-Relation ist dasselbe, das auch in der rechten Spalte verwendet wird. Die angelegte Relation wird aber zusätzlich mit einem Annotationsobjekt verbunden. Dieses beinhaltet String-offset, Text-ID, Relations-ID und AnnotationProject. Das erlaubt es, Texte mehrfach zu annotieren und einzelne Annotationen ein- bzw. auszublenden (vgl. Abbildung 5).

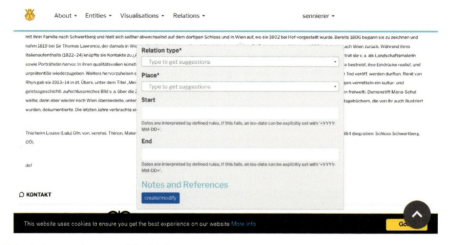

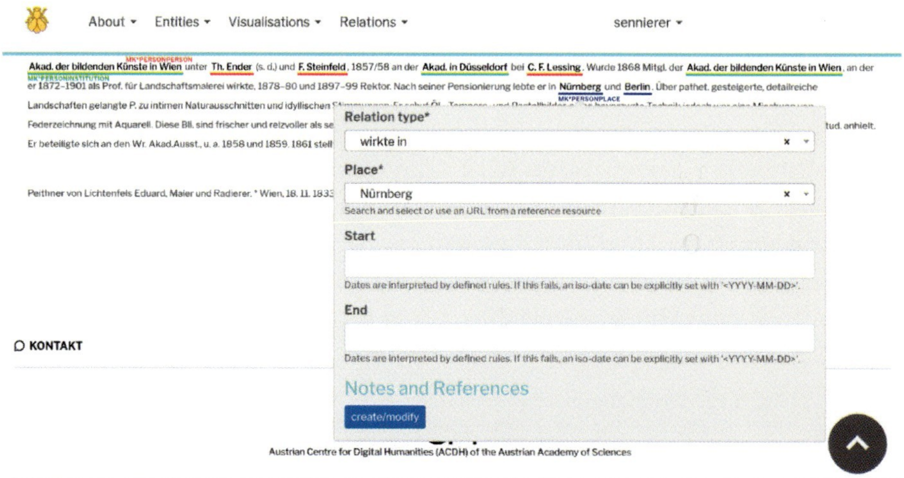

Abb. 5: Annotierte Biographie

Abbildung 5 zeigt eine annotierte Biographie. Über dem Text befindet sich ein Formular, das es erlaubt, das Annotation Project, die Art der Relationen und die Userinnen bzw. User, deren Annotationen man sehen will, auszuwählen. Die farbliche Kodierung zeigt die Art der Annotationen an (z. B. rot für Person-Person). Bewegt man den Cursor über eine Annotation, dann sieht man außerdem das Kürzel der Userin bzw. des Users, die/der diese erstellt hat. Ein Klick auf eine Annotation öffnet ein Kontextmenü, das es ermöglicht, Annotationen zu löschen oder – wie im Bild zu sehen – zu editieren.

Das Datenmodell des Highlighters gestattet es, ein und dieselbe Biographie sowohl von einer Forscherin bzw. einem Forscher als auch von einer NLP-Pipeline annotieren zu lassen und per Knopfdruck Evaluationsmetriken zu berechnen.

6.4 Bibsonomy[22]

Wie schon mehrfach angesprochen, ist die Provenance der Daten für historische Forschung besonders wichtig.[23] Deshalb wurde der Software kürzlich die Möglichkeit, einzelnen Entitäten oder Relationen Referenzen zuzuschreiben, die in Bibsonomy[24] oder Zotero[25] abgelegt werden, hinzugefügt. Technisch gesehen handelt es sich auch hierbei um ein eigenständiges Plugin, das lediglich eine Django-Instanz als Basis benötigt. Das Plugin baut dabei auf das Django-interne Content Type System auf. Django vergibt an alle in einer Instanz angelegten Modellklassen eindeutige IDs. Damit ist es möglich, generische Foreign Keys (Verweise auf andere Klassen) zu kreieren. Das Bibsonomy Plugin speichert pro Referenz die URI des Referenz-Eintrags, die Content Type ID, den Primary Key des Objekts, für das die Referenz angelegt wurde, und einige Metadaten. Für das Management der Referenzen selbst vertraut das Plugin auf eines von zwei relativ weit verbreiteten Systemen – Bibsonomy oder Zotero. Bibsonomy ist eine Open-Source-Software, die auch selbst gehostet werden kann, Zotero wird von einer Non-Profit-Organisation betrieben und ist gratis im Internet verfügbar.

---

22 Bibsonomy, https://github.com/acdh-oeaw/apis-bibsonomy (Zugriffsdatum 10.12.2019).
23 N. Ockeloen / A. Fokkens / Ter S. Braake, Biographynet: Managing provenance at multiple levels and from different perspectives, in: *Proceedings of the 3rd International Workshop on Linked Science 2013 – Supporting Reproducibility, Scientific Investigations and Experiments (LISC2013)*, Sydney: CEUR Workshop Proceedings, 2013.
    http://ceur-ws.org/Vol-1116/proceedingslisc2013.pdf (Zugriffsdatum 10.12.2019).
24 Dominik Benz et al., The Social Bookmark and Publication Management System Bibsonomy, in: *The VLDB Journal* 19, 6 (2010), 849–875.
25 Zotero, https://www.zotero.org/ (Zugriffsdatum 10.12.2019).

Exkurs: GenericRDFParser

Um Biographien semantisch zu erschließen, müssen die biographierten Personen mit anderen Entitäten verbunden werden: Universitäten, an denen sie studiert haben, Personen, mit denen sie gearbeitet haben, oder Orte, an denen sie wirkten. Damit die derart erstellten Daten für andere Projekte nachnutzbar sind, werden in APIS externe Referenzressourcen (und deren Identifier) eingesetzt. Angenehmer Nebeneffekt dieser Strategie ist die Möglichkeit, die Metadaten der externen Ressourcen wiederzuverwenden. In APIS wurde dafür ein generischer RDF-Parser[26] erstellt, der es ermöglicht, das Mapping von RDFs, die einzelne Entitäten beschreiben, auf das APIS-Datenmodell in einer Konfigurationsdatei zu übertragen. Der Parser benutzt diese Konfiguration, um eine lokale Kopie der LOD-Entität zu erstellen.[27] Dabei gestattet es der Parser auch, externe Links zu importieren. In einem GND-Eintrag ist der Geburtsort z. B. nur über eine URI referenziert. Der Parser erlaubt es, diesen Ort mit den Settings für Ort/GND in die Datenbank zu übernehmen und als Geburtsort mit der importierten Person zu verbinden.

Die Autocomplete-Felder durchsuchen dabei – zumindest im Fall von Entitäten – nicht nur die lokale Datenbank, sondern auch externe LOD (Linked Open Data)-Ressourcen. Sollte die ausgewählte Entität noch nicht in der Datenbank vorhanden sein, so holt der GenericRDFParser (siehe Exkurs weiter oben) die RDF-Datei und speichert eine lokale Kopie in der APIS-Instanz.

6.5 Versionierung der Daten

Für die Forschung ist die Provenienz der Daten von essentieller Bedeutung.[28] Sowohl das Datenmodell als auch die Webapplikation tragen diesem Umstand auf mehrfache Weise Rechnung. Das Datenmodell beinhaltet eine Source-

---

26 Das Modul ist direkt im apis-core package verfügbar.
    APIS-Core, https://github.com/acdh-oeaw/apis-core (Zugriffsdatum 10.12.2019).
27 Wir folgen dabei nicht dem Grundgedanken der Linked Open Data Cloud, schon existierende Entitäten (Ressourcen) nur zu referenzieren. Wir haben uns aus pragmatischen Gründen dafür entschieden: Zum einen können wir somit sicherstellen, dass die ursprünglich verbundene Entität erhalten bleibt (externe Ressourcen könnten ihre Daten verändern, ohne sie zu versionieren), zum anderen erlaubt dies unseren Editoren, etwaige Fehler in den Referenzressourcen relativ einfach zu korrigieren.
28 Antske Fokkens et al., BiographyNet: Methodological Issues when NLP supports historical research, in: N. Calzolari et al. (eds.), *Proceedings of the Ninth International Conference on Language Resources and Evaluation*, Reykjavik 2014: 3728–35.
    http://www.lrec-conf.org/proceedings/lrec2014/pdf/1103_Paper.pdf (Zugriffsdatum 10.12.2019).

Klasse, die Verweise auf die ursprünglich importierten Originaldaten inkludiert. Im Falle des APIS-Projekts handelt es sich um aus dem ÖBL-internen Redaktionssystem Gideon exportierte XML-Dateien.

Die Webapplikation selbst versioniert alle Änderungen der Daten, ähnlich der Wikipedia. Technisch betrachtet werden alle Datenbankobjekte bei Änderungen in ein Json-Objekt serialisiert und gemeinsam mit User, Timestamp und möglichem Kommentar (z. B. bei größeren Änderungen, die direkt am Server ausgeführt werden) abgelegt. Somit kann theoretisch jede Änderung rückabgewickelt und ein früherer Stand der Datenbank wiederhergestellt werden. Allerdings stößt das System bei sehr umfangreichen Änderungen an seine Grenzen. Wenn z. B. Entitäten miteinander „gemerged" werden (siehe „Merge von Entitäten" weiter unten), dann müssen auch alle Relationen, die diese Entitäten aufweisen, geändert werden. Wird solch ein Merge bei sehr stark vernetzten Entitäten (wie z. B. „Wien") durchgeführt, so müssen zehntausende Objekte geändert und serialisiert werden. Das kann dazu führen, dass die Versionierung abbricht und korrumpiert wird.

6.6 Merge von Entitäten

Nicht selten passiert es, gerade wenn Teams gemeinsam an Projekten arbeiten, dass Entitäten entweder doppelt angelegt werden oder erst zu einem späteren Zeitpunkt eine Verbindung zu einer Referenzressource hergestellt werden kann. Dafür wurde in die APIS-Software eine Merge-Funktionalität implementiert. Sie erlaubt es, einzelne oder mehrere Entitäten mit einer Zielentität zu mergen. Dabei werden alle Relationen und Labels der Ursprungsentitäten auf die Zielentität umgelegt. Zusätzlich werden relevante Metadaten der Ursprungsentitäten der Zielentität als Legacy-Labels hinzugefügt. Als Zielentität kann dabei sowohl ein bereits in der Datenbank vorhandenes Objekt als auch eine Entität aus einer Referenzressource verwendet werden.

6.7 Netzwerkvisualisierung

Schon seit dem 18. Jahrhundert wird an der Graphentheorie geforscht[29], und seit dem Beginn des 20. Jahrhunderts wird diese auch für die Geistes- und Sozialwissenschaften eingesetzt. Auch das APIS-Datenmodell setzt im Prinzip

---

29 Albert Lászlo Barabási, *Network science*, Cambridge: Cambridge University Press, 2016.

auf Graphen, d. h. Entitäten (Node), die untereinander verbunden (Edge) sind. Nicht zuletzt deshalb wurde entschieden, die Visualisierungskomponente zunächst auf Netzwerke aufzubauen.

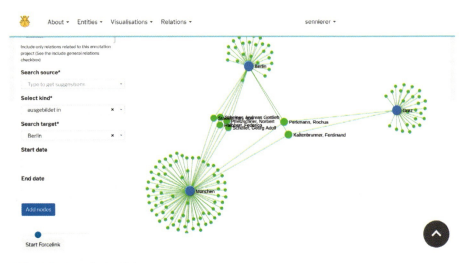

Abb. 6: Netzwerkvisualisierung

Die Netzwerkkomponente (siehe Abbildung 6) erlaubt es iterativ, verschiedene Relationen zu einem Graphen hinzuzufügen. Dabei ist es möglich, in der linken Spalte den Relationstyp auszuwählen und die Relationen dann gefiltert nach Start-, Endknoten und/oder Relationstyp zum aktuellen Graphen dazuzusetzen. Im Graphen befindliche Knoten können ausgewählt und dann entweder „extended" oder gelöscht werden. Beim „extenden" eines Knotens werden alle in der Datenbank vorhandenen Verbindungen zu diesem Knoten hinzugefügt. Dabei wird die momentane Topographie des Netzwerkes berücksichtigt und nur jene Typen von Knoten, z. B. Personen, hinzugefügt, die bereits im Netzwerk vorhanden sind. Zusätzlich ist es möglich, über ein Kontextmenü direkt in die Detailseite des Knotens einzusteigen.

Ist das Netzwerk fertig erstellt, kann es als GraphML oder Json heruntergeladen werden. Gerade GraphML – ein XML-basiertes Dateiformat für Netzwerke – eignet sich hervorragend für den Datenaustausch mit externen Netzwerkvisualisierungstools wie Gephi[30] oder Visone[31]. APIS exportiert in

---

30 Gephi, https://gephi.org/ (Zugriffsdatum 10.12.2019).
31 Visone, http://visone.ethz.ch/ (Zugriffsdatum 10.12.2019).

GraphML alle nützlichen Metadaten der Knoten und Kanten. Dazu gehören Namen, Längen- und Breitengrade, Geschlecht, Beruf, Institutionstyp, Collection, aber auch Start- und Enddatum einer Relation und Relationstyp.

6.8 Serialisierung der Daten

Zu Beginn wurde bereits angesprochen, dass im Rahmen der Planung des Projekts entschieden wurde, ein einfaches internes Datenmodell zu verwenden und dieses später in international übliche Formate zu überführen.

Die Serialisierung der APIS-Daten nutzt das Django-Restframework.[32] Die Serialisierung erfolgt dabei in zwei Schritten. Zunächst wird die angeforderte Entität mit einem Serializer in ein für alle Entitäten gleiches Json-Format serialisiert. Das Format beinhaltet sowohl die Metadaten der Entität als auch die Relationen zu anderen Entitäten inklusive minimaler Serialisierungen der verbundenen Entitäten.[33]

Aufbauend auf diesem Format existieren in APIS verschiedene Renderer, die weitere Datenformate zur Verfügung stellen. Renderer konsumieren das Json und wandeln es in das jeweilige Format um. Die einzelnen Renderer sind momentan gerade im Aufbau begriffen. Zurzeit ermöglicht APIS das Rendern der Daten in CIDOC CRM, TEI und der ProsopogrAPhI von Georg Vogeler und Kolleginnen und Kollegen.

Unter https://gist.github.com/sennierer/0b01815c822d4a559452f817ca01f638 findet sich eine Beispielbiographie serialisiert in CIDOC CRM[34]. Derzeit werden aus den im APIS-Datenmodell vorhandenen Attributen zu Geburts- und Sterbedaten E67_Birth und E69_Death Events erstellt. Diese werden dann mit den Geburts- und Sterbeorten verbunden. Zusätzlich werden Labels und Links auf Referenzressourcen hinzugefügt.

Allerdings sind zum Zeitpunkt der Kompilation dieses Beitrags (Dezember 2019) sowohl der CIDOC CRM als auch der TEI-Renderer noch nicht komplett implementiert. Es werden also nicht alle existierenden Daten auch in die jeweiligen Zielformate serialisiert.

---

32 Django Restframework, https://github.com/encode/django-rest-framework/tree/master (Zugriffsdatum 10.12.2019).
33 Ein Beispiel dieses APIS-Json-Formats findet sich unter
    https://gist.github.com/sennierer/d1452700aee04712d60992bacc1b9e63.
34 Das Beispiel verwendet Turtle (.ttl). Turtle, https://www.w3.org/TR/turtle/ (Zugriffsdatum 10.12.2019).

7. Verfügbarkeit und Dokumentation

Das gesamte APIS-System wurde unter einer MIT-Open-Source-Lizenz auf GitHub veröffentlicht. Diese Lizenz erlaubt einen sehr freien Umgang mit dem existierenden Code. Die Kernkomponente nennt sich apis-core. Für ein funktionierendes System inklusive Highlighter werden aber zwei weitere Komponenten benötigt: apis-webpage (liefert die HTML-Komponenten) und apis-highlighter (das Highlighter-Modul). Eine rudimentäre Dokumentation des Systems inklusive API-Definition findet sich unter https://acdh-oeaw.github.io/apis-core/.

8. Conclusio

Die Entwicklung des APIS-Systems hat gezeigt, dass die nötige Komplexität eines Datenmodells bzw. einer (Web-)Applikation zu Beginn gerne überschätzt wird. So wurden einige Funktionen implementiert bzw. im Datenmodell vorgesehen, die letztlich noch nie benötigt wurden. Auch zeigt die Erfahrung mit mittlerweile neun Projekten, die dieselbe Software verwenden,[35] in denen dieses System eingesetzt wird, dass das sehr simple Datenmodell zum einen alle benötigten Daten abbildet und zum anderen (relativ) einfach in komplexere High-Level-Ontologien übergeführt werden kann.

Einige Funktionen der Applikation haben sich im Forschungsprozess besonders bewährt. Der Highlighter hat es ermöglicht, große Datenmengen relativ effektiv zu annotieren. Die Autocompletes im Zusammenspiel mit dem GenericRDFParser haben es den Forscherinnen und Forschern erlaubt, Relationen effektiv zu erstellen, wobei hierbei erwähnt werden muss, dass es vor allem für Institutionen noch an geeigneten Referenzressourcen mangelt. Zudem macht die Netzwerkvisualisierung eine schnelle Kontrolle, aber auch eine effektive Entnahme der Daten möglich.

---

35 Unter anderem: PMB (Personen der Modernen Basis), https://pmb.acdh.oeaw.ac.at/;
PAAS (Prosopography of the Members of the Austrian Academy of Sciences 1847–2022), https://paas.acdh.oeaw.ac.at;
GTRANS (Große Transformation (APIS), https://gtrans-apis.acdh-dev.oeaw.ac.at/ (alle zuletzt abgerufen am 10.12.2019).

Katalin Lejtovicz – Matthias Schlögl

Die (semi-)automatische Verarbeitung biographischer Artikel im APIS-Framework

1. Einleitung

Täglich werden riesige Datenmengen in den Geisteswissenschaften nicht nur neu produziert, sondern auch aus den verschiedensten historischen Quellenbeständen digitalisiert. Museen, Forschungsinstitute und Bildungseinrichtungen kompilieren also einen großen Fundus an Daten, die ihrerseits in Form zahlreicher unstrukturierter Datensätze und Dokumente abgespeichert werden. Es ist inzwischen für menschliche Rezipientinnen und Rezipienten unmöglich, diese Datenmengen optimal zu nutzen und zu verarbeiten. Mit Hilfe computerunterstützter Methoden ist es jedoch praktikabel, diesen immensen Informationspool präzise und effizient zu behandeln. Digital-Humanities-Ansätze ermöglichen ihren Nutzerinnen und Nutzern, den Informationsgehalt unstrukturierter Datensätze zu reflektieren und zu zeitnahen Antworten auf ihre Forschungsfragen zu gelangen. Computergestützte Textverarbeitung, NLP (Natural Language Processing, d. h. die Verarbeitung natürlicher Sprache) und Informationsextraktion gestatten es, die Daten in einem Format aufzubereiten, mit dem möglichst einfach und nachhaltig weitergearbeitet werden kann.

Im Projekt *Mapping historical networks: Building the new Austrian Prosopographical/Biographical Information System* (APIS) bestand eines der wesentlichen Ziele darin, das Österreichische Biographische Lexikon 1815–1950 (im Folgenden als ÖBL bezeichnet) im Rahmen einer engen Zusammenarbeit von drei Institutionen (INZ, ACDH, ISR) in ein neues digitales System überzuführen und zu verarbeiten. Dank der Möglichkeiten der Informationstechnologie und der computergesteuerten sprachlichen Datenverarbeitung kann das ÖBL Teil der Linked Open Data Cloud[1] werden und fungiert gleichzeitig als ein Pool

---

1 Vgl. https://lod-cloud.net/
  Diese und alle nachfolgenden Internetadressen wurden zuletzt am 16.12.2019 abgerufen und überprüft.

kulturellen Wissens. Somit können neue und innovative Fragen im Bereich der Geistes-, Sozial- und Kulturwissenschaften mit Hilfe des APIS-Systems beantwortet werden, insbesondere auf dem Gebiet der Migration und der historischen Netzwerkforschung. In diesem Beitrag wird zunächst die computergestützte Analyse des ÖBL beschrieben, sodann wird die aktuelle Version der APIS-Datenbank vorgestellt, danach werden die Natural-Language-Processing-Verfahren hervorgehoben, und schließlich wird ein Einblick in einige Datenanalysen des Textkorpus des ÖBL gewährt.

1.1 Biographien und das ÖBL

Biographien bilden einen wichtigen Bestandteil der vielfältigen Wissensbasis der Geisteswissenschaften und weisen eine lange und sich bis in die Gegenwart fortsetzende Geschichte auf. „Einer der ersten Biographen war Cornelius Nepos, der seine Arbeit Excellentium Imperatorum Vitae (,Über berühmte Männer') 44 v. Chr. veröffentlichte."[2] In den vergangenen Jahrhunderten wurden zahlreiche Biogramme verfasst, und dieser Prozess ist noch immer nicht abgeschlossen. Mit Wikipedia wurde ein neuer Ansatz für das biographische Schreiben sowie die Biographik etabliert, und die Beliebtheit dieses Online-Systems zeigt, dass der Bedarf an Wissen über menschliche Lebenswege nicht nachlässt. Des Weiteren besteht heutzutage der Anspruch, dass der Zugriff auf Daten schnell und von überall her möglich ist. Aus diesem Grund repräsentiert Wikipedia eine beliebte Ressource, wenn es um Biographien geht. Daneben stehen aber nach wie vor von Expertinnen und Experten kompilierte und veröffentlichte – also traditionelle – biographische Nachschlagewerke in Verwendung, zu denen das ÖBL zählt. Es stellt eine unverzichtbare Ressource dar, die einen bestimmten geographischen Großraum sowie einen spezifischen Zeitrahmen abdeckt und Personen beinhaltet, die einen wesentlichen Einfluss auf das kulturelle, politische, soziale und wirtschaftliche Leben in diesem Raum ausübten. Während der Großteil der Forschung Wikipedia in ihrer Gesamtheit qualitätsmäßig auf Augenhöhe mit anderen Lexika verortet, so ist es doch wichtig festzuhalten, dass die Qualität der einzelnen Artikel in der Wikipedia deutlich variiert.[3]

---

2 https://de.wikipedia.org/wiki/De_viris_illustribus_(Nepos).
3 Vgl. Jun Liu / Sudha Ram, Who Does What: Collaboration Patterns in the Wikipedia and Their Impact on Data Quality, in: *Proceedings of the 19th Workshop on Information Technologies and Systems*, December 2009, 175–180. https://ssrn.com/abstract=1565682 (Zugriff am 16.12.2019).

Die Zugriffsstatistiken des ÖBL-Online zeigen, dass die Existenz eines solchen Lexikons immer noch unverzichtbar ist. Zudem wird die Redaktion von Forscherinnen und Forschern sowie Studierenden kontaktiert, die das ÖBL für ihre Arbeit und das Studium benötigen. Aber nicht nur fachlich Interessierte suchen nach Informationen im ÖBL, sondern auch Laien, vor allem Menschen, die darin hinsichtlich der Vitae ihrer Vorfahren recherchieren.

1.2 Heterogenität und Abkürzungen

Grundidee der Konzeptionierung des ÖBL war es, ein Lexikon mit umfassenden und wissenschaftlich fundierten Artikeln zu erstellen, wobei die Formulierungen vorrangig knapp, präzise und dennoch gut lesbar gestaltet werden sollten. Dieses Bestreben führte aufgrund des langen Erstellungszeitraums und der zahlreichen Mitarbeiterinnen und Mitarbeiter letztlich zu einer höchst heterogenen Datenbasis, in der gleichartige Informationen auf unterschiedliche Weise formuliert werden. Diese Variabilität der Wortwahl bedingt jedoch einen erhöhten Anspruch an das automatische Informationsextraktionssystem. Der Grund liegt darin, dass dieselben Regeln und Methoden nicht auf stark unterschiedliche Textausschnitte angewendet werden können, sondern dass diese an die divergierenden Formulierungen in den Biographien angepasst werden müssen. Ein weiteres Ziel bei der Erstellung des Lexikons bestand darin, den Umfang der Artikel durch die Vermeidung von (Wort-)Wiederholungen knapp zu halten. Solche im ÖBL häufig verwendeten Wörter und Begriffe sind etwa die Namen von Ländern, Institutionen und Titel, aber auch häufig wiederkehrende Verben und Adjektive, die als meist verwendete Phrasen in den Artikeln abgekürzt werden. Die Verwendung von Abkürzungen beschränkt sich dabei jedoch nicht auf die gebräuchlichen und bekannten Abkürzungen in der deutschen Sprache, die jeder Muttersprachler kennt (usw., bzw., z. B. ...), sondern viele Abkürzungen wurden seitens der Redaktion eigens eingeführt.[4] D. h., eine solche Art der Ausarbeitung von Lexikonartikeln forderte die NLP-Software bei der automatischen Verarbeitung des Korpus besonders heraus. Da Abkürzungen von den automatischen Textverarbeitungswerkzeugen mit dem Satzende verwechselt werden können, liegt ein typisches Problem etwa in einer

---

4 Mit Hilfe eines in diesem Artikel beschriebenen Systems wurden über 4.000 distinkte Abkürzungen aus den ÖBL-Biographien extrahiert. Wichtig zu erwähnen ist, dass im ÖBL auch die Namen der biographierten Personen abgekürzt werden.

nicht korrekten Strukturierung von Sätzen. Der folgende Textausschnitt zeigt am Beispiel der Biographie von Josef Tauber anschaulich die beträchtliche Anzahl von Abkürzungen, die in einem ÖBL-Artikel verwendet werden können. Deutlich werden neben der Häufigkeit auch die verschiedenen Arten von Abkürzungen, wie etwa jene des Familiennamens (Tauber – T.), sowie das Nebeneinander von gängigen (u. a.) und ÖBL-spezifischen Abkürzungen (Blindeninst., bes., Erz. ...): *„Tauber Josef Samuel (Sami), Schriftsteller und Journalist. Geb. Wien, 12. 8. 1822; gest. ebd., 9. 1. 1879; mos. Aus wohlhabendem Haus. Sohn von Jonas T. und Josefine T., geb. Teltscher, aus Leipnik (Lipník nad Becvou), Schwager von →Ludwig August v. Frankl-Hochwart, dessen Israelit. Blindeninst. er unterstützte; ab 1849 verehel. mit Louise Hönigsberg. – T. wurde religiös erzogen und sollte ursprüngl. Rabb. werden; nach dem Tod des Vaters brach er diese Ausbildung jedoch ab. 1841–47 unternahm er ausgedehnte Reisen durch Europa, bes. nach Frankreich, wo er an der Pariser Sorbonne Vorlesungen hörte, und Italien; die dabei gewonnenen Eindrücke verarbeitete er 1847 in seinem Bd. „Gedichte". Die romant.-liedhaften Züge und einzelne Texte daraus nahm er 1863 in „Für Musik. Lieder, Romanzen und Chöre" wieder auf, ebenso polit. Lieder („Rheinlied", „Wachtposten-Lied"). In „Quinten. Kleine Gedichte", 1864 (2. vermehrte Aufl. 1869), setzte er die „Gnomen" der ersten Smlg. fort und erweiterte diese zu Sprüchen über Glaube, Leben, Liebe und Kunst. 1853 nahm T. die von →Leopold Kompert initiierte Gattung der Ghettogeschichte auf („Die letzten Juden", 2 Tle., 1853, 2. Aufl. 1859), in der er Ethnographie und romant. literar. Formen (Traumallegorie, Märchen) erzähler. verband; 1896 wurden die beiden Erz. „Der Traum ein Leben" und „Die Raben" in Prag neu aufgelegt. In seiner Spruchdichtung bekannte sich T. zu einer überkonfessionellen Ethik im Sinne Lessings („Sei Mensch als Jude, Mensch als Christ"), war skept. gegenüber menschl. Erkenntnis, oft witzig und iron. auf knappstem Raum. Der Ged.bd. „Die Lust zu fabulieren" (1878), nach Jahreszeiten angeordnet, lehnte sich formal wie inhaltl. an Goethe und →Franz Grillparzer an. In seinen Arbeiten finden sich motiv. Anklänge an Nikolaus Lenau (→Nikolaus Franz Niembsch v. Strehlenau) und die Romantik, aber auch überkonfessionelle Gebete und „Maurerlieder". Weiters übers. T., der sich vehement für die jüd. Reformbewegung einsetzte, in den 1860er-Jahren jüd. liturg. Texte ins Dt. Er beteiligte sich aktiv am Revolutionsgeschehen von 1848 (so textierte er gem. mit →Salomon Sulzer Revolutionsgesänge und unterzeichnete das „Manifest der Schriftsteller Wiens") und unterhielt rege Kontakte zu Heinrich Heine, Giacomo Meyerbeer und Grillparzer, denen er Ged. widmete. Daneben betätigte er sich als Journalist für verschiedene Ztg. und Z.,* *u. a. für „Die Presse" und die „Sonntags-Blätter", 1853 wurde er Sekr. des Journals „Der Wiener Lloyd", 1859 Gründungsmitgl. des Journalisten- und Schriftstellerver. „Concordia".*"[5]

2. Das NLP-System im Projekt APIS

Eines der Ziele des APIS-Projekts besteht darin, automatische Datenverarbeitung bereitzustellen, die den Forscherinnen und Forschern die Arbeit erleichtert und sicherstellt, dass die Informationen im Text der Benutzerin bzw. dem Benutzer automatisch und effizient zur Verfügung stehen. Deren Bearbeitung und Interpretation erfolgte mittels computergestützter sprachlicher Methoden (NLP-Methoden), die einerseits die Identifizierung von Entitäten wie Personen, Orten, Institutionen usw. und andererseits die automatische Anknüpfung dieser Entitäten an die Linked Open Data Cloud ermöglichen. In den folgenden Abschnitten werden die Schritte der automatischen Textverarbeitung ausführlich beschrieben.

2.1 Überblick

Obwohl die ÖBL-Biographien bereits im XML-Format vorliegen, enthalten diese Dateien keine strukturierten Daten über das Leben der beschriebenen Personen, es kommen nur die wichtigsten Ereignisse (Geburts- und Sterbedatum) in strukturierter Form vor. Um die unstrukturierten Texte mit strukturierten Informationen anzureichern, ist eines der Hauptziele in APIS, Entitäten wie Personen, Orte, Institutionen, Ereignisse und deren Beziehungen zu der biographierten Person automatisch zu erkennen. Um dies effizient und in hoher Qualität erreichen zu können, werden automatisierte und manuelle Informationsextraktionstechniken kombiniert.

Die Abbildung 1 zeigt, dass nur Daten wie Vor- und Nachname, Geburts- und Sterbedatum sowie Berufsgruppe in den XMLs in strukturierter Form vorliegen. Der Großteil der Information versteckt sich im unstrukturiert vorliegenden Haupttext der Biographie und muss mittels NLP-Methoden extrahiert werden.

---

[5] H. Lengauer, Josef Samuel (Sami) Tauber (1822–1879), Schriftsteller und Journalist, in: *ÖBL 1815–1950*, Bd. 14 (Lfg. 64, 2013), 208.
Für die XML-Version siehe: https://www.biographien.ac.at/oebl/oebl_T/Tauber_Josef-Samuel_1822_1879.xml

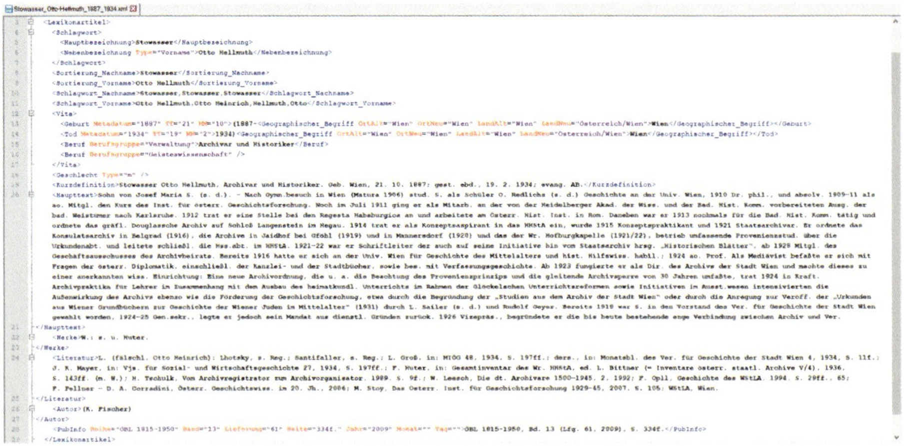

Abb. 1: XML-Version Biographie Stowasser, Otto Hellmuth

In APIS wurde ein automatisiertes System zur Extrahierung von Informationen erstellt, mit dem natürlichsprachliche Texte semantisch annotiert werden können. Das von uns verwendete System besteht aus den folgenden Komponenten: Abkürzungsauflöser-Komponente, Named Entity Recognizer, Entity Linker und Disambiguierungskomponente.

Diese werden nachfolgend beschrieben bzw. wird ein Überblick über das Gesamtsystem gegeben.

2.2 Abkürzungsauflösung

Der in APIS angewandte Informationsextraktionsprozess löst zuerst die Abkürzungen auf, damit die weiteren NLP-Komponenten – die meistens mit Buch- und Zeitungstexten trainiert wurden, also Textformen, die weit weniger Abkürzungen einsetzen – problemlos mit den Biographien weiterarbeiten können. Abkürzungen werden im ÖBL im Falle unterschiedlichster Wortarten und Termini eingesetzt: Personen- bzw. Institutionsnamen, akademische Titel, Ortsnamen oder allgemeine Adjektive und Verben. Ein Ausschnitt aus der ÖBL-Abkürzungsliste zeigt, wie detailliert die im ÖBL vorkommenden Abkürzungen sind:

A.	Abendausgabe, Abendpost, Abendblatt etc.
Abg.	Abgeordneter
Abh., Abhh.	Abhandlung, -en
ABK	Akademie der bildenden Künste
Absolv.	Absolvierung
absolv.	absolvieren
Abt.	Abteilung
Ac(c)ad.	Académie, Accademia etc.
Adj.	Adjutant
AdR	Archiv der Republik
AG	Aktiengesellschaft
AH	Abgeordnetenhaus
Akad.	Akademie, Akademia etc.
AKH	Allgemeines Krankenhaus
allg.	allgemein
ao.	außerordentlich
a. ö. Prof.	außerordentlicher öffentlicher Professor
Art.	Artillerie
Ass.	Assistent
AU	Akademia Umiejętności
Auff.	Aufführung
aufgef.	aufgeführt
Aufl.	Auflage
Ausg.	Ausgabe
ausgest.	ausgestellt
ausgez.	ausgezeichnet
Ausst.	Ausstellung
Ausz.	Auszeichnung
AVA	Allgemeines Verwaltungsarchiv

Tabelle 1: Beispiele für Abkürzungen im ÖBL

1. Es wurden zwei verschiedene Varianten der „Abkürzungsauflöser"-Software entwickelt. Bei der ersten Variante handelt es sich um ein auf regulären Ausdrücken[6] basierendes Java-Programm. Diese erste Softwarevariante sucht mit Hilfe regulärer Ausdrücke nach in einer Liste akkumulierten Abkürzungen. Wird eine Abkürzung aus dieser Liste im Text gefunden, dann ersetzt die Software die Abkürzung durch die in der Liste vermerkte Auflösung. Die regelbasierte Methode hat den Vorteil,

---

6 Ein regulärer Ausdruck ist eine Sequenz von Zeichen, die ein generalisiertes Suchmuster bestimmt.

dass sie einfach zu implementieren ist und die Ergebnisse aus einer kontrollierten Datenbasis stammen. Diese Methode hat jedoch auch mit Schwachstellen zu kämpfen, nämlich: Abkürzungen, die nicht in die Liste aufgenommen wurden, können nicht aufgelöst werden.
2. Gemeinhin übliche Abkürzungen, wie z. B. -isch- oder -lich-Suffixe (z. B. polit. = politisch, staatl. = staatlich), wurden nicht in die Liste aufgenommen und können somit auch nicht aufgelöst werden.
3. Wenn eine Abkürzung mehrere Bedeutungen besitzt, ist das System nicht imstande zu entscheiden, welche im Text gemeint ist (Ms. = Manuskript, Ms. = Monatsschrift).
4. Deklination: Das System kann das aufgelöste Wort nicht mit der richtigen Deklination versehen, d. h. die abgekürzten Adjektive werden in den Text ohne die korrekte Endung eingefügt. Zum Beispiel wird für dt. „deutsch" in den Text geschrieben und nicht die im jeweiligen Einzelfall grammatikalisch korrekten Wortformen „deutsche" bzw. „deutscher" usw.

Wie schon eingangs erwähnt, hat das ÖBL im Laufe seiner Entstehungsgeschichte ein sehr elaboriertes System an Abkürzungen entwickelt. In diesem repräsentieren die explizit aufgelisteten Abkürzungen leider nur eine Minderheit. Nicht in der Liste finden sich etwa weit verbreitete Abkürzungen wie „z. B.", abgekürzte Suffixe wie „-lich" etc. Zusätzlich finden sich in den ÖBL-Biographien auch ambige Abkürzungen.

- Um beide Probleme zu adressieren, wurde ein weiteres System zum Zwecke der Abkürzungsauflösung implementiert. Dieses bedient sich des „Austrian Media Corpus" (AMC)[7], welcher alle Zeitungsartikel beinhaltet, die seit den 1990er-Jahren in Österreich publiziert wurden. Dieses System funktioniert in zwei Schritten: Zunächst wird mittels deutscher Lexika versucht festzustellen, ob es sich im Falle eines Punktes um ein Satzende oder eine Abkürzung handelt. Zu diesem Zweck wird der Satz tokenisiert, also in einzelne Wörter zerlegt. Diese Wörter werden in einem aus mehreren Quellen zusammengestellten deutschen Lexikon gesucht. Wird das Wort nicht gefunden, dann bewertet das System selbiges als potentielle Abkürzung.
- Im Falle einer Abkürzung werden zunächst die ÖBL-Abkürzungsliste

---

7   Vgl. https://www.oeaw.ac.at/acdh/tools/amc-austria-media-corpus/

und zusätzliche Ausnahmelisten überprüft. Findet sich der String auf diesen Listen, dann werden (mehrere) mögliche Auflösungen aufgenommen.
- Danach wird ein Query-String erstellt, der an die Sketch-Engine[8] (in der das AMC indiziert ist) gesandt wird. Wurden mögliche Auflösungen aus den Abkürzungslisten extrahiert, so werden diese in den Query-String integriert. Jene Version, die die meisten Treffer im Corpus erzielt, wird für die Auflösung der Abkürzung übernommen.

Für den Query-String wird der Punkt durch eine Wildcard ersetzt, um einige Wörter rund um die Abkürzung ergänzt (Kontext) und im Falle möglicher Auflösungen auch um diese erweitert.

Als Beispiel möge im Folgenden der Satz „Er stud. an der Univ. Wien. 1921 flüchtete er nach Prag und ging dort akadem. Studien nach." fungieren. Das System bewertet die Tokens „stud.", „Univ." und „akadem." als potentielle Abkürzungen. „Univ." wird in einer Abkürzungsliste gefunden und sofort zu „Universität" erweitert. Für „stud." kann keine eindeutige Auflösung gefunden werden. Das System generiert deshalb aus dem Satz den folgenden Query-String für die Sketch-Engine:

q[word="Er"][word="stud*"|word="studierte"][word="an"]

Weil das aufzulösende Wort am Anfang des Satzes steht, wählt das System in diesem Fall eine kurze „Umgebung" von lediglich einem Wort in beide Richtungen. Zusätzlich wird der Punkt in der Abkürzung durch eine Wildcard ersetzt und potentielle Auflösungen werden beigefügt. Die „Pipe" dient dabei als logisches „oder": stud* ODER studierte. Mit „akadem." verfährt das System ähnlich, es werden nur deutlich mehr potentielle Auflösungen hinzugefügt.

Mit diesem Query-String wird der Satz in „Er studierte an der Universität Wien. 1921 flüchtete er nach Prag und ging dort akademischen Studien nach." aufgelöst, was in diesem Fall völlig korrekt ist.

Das System kann seine Vorteile vor allem im Falle von ambigen Abkürzungen ausspielen. Das betrifft nicht nur solche im engeren Sinne, sondern auch Deklination und Konjugation, Genus und Numerus.

Während das System also zum einen eine Strategie bietet, mit ambigen Auflösungen umzugehen, sowie auch erlaubt, Auflösungen für nicht erfasste Abkürzungen zu generieren, weist es zum anderen auch einige Probleme auf. Erstens können nur sogenannte Initialwörter, also jene Abkürzungen, die aus den

---

[8] Vgl. Adam Kilgarriff et al., The Sketch Engine: ten years on, in: *Lexicography* 1, 1 (2014), 7–36.

Anfangsbuchstaben gebildet werden, aufgelöst werden. Zweitens basiert die Auflösung auf einem genrefremden Korpus (moderne Zeitungsartikel vs. Biographien, die im Laufe eines halben Jahrhunderts kompiliert wurden).

Das System liefert durchwegs zufriedenstellende Ergebnisse bei der Abkürzungsauflösung. Für den ursprünglich angedachten Zweck der Vorbereitung der Texte für die maschinelle Weiterverarbeitung zeigte sich jedoch, dass die reine Erkennung von Abkürzungen ohne die Auflösung ausreichend ist. SpaCy[9] beruht – wie die meisten modernen NLP-Systeme – auf statistischen Systemen und verwendet (kaum) auf einzelnen Wörtern basierende Regeln. Es ist daher ausreichend, dem System die Abkürzungen als neue Wörter mitzugeben und damit falsches Sentence Splitting zu verhindern.

2.3 Computerlinguistische Analyse der Texte

Der zweite Schritt des semantischen Annotationsprozesses besteht in einer computerlinguistischen Analyse der Biographien. Dieser Prozess setzt sich aus mehreren Stufen zusammen, die nacheinander angewendet werden. Dieses Kapitel widmet sich im Folgenden nun den Details der NLP-Analyse.

Um die Biographien mit semantischen Informationen anreichern zu können, muss der Text zuerst in kleinere, bedeutungstragende Einheiten zerlegt werden, also die sogenannten Tokens. Ein Token ist eine Zeichenkette, die zwischen zwei Leerzeichen oder zwischen einem Leerzeichen und einem Satzzeichen vorkommt. Daher können Tokens z. B. Wörter, Daten, Zahlen, Akronyme oder Abkürzungen sein.

Nachdem der Text in Tokens aufgeteilt wurde, kann er durch eine Reihe von Zeichenfolgen dargestellt werden. Diese Strings sind in Bezug auf ihre Bedeutung sehr unterschiedlich. Einige Tokens enthalten mehr Information, während andere, wie etwa Funktionswörter (z. B. Konjunktionen, Prä- und Postpositionen), für die Textanalyse eines Dokuments weniger wichtig sind.

Um die bedeutungsvollen Entitäten im Text zu finden, setzt man einen Named Entity Recognizer ein. Dieser identifiziert die inhaltlich wichtigen Wörter im Text, wie z. B. Personennamen, Namen der Institutionen/Organisationen, Orte, Daten, Währungen usw.

Nach dem Prozess der Entity Recognition besitzt das System Information darüber, welche die inhaltlich wichtigen Wörter sind und wo diese im Text vor-

---

9   Vgl. https://spacy.io

kommen. Daraus können die Nutzerinnen und Nutzer zwar schon viele Analysen und Auswertungen ableiten, aber noch informativer ist es, wenn diese Strings nicht nur mit Named Entity Labels, wie z. B. „PERSON", „ORT", „INSTITUTION", gekennzeichnet werden, sondern wenn diese auch mit Informationen aus dem World Wide Web verbunden sind. In der Linked Open Data Cloud (LOD) finden sich digitale Repräsentationen realer Objekte/Personen/Institutionen etc. Diese digitalen Entitäten sind via URI (Uniform Resource Identifier) eindeutig identifizierbar und beinhalten zusätzliche Metadaten der Entitäten (z. B. Längen- und Breitengrade, Geburtsdaten etc.). Beim „Entity-Linking" wird nun versucht, die richtige digitale Entität für den jeweils aus dem Text extrahierten String zu finden. Teilweise sind allerdings weder Personen- noch Orts- oder Institutionsnamen eindeutig, wodurch dieser Prozess deutlich erschwert wird. Es finden sich z. B. fünf verschiedene Siedlungen mit dem Ortsnamen „Wien" in den USA.

Um weitere hochwertige Informationen automatisch aus dem Fließtext herauszuziehen, werden im letzten Schritt die verknüpften und eindeutig identifizierten Entitäten mit der biographierten Person in Verbindung gesetzt. Diesen Prozess nennt man Relationsextraktion. Es werden Relationen, wie z. B. Person „studierte in" Institution, Person „reiste nach" Ort, Person „war Mitglied" in Institution usw., erkannt, was der Nutzerin bzw. dem Nutzer ermöglicht, im Text schnell und einfach nach Zusammenhängen zwischen Entitäten zu suchen und damit komplexe Fragestellungen zu beantworten.

Für die automatische Informationsextraktion wird eine Open-Source-Software namens Apache Stanbol[10] verwendet. Stanbol beherrscht Tokenization, Named Entity Recognition und Entity Linking. Die Entitäten, die durch Tokenization und NER erkannt werden, können sodann mit Referenzressourcen und Ontologien, wie z. B. GND (Gemeinsame Normdatei)[11] bzw. GeoNames[12], verglichen und verknüpft werden. Die Disambiguierungs- und Relationsextraktionskomponenten wurden im Laufe des Projektes entwickelt und beruhen auf anderen NLP-Tools. Im Folgenden wird nun ein Überblick über das APIS-NLP-System geboten.

---

10 Vgl. https://stanbol.apache.org/
11 Vgl. https://www.dnb.de/DE/Professionell/Standardisierung/GND/gnd.html
12 Vgl. Geonames.org (https://www.geonames.org/) oder DBpedia (https://wiki.dbpedia.org/)

2.4 Stanbol

In der APIS-Natural-Language-Processing-Komponente werden selbst entwickelte Komponenten mit Open-Source-Software kombiniert. Im NLP-System von APIS wird die Open-Source-Software Apache Stanbol für verschiedene Funktionen eingesetzt. Stanbol kann als ein „Semantic Engine" benutzt werden. Dabei werden Daten an die Restful API geschickt. Eine Restful API ist eine Programmschnittstelle/ein Application Program-Interface, an die die Userin bzw. der User Anforderungen zum Abrufen, Einfügen und Löschen von Daten senden kann, um semantisch angereicherte, maschinenlesbare Resultate zurückzubekommen. Die wichtigsten Funktionen von Apache Stanbol sind folgende:
- Content Enhancement: Semantische Informationen werden zu nicht semantischen Daten hinzugefügt.
- Reasoning: Basierend auf den im Content Enhancement erstellten semantischen Informationen können zusätzliche, daraus folgende semantische Informationen zum Text automatisch hinzugefügt werden.
- Knowledge Models: Datenmodelle (z. B. Ontologien), die semantische Informationen abbilden, können in Stanbol definiert und bearbeitet werden.
- Persistence: Semantische Informationen (z. B. bereicherte Texte, Entitäten, Fakten usw.) können in Stanbol gespeichert und durchsucht werden.[13]

2.5 Named Entity Recognition und Chunking

Bei Named Entity Recognition (NER) handelt es sich um einen Baustein der Informationsextraktion, bei dem nach vordefinierten Wortklassen gesucht wird und die Wörter bzw. Phrasen mit den entsprechenden „Klassenlabels" versehen werden. Die Identifizierung findet im unstrukturierten Text folgendermaßen statt: Das NER-System filtert Wörter und Phrasen heraus, die zu bestimmten, oft vorkommenden Wortklassen gehören, wie z. B. Person, Ort, Datum, Institution, und diese werden zu den ausgewählten Textteilen als Überschriften hinzugefügt, damit eine linguistische Informationsanreicherung zustande kommt.

Der Prozess der Named Entity Recognition kann als die Kombination von zwei Aufgaben gesehen werden: Die erste ist die Erkennung von Wort- und

---

13 Die Stanbol-Instanz ist unter https://enrich.acdh.oeaw.ac.at frei verwendbar.

Phrasenkandidaten, die mit den oben genannten Kategorien versehen werden. Die zweite besteht in der Klassifizierung der erkannten Kandidaten in die jeweils vorgegebenen Klassen.

Beim ersten Schritt ist die Zerlegung des Textes die größte Herausforderung. Kandidaten müssen zum Teil aus Wortfolgen sinnvoll zusammengesetzt werden. Diese Wortfolgen automatisch zu erkennen, kann in manchen Fällen Schwierigkeiten bereiten. Beim zweiten Schritt müssen zu den vorher identifizierten Wörtern und Phrasen die passenden Kategorien gefunden werden. Hierbei treten auch mehrdeutige Fälle auf, was die Entscheidungen des automatischen Informationsextraktionssystems erschwert. „Paris" kann beispielsweise sowohl ein Orts- als auch ein Personenname sein. In diesem Fall kann aber der Kontext, in welchen das Wort eingebettet ist, die Wahl des passenden Labels erleichtern.

Zwei große Gruppen von NER-Systemen sind zu unterscheiden. Die eine berücksichtigt linguistische Merkmale der Wörter beim Identifizierungsprozess, die andere baut auf statistischen Modellen wie maschinellem Lernen auf, um die Entitäten den Named-Entity-Klassen zuzuordnen. Systeme der ersten Kategorie weisen in der Regel eine höhere Genauigkeit auf, die Regeln müssen jedoch sehr aufwändig manuell erstellt werden. Bei trainierten Modellen, die von Machine-Learning-Systemen verwendet werden, benötigt man einen umfangreichen Trainingskorpus mit annotierten Named Entity Labels. Es existieren auch halbautomatische Ansätze, bei denen die Ergebnisse eines automatischen Systems manuell korrigiert werden. Diese Systeme versprechen sowohl Genauigkeit als auch erhebliche Effizienz.

Chunking findet im Gegensatz zu Named Entity Recognition Phrasen im Freitext, wie z. B. „der schwarze Hund", „Peter Klein", aber diese werden nicht bestimmten Kategorien wie *Person*, *Ort* oder *Institution* zugeordnet. Daraus folgt, dass ein Chunker potentiell mehr Entitäten entdeckt als ein Named Entity Recognizer, er kann aber deren Typ/Kategorie nicht bestimmen, was allerdings in manchen Fällen notwendig ist. Chunker und Named Entity Recognizer werden daher im Rahmen von verschiedenen Problemstellungen eingesetzt. Im APIS-NLP-System wurden beide Ansätze evaluiert, um Entitäten für das Entity Linking aufzubereiten.

Letztendlich wurde entschieden, einen Chunker zu verwenden, da es dieser ermöglicht, mehrere potentielle Entitäten zu extrahieren. In APIS werden alle automatisch extrahierten Entitäten von Forscherinnen bzw. Forschern manuell überprüft. In einem derartigen Workflow ist es sinnvoll, auch unwahrscheinliche Kandidaten zu extrahieren und die Entscheidung letztlich den Wissenschaftlerinnen bzw. Wissenschaftlern zu überlassen.

In der Konfiguration von Stanbol wird die Open-Source-Software OpenNLP[14] verwendet, um den Text in Sätze zu unterteilen, sodann die Sätze in Tokens zu zerlegen, danach die Part of Speech Tags (POS Tags) – Wortarten wie z. B. Nomen, Verb, Adjektiv usw. – der Tokens zu bestimmen und schließlich die Chunks (Phrasen) zu erstellen.

2.6 Entity Linking

Im APIS-NLP-System ist das Entity Linking der letzte Schritt zur automatischen Interpretation von natürlichsprachlichen Texten. Mittels Entity Linking können Personen-, Orts- und Institutionsnamen mit den Einträgen von Ontologien in der LOD-Cloud verknüpft werden. Diese Methode gewährleistet, dass nicht nur die Information, welcher Textteil sich auf eine Person/einen Ort/eine Institution bezieht, zur Verfügung steht, sondern auch dass die Entitäten mittels eines eindeutigen Bezeichners, des URI, identifiziert werden können.

Zum Beispiel ist es möglich, in der Biographie von Sophie König[15] die Ortsnamen Baden, Berlin, Deutschland, Frankfurt am Main, Leipzig, Pest und Wien mit der Hilfe von Entity Linking zu erkennen und sodann mit den zutreffenden URIs aus GeoNames zu verbinden. Als Entity Linking bezeichnet man jenen Schritt in einer NLP-Pipeline, in dem ein String, der zuvor z. B. als Ort erkannt wurde, einem digitalen Objekt (also z. B. einer GeoNames-Instanz) zugewiesen wird. Problematisch ist allerdings, dass Namen oftmals nicht eindeutig sind. Sucht man z. B. auf der GeoNames-Website nach Wien, so erhält man mehrere Treffer: Wien ist je eine Stadt in Wisconsin und Missouri, aber auch ein Teich in Alaska, die Hauptstadt Österreichs usw. Durch Disambiguierung können sodann die richtigen Entitäten ausgewählt und die zutreffenden Links zu den Ontologien, wie z. B. GeoNames, hergestellt werden.

Der Vorteil des Entity Linkings besteht einerseits darin, dass Entitäten im Fließtext mit eindeutig identifizierbaren Konzepten verlinkt werden können, andererseits ist es möglich, dass verschiedene Anwendungen auf dieselben URIs verweisen. Damit ist sichergestellt, dass die diversen Systeme keine ei-

---

14 Vgl. https://opennlp.apache.org/
15 Vgl. Büthe, König, Sophie (1854–1943), Sängerin und Schauspielerin, in: *ÖBL 1815–1950*, Bd. 4 (Lfg. 16, 1966), 38. Für die XML Version siehe:
    http://www.biographien.ac.at/oebl/oebl_K/Koenig_Sophie_1854_1943.xml.

gene Konzepte anlegen müssen, sondern dass sie mit Daten aus zuverlässigen Referenzressourcen arbeiten können. Selbiges erlaubt die Ergänzung und Korrektur fehlender oder fehlerhafter Fakten in unstrukturierten Texten. Im Kontext von Biographien bedeutet dies zum Beispiel, dass die Geokoordinaten zu den im Text erwähnten Orten aus GeoNames bezogen werden können. Damit kann das APIS-System die wichtigen Aufenthaltsorte der biographierten Person auf einer Karte visualisieren.

2.7 Solr-Indizes

Wie zuvor schon erklärt, wird beim Entity Linking eine Referenz auf eine digitale Repräsentation eines existierenden Objekts gesetzt. Viele der dafür zur Verfügung stehenden Ontologien sind entweder gar nicht (z. B. GND) oder nur eingeschränkt (z. B. GeoNames) via APIs abfragbar. In APIS wurde zum einen deshalb und zum anderen auch aus Performance-Überlegungen entschieden, die benötigten Teile der Ontologien als lokale Indizes in Stanbol vorzusehen. Apache Stanbol verwendet dafür einen integrierten Solr[16] und stellt Werkzeuge zur Erstellung der Solr-Indizes zur Verfügung. Im APIS-Projekt wurden Indizes aus GeoNames und GND erstellt, um die Orts-, Personen- und Institutionsnamen mit der Linked Open Data Cloud effizient verknüpfen zu können. Beide Ontologien wurden mit einem selbst entwickelten Skript in kleinere Indizes zerlegt (z. B. Institutionen bei der GND oder einzelne Feature Codes für Geo-Names[17]). Nach der Konfiguration der Entity-Linking-Komponente werden die Textverarbeitungsschritte definiert. In Stanbol kann man sowohl die Reihenfolge als auch die Komponenten für die NLP-Verarbeitung selbst bestimmen. In APIS wird Apache OpenNLP für die computergestützte linguistische Analyse von Biographien verwendet. Der Prozess der Textverarbeitung umfasst die folgenden Schritte:
1. Die Sprache des Eingabetextes wird bestimmt.
2. Der Text wird in Sätze aufgeteilt (opennlp-sentence).
3. Sätze werden in Worte zerlegt (opennlp-token).

---

16 Vgl. https://lucene.apache.org/solr/
17 GeoNames verwendet zur hierarchischen Anordnung der einzelnen geographischen „Features" (also z. B. einer Stadt) „Feature Codes". Da Verwaltungseinheiten in den meisten Ländern divergierend bezeichnet und hierarchisiert werden, bedient man sich eines generischen Systems. So sind z. B. Bundesländer nach österreichischem Recht ein „first-order administrative division" (adm1)-Feature. Für eine vollständige Liste siehe https://www.geonames.org/export/codes.html

4. POS Tags werden bestimmt (opennlp-pos).
5. Phrasen werden aus den Tokens gebildet (opennlp-chunker).
6. Das Entity Linking wird durchgeführt.

Im letzten Schritt, also beim Entity Linking, werden die Phrasen mit dem Solr-Index verglichen. Wenn ein Ausdruck mit einer im Index gespeicherten Entität übereinstimmt, dann werden die Entität und somit die zugehörigen Informationen im angeforderten Format an die Anwendung zurückgegeben. Bei mehreren Kandidaten errechnet die Komponente Wahrscheinlichkeiten und fügt diese den Kandidaten hinzu.

Mit der oben beschriebenen Entity-Linking-Methode können beliebige, in RDF/XML-Format verfügbare Datenquellen für eine automatische semantische Annotation unstrukturierter Texte verwendet werden.

2.8 Relationserkennung

Um semantische Informationen aus den Biographien automatisch extrahieren zu können, wird in APIS versucht, Relationen in den Fließtexten mittels algorithmischer Verfahren zu identifizieren.

Bei der Relationserkennung sucht das NLP-Modul nach semantischen Verbindungen, wie zum Beispiel „Person1 ist Kind von Person2", „Person1 lebte in Ort1", „Person1 arbeitete bei Organisation1". Die Relationen können zwischen Personen, Orten, Institutionen und Ereignissen bestehen. Es wurden verschiedene Methoden zur automatischen Relationserkennung evaluiert.

Zunächst wurde mit einem regelbasierten und mit dem GATE-Framework[18] implementierten Algorithmus experimentiert. Die Implementierung verwendet JAPE[19], eine für GATE entwickelte, spezielle Sprache. In JAPE können regelbasierte Ausdrücke verwendet werden, um Muster in Biographien zu erkennen: Der Output des Entity-Linking-Moduls wird zunächst in ein XML-Format konvertiert. In der daraus resultierenden XML-Datei repräsentiert jede Entität ein separates Element, und die Attribute der Elemente sind die Namen der Solr-Indizes, in denen diese Entitäten gespeichert sind (z. B. GeoNames_Capital_Cities_Index, GND_Persons_Index usw.). Die XML-Dateien werden dann in GATE geladen und mit in GATE verfügbaren NLP-Modulen aufbereitet, um

---

18 Vgl. https://gate.ac.uk/
19 Vgl. https://gate.ac.uk/sale/tao/splitch8.html

weitere Named Entities in den Texten zu identifizieren. Die Entitäten der importierten XML-Dateien und das Ergebnis der in GATE durchgeführten NLP-Verarbeitung (Tokens, Named Entities) werden als Annotationen in GATE gespeichert. Die regulären JAPE-Ausdrücke suchen nach Mustern zwischen den Entitäten, die für unterschiedliche Beziehungen typisch sind. Wenn die Anwendung einen Textteil findet, der einem Muster entspricht, wird automatisch eine neue Annotation zur Beschreibung des Beziehungstyps angelegt. Der Output der Relationserkennung wird in XML-Dateien exportiert.

Die zweite getestete Lösung beruht auf der in Python implementierten Open-Source-Software IEPY. Diese erlaubt sowohl maschinelles Lernen als auch regelbasierte Relationserkennung. Darüber hinaus verfügt diese Software über eine benutzerfreundliche Weboberfläche, die das Hochladen von Dokumenten, die Ausführung der NLP-Verarbeitung (Satzaufteilung, Tokenisierung, POS-Tagging, Named Entity Recognition) und das Erstellen von Gazetteer-Listen vereinfacht. Gazetteer-Listen ermöglichen zusätzlich zur automatischen Named-Entity-Erkennung, dass Tokens den vordefinierten Entitätstypen, wie z. B. Person, Ort, Institution, Datum, zugeordnet werden können. Im Falle des ÖBL ist dieses Feature besonders für Abkürzungen nützlich und notwendig. Wie schon mehrfach erwähnt, haben die Standardsprachmodelle mit Abkürzungen erhebliche Probleme. Die Gazetteer-Listen erlauben es, problematische Abkürzungen manuell zu identifizieren und einer Lösung zuzuführen.

Nach den NLP-Verarbeitungsschritten kann die Benutzerin bzw. der Benutzer entweder reguläre Ausdrücke in Python schreiben, um eine regelbasierte Relationserkennung zu implementieren, oder sie/er kann die Dokumente mit Relationen annotieren, um ein Relationsextraktionsmodell mit maschinellem Lernen zu trainieren.

Die regelbasierte Lösung verwendet die aus der NLP-Verarbeitung resultierenden Attribute wie Subjekt, Objekt, Token, Lemma, POS usw. IEPY erlaubt es, Prioritäten für die Regeln zu definieren und so die Reihenfolge, in der die Regeln ausgeführt werden, festzulegen. Darüber hinaus können auch negative Regeln definiert werden. Eine negative Regel eliminiert Relationen, die von anderen Regeln nicht korrekt identifiziert worden sind.

Eine weitere Möglichkeit in IEPY ist die Konfiguration und das Trainieren eines maschinellen Lernmodells für die automatische Relationsextraktion. Die Benutzerin bzw. der Benutzer annotiert Beispiele für eine gegebene Beziehung (z. B. Eltern-Kind-Beziehung). Basierend auf den positiven und negativen Beispielen wird ein Modell trainiert, das diese Beziehung automatisch in der Anwendung auf noch nicht bekannte Texte annotiert. Die Parameter des Machine-Learning-Algorithmus können in IEPY konfiguriert werden: Sowohl der Klassifizierungsalgorithmus als auch die Merkmale des Klassifizierers können von Benutzerseite festgelegt werden. Die grafische Benutzeroberfläche ermöglicht den Benutzerinnen bzw. Benutzern das einfache Annotieren von Beispielen und das Ausführen des trainierten Modells auf einem Testdokumentset. Falls die Ergebnisse nicht zufriedenstellend sind, kann das Annotieren fortgesetzt und ein neues Modell trainiert werden.

Der Nachteil von IEPY besteht jedoch in der Einschränkung, dass beide Entitäten in einer Beziehung annotiert werden müssen (z. B. im Fall von „Person lebt in Ort" sowohl die Person, die die Aktion ausführt, als auch der Ort, an dem die Aktion ausgeführt wurde oder stattfand). In den ÖBL-Biographietexten wird der Name der biographierten Person oft nicht erwähnt, um Redundanzen zu vermeiden. In diesen Fällen kann eine Entität – die Person, die die Aktion durchgeführt hat – nicht annotiert werden. Daher kann das IEPY-System in APIS nicht ohne Weiteres angewendet werden.

3. Machine-Learning-basierte Extraktion

Rodrigues et al. zeigen, dass eines der Probleme von regelbasierten Systemen der Umgang mit komplexen, langen Sätzen mit vielen Named Entities ist.[20] Gerade dabei weisen auf dem Parse Tree aufbauende, Machine-Learning nutzende Systeme Vorteile auf. Nicht zuletzt deshalb wurde auch in APIS ein solches System umgesetzt. Die Extraktion der Relationen auf Basis des Parse Trees basiert zum einen auf der Idee, dass bestimmte Kombinationen an Trigger-Words Relationstypen anzeigen. So kann man bei dem Satz „Danach studierte er an der Universität Wien" aus den Worten „studierte an" erkennen, dass es sich um eine Relation des Typs „Studium an" handelt. Zum anderen macht sich die Methode eine Besonderheit der (ÖBL-)Biographien zunutze: 99 % der Biographien handeln nur von der biographierten Person. Die Methode verzichtet deshalb komplett darauf, das Subjekt einer Aussage zu ermitteln, und nimmt immer an, es handle sich um die biographierte Person. Dies erlaubt

---

20 Vgl. Mário Rodrigues / António Teixeira, Extracting Relevant Information Using a Given Semantic, in: M. Rodrigues / A. Teixeira (eds.), *Advanced Applications of Natural Language Processing for Performing Information Extraction*, Cham: Springer International Publishing, 2015, 37–50.

es, die Coreference Resolution deutlich zu vereinfachen, was die Genauigkeit des Prozesses erhöht.

Die Ermittlung der Relationstypen erfolgt in mehreren Schritten:
- Zunächst wird der Satz mit dem Named Entity Recognizer (NER) nach Named Entities durchsucht. Werden in einem Satz NEs eines zuvor festgesetzten Typs gefunden, also z. B. Institutionen, so wird in einem zweiten Schritt der Parse Tree ausgehend von der NE nach oben traversiert und bestimmte Wortarten werden extrahiert.
- Aus diesen extrahierten Wörtern wird mittels eindeutiger IDs ein Vektor erstellt,
- der dann mit einem Convolutional Neuronal Network (CNN) bestimmt wird.

Ein Satz wie „Danach studierte er an der Universität Wien" kann demnach zu einem Vektor [1152, 6652] ([„an", „studierte"]) werden.

3.1 Probleme

Das System bildet im Grunde das regelbasierte System nach, benötigt aber keine manuelle Erstellung der Regeln und kann mit längeren Ketten an Named Entities („… danach studierte er in Wien, Paris, London und New York") besser umgehen. Allerdings ergeben sich daraus auch einige Probleme:
- Durch die Mehrstufigkeit multiplizieren sich die Fehlerquellen der einzelnen Komponenten. Fehler können im NER, im Parse Tree und im CNN passieren.
- Das ÖBL verwendet eine spezielle Sprache. Zum einen werden viele auch nicht standardmäßige Abkürzungen verwendet, zum anderen werden oft grammatikalisch unvollständige Sätze eingesetzt. Beides stellt für standardmäßige NLP-Modelle eine Herausforderung dar.

Das neuronale Netzwerk benötigt Trainingsmaterial, um ein Modell zu erstellen. Leider ist ein Großteil der in APIS verfügbaren Annotationen mittels abweichendem Annotationsleitfaden annotiert. Vor allem die Vokabularien, die die Relationstypen beschreiben, unterscheiden sich. Bei jenen Teildaten, die speziell für die Relationsextraktionsmodelle annotiert wurden, stellt das Disagreement der Annotatoren ein Problem dar.[21] Trotz dieser Probleme

---

21 Das Disagreement über den Entitätstyp und die Relation zwischen zwei Annotatoren lag dabei zeitweise bei über 30 %.

konnte die Methode ihr Potential durchaus zeigen. Schon mit nur wenigen Trainingsbeispielen (für eine allgemeine Grundannotation wurden 300 Biographien mit eigens dafür entwickelten Annotationsrichtlinien annotiert; daraus ergeben sich nur wenige tausend Trainingsbeispiele) und den zuvor erwähnten Problemen konnte das System recht gute Daten erzielen.

3.2 Evaluation

Die Methode wurde zunächst an Personen-Ort-Relationen an einem Sample von Künstlerbiographien getestet. Das Modell wurde dafür an etwa 4.000 Beispielen trainiert und an 1.000 Beispielen evaluiert. Das Gesamtsystem (NER und Relationsextraktion) wurde dann anhand von 30 zufällig ausgewählten Biographien evaluiert. Daraus ergab sich ein Recall von 0.79 und eine Precision von 0.44 (F-beta 0.56).

Wie Fokkens et al. darlegen, kann diese formale Evaluation irreführend sein.[22] So ist es auch für Historikerinnen und Historiker oft schwierig zu entscheiden, ob ein bestimmter Begriff z. B. einen Ort oder eine Institution bezeichnet. Am Beispiel des Satzes „…studierte an den Universitäten Wien, Paris und Berlin" kann z. B. argumentiert werden, dass die Universität zwar noch als Institution gilt, Paris aber schon als Ort. Noch schwieriger wird es bei der Bestimmung der genauen Relationstypen. „Reiste" jemand an einen Ort oder „wirkte" er dort schon? Daraus ergab sich auch – wie zuvor schon erwähnt – ein Disagreement von zu Beginn beinahe 30 % seitens der Historikerinnen und Historiker im Rahmen des Annotierens. Mit Hilfe von genaueren Regeln konnte dieses zwar auf knapp unter 20 % reduziert werden, hiermit zeigt sich aber dennoch die Komplexität der Aufgabe, welche sich in der formalen Evaluierung der Machine Learning Pipeline widerspiegelt. So findet die Pipeline 79 % aller tatsächlich vorhandenen Relationen (Recall), von den automatisch annotierten Relationen erweisen sich aber nur 44 % als korrekt annotiert (Precision). Sieht man sich die Beispiele genauer an, dann erkennt man rasch, dass ein beträchtlicher Teil der falsch annotierten Relationen nicht als komplett falsch verworfen werden muss (z. B. „reiste nach" statt „wirkte in"). Das ursprüngliche NLP-Modell konnte durch einen angepassten Named Entity Recognizer und

---

22 Vgl. Antske Fokkens et al., BiographyNet: Extracting Relations Between People and Events, in: Ágoston Zénó Bernád / Christine Gruber / Maximilian Kaiser (eds.), *Europa baut auf Biographien. Aspekte, Bausteine, Normen und Standards für eine europäische Biographik*, Wien: new academic press, 2018, 193–224.

erweitertes Preprocessing deutlich verbessert werden. So wurde dem NLP-Modell eine Liste von über 4.000 aus dem ÖBL extrahierten Abkürzungen übergeben. Damit konnten das Sentence Splitting und in dessen Folge der Parse Tree ebenfalls deutlich verbessert werden (siehe 2.2 Abkürzungsauflösung). Beides ist für das Extrahieren der Relationen essentiell.

Die Abbildungen 2 und 3 zeigen zwei Beispiele[23] automatisch annotierter Biographien. Die grün markierten Annotationen bezeichnen Relationen zwischen der biographierten Person und einer Institution, blaue Unterstreichungen beziehen sich auf Relationen zu einem Ort.

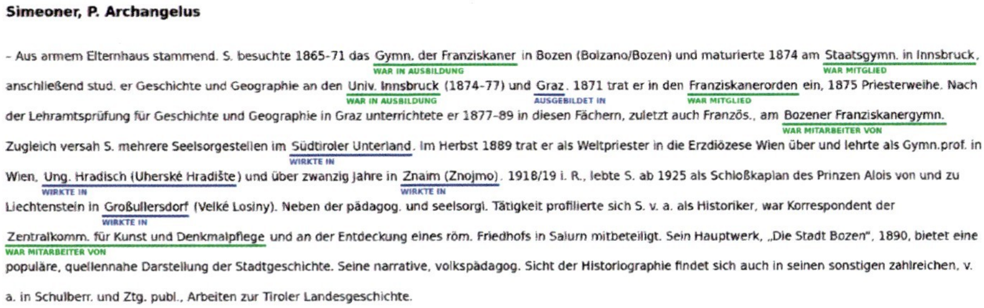
Simeoner, P. Archangelus
- Aus armem Elternhaus stammend. S. besuchte 1865-71 das Gymn. der Franziskaner in Bozen (Bolzano/Bozen) und maturierte 1874 am Staatsgymn. in Innsbruck,
WAR IN AUSBILDUNG
WAR MITGLIED
anschließend stud. er Geschichte und Geographie an den Univ. Innsbruck (1874-77) und Graz. 1871 trat er in den Franziskanerorden ein, 1875 Priesterweihe. Nach
WAR IN AUSBILDUNG
AUSGEBILDET IN
WAR MITGLIED
der Lehramtsprüfung für Geschichte und Geographie in Graz unterrichtete er 1877-89 in diesen Fächern, zuletzt auch Französ., am Bozener Franziskanergymn.
WAR MITARBEITER VON
Zugleich versah S. mehrere Seelsorgestellen im Südtiroler Unterland. Im Herbst 1889 trat er als Weltpriester in die Erzdiözese Wien über und lehrte als Gymn.prof. in
WIRKTE IN
Wien, Ung. Hradisch (Uherské Hradište) und über zwanzig Jahre in Znaim (Znojmo). 1918/19 i. R., lebte S. ab 1925 als Schloßkaplan des Prinzen Alois von und zu
WIRKTE IN
WIRKTE IN
Liechtenstein in Großullersdorf (Velké Losiny). Neben der pädagog. und seelsorgl. Tätigkeit profilierte sich S. v. a. als Historiker, war Korrespondent der
WIRKTE IN
Zentralkomm. für Kunst und Denkmalpflege und an der Entdeckung eines röm. Friedhofs in Salurn mitbeteiligt. Sein Hauptwerk, „Die Stadt Bozen", 1890, bietet eine
WAR MITARBEITER VON
populäre, quellennahe Darstellung der Stadtgeschichte. Seine narrative, volkspädagog. Sicht der Historiographie findet sich auch in seinen sonstigen zahlreichen, v.
a. in Schulberr. und Ztg. publ., Arbeiten zur Tiroler Landesgeschichte.

Abb. 2: Beispiel der automatisch annotierten Biographie des Paters Archangelus Simeoner

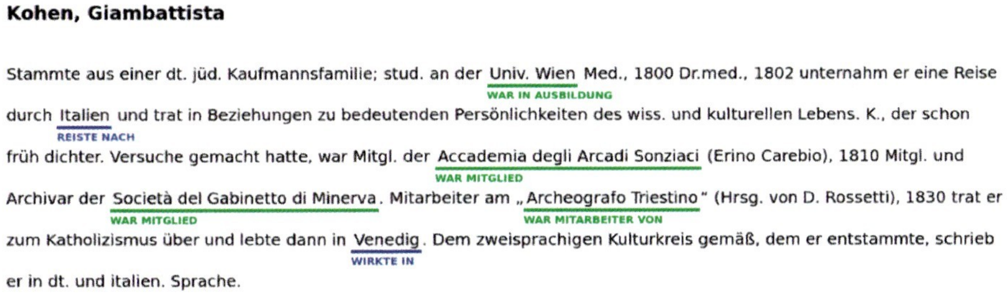
Kohen, Giambattista
Stammte aus einer dt. jüd. Kaufmannsfamilie; stud. an der Univ. Wien Med., 1800 Dr.med., 1802 unternahm er eine Reise
WAR IN AUSBILDUNG
durch Italien und trat in Beziehungen zu bedeutenden Persönlichkeiten des wiss. und kulturellen Lebens. K., der schon
REISTE NACH
früh dichter. Versuche gemacht hatte, war Mitgl. der Accademia degli Arcadi Sonziaci (Erino Carebio), 1810 Mitgl. und
WAR MITGLIED
Archivar der Società del Gabinetto di Minerva. Mitarbeiter am „Archeografo Triestino" (Hrsg. von D. Rossetti), 1830 trat er
WAR MITGLIED
WAR MITARBEITER VON
zum Katholizismus über und lebte dann in Venedig. Dem zweisprachigen Kulturkreis gemäß, dem er entstammte, schrieb
WIRKTE IN
er in dt. und italien. Sprache.

Abb. 3: Beispiel der automatisch annotierten Biographie von Giambattista Kohen

In Abbildung 2 finden sich einige Fehler: So annotiert das System etwa das „Staatsgymn. in Innsbruck" korrekt als Institution, hängt aber den falschen

23 H. Heiss, Simeoner, P. Archangelus (Andreas) (1853–1930), Historiker, Lehrer und Priester, in: *ÖBL 1815–1950*, Bd. 12 (Lfg. 57, 2004), 275 f. und Schiffrer, Kohen, Giambattista (Joël) (1778–1845), Mediziner und Historiker, in: *ÖBL 1815–1950*, Bd. 4 (Lfg. 16, 1966), 59.

Relationstyp („Mitglied von") an. Des Weiteren werden „Graz" (Lehramtsprüfung) und „Wien" (Lehrtätigkeit) nicht annotiert.

Einige dieser Fehler können in Zukunft mittels des Postprocessing vermieden werden. Alle Biographien beginnen mit Angaben zur Ausbildung der jeweiligen Person. Annotiert das System also z. B. eine „Mitglied von"-Relation zwischen zwei „war in Ausbildung"-Relationen am Beginn der Biographie, so könnte man diese zu einer „war in Ausbildung"-Relation umschreiben. Denkbar wäre auch, die ebenfalls vorhandenen, aber in den Beispielen nicht angegebenen Wahrscheinlichkeiten miteinzuberechnen.

3.3 Zukünftige Forschung

In Experimenten werden weitere ähnliche Methoden erprobt und gegen das existierende Modell evaluiert. Dabei ist z. B. geplant, den Relationstyp direkt dem NER-Modell zum Training zu übergeben und so das zweite Neuronale Netzwerk sowie das Extrahieren des Parse Trees einzusparen. Dem NER-Modell würde demnach als Entitätstyp „Institution – studierte an" statt „Institution" übergeben.

In einem weiteren Experiment werden dem CNN zur Bestimmung Word Embeddings statt der IDs der Wörter übergeben. Es wird erwartet, dass das CNN die Muster durch die ähnlichen Vektoren einfacher aufnehmen wird.

Eine weitere Verbesserungsmöglichkeit, die im Zuge des Projekts noch erforscht werden wird, ist die „Ontology-Based Information Extraction".[24] Dabei werden Daten, die über bestimmte Objekte in einer Ontologie vorhanden sind, genutzt, um die Extraktion zu fokussieren. So ist die Wahrscheinlichkeit, dass man an einer Bildungseinrichtung ausgebildet wird und nicht an einer anderen Institution, sehr groß. Das Relationsextraktionsmodul könnte diesen Umstand in die Wahrscheinlichkeiten für die einzelnen Relationsarten einfließen lassen.

---

24 Vgl. Mário Rodrigues / António Teixeira, Identifying Things, Relations, and Semantizing Data, in: M. Rodrigues / A. Teixeira (eds.) *Advanced Applications of Natural Language Processing for Performing Information Extraction,* Cham: Springer International Publishing, 2015, 27–36.

3.3.1 Evaluierung der automatischen Relationserkennung

Die regelbasierte Relationserkennung[25] wurde an 300 methodisch ausgewählten Biographien evaluiert.[26] Die 300 händisch annotierten Biographien enthalten 215 „ausgebildet in"-Relationen, davon wurden 136 von den JAPE-Regeln richtig erkannt. Dies entspricht einer Trefferquote von 63 %.

Die Fehler des automatischen Systems wurden stichprobenartig untersucht. Häufig liegt der Fehler darin, dass weder Stanbol noch GATE den Studienort identifizieren können, also manche Orte im Text gar nicht gefunden werden. Diese Orte können dann dementsprechend bei der Relationserkennung nicht berücksichtigt werden.

In anderen Fällen besteht der Fehler darin, dass die menschliche Annotatorin bzw. der Annotator den Text „interpretiert" hat. Zum Beispiel steht nicht explizit im Text, dass der oder die Biographierte an einem Ort studiert hat, die Annotatorin bzw. der Annotator hat aber selbigen als Studienort markiert.

Wie schon mehrfach angesprochen, stellen die im ÖBL verwendeten Abkürzungen Probleme für die NLP-Modelle dar: Zum Beispiel wird die im ÖBL für Deutschland verwendete Abkürzung (Dtld.) von den NER-Systemen nicht als Länderbezeichnung erkannt.

Außerdem existieren auch Divergenzen zwischen der Annotationsweise von Menschen (Annotator: [Univ. Wien]) und denen auf Basis von automatischen Programmen (GATE: [Univ] [Wien]), welche bei der Evaluierung als nicht übereinstimmende Ergebnisse gelten.

Es ist aber nicht nur relevant, wie genau das automatische System die tatsächlichen Ausbildungsorte und Beziehungen findet, sondern auch, welche Ortsnamen als Studienorte vom System markiert werden, die in einer anderen Beziehung zur biographierten Person stehen. Die Auswertung zeigt, dass unser automatisches Verfahren insgesamt 556 „ausgebildet in"-Relationen im Referenzkorpus findet, händisch wurden hingegen nur 215 markiert. Das bedeutet, dass die Regeln noch an vielen Stellen eine „ausgebildet in"-Beziehung vermuten, wo tatsächlich keine oder eine andere Relation vorliegt. Dieses Problem kann unter anderem dadurch vermindert werden, dass die Ortserkennung von GATE bzw. Stanbol verbessert wird, wodurch viele „überflüssige" Annotatio-

---

25 Zur genaueren Beschreibung der Methode siehe oben 2.8.
26 Es wurde nur die „ausgebildet in"-Relation evaluiert.

nen wegfallen und somit eine bessere Qualität der automatisierten Annotation erreicht werden kann.

3.3.2 Disambiguierung

Die oben beschriebenen automatischen Textverarbeitungsverfahren sind effizient und vielseitig anwendbar, allerdings sind die Ergebnisse nicht immer korrekt. Es sind meistens zwei Fehlerquellen, die zu falschen Ergebnissen führen: Die eine manifestiert sich darin, dass eine Entität oder Beziehung nicht gefunden wird (z. B. erkennt die Applikation den Namen einer Person nicht), die andere ordnet die gefundene Entität oder Beziehung nicht der richtigen Kategorie zu (z. B. „studierte in"-Relation statt der korrekten „wirkte in"-Relation). Um die Genauigkeit der APIS-Software zu erhöhen, wird versucht, beide Fehlertypen sowohl mit automatischen als auch mit manuellen Methoden auszubessern. Zum Zweck der automatischen Fehlerbeseitigung wurden mehrere Ansätze ausprobiert. Der eine beruht auf Heuristiken, ein zweiter basiert auf GermaNet[27] und der dritte Ansatz auf Dbpedia. Bisher wurden lediglich für Orte Heuristiken definiert, ähnliche Regeln können aber auch für weitere Entitätstypen festgelegt werden. Wenn das Entity-Linking-Modul mehrere Treffer für einen Ort liefert, dann wird jener ausgewählt,

- der zu einer höheren Verwaltungseinheit gehört (d. h., eine Hauptstadt wird beispielsweise einer Kleinstadt oder einem Dorf vorgezogen);
- der mehr Einwohnerinnen und Einwohner aufweist (es ist wahrscheinlicher, dass eine größere Stadt mit einer höheren Zahl an Einwohnerinnen und Einwohnern im Text gemeint ist, als dass es um eine kleine Ortschaft geht);
- der in dem für das ÖBL relevanten geographischen Gebiet liegt (d. h. innerhalb der Österreichisch-Ungarischen Monarchie, da die biographierten Personen meist in der Monarchie oder in nahe gelegenen Ländern tätig waren und selten in weit entfernte Orte gereist sind).

Die oben genannten Heuristiken können nicht immer den richtigen Treffer auswählen, bieten aber zum einen eine gute Grundlage für manuelle Kuratierung und zum anderen auch eine solide Näherung bei komplett automatischer Annotation.

---

27 Vgl. http://www.sfs.uni-tuebingen.de/GermaNet/.

Der zweite Ansatz verwendet die Germanet-Ontologie und somit semantische Ähnlichkeit, um den richtigen Treffer aus mehreren möglichen herauszufiltern. Germanet speichert lexikalische und semantische Informationen über deutsche Wörter (Nomen, Verben, Adjektive) und bildet durch die Einteilung der Wörter in sogenannte Synsets eine semantische Struktur über die Einträge. Ein Synset besteht aus inhaltlich zusammenhängenden Wörtern. Das Programm funktioniert folgendermaßen: Die Userin bzw. der User gibt einen Satz ein, in welchem sich ein mehrdeutiges Wort befindet. Es wird für die verschiedenen Bedeutungen des Wortes jeweils ein Beispieltext abgespeichert, mit dem der Inputsatz – nach Vorverarbeitungsschritten – abgeglichen wird. Sowohl der Inputtext als auch die Beispieltexte werden mit dem SpaCy NLP Tool[28] für den nächsten Schritt vorbereitet, nämlich die semantische Distanzkalkulation. Bei der NLP-Vorbereitung werden die Texte zuerst tokenisiert, wonach Funktionswörter und Satzzeichen entfernt werden. So entsteht aus jedem Dokument eine Liste der darin enthaltenen, semantisch relevanten Wörter. Die semantische Entfernung und die Dokumentähnlichkeit des Inputsatzes zu den zwei Beispieldokumenten werden im nächsten Schritt kalkuliert. Im Rahmen der semantischen Entfernung vergleicht das Programm die Tokens des Inputsatzes mit den Tokens der zwei Beispieltexte folgendermaßen: Es werden alle möglichen Tokenpaare erstellt (der erste Token des Inputsatzes ist mit allen Tokens des Beispielsatzes kombiniert, der zweite Token im Inputsatz ist mit allen Tokens des Beispielsatzes kombiniert usw.), und die Synsets der jeweiligen Wortpaare werden im Germanet abgefragt. Die semantische Entfernung der zu den Wortpaaren gehörenden Synsets wird dann mit der in Pygermanet[29] eingebauten Funktion sim_lch ausgerechnet. Die sim_lch-Funktion implementiert die Leacock-Chodorow-Ähnlichkeitsfunktion, die angibt, wie ähnlich zwei Synsets sind, basierend auf dem kürzesten Verbindungsweg zwischen den zwei Bedeutungs-Synsets und der maximalen Tiefe der Germanet-Ontologie. Die auf diese Weise berechneten Synset-Distanzen werden am Ende summiert. Zusätzlich zu den oben beschriebenen lexikalischen Distanzen rechnet das Programm eine Ähnlichkeit der Dokumente aus. Im Kontext der Dokumentähnlichkeit werden wiederum alle Tokenpaare betrachtet, und falls zwei gleiche Tokens in zwei Dokumenten vorkommen, dann wird die Dokumentähnlichkeit um den Wert 1 erhöht. Am Ende summiert das Programm die zwei Ähnlichkeitsmaße

---

28 Vgl. https://spacy.io/
29 Vgl. https://pypi.org/project/pygermanet/

(semantische Distanz und Dokumentähnlichkeit) und wählt jenen Beispieltext aus, in welchem der summierte Ähnlichkeitswert höher ist. So werden nicht nur die exakten Übereinstimmungen (Dokumentähnlichkeit) mitgezählt, sondern auch semantisch ähnliche Wörter, wie z. B. Synonyme.

Ein Beispiel für die oben beschriebene Methode ist die Disambiguierung von „Wien", also eines mehrdeutigen Wortes. Wien ist, wie bereits erwähnt, die Hauptstadt von Österreich, aber auch eine Siedlung in den USA. Es kann nun mit Hilfe von Ähnlichkeitsmaßnahmen die Schlussfolgerung gezogen werden, welches „Wien" im Text vorkommt, wenn die Wörter im Kontext von „Wien" mit beiden Beispieldokumenten aus Wikipedia verglichen werden.

Der erste Inputtext lautet: „Binnen Kurzem machte sich Czerny in Wien als Interpret der neuen Klavierwerke seines Lehrers (1806 war er etwa der Solist bei der Uraufführung von Beethovens erstem Klavierkonzert) einen Namen."[30] Der zweite Inputtext ist eine leicht modifizierte Variante des ersten: „Binnen Kurzem machte sich Czerny in Wien in der amerikanischen County als Interpret der neuen Klavierwerke seines Lehrers (1806 war er etwa der Solist bei der Uraufführung von Beethovens erstem Klavierkonzert) einen Namen."

Die Benutzerin bzw. der Benutzer gibt dem Programm vor, welches Wort disambiguiert werden soll, und des Weiteren den Text, in dem dieses Wort vorkommt, also beispielsweise:
- das mehrdeutige Wort „Wien"
- und den Satz, in dem das mehrdeutige Wort Wien vorkommt: „Binnen Kurzem machte sich Czerny in Wien als Interpret der neuen Klavierwerke seines Lehrers (1806 war er etwa der Solist bei der Uraufführung von Beethovens erstem Klavierkonzert) einen Namen."

Das Programm tokenisiert und filtert dann die Funktionswörter aus dem Inputsatz und aus den zwei Wikipedia-Beispieltexten heraus. So entstehen aus dem Inputsatz und den Wikipediaartikeln drei Listen semantisch relevanter Wörter. Aus den Wörtern der Inputsatzwortliste und den zwei Wikipedia-Wortlisten werden alle möglichen Paare erstellt („Kurzem – Wien", „Kurzem – Hauptstadt" …, „machte – Wien" …, „Klavierkonzert – Wien" …). Für jedes Wortpaar werden die semantische Entfernung, d. h. der Leacock-Chodorow-Ähnlichkeitswert, und die Dokumentähnlichkeit, d. h. die Anzahl der übereinstimmenden Wörter, ausgerechnet und summiert, und das Wikipe-

---

[30] http://www.biographien.ac.at/oebl/oebl_C/Czerny_Carl_1791_1857.xml

dia-Dokument, in dem die summierten Ähnlichkeitswerte höher sind, wird ausgewählt. Im Fall des obigen Beispiels ist das der Wikipediaartikel über Wien – Österreich.

Ein weiterer Ansatz für die Disambiguierung, den wir in APIS probeweise implementiert haben, beruht auf in WikiData[31] gespeicherten Informationen. WikiData ist eine kollaborative, mehrsprachige, kostenlose Datenbank, die strukturierte Daten für Wikis wie Wikipedia, Wikimedia Commons usw. sammelt. Da die Daten in WikiData durch die Datenpflege zuverlässig und durch Computerprogramme einfach abfragbar sind, haben wir eine Disambiguierungsmethode darauf aufgebaut. Unser Verfahren fragt die persönlichen Daten der biographierten Person (Geokoordinaten des Geburts-, Sterbe-, Aufenthalts- oder Studienorts usw.) in WikiData ab, und weist diese Ortsangaben den in der Biographie vorkommenden Ortserwähnungen zu. Für Ignác Trebitsch z. B. können aus WikiData Studienort, Arbeitsort und Position – alle mit einem Ort verbunden – abgefragt werden. Aus diesen Lokationsdaten kann das Programm schließen, dass Ignác Trebitsch zu diesen Orten einen Bezug hat, und die in den Biographien genannten Ortsnamen (z. B. London) werden mit den in Wikidata abgefragten Geokoordinaten versehen. Da die automatisierten Prozesse nicht mit hundertprozentiger Genauigkeit arbeiten, haben wir in der APIS-Anwendung die Möglichkeit geschaffen, die Ergebnisse auch manuell korrigieren zu können, d. h., die mehrdeutigen Ergebnisse werden von menschlichen Annotatoren disambiguiert. Abbildung 4 zeigt die zur Disambiguierung entwickelte Benutzeroberfläche mit der Karte, die einen schon manuell disambiguierten Ort (Judenburg) anzeigt. Auf der Karte werden alle Kandidaten[32] inklusive der Metadaten (z. B. die Confidence des Systems für einen Kandidaten) angezeigt. DIe Userin bzw. der User wählt dann einen Kandidaten aus, und die Attribute des ausgewählten Ortes werden übernommen. Die Kombination automatischer und manueller Fehlerbehebung erwies sich als probate Lösung für eine genauere und effizientere Textverarbeitung. Um jedoch große Mengen an Textdaten verarbeiten zu können, planen wir in Zukunft, algorithmisch beschreibbare Teile der manuellen Fehlerbehebungen zu automatisieren.

---

31 Vgl. https://www.wikidata.org/wiki/Wikidata:Main_Page
32 Der Entity-Linking-Prozess liefert eine Liste an möglichen Kandidaten zurück. Diese Liste wird aus den Referenzressourcen und der Datenbank erstellt und über bestimmte Heuristiken eingeschränkt (z. B. je größer die Stadt, desto wahrscheinlicher).

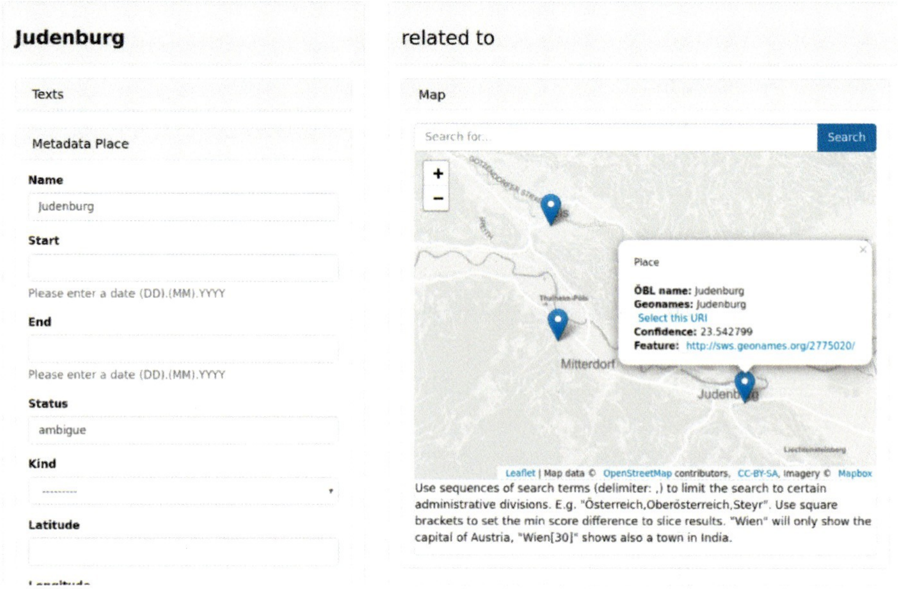

Abb. 4: Benutzeroberfläche für APIS zur Unterstützung der Disambiguierung

3.3.3 NLP-Analysen

Um die Daten, mit denen im APIS-Projekt gearbeitet wird, besser zu verstehen und die darin versteckten Zusammenhänge, die wegen der großen Datenmenge von einer menschlichen Benutzerin bzw. einem Benutzer nie gänzlich überblickt werden können, sichtbar und visuell darstellbar zu machen, haben wir auch verschiedene NLP-Analysen durchgeführt.

Diese vermitteln den Forschenden einen Einblick in die Beziehungen zwischen Wörtern, Entitäten und Daten, die ohne die automatisierte Aufbereitung gar nicht oder – wenn überhaupt – dann nicht so effizient sichtbar gemacht werden könnten. Die Beziehungen auf diese Weise aufzudecken hilft also, Forschungsfragen zu beantworten, die Daten, mit denen gearbeitet wird, besser zu verstehen und in den Biographien verborgene Fakten schnell und mühelos zu identifizieren.

3.3.4 Statistische Analyse einer Teilmenge der Biographien

Die Ressource, mit der in APIS gearbeitet wird, ist ein riesiger Datensatz, wobei die Benutzerin bzw. der Benutzer auf Grund der großen Datenmenge keinen genauen Einblick in die Eigenschaften des Korpus hat. Aus diesem Grund haben wir einige linguistische Besonderheiten einer bestimmten Sammlung (Presse-Collection) analysiert. Diese Collection wurde wie folgt erstellt:

In einem ersten Schritt wurde eine Collection der Personen mit der Berufsbezeichnung ‚Journalist' erstellt, wobei ausschließlich jene Aufnahme fanden, die während der Doppelmonarchie ihre Wirkung entfalteten. Den Ausgangspunkt stellte also eine aus 633 zwischen 1867 und 1918 tätigen Journalisten bestehende prosopographische Sammlung dar.[33] Die Collection wurde sukzessive erweitert: in erster Linie mit in den Biographien miterwähnten, z. T. auch im ÖBL erfassten Personen, die entweder journalistisch tätig waren und/oder in Verbindung mit dem Pressewesen des 19. Jahrhunderts standen. Ein weiterer Teil der Presse-Collection besteht aus den Institutionen. Diese werden großteils manuell angelegt.[34] Dass man hier nur bedingt auf die GND zurückgreifen kann, ist auf den supranationalen Ansatz des Lexikons zurückzuführen: Historische Institutionen, z. B. auf dem Gebiet der heutigen Nachfolgestaaten der Monarchie erschienene nicht-deutschsprachige Zeitungen und Zeitschriften, sind in der GND kaum erfasst. Die statistische Auswertung der „Presse-Collection" ermöglicht es, die Eigenschaften dieses Datensatzes besser zu verstehen und die Ergebnisse der Recherchen, die mit diesen Daten durchgeführt wurden, genauer zu interpretieren. Wir untersuchten die Anzahl der Tokens, die Anzahl der Named Entities und die häufigsten Begriffe in den verschiedenen Lieferungen der „Presse-Collection" (jede Lieferung wird mit dem Anfangsbuchstaben der darin vorkommenden Personen bezeichnet).

---

33 Bei Personen, die sowohl während als auch nach Ende der Monarchie aktiv waren, werden in den Biographien ausschließlich jene Angaben annotiert bzw. in die Netzwerkanalyse einbezogen, die sich auf die Periode 1867–1918 beziehen. Eine Ausnahme stellen hier lediglich Informationen über die Sterbeorte der biographierten Personen dar.
34 Gesamtzahl der Institutionen, Stand Juli 2018: 445.

Abb. 5: Analyse der Biographien der Presse-Collection

Die Artikel wurden mit Stanford Named Entity Recognizer[35] bearbeitet. Diese Open-Source-Software teilt zuerst Dokumente in Sätze auf und sodann in Tokens. Danach wurden Personen-, Orts- und der Anteil der Tokens und Named Entities pro Lexikonlieferung bestimmt und die fünf am häufigsten vorkommenden Tokens extrahiert.

Die Auswertung der Daten zeigt die linguistisch-statistischen Merkmale der „Presse-Collection" (siehe Abbildung 5). Die Darstellung der Ergebnisse weist darauf hin, dass die meisten Biographien aus der Anfangsbuchstabengruppe „S" und die wenigsten aus der Buchstabengruppe „Q" stammen. Dies entspricht auch der „Verteilung" der Biographien im gesamten ÖBL-Korpus.

Die roten Balken in Abbildung 5 zeigen, wie lang die Biographien in einer Buchstabengruppe durchschnittlich sind. Die längsten Dokumente in der Presse-Collection gehören zur Buchstabengruppe „T" und die kürzesten zur Buchstabengruppe „E". Es wurde auch die durchschnittliche Anzahl der Named-Entitäten in der Collection bestimmt, denn dies weist darauf hin, welche Dokumente in den einzelnen Lieferungen in der Presse-Collection den höchsten Informationsgehalt aufweisen: Hier sind es die Biographien der Buchstabengruppe „T".

---

35   Vgl. https://nlp.stanford.edu/ner (Zugriff 31.07.2018).

3.3.5 Ähnlichkeit der Dokumente

Im Rahmen des APIS-Projekts wurde ein Ansatz erprobt, bei dem die Benutzerin bzw. der Benutzer zu einem beliebigen Dokument semantisch ähnliche Biographien computergestützt aussuchen kann. Die Benutzerin bzw. der Benutzer wählt also ein Input-Dokument aus (in unserem Fall eine Biographie aus dem ÖBL). Dieses Dokument wird mittels der Open-Source-Software Spacy[36] in Tokens (Wörter und Satzzeichen) zerlegt. Aus diesen Tokens wird ein Word Vector[37] erstellt. Diese Zahlen beschreiben die Bedeutung der Tokens durch die Anwendung von semantischen Features (z. B. wenn das Wort „Hund" mit einem Word Vector mit den folgenden Features beschrieben ist: „Tier", „Säugetier", „Reptil", „bellt", „miaut", „Haustier", „Wildtier". Jedem Feature wird eine Zahl zugewiesen, je nachdem wie exakt selbiges zum Wort „Hund" passt). Semantisch ähnliche Wörter erhalten nahe beieinanderliegende Zahlen. In diesem Beispiel wären „Hund" und „Katze" einander nahe liegende Word Vectors, „Hund" und „Auto" aber zwei ganz verschiedene Vektoren, weil „Hund" und „Katze" bezüglich vieler Features übereinstimmen bzw. nahe beieinanderliegen, z. B. „Tier", „Haustier" usw., während „Hund" und „Auto" nur wenige gemeinsame/einander nahe liegende Features aufweisen. Durch die Anwendung von Word Vectors können semantisch nahe beieinanderliegende Dokumente mit mathematischen Ähnlichkeitsmaßen gefunden werden. Diese Methode wurde in APIS verwendet, um nach ähnlichen Dokumenten im ÖBL-Korpus zu suchen.

In unserem Ansatz werden die ÖBL-Biographien eingelesen und alle Wörter in einem Datenfeld (Array) gespeichert.

In einem zweiten Schritt suchen wir die drei semantisch am nächsten liegenden Biographien zum betreffenden Inputdokument aus. Im Nearest-Neighbors-Algorithmus werden die K (in unserem Fall ist K gleich 3; n_neighbors=3) am nächsten liegenden Punkte zu einem gegebenen Punkt im N-dimensionalen Raum gesucht. In APIS ist der gegebene Punkt das Inputdokument, zu dem die drei ähnlichsten ÖBL-Biographien gesucht werden sollen. Sowohl das Inputdokument als auch die einzelnen Dokumente aus dem ÖBL werden als Vektoren repräsentiert, die aus den Wortvektoren der darin enthaltenen Wörter aufgebaut sind. Mit Nearest Neighbors werden die Entfernungen der einzelnen

---

36 Vgl. https://spacy.io/
37 Bei einem Word-Vector werden eindeutige Wörter durch Zahlen ersetzt.

Dokumentvektoren des ÖBL zum Dokumentvektor des Inputs verglichen und jene drei, die am nächsten zum Inputdokumentvektor liegen, ausgewählt.

3.3.6 Word Co-occurrence

In der Linguistik bezeichnet man mit Word Co-occurrence das gleichzeitige Auftreten von zwei Ausdrücken, die in einem Text nebeneinander in einer bestimmten Reihenfolge aufscheinen. Sprachwissenschaftlich kann Word Co-occurrence als ein Indikator für semantische Nähe interpretiert werden, da die miteinander zusammenhängenden Wörter/Begriffe häufig nebeneinander auftauchen. Zum Beispiel treten die Wörter „Kalter" und „Krieg" in Dokumenten oft nebeneinander auf, da sie in einer semantischen Beziehung stehen. Durch die Evaluierung von Word Co-occurrences kann man auf linguistische Muster und Zusammenhänge in einer Sprache schließen und typische Kollokationen erforschen.

Um diese Analyse durchzuführen, wurde eine Wort-Dokument-Matrix erstellt, in der in den Zeilen die Wörter und in den Spalten die Biographien genannt sind. In jeder Zelle befindet sich eine Zahl, die aufzeigt, wie oft das jeweilige Wort in dem zu dieser Spalte gehörenden Dokument vorkommt (wenn also das Wort „Schriftsteller" im Dokument 1 fünfmal erwähnt ist, steht in der Zelle, die zur Zeile „Schriftsteller" und zur Spalte „Dokument 1" gehört, die Zahl Fünf).

Aus den Texten wurden die oft vorkommenden Funktionswörter, wie z. B. Artikel, Bindewörter, Daten usw., eliminiert, da diese einen geringen Informationsgehalt aufweisen und daher nicht viel über den Korpus aussagen. Die Wort-Dokument-Matrix wurde danach in eine Wort-Wort-Matrix umgewandelt, welche zeigt, wie oft die einzelnen Wortpaare im ÖBL gemeinsam aufscheinen. Diese Matrix kann für Visualisierungszwecke in Tools, wie z. B. Gephi[38], geladen werden.

Wir haben die oben angeführte CSV-Datei in Gephi visualisiert, die Knoten sind die Tokens aus dem CSV-File (vgl. Abbildung 6). Zwei Knoten sind mit einer Kante verbunden, wenn beide Tokens im selben ÖBL-Dokument aufscheinen. Je öfter zwei Tokens zusammen erwähnt werden, desto dicker sind die Kanten. So sieht man auf ersten Blick, welche Wortpaare im betreffenden Korpus enger zusammenhängen. Da der gesamte Graph, in welchem alle To-

---

[38] Vgl. https://gephi.org/

kens visualisiert sind, viel zu unübersichtlich ist, haben wir nur die Knoten ausgewählt, aus denen mindestens 1805 Kanten ausgehen, also die mindestens 1805-mal in den ÖBL-Dokumenten mit anderen Tokens miterwähnt werden. Diese Beschränkung reduziert die Anzahl der dargestellten Knoten erheblich. Der auf diese Weise entstehende Graph besitzt 21 Knoten, von denen die meisten Orte sind (z. B. Graz, Wien, Berlin, London usw.) und manche sich auf andere Begriffe wie „Vater", „Bruder" oder „Zeit" beziehen. Die dickste Kante verläuft zwischen „Wien" und „Sohn". Dies ist einerseits mit der Struktur der Biographien zu erklären (z. B. „Sohn eines Kleinhäuslers" – Josef Neubauer, „Sohn des Glasermeisters Anton Alois N." – Albert Neuhauser usw.) und andererseits mit dem Umstand, dass die absolute Mehrheit der Biographierten aus Wien stammende Männer sind. Interessante Zusammenhänge manifestieren sich zwischen den Orts- bzw. Ländernamen. Wien und Prag werden am häufigsten zusammen erwähnt, weniger häufig sind die Beziehungen zwischen Wien und Berlin/Graz/Universität Wien, noch seltener werden aber in den Biographien London, Rom, Frankreich oder England im Zusammenhang mit Wien erwähnt.

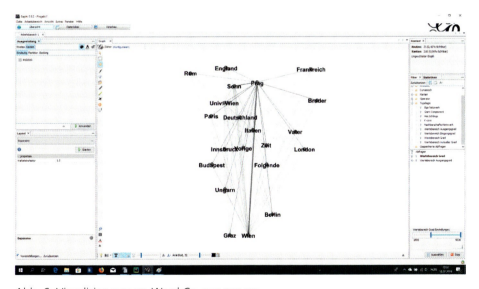

Abb. 6: Visualisierung von Word Co-occurences

4. Conclusio

Die Arbeit an der automatischen Extraktion von Entitäten und Relationen aus den ÖBL-Biographien zeigte deutlich die genrespezifischen Herausforderungen, aber auch Möglichkeiten. Die ÖBL-Biographien bedienen sich einer sehr speziellen Sprache mit vielen Abkürzungen und teils unvollständigen Sätzen, die Standardsprachmodelle an ihre Grenzen bringen. Die Biographien behandeln aber auch beinahe ausschließlich die jeweils biographierte Person. Dieser Umstand ermöglicht es, die Relationsextraktion deutlich zu vereinfachen. Des Weiteren weisen die Biographien eine sehr hohe Informationsdichte auf, daher können mit wenig Text große Datenmengen generiert werden.

Im Verlauf des APIS-Projektes konnten sowohl mit dem regelbasierten als auch mit dem auf Machine-Learning beruhenden System die Potentiale solcher Techniken gezeigt werden. Wenn die Genauigkeit momentan auch noch nicht ausreichend ist, um historische Analysen darauf fußen zu lassen, so können die Extraktionen doch für Suchprozesse, das Erstellen von Samples etc. herangezogen werden. Im Laufe des Projekts wurden auch etliche Potentiale für Verbesserungen identifiziert, die die Genauigkeit noch signifikant steigern werden.

Die Arbeit an den vielfältigen Abkürzungen brachte zum einen eine relativ simple, generalisierbare Variante zum Zwecke der Auflösung von Abkürzungen hervor, zum anderen zeigte sie, dass – selbst in Textsorten mit sehr vielen Abkürzungen – die Auflösung selbiger für die NLP-Verarbeitung nicht zwingend notwendig ist. Schon allein die Erweiterung des Vokabulars um die erkannten Abkürzungen verbesserte das Parsing signifikant.

Maximilian Kaiser

Leitfaden für die Annotation von *Named Entities* (NE) in Biographien

1. Einleitung

In diesem Kapitel sollen grundlegende Abläufe, Überlegungen und Methoden beschrieben werden, die für die Entwicklung und Durchführung eines eigenständigen Annotationprojects mittels der APIS-Webapplikation notwendig sind. Diese Ausführungen werden aus Sicht der Geisteswissenschaften dargestellt und verfolgen dadurch anstelle einer auf technische Details zentrierten Sichtweise die User/innen-Perspektive. Dabei wird auf eine auch für Nichtexpert/innen allgemein verständliche Sprache Wert gelegt.

2. Begriffsdefinitionen

Als **Entitäten** sind sinnstiftende Textstellen zu verstehen, die sich auf Orte, Personen, Ausbildungs- oder Karrierestationen einer biographierten Person beziehen und aus Sicht des Autors für die Erstellung einer Biographie relevant erscheinen. Der Detailgrad einer solchen Information kann je nach der Zeitspanne, während der eine biographierte Person gelebt hat, der beruflichen Tätigkeit, der Wirkung oder dem geographischen Kontext stark variieren. In der APIS-Webapplikation werden die Entitäten Person, Ort, Institution, Ereignis und Werk unterschieden.

Eine Gruppe von Biographien kann innerhalb der APIS-Webapplikation einer oder mehreren thematischen Zusammenstellungen zugeordnet sein. Diese werden **Collections** genannt und dienen den User/innen zur leichteren Filterung der Personen-, Orts- und Institutionslisten. Beim Datenexport lassen sich anhand der Collections Netzwerkdaten leichter generieren.

Als **Annotationproject** wird in der APIS-Webapplikation ein Bearbeitungsdurchgang manueller oder automatischer Annotation(en) verstanden. Dabei können mehrere User/innen demselben Projekt zugeordnet sein und kollaborativ an der Datenerstellung arbeiten. Eine andere Möglichkeit ist es, einzelne

Projekte zur Evaluierung automatischer Prozesse heranzuziehen und die Annotationen miteinander zu vergleichen.

Bei einer **Annotation** handelt es sich um eine Markierung, eine Hervorhebung oder eine andere Art von Kommentar in einem Text.[1] In seiner digitalen Übersetzung lassen sich solche Annotationen über die APIS-Webapplikation durch die *Highlighter*-Funktionalität direkt im Text vornehmen.

Wird eine Entität in einem Haupttext einer Biographie gefunden, so definiert die **Relation**, in welcher Beziehung die biographierte Person zu dieser Entität steht. Es handelt sich dann in diesem Fall um eine nähere Beschreibung des Kontextes.

Der **Gold Standard** definiert sich als bestmögliche Annotation der Daten unter Berücksichtigung eines übereinstimmenden, durch die Annotator/innen erstellten Leitfadens. Er dient im Zusammenhang mit dem APIS-Projekt als Grundlage für die Evaluierung automatisiert erstellter Annotationen. Biographietexte, die nach diesen Richtlinien annotiert wurden, können wiederum als Trainingsmaterial für die maschinelle Bearbeitung verwendet werden.[2] In diesem Sinn kann ein *Machine-Learning-Algorithmus* darauf aufbauen und die in den Biographien vorkommenden Entitäten anhand einer Übereinstimmung eines Strings bzw. einer Zeichenfolge relevanter Textpassagen identifizieren, die der Ontologie entsprechenden Relationen auswählen und diese selbstständig annotieren.

Die Verwendung einer einheitlichen **Ontologie** reglementiert die Begrifflichkeiten und Zusammenhänge für die Beschreibung der Relationen. Im Zuge der Erstellung einer solchen Wissensorganisation ist es notwendig, eine eigene Ontologiesprache zu erstellen sowie die in den Biographien enthaltenen Informationen zu konzeptualisieren.[3] Beginnend bei der einfachsten möglichen Ver-

---

1   Vgl. Jannidis Fotis / Hubertus Kohle / Malte Rehbein (eds.), *Digital Humanities. Eine Einführung*, Stuttgart: J. B. Metzler, 2017, 253.
2   „Bei der Klassifikation soll ein Algorithmus Objekte in bekannte Klassen einordnen. Dazu werden ihm positive und negative Beispiele vorgegeben. Aus diesen Objekten, bei denen bekannt ist, zu welcher Gruppe sie gehören, muss das System Anhaltspunkte für die Gründe zur Klassenzugehörigkeit ableiten und daraus eine Regelhaftigkeit aufbauen." Thomas Mandl, Text und Data Mining, in: Rainer Kuhlen / Wolfgang Semar / Dietmar Strauch (eds.), *Grundlagen der praktischen Information und Dokumentation. Handbuch zur Einführung in die Informationswissenschaft und -praxis*, Berlin, Boston: De Gruyter, Saur (6., völlig neu gefasste Ausgabe), 2013, 182.
3   „Classification schemes necessarily involve some theory of the objects being classified, if only in asserting that the objects possess certain properties. Every ontology can be interpreted as providing the basis for a classification of the entities it describes." Christopher Michael Sperberg-McQueen, Classification and its Structures, in: Susan Schreibman / Ray Siemens / John Unsworth (eds.), *A Companion to Digital Humanities*, Malden, Oxford, Carlton: Blackwell Publishing, 2004, 162.

bindungsart zweier Entitäten, kann die Ontologie bis zu den komplexesten vorstellbaren Begriffen reichen. Das heißt, dass sie sich sowohl gemäß den verschiedenen Arten von Entitäten gliedert als auch hierarchisch gestaffelt ist.[4] Bei der Erstellung der Ontologie wurde darauf geachtet, dass sich die Begriffe an den Formulierungen anderer *Linked-Open-Data*-Ressourcen wie GND und GeoNames orientieren. Dadurch wird ein Mapping der Daten auf gängige Standards wie z. B. *Cidoc-CRM* und eine Datenserialisierung als *RDF-Triples* zu einem späteren Zeitpunkt ermöglicht. Das garantiert nicht nur eine längerfristige Nutzbarkeit der Forschungsdaten, sondern auch das maschinelle Abfragen der Daten über ein *Application-Programming-Interface* (API).[5]

Bei den möglichen Begriffen handelt es sich um ein dem Prinzip nach **kontrolliertes Vokabular**, das eine einheitliche Begrifflichkeit bei der Beschreibung der Relationstypen garantieren soll. Das bedeutet gleichzeitig, dass ohne eine Erweiterung der Ontologie keine neuen Begriffe für die Bezeichnung der Relationen eingeführt werden können. Jeder einzelne Begriff stellt eine gleichbleibende Referenz innerhalb der LOD-Cloud dar, ermöglicht spätere maschinelle Abfragen und die Interoperabilität von für unterschiedliche Forschungszwecke entwickelten Anwendungen.[6]

3. Kurzbeschreibung Datenbank

Die APIS-Webapplikation beinhaltet mehrere für die Bearbeitung von Biographien und die Erstellung von biographischen Daten notwendige Funktionalitäten. Im Kern sind es die Funktionalitäten *Adminbereich, Highlighter, Visualisierung* und *Export*. Im **Adminbereich** lassen sich die Ontologie, die Collections und die Textfelder im Detail konfigurieren. Bei der Anlage eines

---

[4] „Wichtig ist dabei, dass einerseits die Terminologie und die Zusammenhänge des Fachgebietes sorgfältig aufgearbeitet werden, und dass andererseits diese Informationen in einem speziellen Datenformat abgespeichert werden, mit dem eine zugehörige Suchmaschine umgehen kann." Katrin Weller, Ontologien, in: Rainer Kuhlen / Wolfgang Semar / Dietmar Strauch (eds.), *Grundlagen der praktischen Information und Dokumentation. Handbuch zur Einführung in die Informationswissenschaft und -praxis*, Berlin, Boston: De Gruyter, Saur (6., völlig neu gefasste Ausgabe), 2013, 207–208.

[5] „A web API allows for information or functionality to be manipulated by other programs via the internet." Vgl. dazu Patrick Smyth, „Creating Web APIs with Python and Flask", in: *The Programming Historian 7* (2018), https://programminghistorian.org/en/lessons/creating-apis-with-python-and-flask (Zugriff 6.6.2018).

[6] „In many areas of scholarly work, controlled vocabularies (gazetteers, thesauri, etc.) play a crucial role as a stable reference for resources and for ensuring interoperability between disparate projects and their data. The ACDH provides a vocabulary repository service that allows for collaborative maintenance and publication of vocabularies and taxonomies of any kind."
ACDH Vocabularies, https://vocabs.acdh.oeaw.ac.at/en/about (Zugriff 6.6.2018).

neuen Relationstyps müssen die Bezeichnung und ein gegenläufiges Begriffspaar (*reverse name*) definiert werden. Annotiert man beispielsweise innerhalb einer Biographie einen Personennamen mit der Relation „war Kind", so wird zeitgleich für die andere Person diese Verknüpfung mit „war Elternteil" beschrieben und angelegt. Die Zuordnung zu einem übergeordneten Eintrag (*parent class*) ermöglicht es, Hierarchien festzulegen.

Für die Annotation der Textstellen und die Erzeugung biographischer Daten ist das **Highlighter-Tool** entwickelt worden. Nachdem eine relevante Passage in der Biographie markiert wurde, erscheint über ein Pop-up-Fenster eine Auswahl, über welche die Art von Entität und Relation festgelegt werden kann. Hat sich der/die Annotator/in für eine davon entschieden, werden entsprechende Formularfelder angezeigt. Nach der Eingabe der ersten Buchstaben werden passende Möglichkeiten angeboten, die nach einem Klick auf einen passenden Eintrag durch die *Autocomplete*-Funktion vervollständigt werden. Das gilt sowohl für die Relationen als auch für die Entitäten. Kürzel wie db (Datenbank), GND (Generelle Norm Datei) und GeoNames (geonames.org) stehen dabei für die Quelle, aus der sich die Informationen zu einer Entität speisen (Abb. 1). Hat man die Relation und Entität ausgewählt, wird die Annotation nach einem Klick auf den *Create/Modify*-Button abgeschlossen und gespeichert. Eine graphische Unterlegung der Textpassage markiert diese und macht den Annotationsprozess sichtbar. Diesen Vorgang setzt man so lange fort, bis alle biographischen Bausteine einer Biographie annotiert sind.

Sind sämtliche in einer Collection vorhandenen Biographien annotiert und ist das Annotationsprojekt abgeschlossen, lassen sich die erfassten biographischen Daten über den Menüpunkt *Visualization* als Netzwerke darstellen. Für die **Visualisierung** ist es notwendig, die Verbindungsart zwischen den Entitäten auszuwählen – also ob es sich um Person-Ort-Verbindungen oder Person-Person-Verbindungen handeln soll. Ist die komplette Darstellung eines Annotationsprojekts und/oder einer Collection gewünscht, dann sind ebenfalls die entsprechenden Formularfelder auszuwählen. Im letztgenannten Fall ist im Feld *source* die Buchstabenkombination *cl:* für Collection einzugeben und aus den angezeigten Vorschlägen der entsprechende Eintrag auszuwählen. Nach dem Klick auf den *Add-nodes*-Button baut sich das Netzwerk auf.

Eine andere Herangehensweise liefert die Eingabe einzelner Entitäten. Ein möglicher Suchvorgang wäre z. B. die Frage nach Personen, die an einem bestimmten Ort studiert haben. Dafür würde man zuerst die Verbindung Person-Ort auswählen und im Feld *Select kind* die gewünschte Relation eingeben

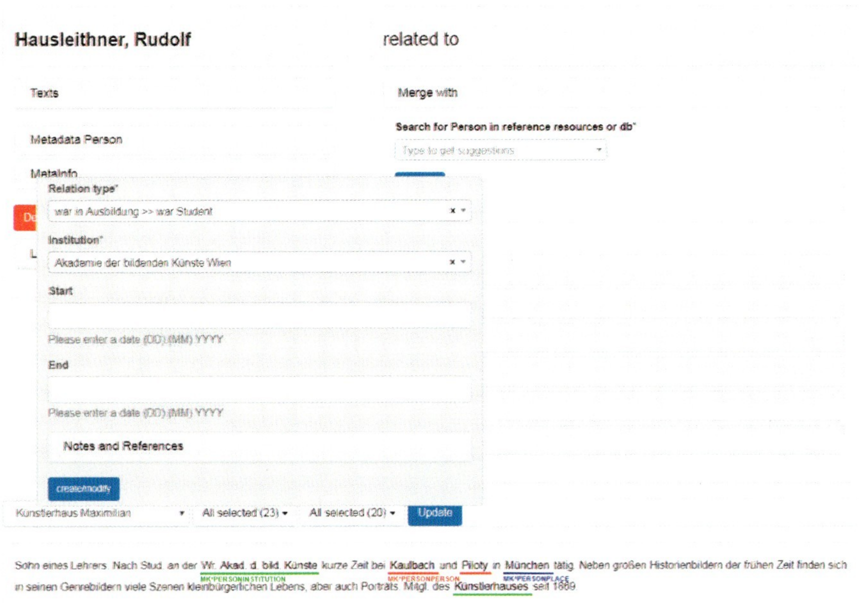

Abb. 1: Der Screenshot zeigt die *Highlighter*-Funktionalität der APIS-Webapplikation

(Abb. 2). Nach der Visualisierung dieser Verbindungen erhalten wir einen zentralen Knoten, der mit allen Personen, die an diesem Ort studiert haben, verbunden ist. Klickt man auf eine für die Abfrage interessante Person, dann lässt sich über den *Expand*-Button das Netzwerk um alle Ortsbeziehungen dieses Knotens erweitern. So kann sich der/die User/in Stück für Stück durch die Daten navigieren und das gewünschte Netzwerk visualisieren. Am unteren Ende der Seite findet man die Funktionalität für den **Export**. Neben dem *Graphml*-Format lassen sich die Daten auch als *Json* exportieren. Ein Klick auf den *Create*-Button erzeugt den Datenexport in einem der beiden Formate.

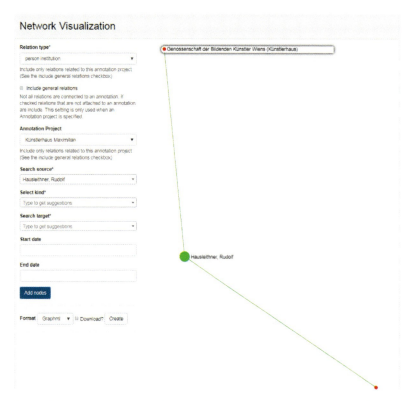

Abb. 2: Der Screenshot zeigt die Visualisierungs- und Exportfunktionalität der APIS-Webapplikation (Stand 12.6.2019)

3.1 Arten von Entitäten

In APIS gibt es ausgehend von den im Lexikon befindlichen Texten fünf verschiedene Arten von Entitäten: Personen, Orte, Institutionen, Werke und Ereignisse. Personen können in die zwei Kategorien „im ÖBL biographierte Person" und „miterwähnte Person" eingeteilt werden. Wichtig ist noch zu erwähnen, dass bei den Biographien ab der 48. Lieferung eine oder mehrere Subbiographien am Ende des Textes angefügt sein können. Das ist dann der Fall, falls diese Personen durch ihre Wirkung ebenfalls in Erscheinung getreten sind und von der Redaktion als bedeutend eingestuft werden. Eine Zuordnung zu einer dem ÖBL entsprechenden Berufsgruppe wird für die im Lexikon enthaltenen Personen aus den *XML*-Dateien übernommen. Für miterwähnte Personen, die entweder manuell angelegt oder aus der GND importiert worden sind, besteht die Möglichkeit, diese Informationen zu ergänzen. Ist eine Person mit weiteren Personen z. B. über Verwandtschaftsbeziehungen verbunden, so werden diese im Zuge des Imports mitübernommen.

Die Bandbreite der in den Texten zu findenden Toponyme ist sehr vielfältig. So kommen sowohl geographische Angaben vor, die Städte oder Dörfer bezeichnen, als auch solche, die für Länder, Flüsse, Berge, Schlösser oder sogar Ausgrabungsstätten stehen können. Des Weiteren sind nicht nur aktuelle, sondern auch historische Ortsnamen (Konstantinopel) sowie Bezeichnungen von nicht mehr existenten Orten (z. B. Weinhaus, Dolany)[7] oder Regionen (z. B. Orient) in den Texten vorhanden. Eine Möglichkeit ist auch, dass in den ersten Lieferungen des Lexikons deutschsprachige Ortsnamen in Biographien an der Stelle von heute gültigen fremdsprachigen Ortsbezeichnungen (z. B. Preßburg statt Bratislava, Lemberg statt Lwiw) genannt werden. Die Kategorisierung dieser Toponyme erfolgt nach den *Feature Codes* der geographischen Ortsdatenbank GeoNames. Nachfolgende Aufstellung gibt einen kurzen Überblick über die gängigsten in APIS vorkommenden *Feature Codes*. Schlösser, Ausgrabungsstätten, Flüsse, Berge und historische Ortsnamen sind im SolR-Index von APIS nicht enthalten und müssen neu angelegt werden.

Feature Code	Bezeichnung	Erläuterung
PPLA, PPLA2, PPLA3, PPLA4	Seat of a first-order administrative division, Seat of second-order …	Stadt
PLC	Capital of a political entity	Hauptstadt (Wien, Prag)
PPLA2-4	Populated place 2-4	Stadt bis Dorf
ADM1, ADM2, ADM3, ADM4	First order administrative division, Second …	Verwaltungseinheit (St. Pölten-Stadt, Eisenstadt-Umgebung)
PPL	Populated place	Stadt, Dorf oder eine andere Agglomeration von Gebäuden, in denen Menschen leben oder arbeiten

Tabelle 1: Die gängigsten *Feature Codes* von geoNames.org, wie sie in APIS verwendet werden, deren Bezeichnung und Erläuterung

Wie zuvor bereits festgestellt, sind die älteren Biographien des Lexikons kürzer gefasst, und die jüngeren beinhalten deutlich mehr und genauere Informationen. Die Institionsnamen können abgekürzt (Univ. Prag, ABK, IKG,

---

7 Bei der Eingemeindung (1892) des Bezirks Währing wurde der Ort Weinhaus zu einer der Katastralgemeinden Wiens. Ein anderer Fall sind Wüstungen wie z. B. der Ort Dolany (dt. Dehlau) im Bezirk Kadaň (dt. Kaaden) in Nordböhmen.

AKH usw.) und vereinfacht (stud. an der Univ. Prag, besuchte die Schule in Graz usw.) im Text vorkommen. Des Weiteren werden fremdsprachige Institutionsnamen in deutscher Übersetzung angegeben, etwa Kunstakademie Krakau statt *Akademia Sztuk Pięknych*, später auch in beiden Versionen, wobei die fremdsprachige meist in runde Klammern gesetzt wird. Häufig vorkommende fremdsprachige Institutionsnamen können auch abgekürzt werden. Beispielsweise steht MTA für *Magyar Tudományos Akadémia* bzw. die Ungarische Akademie der Wissenschaften. Die Institutionsnamen werden in APIS mit Einträgen aus der deutschsprachigen GND verlinkt. Ist eine Institution dort nicht zu finden, muss diese im System als neuer Eintrag erst angelegt werden. Da es sich bei der GND um einen Bibliothekskatalog handelt, sind manche Arten von Institutionen unterrepräsentiert. Dazu zählen beispielsweise Periodika (Zeitungen, Zeitschriften), nicht-deutschsprachige Institutionen, weniger bekannte Schulen, kleinere Ämter oder Vereine. Durch den Import von Einträgen, die in der GND gefunden worden sind, werden die alternativen Schreibweisen als *alternative labels* übernommen. Ist eine Institution mit einer Vorgänger- oder Nachfolgerinstitution verknüpft, werden diese Institutionen und ihre Relationen in diesem Zuge auch gleich mitübernommen.

Die in den Biographien zu findenden Ereignisse und Werke werden anders als die Personen, Orte und Institutionen nicht mit externen Ressourcen verbunden. Werktitel, soweit sie im Haupttext und nicht im Werkverzeichnis vorkommen, können z. B. Publikationen (Bücher, Beiträge in Periodika), Kunstwerke (Gemälde, Skulpturen, Gebäude) oder Musikstücke (Sonette, Libretti) beschreiben. Bei den Ereignissen handelt es sich in der Mehrheit um jene von erheblicher historischer Tragweite. Ereignisse, die nur eine Person betreffen, wie z. B. Unglück oder Verleihung, um je ein negatives und ein positives Beispiel zu nennen, sind meist über die Metadaten (Sterbedatum, Sterbeort)-Relationen zu anderen Institutionen (z. B. Mitglied in einem Orden) erfasst.

3.2 Arten von Relationen

Nachfolgende Tabelle stellt ausschnitthaft die Arten von Relationen dar. Sie erhebt keinen Anspruch auf Vollständigkeit, bildet aber die wesentlichen Verbindungsarten auf der Ebene der Entitäten und skizzenhaft die im Zuge der Annotationsprojekte entwickelten und verwendeten Hierarchien der Ontologie ab. Die erste Ebene ist die allgemein mögliche Beschreibung einer Relation zwischen zwei Entitäten. Auf der zweiten Ebene findet die Ausdifferenzierung statt. Das heißt, dass sich entsprechend der beruflichen Tätigkeit, dem historischen Rahmen und dem geographischen Raum einer Person die Bezeichnung an die Besonderheiten des biographischen Textes (wie z. B. „war Bühnenbildner", „war Chefredakteur", „war Stadtrat" usw.) annähert.

Art der Relation	1. Ebene	2. Ebene
Person–Person		
	war verwandt	
		>> war Elternteil
		>> war Kind
		>> war verheiratet
	stand in Kontakt	
		>> war Schüler
		>> war Lehrer
		>> war befreundet
Person–Ort		
	ausgebildet in	
	wirkte in	
		>> stellte aus
	reiste nach	
		>> ging ins Exil nach
Person–Institution		
	war in Ausbildung	
		>> war Student
		>> war Lehrling
	war Mitarbeiter	
		>> war Professor
		>> war Redakteur
		>> war Arzt
		>> Assistent
	war Mitglied	
		>> war ordentliches Mitglied
		>> war korrespondierendes Mitglied
		>> war Ehrenmitglied
Person–Ereignis		
	war Teilnehmer	

Tabelle 2: Die wesentlichen Verbindungsarten auf der Ebene der Entitäten

4. Annotieren mit der APIS-Webapplikation

Die Annotation von *Named Entities* in biographischen Texten ist abhängig vom jeweiligen Fokus und den Fragestellungen einer Untersuchung. Dessen ungeachtet hat sich das interdisziplinäre Projektteam auf die folgenden vier wesentlichen Grundregeln geeinigt:

1. Es soll möglichst knapp am Text annotiert werden. Das bedeutet, dass nur die unmittelbar mit einer Entität in Verbindung stehende(n) Textpassage(n) und keine vollständigen Halbsätze markiert werden sollen.
2. Jede Annotation muss nach der Markierung der Textstelle eine Beschreibung der Verbindungsart erhalten. Dafür müssen vorab zumindest einige Basis-Relationen existieren, die dann je nach Fragestellung genauer zu definieren sind.
3. In jenen Fällen, in denen Institutionsverbindungen implizit angegeben werden und mehrere Interpretationen zulassen, wie z. B. „stud. an der Univ. Prag", ist zu empfehlen, diese Entität als Ort (Studien- bzw. Ausbildungsort) anstatt einer Institution zu annotieren.[8] Dadurch sollen vorschnelle und fehlerhafte Annotationen vermieden werden.
4. Aufeinanderfolgende Angaben zu ein und derselben Institution beschreiben meist den Karriereweg einer Person und beziehen sich implizit auf diesen. Daher empfiehlt es sich, die Entität so zu annotieren, dass die Relationen der im Biographietext genannten Reihenfolge entsprechen. Jede weitere Angabe im Kontext einer Universitätslaufbahn, wie z. B. ao. Professor, o. Professor oder Rektor, kann danach in Ergänzung über die Formularfelder erfasst werden.

Für das Training automatisierter Annotationssysteme wurden diese Grundregeln nochmals generalisiert, um die maschinelle Verarbeitung möglichst zu vereinfachen. Dafür wurde eine eigene per Zufall generierte Collection („*300 selec names*") gebildet und manuell den Regeln entsprechend annotiert. Dieser *Gold Standard* wurde dann für die spätere Evaluierung der Ergebnisse herangezogen.

---

[8] Die Universität Prag wurde beispielsweise 1882 geteilt. Dadurch änderte sich nicht nur der Name der Institution, sondern es existierten in der Folge zwei verschiedene Institutionen. Das bedeutet, dass, abhängig vom Zeitpunkt eines Studiums, die Person entweder mit der deutschen Karl-Ferdinands-Universität oder der tschechischen Universität Prag verbunden werden muss.

Für die *Gold-Standard*-Annotationen wurden nachfolgende Arten von Entitäten und Relationen zum Zweck der Beschreibung verwendet:
- Person-Person („war verwandt", „stand in Kontakt"),
- Person-Ort („wirkte in", „ausgebildet in", „reiste nach") und
- Person-Institution („war in Ausbildung", „war Mitarbeiter", „war Mitglied").

Die Regeln für die Markierung der zu annotierenden Textstellen lassen sich wie folgt zusammenfassen:
- Titel, wie z. B. „Erzhg." und „K.", werden mitannotiert. Bei Personen werden nur jene Stellen annotiert, die zumindest einen Nachnamen beinhalten. Formulierungen wie „Vater des Folgenden" oder „Sohn eines Hufschmiedes" werden nicht annotiert.
- Institutionen werden nur bei exakter Namensnennung annotiert.
- Wird in Kombination mit einer Institution auch ein Ort genannt, wie z. B. „Univ. Wien", ist der Institution „Universität Wien" der Vorzug zu geben. Werden dabei mehrere Orte aufgezählt, wie z. B. „Univ. Wien, Göttingen und Prag", wird die Erstgenannte als Institution annotiert, die darauffolgenden Angaben hingegen als Orte.
- Jede Institution ist mit einem Ort zu verknüpfen. Daher sind die im Text im Zusammenhang mit der Institution genannten Ortsnamen nicht eigens zu annotieren. Bei allgemeinen Formulierungen, bei denen der Institutionsnamen nicht genau angegeben ist, soll der Ort anstelle der Institution annotiert werden.
Siehe folgendes Beispiel: Unterrichtete nach Vollendung der Studien (1808) Geographie am Collegio S. Michele [Institution: Collegio San Michele, *kind*: war Lehrer] in Murano, dann Physik am Lyceum in Fermo [Ort: Fermo, *kind*: wirkte in]; 1813 Zolldir. in Venedig, 1820 bereiste er zu Studienzwecken Portugal, 1822–32 lebte er in Paris, dann in Wien, wo er den Titel K. Rat mit einem Jahresgehalt von 1500 fl. erhielt und 1847 Mitgl. d. Akad. d. Wiss. wurde.[9]
- Institutionen werden dem historischen Namen getreu annotiert wie z. B. „Fa. Josef Th. Adler" oder „Wr. Glasfa. J. und L. Lobmeyr".

---

9 N. N., Adrian von Balbi (1782–1848), Lehrer, Geograph und Statistiker, in: *ÖBL 1815–1950*, Bd. 1 (Lfg. 1, 1954), 46.

Beispiel Person:
Enkel des Lyrikers Josef K. Ch. [Person: Josef K. Chmelensky, *kind*: war verwandt], veranstaltete als erster tschech. Gastspiele in Wien.[10]

Beispiel Institution:
1886–1904 war er Prof. an der Royal Academy of Music [Institution: Royal Academy of Music, *kind*: war Mitarbeiter].[11]

Beispiel Ort:
1844 trat er erfolgreich in Linz [Ort: Linz, *kind*: war Wirkungsort] auf, dann in anderen österr. und dt. Städten.[12]

Zur Illustration der allgemein formulierten Regeln wurden als Beispiele für die Annotation Biographien aus der online zugänglichen Printversion des ÖBL 1815–1950, aus der ÖBL Online-Edition sowie bereits annotierte Biographien aus der APIS-Datenbank ausgewählt. Sie sind nach Entitäten gegliedert, thematisieren häufig vorkommende Formulierungen und stellen in Form von Positiv- bzw. Negativbeispielen Annotationen einander gegenüber.

4.1 Die Annotation von Personennamen

Personennamen tauchen in vielfältigen Zusammenhängen auf. In den neueren Biographien des ÖBL, also ab dem Anfangsbuchstabenbereich „S", beginnt die Biographie mit der „flächendeckenden" Nennung der verwandtschaftlichen Einbindungen einer Person.[13] Danach folgt die Beschreibung der Ausbildungsstationen. Dabei werden in diesem Zusammenhang oft die wichtigsten Lehrer angeführt. Es kann dabei vorkommen, dass für eine Fachdisziplin bekannte Personen, wie z. B. der Mediziner Theodor Billroth oder der Akademieprofessor Christian Griepenkerl, nur mit ihrem jeweiligen Familiennamen genannt werden. Neben Verweisen auf andere Artikel des ÖBL finden sich auch zahlrei-

---

10 N. N., Ladislav Chmelenský (1860–1932), Theaterdirektor, in: *ÖBL 1815–1950*, Bd. 1 (Lfg. 2, 1954), 146.
11 [Maria] Tarantová, Wilhelm Kuhe (1823–1912), Pianist, Dirigent und Komponist, in: *ÖBL 1815–1950*, Bd. 4 (Lfg. 19, 1968), 335. Diese und alle nachfolgenden Ergänzungen zu den Autorenangaben einzelner ÖBL-Biographien ließen sich dank einer umfassenden Recherche von Ágoston Zénó Bernád auflösen. Vornamen der betreffenden Personen sind ggf. dann in eckigen Klammern gesetzt.
12 Ebenda.
13 In Einzelfällen werden auch bereits in den frühen Bänden die näheren verwandtschaftlichen Verbindungen genannt.

che Verweise auf Personen, die aufgrund der spezifischen zeitlichen und räumlichen Aufnahmekriterien nicht im Lexikon erfasst wurden (wie z. B. Karl Marx, Friedrich Barbarossa usw.).

4.1.1 Personennamen

Positivbeispiel:
Sohn des Großkaufmannes und Industriellen Francesco T. v. R. [Person: Francesco T. von Reyer; *kind*: war verwandt], Bruder des Großkaufmannes und Industriellen Konstantin A. Frh. v. R. [Person: Konstantin A. Frh. von Reyer, *kind*: war verwandt], Onkel des Folgenden, des Turnfachmannes und Linguisten Costantino R.-Castagna [Person: Constantino Reyer-Castagna, *kind*: war verwandt] sowie des Finanzmannes und Industriellen C. Frh. v. Reinelt [Person: Carlo Frh. von Reinelt, *kind*: war verwandt], Cousin der Weltreisenden I. Pfeiffer [Person: Ida Pfeiffer, *kind*: war verwandt] (alle s. d.); erhielt seine Berufsausbildung im Ausland, vor allem in Leipzig bei Schlik, dem Geschäftspartner seines Vaters.[14]

Negativbeispiel:
Nach Schliks [Person[i]: Schlik, *kind*: stand in Kontakt] Tod (1850) kehrte er nach Triest zurück und leitete gem. mit seinem Bruder Konstantin [Person[ii]: Konstantin A. Frh. v. Reyer, *kind*: war verwandt] die Fa. R. & Schlik [Person[iii]: Schlik, *kind*: stand in Kontakt].[15]
[i] Kann als Ereignis gedeutet werden.
[ii] Der Personennamen ist schon in der Genealogie annotiert.
[iii] Der Personennamen ist Teil des Firmennamens.

4.1.2. Genealogie

Positivbeispiel:
Als Sohn des Stuttgarter Malers Hermann H. d. Ä. [Person: Hermann Herdtle d. Ä., *kind*: war Kind], war er zuerst Schüler seines Vaters [Person[i]: Hermann Herdtle d. Ä., *kind*: war Schüler], stud. dann 1866–70 unter W. Bäumer [Per-

---

14 [Roberto] Pavanello, Carlo Ferdinando Frh. von Reyer (1800–1872), Großkaufmann und Industrieller, in: *ÖBL 1815–1950*, Bd. 9 (Lfg. 42, 1985), 104.
15 Ebenda.

son: Wilhelm Bäumer, *kind*: war Schüler] an der Techn. Hochschule in Stuttgart und ging mit diesem nach Wien, wo er am Bau des Nordwestbahnhofes mitwirkte (1870–73).[16]
[i] Der Name des Vaters wird früher im Text genannt.

Negativbeispiel:
Sohn eines Kunstschlossers [Person[i]: Hejda, *kind*: war Kind]; besuchte die Wr. Akad. d. bild. Künste unter K. v. Zumbusch, arbeitete 1891/92 in Paris und 1892–94 in Budapest, lebte dann in Wien.[17]
[i] Kein Personennamen bekannt; Familienname und Berufsbezeichnung allein reichen nicht.

4.1.3 Lehrer-Schüler-Relationen

Positivbeispiel:
Seine künstlerische Ausbildung führte ihn nach Wien, in die Heimatstadt seiner Mutter, wo er die Akad. d. bild. Künste besuchte und Schüler von Th. Ender [Person: Thomas Ender, *kind*: war Schüler] (s. d.) und F. Steinfeld [Person: Franz Steinfeld, *kind*: war Schüler] war.[18]

Negativbeispiel:
An die biedermeierliche Schule (Steinfeld [Person[i]: Steinfeld, *kind*: war Schüler]) anknüpfend, schilderte H. stimmungsvolle abendliche Wald- und Felsenszenerien.[19]
[i] Bezieht sich nicht auf die Person oder eine „war Schüler"-Relation, sondern auf den Stil.

4.2 Die Annotation von Institutionen

Die Angaben von Institutionen in einer ÖBL-Biographie folgen in chronologischer Reihenfolge den Ausbildungs- und den Karrierestationen einer Person.

---

16 N. N., Hermann Herdtle d. J. (1848–1926), Architekt und Kunsthandwerker, in: *ÖBL 1815–1950*, Bd. 2 (Lfg. 8, 1958), 282.
17 N. N., Wilhelm Hejda (1868–1942), Bildhauer und Medailleur, in: *ÖBL 1815–1950*, Bd. 2 (Lfg. 8, 1958), 254.
18 N. N., Karl Hasch (1834–1897), Maler, in: *ÖBL 1815–1950*, Bd. 2 (Lfg. 8, 1958), 198.
19 [Rupert Feuchtmüller], Ludwig Halauska (1827–1882), Maler und Graphiker, in: *ÖBL 1815–1950*, Bd. 2 (Lfg. 7, 1958), 157.

Je nach der Zugehörigkeit zu einer Berufsgruppe und der beruflichen Tätigkeit findet man gegen Ende des Artikels eine Aufzählung der Mitgliedschaften, Auszeichnungen und Ehrungen einer Person. Die Angabe von Institutionsnamen variiert je nachdem, um welche Kategorie von Institutionstyp und um welche Karriereverläufe es sich handelt. Die Institutionsangaben einer Industriellenbiographie können z. B. Firmenbezeichnungen, Aktiengesellschaften oder Werkstandorte beinhalten. Letztere wären abhängig von der Fragestellung eher als Ortsrelation anzulegen. Autor/innen von Künstlerbiographien tendieren schwerpunktmäßig eher dazu, Verbindungen zu Ausbildungsinstitutionen und Mitgliedschaften anzugeben. Dabei spielen die Relationstypen, die für eine Verbindung zu einer Institution annotiert werden, eine große Rolle (ordentliches Mitglied, Gründungsmitglied, korrespondierendes Mitglied usw.). Insgesamt ist festzustellen, dass die Vielfalt an zu annotierenden Relationstypen mitunter die komplexeste Aufgabe innerhalb eines Annotationsprojektes darstellt. Dabei spielt die hierarchische Ordnung der Relationen eine wichtige Rolle, um einerseits die Komplexität der Biographien zu erhalten und andererseits gleichzeitig eine Vergleichbarkeit der Netzwerkdaten zu garantieren.

4.2.1 Ausbildung

Positivbeispiel:
Nach anfänglichem Widerstand des Vaters stud. er an der Wr. Akad. d. bild. Künste [Institution: Akademie der bildenden Künste Wien; *kind*: war Student] bei F. Rumpler, Ch. Griepenkerl (s. d.) und A. Eisenmenger (s. d.), der ihn wegen seiner zeichner. Exaktheit und formalen Sicherheit schätzte.[20]

Negativbeispiel:
Seine Werke brachten ihm schon früh Anerkennung und Unterstützung ein, wodurch es ihm ermöglicht wurde, sein Stud. in Dresden [Institution[i]: Königlich Sächsische Akademie der Bildenden Künste zu Dresden, *kind*: war Student] bei E. J. Hähnel fortzusetzen.[21]
[i] In diesem Fall handelt es um eine implizit angegebene Information zu einer Fortsetzung des Studiums an der Kunsthochschule Dresden, der heutigen

---

20 N. N., Rudolf Jettmar (1869–1939), Maler und Graphiker, in: *ÖBL 1815–1950*, Bd. 3 (Lfg. 12, 1962), 113.
21 Walter Krause, Karl Kundmann (1838–1919), Bildhauer, in: *ÖBL 1815–1950*, Bd. 4 (Lfg. 19, 1968), 349–350.

Hochschule für bildende Künste Dresden. Daher würde man den Ort Dresden als Ausbildungsort annotieren.

4.2.2 Karriere

Positivbeispiel:
Sohn eines Eisenbahning.; besuchte die Realschule in Brünn; nach dem Stud. Ass. an der Akad. der bildenden Künste in Wien [Institution: Akademie der bildenden Künste Wien, *kind*: war Assistent]. Stud.Reisen führten ihn nach Italien, Holland, Frankreich, England und Deutschland. Lehrer an der Ver. Kunstschule für Frauen und Mädchen [Institution: Verein Kunstschule für Frauen und Mädchen (Wien), *kind*: war Lehrer], 1909–19 an der Graph. Lehr- und Versuchsanstalt in Wien [Institution: Kaiserlich-Königliche Graphische Lehr- und Versuchs-Anstalt (Wien), *kind*: war Lehrer, *start_date*: 1909, *end_date*: 1919].[22]

Negativbeispiel:
1911–35 Doz. für Perspektive und Stillehre an der Akad. der bildenden Künste in Wien [Institution[i]: Akademie der bildenden Künste Wien, *kind*: war Dozent, *start_date*: 1911, *end_date*: 1935], 1913 tit ao. Prof. [Institution[ii]: Akademie der bildenden Künste Wien, *kind*: war a.o. Professor, *start_date*: 1913] suppl. er 1919–21 die Meisterschule Bauer. 1913 o. Prof. an der Techn. Hochschule in Wien [Institution[iii]: Technische Hochschule Wien, *kind*: war o. Professor, *start_date*: 1913].

[i] Hier korrekt annotiert, weil die Institution im Text explizit genannt wird.
[ii] Die Karrierestufe des titulierten außerordentlichen Professors kann implizit mit der Akademie verbunden werden. Einzelne Funktionen werden nicht annotiert, sondern nur die Nennung eines Institutionsnamens. Da der Institutionsname aber nicht noch einmal genannt wird, müssten diese weiteren Funktionen über die Formularfelder erfasst werden.
[iii] Hier wieder korrekt im Zusammenhang mit der nächsten Institutionsnennung annotiert; häufig der Fall bei der Beschreibung einer akademischen Karriere an einer Universität.

---

22 [Anton] Durstmüller, Ludwig Michalek (1859–1942), Maler, Graphiker und Kupferstecher, in: *ÖBL 1815–1950*, Bd. 6 (Lfg. 28, 1974), 258.

4.2.3. Mitgliedschaften, Auszeichnungen und Ehrungen

Positivbeispiel:
E. war ab 1861 Mitglied der Genossenschaft der bildenden Künstler Wiens (Künstlerhaus) [Institution: Genossenschaft bildender Künstler Wiens, *kind*: war Gründungsmitglied, *start_date*: 1861] und wurde 1887 Ritter des Franz Joseph-Ordens [Institution: Franz Joseph-Orden, *kind*: war Mitglied, *start_date*: 1887].[23]

Negativbeispiel:
Vielfach geehrt und ausgezeichnet[i], u. a. 1899 nob[ii].[24]
[i] Keine Angabe, in welcher Form die Person geehrt und ausgezeichnet wurde.
[ii] Keine Angabe, ob im Jahr 1899 durch eine Ordensauszeichnung nobilitiert.

S. war Träger zahlreicher Orden[i] und Ehrenmitgl. der landwirtschaftlichen Ver. Kärntens und Krains [Institution: landwirtschaftliche Gesellschaft zu Kärnten und Krain, *kind*: Ehrenmitglied].[25]
[i] Keine Angabe dazu, mit welchen Orden die Person ausgezeichnet wurde.

4.3 Die Annotation von Ortsnamen

Ortsnamen tauchen in den Biographien des ÖBL ebenso häufig auf wie Personen- oder Institutionsnamen. In frühen Biographien des Lexikons werden aus Platzgründen oftmals Orte anstelle der Institutionsnamen angegeben, um Platz zu sparen. Häufig ist dieses Phänomen bei Künstler/innen zu beobachten. Als weitere Besonderheiten können der unterschiedliche Grad an Detaillierung und die Verwendung von historischen Ortsnamen gesehen werden. So kann es bei der Aufzählung von Stationen einer Studienreise vorkommen, dass sowohl Orts- als auch Länderbezeichnungen genannt werden. Falls von einem außerhalb Österreichs liegenden Ort eine heute noch bekannte deutschsprachige Schreibweise wie z. B. im Fall von Brünn existiert, wird diese gewählt. Falls nicht, steht im Text die fremdsprachige Version. Länderbezeichnungen, die

---

23 Cornelia Reiter, August Eisenmenger (1830–1970), Maler, in: *ÖBL Online-Edition*, Lfg. 1 (01.03.2011).
24 [Theodor] Quirchmayer / [Zoltán] Szász, Andreas Mechwart von Belecska (1834–1907), Techniker, in: *ÖBL 1815–1950*, Bd. 6 (Lfg. 27, 1974), 180.
25 Robert Rill, Johann Nepomuk Frh. von Schloißnigg (1809–1883), Beamter und Politiker, in: *ÖBL 1815–1950*, Bd. 10 (Lfg. 48, 1992), 216–217.

heute nicht mehr existieren, wie z. B. Palästina oder von historischen Regionen wie z. B. Böhmen, kommen ebenso in den Biographien des ÖBL vor. Mit Vorsicht sind bei Aufzählungen auch die dazugehörigen Zeitangaben zu behandeln.

4.3.1 Ortsnamen

Positivbeispiel:
Stud. in Göttingen [Ort: Göttingen, *kind*: ausgebildet in] und Berlin [Ort: Berlin, *kind*: ausgebildet in], 1855 Dr. phil., 1857–60 bereiste er Italien [Ort: Italien, *kind*: reiste nach], Griechenland [Ort: Griechenland, *kind*: reiste nach] und besonders die Inseln des Thrakischen Meeres, 1861 Priv. Doz. für Archäologie an der Univ. Berlin, 1863 a.o. Prof. in Halle [Ort: Halle a. d. Saale, *kind*: wirkte in], wurde 1869 auf die neuerrichtete archäologische Lehrkanzel der Univ. Wien berufen und entfaltete hier bis 1877 eine erfolgreiche, Archäologie, Kunstgeschichte und klass. Philologie verbindende Lehrtätigkeit.[26]

Negativbeispiel:
1890–94 Sekretär des Ver. kroat. Ing. und Architekten, einige Zeit Redakteur der „Vijesti" (Berr.) dieses Ver. L. baute Straßen (Ogulin–Novi [Ort[i]: Ogulin, *kind*: wirkte in], Alt-Gradiška–Lipik), die Kanalisation des Jelas-Feldes und im südöstlichen Syrmien, Wasserleitungen für die Städte Zengg, Gospić und Crikvenica, Uferschutzbauten bei Semlin und entlang der Save [Ort[ii]: Save, *kind*: wirkte in] und entwarf den Hauptplan für die Kanalisation von Agram etc.[27]
[i] Ortsangaben beziehen sich in APIS immer auf Punktkoordinaten. Deshalb werden Streckenangaben nicht annotiert.
[ii] In diesem Fall bezieht sich die Wirkung des Brückenbautechnikers nochmals auf seine Aktivitäten, die expliziten Orte entlang des Flusses Save werden aber hier nicht genannt.

4.3.2 Studienreisen

Positivbeispiel:
Stud. in Wien bei Kupelwieser und Rahl, 1866 Lehrer an der Staatsoberrealschule

---

26 N. N., Alexander Conze (1831–1914), Archäologe, in: *ÖBL 1815–1950*, Bd. 1 (Lfg. 2, 1954), 153–154.
27 [Mirko] Šeper, Valentin Lapaine (1843–1923), Techniker, in: *ÖBL 1815–1950*, Bd. 5 (Lfg. 21, 1970), 23–24.

in Salzburg, 1874/75 große Studienreise nach Italien [Ort: Italien, *kind*: reiste nach] und Westeuropa, lebte seit 1867 in Wien [Ort: Wien, *kind*: wirkte in].[28]

Negativbeispiel:
Entstammte einer Südtiroler Familie von Gold- und Silberarbeitern; nachdem er seinen ersten Unterricht an der Grazer Zeichenschule [Ort[i]: Graz, *kind*: ausgebildet in] bei Kauperz (s. d.) erhalten hatte, wurde er wegen seiner bes. Begabung bereits 1817 als Schüler an der Wr. [Ort[ii]: Wien, *kind*: ausgebildet in] Akad. der bildenden Künste aufgenommen, wo Kininger (s. d.) sein Lehrer war.[29]

[i] Graz ist hier Teil des Institutionsnamens (der landschaftlichen Zeichenschule Graz).
[ii] Die Akademie der bildenden Künste Wien wird oft in den Biographien als Wiener Akademie geschrieben. Der Ort ist hier wie im ersten Fall Teil des Institutionsnamens (Akademie der bildenden Künste Wien).

War 1868–72 Mittelschullehrer für Latein und Griech.; 1872–76 unternahm er Stud.Reisen in Europa [Ort[i]: Europa, *kind*: reiste nach] und hielt sich vor allem in Rom und Paris auf.[30]
[i] Europa ist hier eine zu ungenaue Angabe.

4.3.3 Der Faktor Zeit

Positivbeispiel:
1857–59 bei Holzschnitzer Döring in Nürnberg [Ort: Nürnberg, *kind*: ausgebildet in, *start_date*: 1857, *end_date*: 1859] in der Lehre, arbeitete H. 1860–62 in Leipzig [Ort: Leipzig, *kind*: wirkte in, *start_date*: 1860, *end_date*: 1862], dann für illustrierte Blätter in Berlin [Ort[i]: Berlin, *kind*: wirkte in], 1865–68 in Stuttgart [Ort: Stuttgart, *kind*: wirkte in, *start_date*: 1865, *end_date*: 1868].[31]
[i] Die Zeitspanne ist hier nicht klar und wird deshalb nicht ergänzt.

---

28 N. N., Ferdinand Axmann (1838–1910), Maler, in: *ÖBL 1815–1950*, Bd. 1 (Lfg. 1, 1954), 39.
29 [Gertrude] Gsodam, Ignaz Rungaldier (1799–1876), Maler und Kupferstecher, in: *ÖBL 1815–1950,* Bd. 9 (Lfg. 44, 1987), 328.
30 [Zoltán] Fallenbüchl, Gyula Pasteiner (1846–1924), Journalist und Kunsthistoriker, in: *ÖBL 1815–1950*, Bd. 7 (Lfg. 34, 1977), 337.
31 N. N., Karl Wilhelm Hecht (1843–1920), Graphiker, in: *ÖBL 1815–1950*, Bd. 2 (Lfg. 8, 1958), 233.

Negativbeispiel:
Ausgedehnte Reisen führten ihn 1831/32, 1836/38/41/43 und 45/46 nach Italien [Ort^i: Italien, *kind*:reise nach, *start_date*: 1831, *end_date*: 1846], 1885 nach Griechenland [Ort^ii: Griechenland, *kind*: reise nach, *start_date*: 1885] und dem Orient [Ort: Orient, *kind*: reise nach, *start_date:* 1885].[32]
^i Der Beginn ist erfassbar, die Dauer ist jedoch unklar. ^ii Hier korrekt annotiert.

4.4 Die Annotation von Ereignissen

In den Biographien des ÖBL sind zahlreiche Ereignisse zu finden. Sie lassen sich als einmalige und prägende Geschehnisse innerhalb einer Biographie definieren und unterscheiden sich hinsichtlich ihrer historischen Tragweite. Dabei sind Ereignisse, die nur das Leben einer Einzelperson betreffen, wie z. B. Ernennung, Unfall, Berufung, Attentat, Verleihung oder Unglück, von jenen zu trennen, die Auswirkungen auf eine Gruppe von Personen oder gar auf die Bevölkerung eines Staates hatten. Die erstgenannte Gruppe von Ereignissen wird in den meisten Fällen in direkter Verbindung zu einer Person und auf einer anderen Ebene der Annotation gelöst. Die Formulierung „1873 für Zoologie und vergleichende Anatomie an die Univ. Wien [Institution: Universität Wien; *relation_type*: war o. Professor; *start_date*: 1873] berufen" würde beispielsweise in diesem Fall als Relation zu einer Institution annotiert.[33] Der Unfalltod einer Person, in den neueren Biographien oft als Teil der Vitazeile des ÖBL angegeben, würde als Relation zum Sterbeort und das Datum als Teil der Metadaten erfasst werden. Die Annotationen von Ereignissen betreffen im Folgenden die zweitgenannte Gruppe von Ereignissen, also jene Ereignisse von größerer historischer Bedeutung. Neben der Erfassung des Namenslabels, wie z. B. „Revolution 1848" oder „Weltausstellung St. Louis 1904", ist vor allem die Kategorisierung entscheidend. Zu diesen Ereignissen sind z. B. Festzug, Epidemie, Erfindung, Krieg, Schlacht, Weltausstellung, Revolution oder Kongress zu zählen. Generell ist noch zu sagen, dass die Teilnahme an solchen Ereignissen Personen noch stärker über die individuelle Berufsgruppenzuordnung hinweg verbindet, als es die Angaben zu Orten und Institutionen in den Biographien erlauben.

---

32 N. N., Friedrich von Amerling (1803–1887), Maler, in: *ÖBL 1815–1950*, Bd. 1 (Lfg. 1, 1954), 18.
33 N. N., Karl Friedrich von Claus (1835–1899), Zoologe, in: *ÖBL 1815–1950*, Bd. 1 (Lfg. 2, 1954), 149.

4.4.1 Ereignisse

Positivbeispiel:
Trat 1776 als Kadett in das Heer ein und zeichnete sich in der Schlacht bei Stockach [Ereignis: Schlacht bei Stockach, *kind*: nahm teil] aus. Er erstürmte als Obst. in der Schlacht bei Aspern [Ereignis: Schlacht bei Aspern, *kind*: nahm teil] das Dorf Eßlingen, wofür er mit dem Maria-Theresien-Orden [Ereignis: Auszeichnung, *kind*: nahm teil] ausgezeichnet wurde.[34]

Negativbeispiel:
Für das Bild der Schlacht bei Samosierra [Ereignis[i]: Schlacht bei Samosierra, *kind*: nahm teil] stud. er in Spanien, für die „Schlacht bei den Pyramiden" [Ereignis[ii]: Schlacht bei den Pyramiden, *kind*: nahm teil] in Ägypten die Originalschauplätze.[35]
[i] Kein wirkliches Ereignis, an dem der Künstler teilnahm, sondern ein Bildmotiv.
[ii] Gilt auch für diesen Fall.

4.4.2 Auszeichnungen

Positivbeispiel:
Auf der Weltausstellung in Paris 1867 [Ereignis: Weltausstellung Paris 1867, *kind*: wurde ausgezeichnet, *start_date:* 1867, *place:* Paris] erhielt B. von Napoleon III. mehrere Auszeichnungen und im selben Jahr wurde sein Vorschlag angenommen, brandsichere Ornamente aus Metall für die Innenausstattung der neuen Wiener Hofoper zu fertigen.[36]

Negativbeispiel:
Für seine Arbeiten erhielt er u. a. den Grand Prix der Pariser Weltausstellung [Ereignis[i]: Weltausstellung Paris 1900, *kind*: wurde ausgezeichnet, *start_date*: 1900, *place:* Paris] (1900) für eine Adlergruppe (angekauft von der Designer-Familie Tiffany, New York); 1910 wurde er mit dem Orden der Eisernen Krone III. Klasse ausgezeichnet.[37]

---

34 N. N., Josef von Fölseis, (1760–1841), General, in: *ÖBL 1815–1950*, Bd. 1 (Lfg. 4, 1956), 332.
35 Janina Skowrońska, Wojciech Kossak (1856–1942), Maler, in: *ÖBL 1815–1950*, Bd. 4 (Lfg. 17, 1967), 150.
36 Ruth Müller, Alexander Marcus Beschorner (1821–1896), Unternehmer, in: *ÖBL Online-Edition*, Lfg. 5 (25.11.2016).
37 Dankmar Trier, Friedrich (Friedrich Christoph) Hausmann (1860–1936), Bildhauer, Medailleur und Kunstgewerbler, in: *ÖBL Online-Edition*, Lfg. 2 (15.03.2013).

ⁱ Bezeichnet hier eine konkrete Auszeichnung, die hier als Institution zu annotieren wäre.

4.4.3 Verschiedene Blickwinkel auf Ereignisse

Positivbeispiel:
Am 18. Februar 1853 verübte L. kurz nach Mittag auf der Bastei beim Kärntnertor ein Attentat [Ereignis: Attentat auf Kaiser Franz Joseph I., *kind*: war Täter] auf Kaiser → Franz Joseph I.[38]
Schützte K. Franz Joseph vor dem Attentat [Ereignis: Attentat auf Kaiser Franz Joseph I., *kind*: war Lebensretter, *start_date*: 18.2.1853] des Janos Libenyi am 18. 2. 1853 und wurde dafür 1853 in den Ritterstand erhoben.[39]
Beteiligte sich an der Revolution von 1848 [Ereignis: Revolution von 1848, *kind*: nahm teil] in Wien und kämpfte dann als Lt. unter Bem (s. d.) auf seiten der Ungarn in Siebenbürgen.[40]

Negativbeispiel:
Mit der Unbekümmertheit der Jugend und den Ratschlägen seiner Umgebung (Schwarzenberg, Kübeck, Rauscher, Grünne) folgend, hatte er sich mit großem Selbstvertrauen und in dem Glauben an die gottgewollte Aufgabe seines Hauses zunächst einem absolutistisch-zentralistischen System verschrieben und blieb anfangs wenig volkstümlich (Attentat [Ereignisⁱ: Attentat auf Kaiser Franz Joseph I., *kind*: war Opfer, *start_date*: 1853] 1853).[41]
ⁱ Hier keine explizite Beschreibung der Rolle.

Nach dem Attentat von Sarajevo [Ereignisⁱ: Attentat von Sarajevo, *kind*: reagierte auf] 1914 emigrierte T. nach Italien.[42]
ⁱ Keine direkte Verbindung mit dem Attentat.

---

38   Ágoston Zénó Bernád, János Libényi (1831–1853), Attentäter und Schneider, in: *ÖBL Online-Edition*, Lfg. 5 (25.11.2016).
39   N. N., Christian Josef von Ettenreich (1800–1875), Lebensretter, in: *ÖBL 1815–1950*, Bd. 1 (Lfg. 3, 1956), 271.
40   Josef Bittner, Michael von Matscheko (1832–1897), Fabrikant, in: *ÖBL 1815–1950*, Bd. 6 (Lfg. 27, 1974), 148.
41   Walter Goldinger, Franz Joseph (I.), K. von Österr., Kg. von Ungarn (1830–1916), in: *ÖBL 1815–1950*, Bd. 1 (Lfg. 4, 1956), 351–352.
42   Marko Trogrlic, Ante Trumbic (1864–1938) Politiker und Jurist, in: *ÖBL 1815–1950*, Bd. 14 (Lfg. 66, 2015), 478.

5. Resümee

Der in diesem Kapitel beschriebene Annotationsleitfaden orientierte sich an den zentralen Themenfeldern (Künstler/innen, Journalist/innen und Wissenschafter/innen) und Arbeitsbereichen (Datenbank, Annotation, Computerlinguistik, Visualisierung und Datenanalyse) des APIS-Forschungsprojektes. Existierende Regelwerke für die digitale Annotation beziehen sich meist auf die Erstellung digitaler Editionen. Dazu im Gegensatz steht der hier beschriebene Leitfaden, der sich auf die Besonderheiten des biographischen Nachschlagewerks ÖBL und die im Projekt verfolgten Fragestellungen bezieht. Aus Sicht der Geisteswissenschaften stand die semantische Erschließung der Biographietexte des ÖBL im Vordergrund. Dabei mussten allerdings zwei Voraussetzungen berücksichtigt werden: einerseits die biographische Vielfalt der Lexikonartikel und andererseits die Tauglichkeit der durch die Annotation erzeugten Daten für eine daran anschließende Analyse mit Methoden der historischen Netzwerk- und Migrationsforschung. Beides wird durch die Einhaltung der hier als Leitfaden definierten Regeln garantiert, weil dieser sowohl den Wildwuchs an Relationstypen bzw. Verbindungsarten zwischen Entitäten verhindert als auch die vorkommenden textlichen Beschreibungen in allgemeinere Analysekategorien übersetzt, die für die quantitativen Auswertungen grundsätzlich notwendig sind. Die Vereinfachung des Annotationsleitfadens hat den Zweck, ein Grundgerüst zu erstellen, welches es neuronalen Netzwerken erlaubt, unter Berücksichtigung der heute zur Verfügung stehenden technischen Möglichkeiten versuchsweise Biographien selbstständig zu annotieren. Die gesammelten Beispielannotationen haben die Funktion, die Regeln für die manuelle Annotation möglichst praxisnah zu verdeutlichen, sodass es für zukünftige Forscher/innen praktikabel sein wird, ihr eigenes Annotationsprojekt durchzuführen. Den interessierten Leser/innen wird dadurch auch ein Blick hinter die Kulissen geboten, der gleichermaßen ein besseres Verständnis für die Art der Datenerhebung geben soll sowie sich als ein Einstieg in die anschließenden Korpus-, Netzwerk- und Migrationsanalysen empfiehlt.

Ágoston Zénó Bernád – Katalin Lejtovicz

Korpusanalyse und digitale Quellenkritik – Die Vermessung des Österreichischen Biographischen Lexikons*

»He assured me that this Invention had employed all his Thoughts from his Youth, that he had employed the whole Vocabulary into his Frame, and made the strictest Computation of the General proportion there is in the Book between the Numbers of Particles, Nouns, and Verbs, and other Parts of Speech.«
[Jonathan Swift]: *Travels into several Remote Nations of the World. In four parts. By Lemuel Gulliver, first a surgeon, and then a captain of several ships. Part III. A Voyage to Laputa, Balnibarbi, Luggnagg, Glubdubdrib, and Japan* (1726)

»Fakten und Zahlen, sagte er mit unsicherer Stimme, die könnten einen vielleicht retten.«
Daniel Kehlmann: *Die Vermessung der Welt* (2005)

»This is just metadata – there is no content involved.«
Senatorin Dianne Feinstein, 2013

»Metadata absolutely tells you everything about somebody's life. If you have enough metadata, you don't really need content.«
NSA-Berater Stewart Baker, 2013

---

* Zur Autorschaft: Ágoston Zénó Bernád: Aufbereitung, Visualisierung und Analyse der Daten sowie Verfassen des Publikationstextes / Katalin Lejtovicz: Computerlinguistik-gestützte Informationsextraktion. – Eine überarbeitete, dynamische und interaktive Version der in diesem Beitrag publizierten Graphiken des Erstautors ist unter dem Titel *Digitale Quellenkritik – Eine visuelle Vermessung des Österreichischen Biographischen Lexikons 1815–1950* unter https://bit.ly/2ymp4w0 online abrufbar. – Alle Internet-Ressourcen wurden am 6.7.2019 zuletzt überprüft. – Ein besonderer Dank gilt den Redaktionsmitgliedern des *Österreichischen Biographischen Lexikons* – Daniela Angetter-Pfeiffer, Hubert Bergmann, Ernst Bruckmüller, Philipp Dittinger, Roland Feigl, Christine Gruber, Irene Nawrocka, Eva Offenthaler und Ulrike Rack –, die im Laufe der letzten Jahre den Autoren stets mit Rat und Tat zur Seite standen.

Quantitative & Visualistic turn, Big Data, digitale Quellenkritik und die biographischen Nachschlagewerke

Das Literaturverzeichnis des 2012 veröffentlichten Bands *Digital_Humanities*[1], eines der Grundlagenwerke über die Neuverortung der Geisteswissenschaften in der vernetzten Welt des Informationszeitalters, ist relativ kurz geraten. Allerdings spannt es den Bogen von der Aristotelischen Poetik über Kants Aufklärungsessay[2] bis Jürgen Habermas' *Strukturwandel der Öffentlichkeit*[3] und Marshall McLuhans *The Medium is the Massage*[4]. Ob das Werk sich ähnlich bedeutsam und mächtig erweisen wird wie Lyotards *La condition postmoderne*[5], so einer der Rezensenten[6], und ob die Digital Humanities als neue legitimierbare Erzählung am Firmament der Wissenschaften aufgehen, sei dahingestellt. Sachlicher und nüchterner jedenfalls fasste Gerhard Lauer das Wesen der digitalen Geisteswissenschaften als „die methodische Ergänzung der Geisteswissenschaften um im weitesten Sinne rechnende Verfahren, für die der Computer und das Internet nützlich sind"[7], zusammen. Der von Lauer thematisierte *quantitative turn*, die Mathematisierung der Geisteswissenschaften, steht in enger Verbindung mit dem Einzug der Big Data in die philologischen und historischen Disziplinen. Eine weitere mit diesen Veränderungen einhergehende Wende ist der *visualistic turn*, demzufolge die erkenntnistreibende Sichtbarmachung von Daten und Prozessen aus den Digital Humanities nicht mehr wegzudenken ist. Mittlerweile gilt auch in dieser Sphäre Hans-Jörg Rheinbergers Feststellung hinsichtlich der wissenschaftlichen Erkenntnisproduktion, dass nämlich „das Sichtbarmachen von etwas, das sich nicht von sich aus zeigt,

---

1 Anne Burdick / Johanna Drucker / Peter Lunenfeld / Todd Pressner / Jeffrey Schnapp, *Digital_Humanities*, Cambridge, Mass.: MIT Press, 2012, https://mitpress.mit.edu/books/digitalhumanities.
2 Immanuel Kant, Beantwortung der Frage: Was ist Aufklärung?, in: *Berlinische Monatsschrift* 2, 1784, Bd. 4, H. 12, 481–494.
3 Jürgen Habermas, *Strukturwandel der Öffentlichkeit. Untersuchungen zu einer Kategorie der bürgerlichen Gesellschaft*, Neuwied: Hermann Luchterhand Verlag, 1962.
4 Marshall McLuhan, *The Medium is the Massage. An Inventory of Effects*, New York: Bantam Books, 1967.
5 Jean-François Lyotard, *La condition postmoderne. Rapport sur le savoir*, Paris: Les éditions de minuit, 1979.
6 Jan Baetens, Anne Burdick / Johanna Drucker / Peter Lunenfeld / Todd Pressner / Jeffrey Schnapp, Digital_Humanities [Rezension], in: David Martens / Anne Reverseau (eds.), *Image & Narrative* 13, Nr. 4 (= Figurations iconographiques de l'écrivain / Iconographic figurations of the writer), 2012, 242–244, http://www.imageandnarrative.be/index.php/imagenarrative/article/view/286/242.
7 Gerhard Lauer, Die digitale Vermessung der Kultur. Geisteswissenschaften als Digital Humanities, in: Heinrich Geiselberg (ed.), *Big Data. Das neue Versprechen der Allwissenheit*, Berlin: Suhrkamp, 2013, 99–116, hier 101.

das also nicht unmittelbar evident ist und vor Augen liegt, den Grundriß und Grundgestus der modernen Wissenschaft ausmacht."[8]

Von diesen Entwicklungen blieb selbstredend auch die Biographieforschung nicht unberührt. Schon digitale Informationsmittel wie das seit 2004 zugängliche World Biographical Information System Online (WBIS)[9], das Zugriff auf Faksimiles von mehr als 8.500 biographischen Nachschlagewerken ermöglicht, führten zu einer grundlegenden Veränderung der biographisch und prosopographisch orientierten Forschungsarbeit – sie stellten allerdings nur eine Vorstufe dar. Infolge neuer Digitalisierungsmöglichkeiten sowie Tim Berners-Lees *Semantic Web*-Konzepts[10] rückten alsbald große einheitliche Korpora wie Wikipedia, Wikidata oder DBpedia in den Vordergrund, die ungehinderten Zugriff auf Abertausende von biographischen Metadaten bieten und aufgrund ihrer Ontologien auch die Strukturierung und den Austausch von Daten ermöglichen.[11] In diesem Kontext sind auch Biographikprojekte wie APIS, Deutsche Biographie oder BiographyNet anzusiedeln. In allen Fällen liegt der Fokus auf der Transformation der teilstrukturierten Texte bereits digitalisierter biographischer Nachschlagewerke in maschinenlesbare Daten.[12]

Während die Strukturierung der biographischen Datensammlungen – aufgrund der nun anwendbaren quantitativen, aber auch netzwerkanalytischen Ansätze – neue Forschungsperspektiven eröffnet, kann die durch die Datengenese bedingte Ungleichmäßigkeit zu falschen bzw. unbrauchbaren Ergebnissen führen. Dies trifft auch auf über einen längeren Zeitraum entstandene Nationalbiographien zu, die in den letzten Jahren dennoch oftmals Quelle und/oder Ge-

---

8   Hans-Jörg Rheinberger, Sichtbar Machen. Visualisierung in den Naturwissenschaften, in: Klaus Sachs-Hombach (ed.), *Bildtheorien. Anthropologische und kulturelle Grundlagen des Visualistic Turn*, Frankfurt am Main: Suhrkamp, 2009, 127–145, hier 127.
9   https://wbis.degruyter.com.
10 Vgl. Tim Berners-Lee / James Hendler / Ora Lassila, The Semantic Web: A new form of Web content that is meaningful to computers will unleash a revolution of new possibilities, in: *Scientific American*, Mai 2001, 34–43. Zu den Aktivitäten in diesem Bereich siehe Building the Web of Data, https://www.w3.org/2013/data/.
11 Siehe https://www.wikipedia.org/, https://www.wikidata.org, http://wiki.dbpedia.org.
12 Siehe https://apis.acdh.oeaw.ac.at/, https://www.deutsche-biographie.de, https://www.biographynet.nl. Über die Projekte siehe Antske Fokkens / Serge ter Braake / Niels Ockeloen / Piek Vossen / Susan Legêne / Guus Schreiber / Victor de Boer, BiographyNet: Extracting Relations Between People and Events, in: Ágoston Zénó Bernád / Christine Gruber / Maximilian Kaiser (eds.), *Europa baut auf Biographien. Aspekte, Bausteine, Normen und Standards für eine europäische Biographik*, Wien: new academic press, 2017, 193–224; Christine Gruber / Eveline Wandl-Vogt, Mapping historical networks: Building the new Austrian Prosopographical | Biographical Information System (APIS). Ein Überblick, in: ebd., 271–282, hier 271–278; Bernhard Ebneth / Matthias Reinert, Potentiale der Deutschen Biographie als historisch-biographisches Informationssystem, in: ebd., 283–295.

genstand wissenschaftlicher Forschung im Bereich der Digital Humanities waren. Trotz dieses offensichtlichen Dilemmas fokussieren Studien meist auf die Zuverlässigkeit der digitalen Tools selbst und weniger auf die Verlässlichkeit der Quellen.[13] Obwohl ihre Berücksichtigung unerlässlich ist, gerieten quellenkritische Aspekte wie der Entstehungskontext und die Werkgenese der biographischen Nachschlagewerke in den Hintergrund.

Um dieser oft unbeachteten Notwendigkeit nachzukommen, wird hier eine auf Korpusanalyse basierende digitale Quellenkritik des *Österreichischen Biographischen Lexikons 1815–1950*[14] (ÖBL) vorgelegt. Als digitale Quellenkritik wird im Rahmen dieses Beitrags die Kritik und Interpretation sowie die historische und rezeptionsgeschichtliche Kontextualisierung eines aus einer analogen Quelle hervorgegangenen digitalen Objekts bzw. der darin enthaltenen Informationen unter Verwendung digitaler und visueller Technologien, Tools, Materialien sowie Methoden definiert.[15] Vorliegender Beitrag trägt des Weiteren auch dem *visualistic turn* Rechnung, indem er nicht nur in seiner Druckfassung und deren digitalen Version mit visuellen Elementen das Sichtbarmachen und Verständnis der Daten erleichtert bzw. zum Teil überhaupt ermöglicht, sondern auch eine zusätzliche dynamische Onlineversion der Graphiken bereitstellt. Letztere bietet einen interaktiven Zugang zum Datenmaterial und lädt somit die Rezipienten zur selbstständigen Erkundung des Datensatzes ein. Aufgrund der vorliegenden Informationen können allerdings nicht alle methodischen Verfahren der klassischen Quellenkritik – z. B. mit der Autorschaft oder mit Textfassungen (Originalversionen versus publizierte Biographien) in Zusammenhang stehende Fragen[16] – diskutiert werden.

---

13 Vgl. u. a. Matthias Reinert / Maximilian Schrott / Bernhard Ebneth / Team deutsche-biographie.de, From Biographies to Data Curation – The Making of www.deutsche-biographie.de, in: Serge ter Braake / Antske Fokkens / Ronald Sluijter / Thierry Declerck (eds.), *BD2015. Biographical Data in a Digital World 2015. Proceedings of the 1st Conference on Biographical Data in a Digital World* (= CEUR Workshop Proceedings 1399), Amsterdam: CEUR-WS.org, 2015, 13–19, http://ceur-ws.org/Vol-1399/paper3.pdf; Sophia Stotz / Valentina Stuß / Matthias Reinert / Maximilian Schrott, Interpersonal Relations in Biographical Dictionaries. A Case Study, in: ebd., 74–80, http://ceur-ws.org/Vol-1399/paper12.pdf.

14 *Österreichisches Biographisches Lexikon 1815–1950*, Wien: Böhlau Verlag, Verlag der Österreichischen Akademie der Wissenschaften, 1954ff.; Online-Ausgabe: www.biographien.ac.at.

15 Eine eingehende Behandlung des Gegenstands bietet Pascal Föhr, *Historische Quellenkritik im digitalen Zeitalter*, Univ. Diss., Basel, 2018, https://bit.ly/2WWRLs7.

16 Eine am Beispiel der ÖBL-Biographie von Sigmund Freud auch diese Fragen thematisierende Untersuchung liegt vor: Ágoston Zénó Bernád / Maximilian Kaiser, The Biographical Formula: Types and Dimensions of Biographical Networks, in: Antske Fokkens / Serge ter Braake / Ronald Sluijter / Paul Arthur / Eveline Wandl-Vogt (eds.), *BD-2017. Biographical Data in a Digital World 2017. Proceedings of the Second Conference on Biographical Data in a Digital World 2017* (= CEUR Workshop Proceedings 1116), Linz: CEUR-WS.org, 2017, 45–52, hier 45–48, http://ceur-ws.org/Vol-2119/paper8.pdf.

Hier ist noch anzumerken, dass die erste NLP-basierte, allerdings nicht quellenkritische, sondern migrationshistorische Aspekte behandelnde computerlinguistische Exploration der ÖBL-Biographien durch die Einbindung der betreffenden Daten in die Webanwendung *Textual Emigration Analysis* (TEA) bereits 2015 von Mitarbeitern des Instituts für Maschinelle Sprachverarbeitung der Universität Stuttgart veröffentlicht wurde.[17] Von der gleichen Forschergruppe liegen auch Abhandlungen über die technisch-methodischen Aspekte der computerlinguistisch unterstützten Analyse biographischer Daten sowie über die Extraktionsergebnisse aus dem ÖBL-Dataset bzw. detailliertere theoretische Überlegungen zum Thema vor.[18] Eine weitere, auf die Personennamen fokussierende, sozio- und computerlinguistische Untersuchung der ÖBL-Biographien publizierten Hubert Bergmann und Elian Carsenat.[19]

Korpus und Methodik

Das 1946 gegründete[20] und seit 1954 erscheinende ÖBL stellt in seiner Printfassung ein paradigmatisches Beispiel einer grenzüberschreitenden Nationalbiographie dar. Als Nachfolger des Wurzbach'schen Lexikons[21] beinhaltet es Biographien von bedeutenden Persönlichkeiten, die zwischen 1815 und 1950 auf dem Gebiet des Kaisertums Österreich, der Österreichisch-Ungarischen Monarchie, der Ersten Republik, der Ostmark sowie der Zweiten Republik gewirkt haben. Es umfasst demgemäß nicht nur das Gebiet des heutigen Österreichs, sondern den gesamten Raum des Habsburgerreichs, d. h. (Teile von) elf

---

17 Siehe http://clarin01.ims.uni-stuttgart.de/tea/.
18 Siehe André Blessing / Jonas Kuhn, Textual Emigration Analysis, in: Nicoletta Calzolari / Khalid Choukri / Thierry Declerck / Hrafn Loftsson / Bente Maegaard / Joseph Mariani / Asuncion Moreno / Jan Odijk / Stelios Piperidis (eds.), *Proceedings of the Ninth International Conference on Language Resources and Evaluation (LREC'14)* (= LREC Proceedings 11), Reykjavík: European Language Resources Association (ELRA), 2014, 2089–2093, http://www.lrec-conf.org/proceedings/lrec2014/pdf/1009_Paper.pdf; André Blessing / Andrea Glaser / Jonas Kuhn, Biographical Data Exploration as a test-bed for a multi-view, multi-method approach in the Digital Humanities, in: Braake et al. (eds.), *BD2015* (wie Anm. 13), 53–60, http://ceur-ws.org/Vol-1399/paper9.pdf; Jonas Kuhn / André Blessing, Die Exploration biographischer Textsammlungen mit computerlinguistischen Werkzeugen. Methodische Überlegungen zur Übertragung komplexer Analyseketten in den Digital Humanities, in: Bernád et al. (eds.), *Europa baut auf Biographien* (wie Anm. 12), 225–257.
19 Siehe Hubert Bergmann / Elian Carsenat, Ein sprachübergreifendes biographisches Lexikon als anthroponymische Herausforderung, in: Bernád et al. (eds.), *Europa baut auf Biographien* (wie Anm. 12), 355–381.
20 Siehe AÖAW, Protokoll der Sitzung der philosophisch-historischen Klasse vom 23.10.1946 (C 2708).
21 Constant von Wurzbach, *Biographisches Lexikon des Kaiserthums Oesterreich, enthaltend die Lebensskizzen der denkwürdigen Personen, welche seit 1750 in den österreichischen Kronländern geboren wurden oder darin gelebt und gewirkt haben*, Wien: L. C. Zamarski, k. k. Hof- und Staatsdruckerei, 1856–1891, I–LX.

heutigen Staaten, und bietet somit ein Abbild zentraleuropäischer Kultur im 19. und 20. Jahrhundert.[22] Das ÖBL erscheint in Lieferungen, wobei jeweils drei bis fünf solcher Hefte zu einem Band zusammengefasst werden. Es durchlief mehrere Etappen der Digitalisierung, die Online-Edition der Printversion mit Biographien im XML-Format[23] wurde 2009 umgesetzt.[24] Die XMLs enthalten Name, Geburts- und Sterbedaten sowie Berufsangaben in strukturierter Form, die meisten Informationen befinden sich jedoch im unstrukturierten Haupttext der Biographien.

In den XML-Dateien sind die ÖBL-Lemmata stets einer der insgesamt 18 sog. Hauptberufsgruppen zugeordnet und mit frei kombinierbaren Berufsbezeichnungen versehen (z. B. „Historiker", „Schriftsteller und Journalist", „Jurist, Schriftsteller und Parapsychologe" usw.).[25] Da für die vorliegende Korpusanalyse die Berufsbezeichnungen der biographierten Personen nicht herangezogen wurden[26], sollen hier lediglich die Hauptberufsgruppen genannt werden: „Bildende und angewandte Kunst", „Diverse"[27], „Geisteswissenschaft", „Land- und Forstwirtschaft", „Literatur, Buch- und Zeitungswesen", „Medizin", „Militär", „Musik und darstellende Kunst", „Naturwissenschaft", „Politik", „Rechtswesen und Rechtswissenschaft", „Religionen und Theologie", „Sozial- und Wirtschaftswissenschaft", „Sport", „Technik", „Unterrichtswesen", „Verwaltung" und „Wirtschaft".

In der Printversion waren zum Zeitpunkt der Fertigstellung dieses Beitrags in 69 Lieferungen (15 Bänden) etwa 18.800 Biographien erschienen. Für die Analyse werden jedoch nur jene 17.235 Biographien bzw. 17.754 biographierten

---

22 Siehe dazu Elisabeth Lebensaft / Hubert Reitterer, The »Österreichisches Biographisches Lexikon« and its national, multinational and international aspects, in: Iain McCalman (ed.), *National Biographies & National Identity. A Critical Approach to Theory and Editorial Practice* (= Humanities Research Centre monograph series 11), Canberra: Humanities Research Centre, 1996, 95–106.
23 https://www.w3.org/TR/2006/REC-xml11-20060816.
24 www.biographien.ac.at. Zur Digitalisierungsgeschichte des ÖBL siehe Roland Feigl, Die Datenbank »ÖBLDOC«, in: Peter Csendes / Elisabeth Lebensaft (eds.), *Traditionelle und zukunftsorientierte Ansätze biographischer Forschung und Lexikographie* (= ÖBL-Schriftenreihe, 4), Wien: Institut Österreichisches Biographisches Lexikon und biographische Dokumentation, 1998, 53–66; Christine Gruber / Roland Feigl, Von der Karteikarte zum biografischen Informationsmanagementsystem. Neue Wege am Institut Österreichisches Biographisches Lexikon und biographische Dokumentation, in: Martina Schattkowsky / Frank Metasch (eds.), *Biografische Lexika im Internet. Internationale Tagung der „Sächsischen Biografie" in Dresden (30. und 31. Mai 2008)*, Dresden: Thelem, 2009, 55–75.
25 In den Lemmata der Printversion bzw. der Onlinefassung der Printversion werden nur die Berufsbezeichnungen angegeben.
26 Zur Berufsgruppensystematik des ÖBL siehe Peter Alexander Rumpolts Beitrag in diesem Band.
27 In der Hauptgruppe „Diverse" werden u. a. Erfinder, Freimaurer, Kriminelle, Mäzene, Sammler, Weltreisende, Personen ohne Beruf sowie die Mitglieder des Kaiserhauses erfasst.

Personen der Lieferungen 1 bis 65 herangezogen, die zum Projektbeginn 2015 bereits publiziert vorlagen. Die Differenz zwischen der Anzahl der Biographien und der Anzahl der biographierten Personen ergibt sich daraus, dass im ÖBL ab der 48. Lieferung auch Lemmata veröffentlicht werden, die die Biographien mehrerer, meist miteinander verwandter Personen umfassen, wobei jeweils ein Lebenslauf als Hauptbiographie, die anderen als Subbiographien definiert und bezeichnet werden (Abb. 1). Die Lemmata jener sieben Lieferungen der 2. Auflage des ÖBL, die seit 2011 als Überarbeitung und Ergänzung der Printversion (bzw. der Onlinefassung der Printversion) ausschließlich online erscheinen, werden hier ebenfalls nicht einbezogen.[28]

Die Ausgabe der XML-Dateien und die Erstellung von zwei Datensätzen erfolgten über die ÖBL-interne Oracle™-basierte Datenbank GIDEON ADMS.[29] Ein Datensatz – für die computerlinguistische Erfassung und Untersuchung der Texte – umfasst die Volltexte der Biographien. Bei dem zweiten Datensatz handelt es sich um die Registerdaten, die die Metadaten der einzelnen Biographie-Datensätze enthalten. Nach dem Vorliegen der computerlinguistischen Ergebnisse wurden die Datensätze in Excel-Tabellen umgewandelt, um eine mühelose Datenkuratierung zu ermöglichen. Zusätzlich wurden fünf weitere, für die Analyse notwendige Tabellendateien erstellt: eine ÖBL-Onlinetranchen-Datei für die Filterung (zur Notwendigkeit dieses Schrittes siehe weiter unten), eine Datei für den Vergleich der Häufigkeit bzw. Verteilung von Berufsgruppen im ÖBL und im WBIS, eine Tabelle mit den auf dem Gebiet Tirols geborenen Personen (einschließlich Südtirol und Vorarlberg bis 1861), eine gesonderte Datei zur Feststellung des Frauenanteils sowie ein Sample von 1.244 Personen (622 Frauen, 622 Männer) aus den ersten 47 Lieferungen des ÖBL. Der Aufbereitungsprozess umfasste u. a. die Überprüfung der Vollständigkeit und der Kennungen (IDs), die Vereinheitlichung der historischen und heutigen Ländernamen, die Zusammenführung der Tabellen bzw. die Herstellung der Relationen zwischen den Datensets. Letztere erfolgte bereits unter Heranziehung der Microsoft-Applikation Power BI[30], die in der Folge auch bei der Analyse und Visualisierung der Daten zum Einsatz kam, ebenso wie Tools von

---

28   Siehe dazu https://www.oeaw.ac.at/acdh/oebl/projekte/oebl-online-edition/.
29   Eine ausführliche Beschreibung der GIDEON-Datenbank bieten Gruber / Feigl, Von der Karteikarte zum biografischen Informationsmanagementsystem (wie Anm. 24), 63–73.
30   https://powerbi.microsoft.com/de-de

Craydec³¹ und 3AG Systems³². Die Daten für zwei Ego-Netzwerke wurden durch manuelle Annotation in der APIS-Datenbank³³ erstellt und mit dem Open-Source-Programm Gephi³⁴ berechnet.

Die Korpusanalyse stellt hier die Grundlage der digitalen Quellenkritik dar, die computerlinguistische Aspekte und Verfahren mit der Analyse von Metadaten verknüpft. Zunächst wurden mittels Stanford CoreNLP³⁵ linguistische, textbezogene Statistiken über die Anzahl der Tokens (Wörter)³⁶ sowie der Named Entities (Personen, Orte und Institutionen) in den einzelnen Biographien erstellt. Diese Daten bzw. Ergebnisse können aber bei der Auswertung der strukturierten Metadaten der Biographien nur zum Teil herangezogen werden. Da der Korpusanalyse-Datensatz aus XML-Dokumenten, die die Volltexte der Lemmata beinhalten, besteht, konnten die Subbiographien bei der Zählung der Tokens und Named Entities nicht getrennt berücksichtigt werden. Aufgrund der Abweichung zwischen der Anzahl der Lemmata und der Anzahl der biographierten Personen ab der 48. Lieferung sowie der zum Teil aufwendigen Filterungsnotwendigkeiten wird im Rahmen dieses Beitrags eine Kombination der aus computerlinguistischen Verfahren stammenden Daten mit dem Registerdatensatz – unter Berücksichtigung der ersten 47 Lieferungen – nur bei der Analyse von Frauenbiographien des ÖBL geboten.

Des Weiteren muss festgehalten werden, dass bei den dieser Analyse vorangehenden korpusanalytischen Verfahren anfänglich auch die 597 XML-Dokumente der ÖBL-Online-Tranchen 1–4 miteinbezogen waren. Im Rahmen des

---

31   https://www.craydec.com/regression-chart/index.html.
32   https://www.3agsystems.com/blog/bar-chart-with-relative-variance.
33   Zur APIS-Datenbank siehe den Beitrag von Katalin Lejtovicz und Matthias Schlögl in diesem Band.
34   https://gephi.org. Zur Beschreibung des Softwarepakets siehe Mathieu Bastian / Sebastien Heymann / Mathieu Jacomy, Gephi, An Open Source Software for Exploring and Manipulating Networks, in: Eytan Adar / Matthew Hurst / Tim Finin / Natalie Glance / Nicolas Nicolov / Belle Tseng (eds.), *Proceedings of the Third International Conference on Weblogs and Social Media*, Menlo Park: AAAI Press, 2009, 361–362, https://www.aaai.org/ocs/index.php/ICWSM/09/paper/view/154/1009.
35   https://stanfordnlp.github.io/CoreNLP/. Zur Beschreibung des Toolkits siehe Christopher D. Manning / Mihai D. Surdeanu / John Bauer / Jenny Finkel / Steven J. Bethard / David McClosky, The Stanford CoreNLP Natural Language Processing Toolkit, in: Kalina Bontcheva / Jingbo Zhu (eds.), *Proceedings of the 52nd Annual Meeting of the Association for Computational Linguistics: System Demonstrations*, Baltimore, 2014, 55–60, https://nlp.stanford.edu/pubs/StanfordCoreNlp2014.pdf.
36   „Tokens sind durch Segmentierung konkreter sprachlicher Texte gewonnene Einheiten, z. B. die zwischen zwei Spatien (blanks) stehenden Einheiten. In diesem Fall läßt sich etwa die Länge eines Textes durch die Zählung der in ihm vorkommenden Tokens bestimmen." (Burkhard Schaeder / Gerd Willee, Computergestützte Verfahren morphologischer Beschreibung (Computer-Aided Morphological Description), in: István S. Bátori / Winfried Lenders / Wolfgang Putschke (eds.), *Computational Linguistics. An International Handbook on Computer Oriented Language Research and Applications – Computerlinguistik. Ein internationales Handbuch zur computergestützten Sprachforschung und ihrer Anwendungen*, Berlin / New York: Walter de Gruyter, 1989, 188–203, hier 191).

Datenaufbereitungsprozesses wurden diese – sofern es sich um Lemmata handelte, die nicht in der Printversion enthalten sind – entfernt. Die restlichen 165 Biographien sind Überarbeitungen früher publizierter Artikel, deren Original-XML-Dateien nicht vorlagen, sodass die neuere Biographieversion verwendet werden musste. Insgesamt handelt es sich um 0,93 % der in diesem Beitrag untersuchten Biographietexte (145, d. h. 0,82 % davon, entfallen auf den Buchstabenbereich A–G, die restlichen 20 Lemmata auf den Bereich H–S). Nicht berücksichtigt werden schließlich Personen, die in vor der 48. Lieferung publizierten Biographien unter Angabe der Lebensdaten miterwähnt werden. Da es sich weder um Biographien noch um Subbiographien handelt, wurden sie aus dem Registerdatensatz entfernt.[37] Einbezogen werden hingegen Lemmata, die ausschließlich Angaben über Geburts- und Sterbedaten sowie über den Beruf der biographierten Personen, jedoch keinen Text beinhalten und deshalb eine Tokenanzahl von 0 aufweisen.[38]

Das Hauptaugenmerk des Beitrags liegt auf der Messung der Informationsdichte der Biographietexte, der geographischen Verteilung der in das Lexikon aufgenommenen Personen (nach historischen und heutigen Staaten), den Berufsgruppen, denen sie zugeordnet sind, sowie auf dem Geschlecht, wobei Fragen bezüglich des Anteils weiblicher Personen untersucht werden. Die Analyse der Ergebnisse berücksichtigt sowohl den von 1815 bis 1950 reichenden Bearbeitungszeitraum des Lexikons als auch den historischen Kontext der Werkgenese, der vom Kalten Krieg bis ins Zeitalter der digitalen Revolution reicht.

---

37 Beispielsweise Johann Gungl in N. N., Joseph Gungl, in: *ÖBL* (wie Anm. 14), Bd. 2, 1959, 107 oder Franziska Arnstein in H. Reitterer, Henriette (Judith) Freifrau von Pereira-Arnstein, in: *ÖBL* (wie Anm. 14), Bd. 7, 1978, 414.
38 Beispielsweise N. N., Anton Absenger, in: *ÖBL* (wie Anm. 14), Bd. 1, 1957, 3 und N. N., Karl Anthofer, in: ebd., 24.

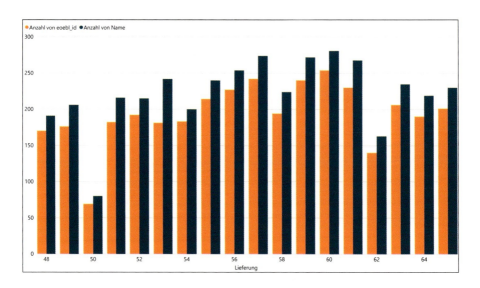

Abb. 1: Die Differenzen zwischen der Anzahl der Biographien (eoebl_id) und der Anzahl biographierter Personen (Name) ab der 48. Lieferung (Graphik von Á. Z. Bernád)

Analyse

1. Zur Informationsdichte

Um Aussagen über die Informationsdichte der Biographien treffen zu können, wurden die diesbezüglich relevanten Daten zusammengefasst und anschließend visualisiert, um eine bessere Übersichtlichkeit und Nachvollziehbarkeit zu gewähren (Abb. 2–6). Tabelle 1 beinhaltet die Daten über die Veränderung der Anzahl der Biographien, der biographierten Personen, der Tokens sowie der Named Entities von der 1. bis zur 65. Lieferung.

Anhand der Datentabelle sowie der Datenvisualisierungen lässt sich zunächst festhalten, dass die Anzahl der Biographien pro Lieferung mit der Zeit kontinuierlich abnimmt (Abb. 2), aber die Gesamtzahl der Tokens pro Lieferung – trotz der sinkenden Anzahl an Lemmata pro Lieferung – durchgehend steigt (Abb. 3). Die 1. Lieferung z. B. beinhaltet 656 Biographien mit einer Gesamttextlänge von 47.301 Tokens. Die 65. Lieferung hingegen, mit nur 201 und somit weniger als einem Drittel an Biographien, hat eine Gesamttextlänge von 66.695 Tokens. Der steigende Trend manifestiert sich auch in der Gesamtzahl der Named Entities (NEs) pro Lieferung (z. B. 1. Lieferung: 4.482 NEs, 65. Lieferung: 7.096 NEs). In drei Liniendiagrammen (Abb. 2–4) sind saisonal additive Ausreißer zu beobachten. Dabei handelt es sich um die jeweils letzten Bandlieferungen, die offensichtlich schmäler ausfielen, weil ein gewisser Bandumfang aus druck- und bindetechnischen Gründen nicht überschritten werden durfte. Die höchste Abweichung vom Erwartungswert weist mit nur 69 Biographien die den 10. Band abschließende 50. Lieferung auf. Auch die Veränderung der durchschnittlichen Anzahl der Tokens und Named Entities pro Biographie zeugt davon, dass die Informationsdichte mit der Länge der Biographietexte ansteigt. So weisen beispielsweise die Biographietexte der 1. Lieferung eine durchschnittliche Tokenanzahl von 72,33 und eine durchschnittliche Named-Entity-Anzahl von 6,85 auf. Demgegenüber beträgt der Durchschnitt in der 65. Lieferung 331,82 Tokens bzw. 35,30 Named Entities. Der unter Heranziehung aller Lieferungen berechnete Gesamtdurchschnitt liegt gerundet bei 158,05 Tokens und 12,52 Named Entities. Der prozentuale Anstieg zwischen den Mittelwerten der 1. und der 65. Lieferung ergibt 360,16 % bei den Tokens und 416,84 % bei den Named Entities, was einem durchschnittlichen Zuwachs von 5,54 % bzw. 6,41 % pro Lieferung entspricht.

Den linearen Zusammenhang zwischen den steigenden Werten der Tokens und Named Entities pro Lieferung belegt auch der hohe Korrelationskoeffizient von 0,96 (Abb. 7). Außerdem ist hier eine deutliche Clusterbildung der Lieferungen zu beobachten, wobei neben den zwei statistischen Ausreißern (50. und 65. Lieferung) zumindest vier sich durch die zusammenhängenden Gesamtzahlen der Tokens und Named Entities ergebende Cluster identifiziert werden können.[39] Es ist noch anzumerken, dass auch die Liniendiagramme in den Abbildungen 5 und 6 vom Erwartungswert abweichende Ausreißer aufweisen. So hat etwa die 57. Lieferung bei einer verhältnismäßig höheren Anzahl an Biographien (242) eine niedrigere Gesamtanzahl an Tokens (56.040) und Named Entities (4.291) sowie folglich auch niedrigere Mittelwerte. Des Weiteren kommt es nach der 46. Lieferung trotz der sinkenden Anzahl der Biographien zu einem plötzlichen Anstieg sowohl der Gesamtzahl als auch der Durchschnittswerte der Tokens und Named Entities. Letzteres hängt mit der Änderung der Redaktionsrichtlinien nach dem Fall des Kommunismus in Mittel- und Osteuropa zusammen, die zu einer Vervielfachung der geographischen Angaben führte:

---

39 Cluster 1: Lieferungen 5, 10, 15, 20, 25, 30, 35, 40 und 45; Cluster 2: Lieferungen 2–4, 6–9, 11–14, 16–19, 21–24, 26–29, 31–34, 36–39, 41–44, 46–49, 62; Cluster 3: Lieferungen 1, 51–54, 57 und 58; Cluster 4: Lieferungen 55, 56, 59–61, 63 und 64.

„Der Tatsache der Entstehung junger Staaten war auch in der konkreten redaktionellen Arbeit Rechnung zu tragen, vornehmlich natürlich bei den geographischen Bezeichnungen. Um dem Benützer ein Maximum an Information zu geben, wurde ab der 47. Lieferung bei der Angabe der Basisdaten besonderes Augenmerk darauf gelegt, Orts- und Landesbezeichnung des jeweils angesprochenen Zeitraums sowie die aktuellen Entsprechungen zu bieten."[40]

Der Anstieg insbesondere der Named-Entities-Durchschnittswerte hat aber auch mit einer anderen, ebenfalls in diese Zeit fallenden Änderung der Redaktionsrichtlinien zu tun: der bereits erwähnten Einführung von Subbiographien ab der 48. Lieferung. Die Auswirkungen manifestieren sich besonders deutlich, wenn man sich die Streuung der einzelnen Werte anhand der Standardabweichung vom Named-Entities-Mittelwert pro ÖBL-Band vor Augen führt. Der Mittelwert liegt in diesem Fall bei 11,74 NEs pro Biographie. Abbildung 8 zeigt deutlich, dass die Named-Entities-Durchschnittswerte jener ÖBL-Bände, die Subbiographien enthalten, über, und jener, die vor der Einführung dieser Biographiekategorie erschienen waren, unter dem Mittelwert liegen.[41]

Zusammenfassend kann festgehalten werden, dass die ÖBL-Biographien von Lieferung zu Lieferung nicht nur umfangreicher, sondern aufgrund der steigenden Named-Entities-Anzahl auch inhaltlich gehaltvoller werden. Von den bereits erwähnten redaktionellen Änderungen abgesehen, lässt sich diese Entwicklung auch anhand anderer Aspekte der Werkgenese bzw. der Geschichte des Lexikons erklären. Nach den ursprünglichen Plänen der von der Österreichischen Akademie der Wissenschaften eingerichteten „Kommission für die Bearbeitung eines »Österreichischen Biographischen Lexikons«" sollte diese Nationalbiographie der Nachkriegszeit „kurze, streng wissenschaftlich-systematisch gearbeitete und mit allen erforderlichen Quellen- und Literaturangaben versehene Biographien"[42] enthalten und vier Bände umfassen. Die

---

40 Peter Csendes, Einleitung, in: *ÖBL* (wie Anm. 14), Bd. 10, 1994, VII–VIII, hier VII.
41 Um hier einen eventuell aufkeimenden Verdacht des „Cooking" bzw. „Trimming" zu vermeiden, sei betont, dass bei einem Named-Entities-Mittelwert von 12,52 – mit Ausnahme der Lieferungen 57, 59 und 60 – die Standardabweichung ebenfalls über dem Mittelwert liegt. Die Begriffe „Cooking" (das Beschönigen von Resultaten durch die Entfernung von Daten) bzw. „Trimming" (die den Forschungserwartungen entsprechende Bearbeitung von Ausreißern), Letzteres auch Datenmassage genannt, wurden durch den englischen Mathematiker, Ökonomen und Erfinder Charles Babbage (1791–1871) in seiner Klassifikation von Fehlverhalten in Wissenschaft und Forschung geprägt. Vgl. dazu Charles Babbage, *Reflections on the Decline of Science and some of its Causes*, London: Fellowes, 1830, 178–183.
42 Leo Santifaller, Kommission für die Bearbeitung eines „Österreichischen Biographischen Lexikons", in: *Almanach der Österreichischen Akademie der Wissenschaften* 97, 1947, Wien: Rudolf M. Rohrer, 1948,

ab 1946 verfassten Biographien der ersten fünf Lieferungen, die den 1957 erschienenen ersten Band bilden,[43] sind allesamt nach diesem Konzept entstanden. Doch bereits ab 1949/1950 wuchs die Anzahl der am Lexikon mitwirkenden Personen und wissenschaftlichen Institutionen, eine Entwicklung, die zu einer Erweiterung der Aufnahmekriterien, ausführlicheren Biographien und somit zur Abkehr von der Ursprungskonzeption hin zur Gestaltung eines umfangreichen Nachschlagewerks führte.[44] Darüber hinaus bemühten sich die Herausgeber des Lexikons ab der zweiten Hälfte der 1950er-Jahre um den Ausbau eines weit verzweigten internationalen Expertennetzwerks.[45] Die bis zum heutigen Tag konsequent fortgeführte Kooperation mit Autoren bzw. wissenschaftlichen Institutionen in Österreich und weiteren Nachfolgestaaten der Monarchie stellt ein Musterbeispiel an erfolgreicher Anhäufung von geistigem Kapital dar, das zur steten Qualitätssteigerung der Biographien geführt hat und sich in einer kontinuierlichen Erhöhung der Informationsdichte manifestiert.

So erfreulich die im Laufe der letzten Jahrzehnte stets steigende Informationsdichte der ÖBL-Biographien ist, stellen diese Inkonsistenz der Daten bzw. die ungleichmäßige Verteilung der Information aus der Perspektive der Digital Humanities, der Data Science oder der historischen Netzwerkforschung, die eine wesentliche Rolle im Rahmen des APIS-Projekts spielen, ein gravierendes Problem dar. Dies soll in der Folge an zwei konkreten Beispielen, die sich auf die Biographien mit der höchsten Tokenanzahl bzw. Informationsdichte

---

227–228, hier 228. Zur Frühgeschichte des ÖBL siehe des Weiteren ders., *Das Institut für Österreichische Geschichtsforschung. Festgabe zur Feier des zweihundertjährigen Bestandes des Wiener Haus-, Hof- und Staatsarchivs*, Wien: Universum Verlagsgesellschaft, 1950 (= Veröffentlichungen des Instituts für Österreichische Geschichtsforschung 11), 78–79 sowie ders., Vorwort, in: ÖBL (wie Anm. 14), Bd. 1, 1957, VII–IX, hier VIII.

43 Siehe *ÖBL*, Bd. 1, 1957.
44 Siehe dazu Leo Santifaller, Kommission für die Bearbeitung eines „Österreichischen Biographischen Lexikons", in: *Almanach der Österreichischen Akademie der Wissenschaften* 100, 1950, Wien: Rudolf M. Rohrer, 1951, 239–241; Hubert Reitterer, Österreichisches Biographisches Lexikon und biographische Dokumentation, in: Peter Csendes / Elisabeth Lebensaft (eds.), *Traditionelle und zukunftsorientierte Ansätze biographischer Forschung und Lexikographie* (= ÖBL-Schriftenreihe 4), Wien, 1998, 42–46, hier 44; Christoph Mentschl, Reflexionen zu Erstellung und Aufnahmekriterien eines biographischen Lexikons am Beispiel des Österreichischen Biographischen Lexikons 1815–1950, in: Marie Makariusová / Pavla Vošahlíková (eds.), *Metodické problémy moderní biografistiky*, Praha: Historický ústav, 2010, 41–56, hier 44.
45 Siehe dazu am Beispiel von Ungarn und Rumänien Ágoston Zénó Bernád, Das Österreichische Biographische Lexikon 1815–1950. Ein Nachschlagewerk im Wandel der Zeit, in: Katalin Ágnes Bartha / Annamária Biró / Zsuzsa Demeter / Gabriella-Nóra Tar (eds.), *Hortus amicorum. Köszöntőkötet Egyed Emese tiszteletére*, Kolozsvár: Erdélyi Múzeum Egyesület, 2017, 457–467; ders., Europäische Biographik während des Kalten Krieges. Zur Geschichte der Kooperation zwischen dem Österreichischen Biographischen Lexikon und wissenschaftlichen Institutionen in Ungarn 1956–1989, in: ders. et al. (eds.), *Europa baut auf Biographien* (wie Anm. 12), 81–105.

(Tabelle 2–3, Abb. 9–10) sowie auf zwei Ego-Netzwerke beziehen, veranschaulicht werden.

Tabelle 1: Zusammenfassung der Grunddaten nach Lieferungen

Lieferung	Anzahl der Biographien	Anzahl biographierter Personen	Anzahl der Tokens	Durchschnittliche Anzahl der Tokens pro Biographie	Anzahl der Named Entities	Durchschnittliche Anzahl der Named Entities pro Biographie
1	656	656	47.301	72,33	4.482	6,85
2	607	607	39.028	64,30	3.464	5,71
3	476	476	37.320	78,40	3.351	7,04
4	434	434	38.264	88,17	3.233	7,45
5	276	276	25.809	93,51	2.078	7,53
6	367	367	38.966	106,17	3.077	8,38
7	348	348	39.183	112,59	2.943	8,46
8	334	334	38.602	115,57	2.819	8,44
9	337	337	37.316	110,73	2.899	8,60
10	227	227	25.788	113,60	2.008	8,85
11	352	352	37.282	105,91	2.802	7,96
12	318	318	39.014	122,69	2.828	8,89
13	306	306	38.948	127,28	3.088	10,09
14	320	320	39.088	122,15	2.822	8,82
15	235	235	25.613	108,99	1.964	8,36
16	323	323	39.385	121,93	3.028	9,37
17	324	324	38.309	118,24	2.800	8,64
18	285	285	40.748	142,98	2.684	9,42
19	295	295	39.762	134,79	2.745	9,31
20	198	198	25.218	127,36	1.969	9,94
21	291	291	40.467	139,06	2.873	9,87
22	309	309	40.257	130,28	2.791	9,03
23	280	280	40.896	146,06	2.895	10,34
24	280	280	39.967	142,74	2.978	10,64
25	187	187	25.544	136,60	1.891	10,11
26	283	283	39.536	139,70	2.668	9,43
27	282	282	38.243	135,61	2.913	10,33
28	274	274	39.101	142,70	2.577	9,41
29	279	279	38.101	136,56	2.976	10,67
30	188	188	25.809	137,28	1.951	10,38
31	278	278	39.945	143,69	2.794	10,05
32	266	266	40.431	152,00	2.838	10,67
33	264	264	39.100	148,11	2.563	9,71
34	277	277	39.230	141,62	2.696	9,73
35	192	192	27.089	141,83	1.867	9,77
36	290	290	39.793	137,22	3.110	10,72
37	303	303	38.150	125,91	2.704	8,92

Die Vermessung des Österreichischen Biographischen Lexikons

Lieferung	Anzahl der Biographien	Anzahl biographierter Personen	Anzahl der Tokens	Durchschnittliche Anzahl der Tokens pro Biographie	Anzahl der Named Entities	Durchschnittliche Anzahl der Named Entities pro Biographie
38	267	267	38.622	144,65	2.778	10,40
39	253	253	38.655	152,79	2.956	11,68
40	169	169	27.321	161,66	1.977	11,70
41	252	252	40.944	162,48	3.070	12,18
42	239	239	43.168	180,62	3.392	14,19
43	238	238	42.441	178,32	3.118	13,10
44	238	238	39.754	167,03	2.953	12,41
45	143	143	26.166	182,98	1.996	13,96
46	212	212	41.416	195,36	2.859	13,49
47	193	193	44.808	232,17	3.456	17,91
48	170	191	46.248	272,05	3.923	23,08
49	176	206	46.299	263,06	3.868	21,98
50	69	80	20.751	300,74	1.690	24,49
51	182	216	55.436	304,59	4.527	24,87
52	192	215	54.266	282,64	4.266	22,22
53	181	242	53.407	295,07	4.697	25,95
54	183	200	54.408	297,31	4.656	25,44
55	214	240	60.306	281,80	5.084	23,76
56	227	254	62.053	273,36	5.233	23,05
57	242	274	56.040	231,57	4.291	17,73
58	194	224	50.059	258,04	3.979	20,51
59	240	272	61.276	255,32	5.217	21,74
60	254	281	64.823	255,21	5.601	22,05
61	230	268	62.937	273,64	5.827	25,33
62	140	163	40.991	292,79	3.853	27,52
63	206	235	61.137	296,78	5.680	27,57
64	190	219	61.035	326,33	5.571	30,85
65	201	230	66.695	331,82	7.096	35,30
Summe/ Mittelwert	17.235	17.754	2.724.065	158,05	215.783	12,52

Tabelle 2: Liste der ÖBL-Biographien mit der höchsten Tokenanzahl (n>785) – Die farbig markierten Biographien kommen auch in Tabelle 3 vor

	Name	Lieferung	Berufsgruppe	Geburtsland (heutiger Staat)	Anzahl Tokens
1.	Kaiser Karl I. (1887–1922)[1]	13	Diverse	Österreich	1.887
2.	Schubert, Franz Peter (1797–1828)	53	Musik und darstellende Kunst	Österreich	1.656
3.	Hammer-Purgstall, Joseph (1774–1856)	7	Geisteswissenschaft	Österreich	1.554
4.	Schwarzenberg, Felix (1800–1852)	55	Politik	Tschechien	1.373
5.	Grillparzer, Franz (1791–1872)	6	Literatur, Buch- und Zeitungswesen	Österreich	1.356
6.	Schwarzenberg, Friedrich (1809–1885)	55	Religionen und Theologie	Österreich	1.104
7.	Hitler, Adolf (1889–1945)	9	Politik	Österreich	1.073
8.	Schnitzler, Arthur (1862–1931)	50	Literatur, Buch- und Zeitungswesen	Österreich	1.042
9.	Kaiser Franz Joseph I. (1830–1916)[2]	4	Politik	Österreich	1.010
10.	Schoeller, Alexander (1805–1886)	51	Wirtschaft	Deutschland	954
11.	Rilke, Rainer Maria (1875–1926)	42	Literatur, Buch- und Zeitungswesen	Tschechien	939
12.	Nestroy, Johann (1801–1862)	31	Literatur, Buch- und Zeitungswesen	Österreich	896
13.	Schmid, Friedrich (1825–1891)	48	Bildende und angewandte Kunst	Deutschland	865
14.	Kaiser Franz II. (I.) (1768–1835)[3]	4	Politik	Italien	860
15.	Reinhardt, Max (1873–1943)	41	Musik und darstellende Kunst	Österreich	842
16.	Schönherr, Karl (1867–1943)	51	Literatur, Buch- und Zeitungswesen	Österreich	841
17.	Rosegger, Peter (1843–1918)	43	Literatur, Buch- und Zeitungswesen	Österreich	820
18.	Raimund, Ferdinand (1790–1836)	40	Literatur, Buch- und Zeitungswesen	Österreich	809
19.	Schmid, Franz (1874–1939)	48	Musik und darstellende Kunst	Slowakei	809
20.	Schuster, Ignaz (1779–1835)	54	Musik und darstellende Kunst	Österreich	808
21.	Schröder, Sophie (1781–1868)	53	Musik und darstellende Kunst	Deutschland	802
22.	Schlegel, Friedrich (1772–1829)	47	Geisteswissenschaft	Deutschland	799
23.	Schreker, Franz (1878–1934)	52	Musik und darstellende Kunst	Monaco	793
24.	Sechter, Simon (1788–1867)	55	Musik und darstellende Kunst	Tschechien	791
25.	Schultes, Joseph August (1773–1831)	54	Naturwissenschaft	Österreich	786

1 Siehe unter N. N., Karl Franz Joseph, in: *ÖBL* (wie Anm. 14), Bd. 3, 1965, 236–239.
2 Siehe unter [Walter Goldinger], Franz Joseph I., in: *ÖBL* (wie Anm. 14), Bd. 1, 1957, 351–352.
3 Siehe unter [Walter Goldinger], Franz II. (I.)., in: *ÖBL* (wie Anm. 14), Bd. 1, 1957, 348–349.

In Tabelle 2 sind die 25 längsten Biographien des ÖBL aufgelistet. Die Anzahl der Tokens bewegt sich zwischen 841 und 1887. Tabelle 3 wiederum umfasst die 25 Biographien mit den meisten Named Entities, wobei sich die Anzahl zwischen 84 und 149 bewegt. Die farbig markierten Zeilen zeigen jene Biographien, die in beiden Tabellen vorkommen. Geht man von den bislang vorliegenden Daten über die Entwicklung der Länge bzw. Informationsdichte der Texte aus (Tabelle 1, Abb. 2–8), dürften sich in den frühen Lieferungen aufgrund des kontinuierlichen Anstiegs der Token- und Named-Entity-Anzahl kaum überlange Biographietexte befinden bzw. müssten beide Tabellen weitgehend die gleichen Lemmata enthalten, da – wie festgestellt wurde – der Anstieg der Tokenanzahl mit jener der Named Entities einhergeht. Wie die Tabellen 2 und 3 und insbesondere die Abbildungen 9 und 10 zeigen, ist dies jedoch kei-

Tabelle 3: Liste der ÖBL-Biographien mit der höchsten Anzahl an Named Entities (n>83) – Die farbig markierten Biographien kommen auch in Tabelle 2 vor

	Name	Lieferung	Berufsgruppe	Geburtsland (heutiger Staat)	Anzahl Named Entities
1.	Schubert, Franz Peter (1797–1828)	53	Musik und darstellende Kunst	Österreich	149
2.	Kaiser Karl I. (1887–1922)	13	Diverse	Österreich	148
3.	Schröder, Sophie (1781–1868)	53	Musik und darstellende Kunst	Deutschland	144
4.	Strakosch, Moriz (1825–1887)	61	Musik und darstellende Kunst	Tschechien	132
5.	Seidl, Anton (1850–1898)	55	Musik und darstellende Kunst	Ungarn	131
6.	Sechter, Simon (1788–1867)	55	Musik und darstellende Kunst	Tschechien	124
7.	Schröder, Wilhelmine (1804–1860)	53	Musik und darstellende Kunst	Deutschland	117
8.	Schwarz, Karl Wilhelm Emanuel (1768–1838)	54	Musik und darstellende Kunst	Deutschland	111
9.	Schoeller, Alexander (1805–1886)	51	Wirtschaft	Deutschland	109
10.	Szczepanowski, Stanislaw Ignacy (1811–1877)	64	Musik und darstellende Kunst	Polen	103
11.	Schwarzenberg, Felix (1800–1852)	55	Politik	Tschechien	100
12.	Slezak, Leo (1873–1946)	58	Musik und darstellende Kunst	Tschechien	100
13.	Schuselka-Brüning, Ida (1817–1903)	54	Musik und darstellende Kunst	Rußland (RF)	98
14.	Hebbel, Christian-Friedrich (1813–1863)	8	Literatur, Buch- und Zeitungswesen	Deutschland	96
15.	Schwind, Moritz (1804–1871)	55	Bildende und angewandte Kunst	Österreich	95
16.	Schütky, Franz Josef (1817–1893)	53	Musik und darstellende Kunst	Tschechien	93
17.	Schmid, Friedrich (1825–1891)	48	Bildende und angewandte Kunst	Deutschland	90
18.	Grillparzer, Franz (1791–1872)	6	Literatur, Buch- und Zeitungswesen	Österreich	89
19.	Schwarzenberg, Friedrich (1809–1885)	55	Religionen und Theologie	Österreich	89
20.	Schönfeldt, Karl (1828–1886)	51	Militär	Österreich	87
21.	Schröter, Johann Heinrich Friedrich (1738–1815)	53	Musik und darstellende Kunst	Deutschland	87
22.	Hammer-Purgstall, Joseph (1774–1856)	7	Geisteswissenschaft	Österreich	86
23.	Sontag, Henriette (1806–1854)	58	Musik und darstellende Kunst	Deutschland	85
24.	Tautenhayn, Josef (1837–1911)	64	Bildende und angewandte Kunst	Österreich	85
25.	Suess, Eduard (1831–1914)	63	Naturwissenschaft	Großbritannien	84

neswegs der Fall: Auch in den frühen Lieferungen (4–13) finden sich zum Teil sehr umfangreiche Lemmata bzw. solche mit einer hohen Anzahl an Named Entities (6–13). Die Verteilung ist ebenfalls ungleichmäßig: In den Lieferungen 1–3, 14–30 und 56–65 gibt es keine Biographien mit besonders hoher Tokenanzahl, bei den Named Entities betrifft dies die Lieferungsbereiche 1–5, 14–47 und 65. Auffallend ist des Weiteren, dass lediglich 9 Biographien in beiden Tabellen vorkommen bzw. dass die hohe Anzahl an Tokens und Named Entities nicht unbedingt mit der Bedeutung der jeweiligen Persönlichkeit in Zusammenhang steht. Kaiser Franz Joseph I. zum Beispiel, der wie kein anderer die Epoche zwischen 1848 und 1916 geprägt hat, rangiert mit seiner Biographie in der Token-Tabelle nur auf Platz 9 – bei den Named Entities hat er es nicht einmal unter die ersten 25 geschafft.

In den beiden Tabellen wurden insgesamt 41 Personen erfasst. Davon sind 18 auf dem Gebiet des heutigen Österreich geboren, wobei dieser Anteil der Selbstdefinition des ÖBL als transnationales Lexikon entspricht. Die proportional besonders hohe Präsenz der Berufsgruppen „Musik und darstellende Kunst" (15) sowie „Literatur, Buch- und Zeitungswesen" (8) führt hingegen vor Augen, dass die lexikographische Erfassung der Lebensläufe bestimmter Berufsgruppen (in diesem Fall z. B. Schauspielerinnen und Schauspieler, Sängerinnen und Sänger oder Schriftstellerinnen und Schriftsteller) mit einer hohen Anzahl an Tokens bzw. Named Entities einhergeht und somit zu Verzerrungen führt, da andere Berufsgruppen unterrepräsentiert sind.

Die Problematik überlanger Lemmata haben auch Rezensenten des ÖBL thematisiert, so z. B. im Zusammenhang mit den Biographien von Otto Bauer und Adolf Hitler[46] sowie Kaiser Karl I.[47] Die Genese jeder einzelnen, unverhältnismäßig ausführlichen Lebensskizze in den frühen Lieferungen kann an dieser Stelle nicht rekonstruiert werden. Am Beispiel des Briefwechsels rund um den ÖBL-Artikel von Josef von Hammer-Purgstall (1774–1856)[48] soll dennoch dokumentiert werden, dass Ausreißer nicht zwangsläufig auf die Inkonsequenz der Redaktion zurückzuführen sind. Um die Abfassung der Biographie des Orientalisten, Mitbegründers und ersten Präsidenten der Kaiserlichen Akademie der Wissenschaften wurde der international angesehene deutsche Historiker und Orientalist Franz Babinger (1891–1967) gebeten. Aus den im Archiv des ÖBL aufbewahrten Korrespondenzen geht eindeutig hervor, dass Eva Ober-

---

46 „So schwierig auch das Problem ist den Umfang der Biographien nach Bedeutung zu messen, so scheinen zwei Spalten für F. Hanusch im Verhältnis zu einer Vierspalte für Otto Bauer den Proportionen nicht zu entsprechen. Es wäre wünschenswert, wenn in Zukunft den wohlgemeinten Intentionen der Herausgeber (siehe Vorwort) besser Rechnung getragen würde. [...] Besonders bedenklich ist jedoch die Biographie Adolf Hitlers, die über fünf Kolonnen zu den umfangreichsten überhaupt zählt. Es werden darin alle unwesentlichsten Details aus seiner Kindheit angeführt [...]." (Josef Schiller, Oesterreichisches Biographisches Lexikon, in: *Volksstimme*, 24.10.1965, Rezension über die ÖBL-Bde. 1. und 2.) – An dieser Stelle kann die Frage nicht ausführlich diskutiert werden, es sei jedoch angemerkt, dass der Publikation der Hitler-Biographie ohnehin Debatten innerhalb der Akademie vorangegangen waren. Diese bezogen sich allerdings weniger auf die Länge als vielmehr auf die Bewertung der Person Hitlers. Siehe dazu Richard Meister an Leo Santifaller, 10.2.1959 sowie Ludmilla Krestan an Eva Obermayer-Marnach, 20.3.1959, Archiv des ÖBL, Karton 2.1.2: Korrespondenz 1958/1959.

47 „Der umfangreichste Artikel des Bandes, im Ausmaße von 6 1/2 Spalten ist dem letzten Herrscher der Donaumonarchie, Kaiser-König Karl, gewidmet. Die, bei allem apologetischen Grundton, überaus anschauliche Darstellung ist, gemessen an der sonstigen Kürze und Knappheit der Artikel, vielleicht etwas zu breit geraten; dies gilt vor allem für die Zeit vor der Thronbesteigung und nach dem Thronverlust Karls." (Walther Latzke, Österreichisches Biographisches Lexikon, Bd. 3, in: *Archivalische Zeitschrift* 63, 1967, 242).

48 [Franz Babinger], Joseph Frh. von Hammer-Purgstall, in: *ÖBL* (wie Anm. 14), Bd. 2, 1959, 165–168.

mayer-Marnach (1923–2008), die damalige Schriftleiterin des Lexikons,[49] dem Autor die zulässige Artikellänge mitgeteilt hatte bzw. – nachdem sie einen überlangen Text erhielt – um die Kürzung der Biographie bat.[50] Babinger beschwerte sich daraufhin bei Ludmilla Krestan (1911–1998), Kustodin bei der Österreichischen Akademie der Wissenschaften und Aktuarin der philosophisch-historischen Klasse.[51] Schließlich sprach Richard Meister (1881–1964), Präsident der Österreichischen Akademie der Wissenschaften, das letzte Machtwort über das Lemma seines Amtsvorgängers:

„Sobald die erste Fahnenkorrektur verabschiedet ist, kann eine Kürzung nicht mehr vorgenommen werden. [...] Die Akademie kann umso weniger von dem Grundsatz abgehen, als es sich um einen Gelehrten des Auslandes, also internationalen wissenschaftlichen Verkehr handelt. Der Artikel Hammer-Purgstall (S. 165–168) hat demnach in der Form der letzten Bogenkorrektur (mit den kleinen Druckänderungen S. 168) abgedruckt zu werden."[52]

Besonders stark manifestieren sich Datenverzerrungen, wenn man anhand der ÖBL-Lemmata die Netzwerke der jeweils biographierten Personen zu konstruieren versucht. Die Kürze der Texte in den ersten Lieferungen führt dazu, dass selbst in den Biographien besonders bedeutender Persönlichkeiten nur wenige Relationen zu anderen Entitäten (Personen, Orte, Institutionen) ausgemacht werden können, während bei in den späteren Lieferungen biographierten Personen wesentlich dichtere Netzwerke entstehen, auch wenn diese Personen vielleicht nicht so bedeutend waren, wie dies z. B. die Ego-Netzwerke des Ministerpräsidenten Alexander Freiherr von Bach (1813–1893) sowie des sudetendeutschen Politikers Siegfried Taub (1876–1946) zeigen. Das Ego-Netzwerk von Bachs weist Verbindungen zu 11 weiteren Knoten auf, während jenes des aus Sicht der österreichischen Geschichte bei weitem nicht so bedeutsamen Taub 33 enthält. Dies würde beispielsweise bei einem Versuch der Erforschung von Politikernetzwerken anhand des ÖBL zu einer inakzeptablen Verzerrung

---

49 Zu Eva Obermayer-Marnach siehe Friederike Hillbrand-Grill, Eva Obermayer-Marnach, Nachruf, in: *Mitteilungen des Instituts für Österreichische Geschichtsforschung* 118, 2010, 313–316.
50 Eva Obermayer-Marnach an Franz Babinger, 9.5.1958, Archiv des ÖBL, Karton 2.1.2: Korrespondenz 1958/1959.
51 Franz Babinger an Ludmilla Krestan, 12.5.1958, Archiv des ÖBL, Karton 2.1.2: Korrespondenz 1958/1959.
52 Richard Meister an Eva Obermayer-Marnach, 19.5.1958, Archiv des ÖBL, Karton 2.1.2: Korrespondenz 1958/1959.

des Gesamtnetzwerkes aufgrund der erheblichen Untergewichtung des Knotens von Bachs führen, nach dem immerhin eine – wenn auch kurze – neoabsolutistische Ära der österreichischen Geschichte benannt wurde.

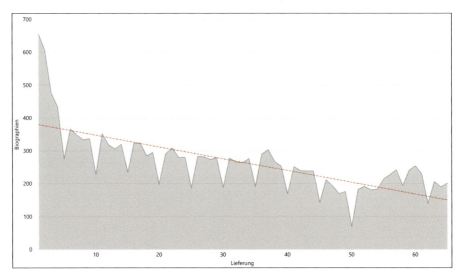

Abb. 2: Die Veränderung der Anzahl der Biographien pro Lieferung (Graphik von Á. Z. Bernád)

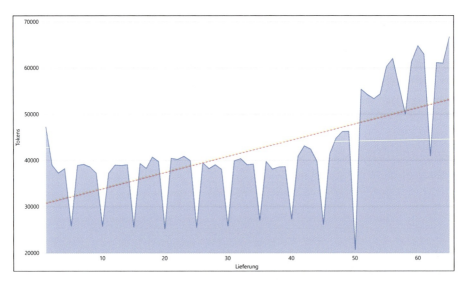

Abb. 3: Die Veränderung der Gesamtzahl der Tokens pro Lieferung (Graphik von Á. Z. Bernád)

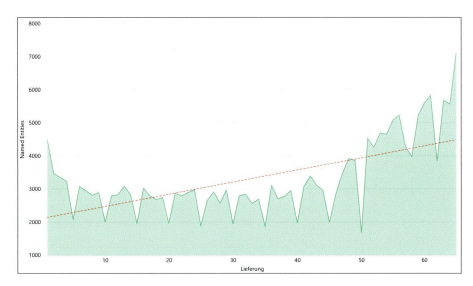

Abb. 4: Die Veränderung der Gesamtzahl der Named Entities pro Lieferung (Graphik von Á. Z. Bernád)

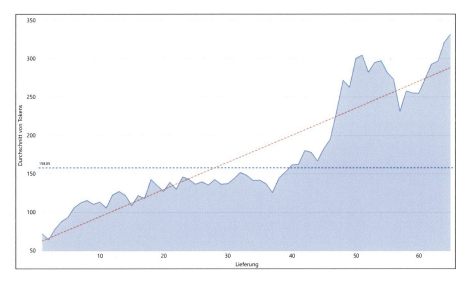

Abb. 5: Die Veränderung der durchschnittlichen Anzahl der Tokens pro Biographie nach Lieferung (Graphik von Á. Z. Bernád)

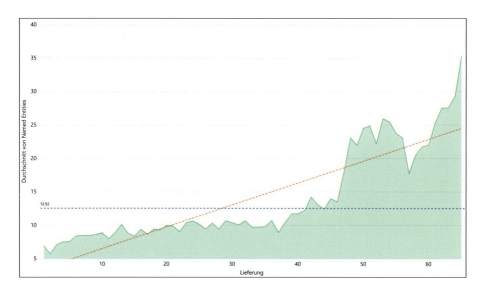

Abb. 6: Die Veränderung der durchschnittlichen Anzahl der Named Entities pro Biographie nach Lieferung (Graphik von Á. Z. Bernád)

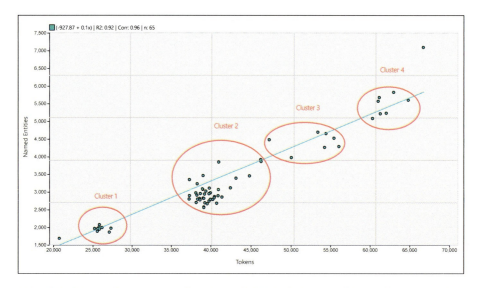

Abb. 7: Die Korrelation zwischen der Gesamtzahl der Tokens und Named Entities sowie die Clusterbildung der Lieferungen (Graphik von Á. Z. Bernád)

Die Vermessung des Österreichischen Biographischen Lexikons

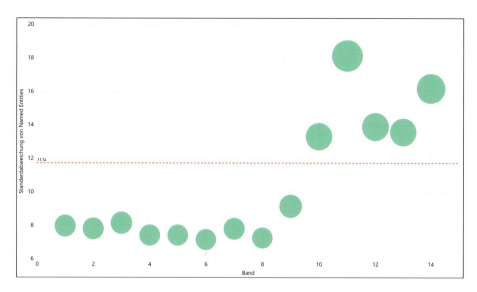

Abb. 8: Standardabweichung der Named-Entities-Durchschnittswerte nach ÖBL-Bänden (Graphik von Á. Z. Bernád)

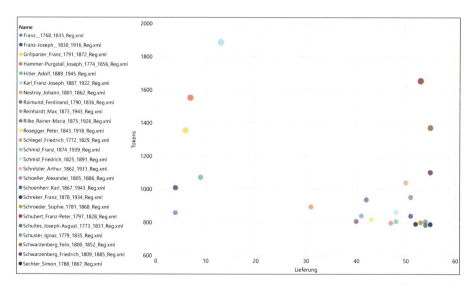

Abb. 9: Die Verteilung der ÖBL-Biographien mit der höchsten Tokenanzahl (n>785) nach Lieferung (Graphik von Á. Z. Bernád)

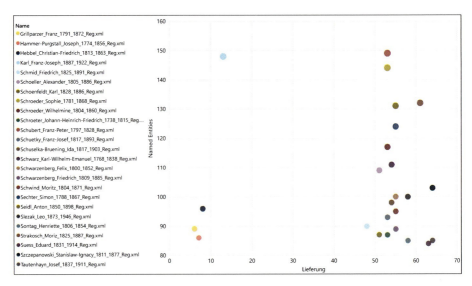

Abb. 10: Die Verteilung der ÖBL-Biographien mit der höchsten Anzahl an Named Entities (n>83) nach Lieferung (Graphik von Á. Z. Bernád)

2. Zur Verteilung der Biographien nach Berufsgruppen

Wie eingangs bereits erwähnt, werden die im ÖBL biographierten Personen einer der 18 Hauptberufsgruppen zugeordnet. Die Tabellen 4 und 5 sowie die Abbildung 11 bieten einen Überblick über die Verteilung in diesem Bereich bzw. einen Vergleich mit WBIS. Wie stark einzelne Berufsgruppen in biographischen Lexika, insbesondere Nationalbiographien, vertreten sind, hängt von vielen Faktoren ab. Subjektive Entscheidungen, Expertenwissen oder die Aufnahmedichte gehören ebenso dazu wie die im Nachschlagewerk erfasste Periode/Epoche, die Quellenlage und somit die Biographierbarkeit der Lebensläufe von Personen bzw. Personengruppen oder ihr Abdruck im Wachsblock des kulturellen Gedächtnisses, gleichsam ihr Beitrag zur kollektiven Identitätsstiftung. Die Frage, ob es im ÖBL in diesem Bereich Ungleichmäßigkeiten gibt, ob Personen aus bestimmten Berufsgruppen – im Vergleich zu anderen biographischen Lexika – zu Lasten anderer überrepräsentiert sind, kann nicht genau beantwortet werden. Allerdings machten der Historiker und ÖBL-Chefredakteur Peter Csendes sowie der ÖBL-Redakteur Hubert Reitterer bereits im Jahr 2000 darauf aufmerksam, "dass auf die ersten fünf von insgesamt 18 primären Berufsgruppen über 55 Prozent aller Biographien entfallen. Während in den Bereichen Geistes- und Naturwissenschaften in den letzten Jahren durch intensive wissenschaftsgeschichtliche Forschungen wichtige Quellenbestände aufgearbeitet wurden, fehlen derartige Untersuchungen für andere Gebiete, wie etwa Wirtschaft oder Ingenieurwissenschaften, die dadurch im Gesamtüberblick eher unterrepräsentiert erscheinen."[53]

Um eventuell vorhandene deutliche Abweichungen von anderen biographischen Lexika festmachen zu können, wurde hier ein Vergleich mit dem über 8.500 Nachschlagewerke und über sieben Millionen Biographien umfassenden WBIS durchgeführt (Tabelle 5, Abb. 11). Im WBIS sind nicht nur Nationalbiographien, sondern auch überregionale Nachschlagewerke, Regional-, Lokal- sowie Fachbiographien enthalten. Auch die Berufsgruppenklassifikation weicht von jener des ÖBL zum Teil ab, dennoch konnten in den meisten Fällen einander entsprechende Gruppen gegenübergestellt werden. Im Gegensatz zum Registerdatensatz, in dem eine Person stets nur einer Hauptberufsgruppe zugeordnet ist, kann eine im WBIS erfasste Person mehrere Berufsklassifikationen aufweisen. D. h., wenn ein Politiker beispielsweise auch künstlerisch tätig war, so ist er sowohl unter der WBIS-Berufsklassifikation „Politik" als auch unter „Kunst" auffindbar – somit erhöht eine solche Biographie sowohl den Anteil der Künstler als auch jenen der Politiker. Anfänglich scheint deshalb ein Vergleich etwas fragwürdig zu sein, doch die Abweichungen zwischen dem ÖBL und dem WBIS sind in diesem Bereich – trotz der für das WBIS charakteristischen Mehrfachzuordnung – zugunsten des ÖBL zum Teil derart groß, dass im Folgenden dennoch ein Vergleich dieser Daten unternommen wird. Wie Abbildung 11 zeigt, sind die Berufsgruppen „Bildende und angewandte Kunst"/„Musik und darstellende Kunst", „Naturwissenschaften" sowie „Geisteswissenschaften" im Vergleich zum WBIS im ÖBL deutlich überrepräsentiert, während beispielsweise die Gruppen „Unterrichtswesen", „Religion", „Verwaltung" sowie „Rechtswesen und Rechtswissenschaft" weniger Biographien aufweisen. Die Zusammenhänge zwischen den Merkmalen „Berufsgruppe" und „Geburtsstaat" werden im nächsten Unterkapitel diskutiert.

---

53 Peter Csendes / Hubert Reitterer, 150 Jahre österreichischer Geschichte in 15.000 Biographien. 11 Bände Österreichisches Biographisches Lexikon 1815–1950, in: *Musikgeschichte in Mittel- und Osteuropa* 6, 2000, 122–133, hier 122–123.

Tabelle 4: Gesamtzahl und prozentualer Anteil biographierter Personen pro Hauptberufsgruppe im ÖBL

Berufsgruppe	Anzahl biographierter Personen	Prozentualer Anteil
Literatur, Buch- und Zeitungswesen	2.331	13,13%
Bildende und angewandte Kunst	2.255	12,70%
Musik und darstellende Kunst	1.878	10,58%
Geisteswissenschaft	1.632	9,19%
Naturwissenschaft	1.537	8,66%
Politik	1.215	6,84%
Medizin	1.093	6,16%
Religionen und Theologie	1.071	6,03%
Wirtschaft	1.043	5,87%
Militär	1.031	5,81%
Rechtswesen und Rechtswissenschaft	565	3,18%
Verwaltung	515	2,90%
Technik	450	2,53%
Unterrichtswesen	381	2,15%
Diverse	253	1,43%
Land- und Forstwirtschaft	211	1,19%
Sport	162	0,91%
Sozial- und Wirtschaftswissenschaft	131	0,74%
Gesamt	**17.754**	**100,00%**

Tabelle 5: WBIS und ÖBL-Hauptberufsgruppen im Vergleich

WBIS-Berufsklassifikation	Prozentualer Anteil im WBIS	Entsprechende ÖBL-Berufsgruppe(n)	Prozentualer Anteil im ÖBL
Kunst	11,35 %	Bildende und angewandte Kunst; Musik und darstellende Kunst	23,28%
Geisteswissenschaften	3,19 %	Geisteswissenschaft	9,19%
Land- und Forstwirtschaft, Fischerei	2,58 %	Land- und Forstwirtschaft	1,19%
Publizistik	10,29 %	Literatur, Buch- und Zeitungswesen	13,13%
Gesundheits- und Veterinärwesen	5,13 %	Medizin	6,16%
Militär	5,48 %	Militär	5,81%
Naturwissenschaften	2,66 %	Naturwissenschaft	8,66%
Politik	7,75 %	Politik	6,84%
Recht, Rechtswissenschaft	5,10 %	Rechtswesen und Rechtswissenschaft	3,18%
Religion	9,60 %	Religionen und Theologie	6,03%
Sozial- und Wirtschaftswissenschaften	0,96 %	Sozial- und Wirtschaftswissenschaft	0,74%
Sport und Freizeit	1,05 %	Sport	0,91%
Technik	3,18 %	Technik	2,53%
Erziehungs- und Bildungswesen	6,67 %	Unterrichtswesen	2,15%
Verwaltung, Öffentlicher Dienst	5,43 %	Verwaltung	2,90%

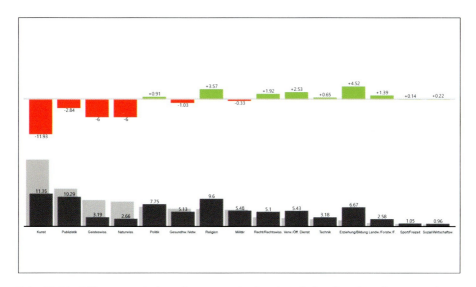

Abb. 11: Die Differenz zwischen dem prozentualen Anteil einzelner Berufsgruppen im WBIS und im ÖBL (unteres Säulendiagramm: WBIS-Berufsklassifikation, oberes Säulendiagramm: Abweichung im Vergleich zur entsprechenden ÖBL-Berufsgruppe) (Graphik von Á. Z. Bernád)

3. Zur Verteilung der biographierten Personen: historische im Vergleich mit heutigen Geburtsstaaten

Wie eingangs bereits hervorgehoben, ist das ÖBL ein supranationales biographisches Lexikon. Deshalb ist die Frage nach der geographischen bzw. geographisch-administrativen Verteilung der Geburtsorte der Biographierten von entscheidender Bedeutung. Um hierüber eine geordnete und nachvollziehbare Aufstellung der Informationen zu erhalten, wurden die Geburtsdaten der im ÖBL biographierten Personen nach Geburtsland tabellarisch aufgelistet bzw. visualisiert. Die Analyse dieser Daten berücksichtigt sowohl die heutigen als auch die historischen Staaten, einschließlich der Kronländer der Habsburgermonarchie, und zusätzlich die Verteilung nach Bundesländern bei Personen, die auf dem Gebiet des heutigen Österreich geboren wurden.

Die Tabellen 6–7 sowie die Abbildungen 12–13 belegen, dass die Kronländer der österreichischen Reichshälfte der Monarchie, insbesondere Böhmen und Mähren, gegenüber der ungarischen Reichshälfte – einschließlich Siebenbürgen und Kroatien – deutlich überrepräsentiert sind. Besonders stark manifestiert sich diese Dominanz, wenn man sich den prozentualen Anteil vor Augen führt. Das Erzherzogtum Österreich unter der Enns einschließlich Wien – in der Tabelle als NÖ bezeichnet – rangiert mit 20,96 % der biographierten Personen zwar an erster Stelle, Böhmen und Mähren weisen gemeinsam jedoch einen Wert von 22,02 % aller Biographien auf. Der prozentuale Anteil der in der ungarischen Reichshälfte geborenen Personen beträgt hingegen lediglich 10,89 % (bzw. 12,88 %, sofern man Siebenbürgen – bis 1867 allerdings als Großfürstentum Siebenbürgen nicht Teil des Königreichs Ungarn – hinzurechnet). Auch bei den heutigen Staaten wird die Unausgewogenheit klar sichtbar: Nach Österreich (34,47 %) ist Tschechien mit 22,81 % im Vergleich zum drittplatzierten Italien (6,71 %) und viertplatzierten Ungarn (5,49 %) unverhältnismäßig stark vertreten. Diese Werte sind selbstredend auch durch die Pariser Vorortverträge – Saint-Germain (1919) und Trianon (1920) – bedingt. Aufgrund des Zerfalls der Österreichisch-Ungarischen Monarchie nach dem Ende des Ersten Weltkriegs sind in Tabelle 7 bzw. auf Abbildung 13 tausende Personen den Nachfolgestaaten zugeordnet. Durch die Aufteilung der Geburtsorte auf die Nachfolgestaaten rücken wiederum andere Länder vor. So belegt beispielsweise Deutschland bei den biographierten Personen mit 5,38 % den fünften Platz.

Die Diskrepanz zwischen der Anzahl der in der westlichen und der östlichen Reichshälfte der Monarchie geborenen Personen resultiert in erster Linie aus den ursprünglichen Aufnahmekriterien des ÖBL, die zeitlich und räumlich einerseits nach kulturhistorischen Gesichtspunkten, andererseits jedoch staatsrechtlich definiert wurden:

> „Es wird also der gesamte Raum des ehemaligen Kaisertumes Österreich, bzw. seit 1867 der sogenannten westlichen Reichshälfte der Österreichisch-Ungarischen Monarchie – »Die im Reichsrate vertretenen Königreiche und Länder«, wie die staatsrechtliche Bezeichnung lautete – einbezogen.
>
> Die Biographien sollen trotz ihrer Kürze einen Querschnitt durch das Kultur- und Geistesleben der behandelten Epoche geben. Dieses Unterfangen wäre jedoch ohne Berücksichtigung des gesamten österreichischen Lebensraumes vor 1918 unmöglich, da nur durch die Verschmelzung der verschiedenen Völkerschaften und durch die Wechselwirkung der mannigfaltigsten Elemente das entstehen konnte, was wir heute österreichische Kultur nennen."[54]

---

54 Eva Obermayer-Marnach, Einleitung, in: *ÖBL* (wie Anm. 14), Bd. 1, 1957, X–XV, hier X.

Bei der Aufnahme von Personen fokussierte man also auf den gesamten Raum des ehemaligen Habsburgerreiches, allein mit der Einschränkung, dass nach dem Österreichisch-Ungarischen Ausgleich (1867) auf dem Gebiet der Länder der Ungarischen Krone geborene Personen nicht in das Lexikon aufgenommen wurden. Eine ähnliche Regelung betraf auch die seit dem Berliner Kongress von 1878 unter österreichisch-ungarischer Verwaltung stehenden bzw. 1908 annektierten osmanischen Provinzen Bosnien und Herzegowina.

Laut Erich Zöllner, einem der wirkungsreichsten österreichischen Historiker des vorigen Jahrhunderts, geschah die Ausklammerung der transleithanischen Reichshälfte auf Wunsch des Akademiepräsidenten Richard Meister.[55] Jedenfalls war sie bereits nach dem Erscheinen der ersten zwei ÖBL-Bände Gegenstand von Kritik. Es kann, so der Archivar und mehrmalige ÖBL-Rezensent Walther Latzke,

> „... die Einengung des Gesichtskreises auf die westliche Reichshälfte für den Zeitraum 1867–1918 nicht als hinlänglich begründet angesehen werden. Denn die Frage, ob die östliche (ungarische) Reichshälfte nach 1867 aus dem österreichischen Kulturbereich ohne weiteres ausgeklammert werden kann, darf doch wohl nicht bloß vom staatsrechtlichen Standpunkte her beantwortet werden; sie wird sich nicht einmal für das magyarische Staatsvolk vorbehaltlos bejahen lassen, weit weniger noch für den die nichtmagyarischen Völker Ungarns, am wenigsten für die halbautonomen Kroaten und schon gar nicht für das ungarländische Deutschtum, Siebenbürger Sachsen und Donauschwaben. [...] Zudem ist die Redaktion bei der Ausklammerung Ungarns und Kroatiens ab 1867 doch wieder nicht konsequent geblieben und hat Persönlichkeiten aufgenommen [...], obwohl sie mit ihrem Leben und Wirken ausschließlich der östlichen Reichshälfte und der Zeit nach 1867 angehören."[56]

Die Redaktion änderte diese Aufnahmekriterien erst 2009; der Schritt

---

55 „Weitere Probleme ergaben sich dadurch, daß man einem Wunsche Richard Meisters folgte, der unter Berücksichtigung staatsrechtlicher Kategorien der Habsburgermonarchie argumentierte, daß Ungarn nur bis 1867 aufgenommen werden sollten. Natürlich aber berücksichtigte man die Burgenländer bis einschließlich 1950, ebenso verlangten etwa Kroaten, Slowaken und Rumänen, daß ihre Landsleute zu berücksichtigen wären, so daß sich verschiedene chronologische Diskrepanzen ergeben mußten." (Erich Zöllner, Bemerkungen zu österreichischen historischen Biographien 1945–1991, in: *Mitteilungen des Instituts für Österreichische Geschichtsforschung* 100 (1992), 432–454, hier 445).

56 Walther Latzke, Österreichisches Biographisches Lexikon 1815–1950, Bd. 1. und 2, in: *Archivalische Zeitschrift* 56, 1960, 143–145, hier 145. Latzke betonte auch in späteren Rezensionen, dass er „die Berechtigung dieses Einteilungsprinzips nicht anzuerkennen [vermag]. Ungarn, Kroatien-Slawonien und (ab 1878) Bosnien-Herzegowina waren Bestandteile der Habsburgermonarchie; ihre Landeskinder saßen in den gemeinsamen Reichsbehörden, waren diplomatische Vertreter der Monarchie im Auslande und sind vor allem aus der gemeinsamen Wehrmacht nicht wegzudenken." (Walter Latzke, Österreichisches Biographisches Lexikon 1815–1950, Bd. 5, in: *Archivalische Zeitschrift* 71, 1975, 183–184, hier 184). Zum Thema siehe auch ders., Österreichisches Biographisches Lexikon 1815–1950 (wie Anm. 47).

führte allerdings nicht zu einem Anstieg der Ungarn- oder Kroaten-Biographien. Wie das Säulendiagramm in der Abbildung 14 zeigt, ist die Anzahl der in das Lexikon aufgenommenen Personen mit Geburtsorten auf dem Gebiet von Böhmen und Mähren auch in den ab 2009 erschienenen Lieferungen, mit Ausnahme der 63. und 64., sehr hoch. Die Ausreißer bei den Ungarn-Biographien sind lediglich darauf zurückzuführen, dass diese Lieferungen die Buchstabengruppe „Sz", einen im Anlaut ungarischer Nachnamen sehr häufig vorkommenden Digraphen, beinhalten, was zu einer erhöhten Anzahl an Biographien ungarischer Persönlichkeiten führt. Das Königreich Kroatien und Slawonien ist in fünf Lieferungen mit nur neun Persönlichkeiten vertreten. Wie dies auch Latzke in seiner Rezension über das ÖBL angemerkt hatte, wurde die den östlichen Teil der Realunion betreffende Redaktionsrichtlinie nicht konsequent eingehalten. An dieser Stelle soll nur festgehalten werden, dass in die vor 2009 erschienenen Lieferungen insgesamt 254 Personen Aufnahme fanden, die ab 1867 in Kroatien, Siebenbürgen bzw. Ungarn geboren wurden.

Doch auch fehlende deutschsprachige Forschungsliteratur bzw. Nachschlagewerke können die Rezeption beeinträchtigen und zur unharmonischen Verteilung der Geburtsstaaten führen.[57] Die Aufnahme von Personen aus einem bestimmten Kronland hängt aber auch von anderen Faktoren ab, zu denen mitunter auch der Zufall gehört, wie dies das Beispiel des Königreichs Galizien und Lodomerien zeigt (878 bzw. 4,72 % der biographierten Personen). Die Dokumentationsanstalt des Historischen Instituts der Polnischen Akademie der Wissenschaften war ab 1956 der erste internationale Kooperationspartner des ÖBL im ehemaligen Ostblock. Der Beginn dieser Kooperation fiel mit der Wiederaufnahme der Arbeiten am *Polski Słownik Biograficzny* (Polnisches Biographisches Lexikon)[58] zusammen, was die Zurverfügungstellung von Listen potentieller ÖBL-Kandidaten bzw. Biographietexten wesentlich erleichterte.[59]

Eine weitere Frage, der man sich an dieser Stelle widmen muss, betrifft die Verteilung nach den heutigen österreichischen Bundesländern. Tabelle 8 und Abbildung 15 zeigen, dass Wien mit 3.103 Biographien, d. h. 50,71 % aller in das ÖBL aufgenommenen, auf dem Gebiet des heutigen Österreich geborenen Per-

---

57 Siehe dazu Mentschl, Reflexionen (wie Anm. 44), 48.
58 *Polski Słownik Biograficzny*, Warszawa et al.: Zakład Narodowy imiena Ossolińskich Wyd. Polskiej Akad. Nauk, 1935ff.
59 Vgl. Wiesław Bieńkowski, Galizien und das Österreichische Biographische Lexikon. Zur Geschichte der polnischen biographischen Arbeiten im 19. und 20. Jahrhundert, in: *Österreichische Akademie der Wissenschaften, Anzeiger der philosophisch-historischen Klasse* 105, 1968, 41–57.

sonen, unangefochten an der Spitze liegt. Mag aus datenanalytischer und statistischer Sicht hier ein Missverhältnis bei der Verteilung vorliegen, so sind diese Werte aus kulturhistorischer Sicht betrachtet keinesfalls verwunderlich – im Gegenteil. Die Bedeutung der ehemaligen Kaiserstadt als mitteleuropäischer Hauptknotenpunkt wird erst durch die Zahl der dort Verstorbenen deutlich: 58,13 % bzw. 5.164 Personen entfallen auf das Bundesland Wien und somit lediglich 41,87 % auf die restlichen Bundesländer. In den ÖBL-Biographien kommen insgesamt 2.086 Sterbeorte vor. Hier liegt die Stadt Wien mit 29,09 % ebenfalls weit vor allen anderen (z. B. Prag 5,65 %, Budapest 4,15 %). Diese Zahlen legen zugleich ein beredtes Zeugnis über die räumliche, aber auch soziale Mobilität der kulturellen, politischen und ökonomischen Eliten im Habsburgerreich ab.[60]

Die Rezeptionsgeschichte des Lexikons zeigt allerdings, dass manche Geisteswissenschaftler die „Vorherrschaft" Wiens bzw. die (vermeintliche) Unterrepräsentanz der anderen Bundesländer nicht nur als ungerecht, sondern auch als bedrohlich empfanden. Insbesondere traf dies auf den Innsbrucker Historiker und Archivar Anton Dörrer (1886–1968) zu, der 1959 in der Südtiroler Kulturzeitschrift *Der Schlern* eine ausführliche Rezension des *Who's who in Austria 1957/58*[61] sowie der ersten zwei ÖBL-Bände veröffentlichte. Dabei stellte er resigniert fest, dass Tiroler Persönlichkeiten „seit fast einem Halbjahrhundert in allgemeinen Übersichten aus verschiedenen Gründen nur vereinzelt berücksichtigt, vielfach ganz übergangen"[62] werden. Fehlende Nachschlagewerke und eingestellte bibliographische Projekte, aber auch Probleme auf organisatorischer und institutioneller Ebene führten dazu, so Dörrer, dass im ÖBL, insbesondere in Süd- und Osttirol geborene, verdiente Persönlichkeiten nicht mit Biographien bedacht würden. Dörrer sprach nicht nur als Fachmann, er artikulierte die Sorge der Südtiroler ob einer identitätsgefährdenden Löschung aus dem kulturellen Gedächtnisspeicher einer österreichischen Nationalbiographie. An den damaligen Leiter der „Kommission für die Bearbeitung eines

---

60 Vgl. dazu Daniela Angetter, Wege des sozialen Aufstiegs – Eliten im 19. und 20. Jahrhundert, in: Bernád et al. (eds.), *Europa baut auf Biographien* (wie Anm. 12), 337–354. Eine Untersuchung der Mobilität bildender Künstler anhand von ÖBL-Biographien bieten Maximilian Kaiser / Matthias Schlögl / Katalin Lejtovicz / Peter Alexander Rumpolt, Artist Migration Through the Biographer's Lens: A Case Study Based on Biographical Data Retrieved from the Austrian Biographical Dictionary, in: *Journal of Historical Network Research* 2 (2018), 76–108.

61 Stephen S. Taylor (ed.), *Who´s who in Austria 1957/58. A Biographical Dictionary containing about 4000 biographies of prominent personalities from and in Austria*, Wien: Intercontinental Book and Publishing Co. Ltd., 1959.

62 Anton Dörrer, Tirol in neuesten Bio-Bibliographien, in: *Der Schlern* 33, 1959, 438–444, hier 439.

»Österreichischen Biographischen Lexikons«" und gebürtigen Südtiroler Historiker Leo Santifaller (1890–1974) appellierend, verlieh er der Hoffnung Ausdruck, dass

> „die politische Grenzziehung von 1919 gegenüber den Südtirolern zu keiner geistigen Absperrung führt, vielmehr das Lexikon auf ihre Vertreter mehr als bisher Bedacht nimmt, trotz der bestehenden noch schwierigen Erfassungsmöglichkeiten. [...] Wenn die Tiroler heute weniger denn je davon abstehen wollen und sollen, schwingt noch die Sorge um die Wahrung und Stärkung der Einheit und Freiheit ihres von außen her zersplitterten Volkstums und seiner schöpferischen Kräfte mit."[63]

Dörrers Rezension dürfte hohe Wellen in den Alpen geschlagen haben, denn im nächsten Jahr erschien auch in der traditionsreichen Südtiroler Tageszeitung *Dolomiten* ein Artikel über das ÖBL unter dem reißerischen Titel „Das kulturelle Niemandsland Südtirol".[64]

Als Kenner der Geschichte Tirols nannte Dörrer in seiner Rezension viele von dort gebürtige Persönlichkeiten, die trotz ihrer Bedeutung nicht in das ÖBL aufgenommen wurden. Im Rahmen einer digitalen Quellenkritik sollte man die Zahlen sprechen lassen. Diese besagen, dass in den untersuchten 65 Lieferungen des ÖBL insgesamt 1.177 Biographien von gebürtigen Tirolern veröffentlicht wurden. Hierbei wurden als Geburtsorte die historischen Kronländer Gefürstete Grafschaft Tirol mit dem Lande Vorarlberg (bis 1861) sowie die Gefürstete Grafschaft Tirol (1862–1918) herangezogen. Die Lebensläufe gebürtiger Tiroler machen insgesamt 6,63 % aller ÖBL-Biographien aus, ein Wert mit dem das Kronland hinter dem Erzherzogtum Österreich unter der Enns sowie den Königreichen Böhmen und Ungarn an vierter Stelle liegt.

Weit interessanter ist aber die Frage, ob Dörrers nach dem Erscheinen des 2. Bandes (der 10. Lieferung) publizierte Rezension unmittelbare Auswirkungen auf die Aufnahme von (Süd-)Tiroler Persönlichkeiten hatte und ob danach die Anzahl der Biographierten aus dieser Region signifikant anstieg. Abbildung 16 zeigt, dass es ab der 11. Lieferung des ÖBL auf lange Sicht gesehen zu keinen besonderen Änderungen kam. Fokussiert man hingegen auf die 10. und die 11. Lieferung, so lässt sich der Einfluss – trotz der in diesen Buchstabenbereich fallenden häufigen Tiroler Familiennamen wie beispielsweise Hutter – nur

---

63 Ebd., 442.
64 N.N., Das kulturelle Niemandsland Südtirol, in: *Dolomiten*, 17.2.1960.

schwer leugnen. Im Falle der Gefürsteten Grafschaft Tirol mit dem Lande Vorarlberg beträgt der Anstieg 50 %, im Falle der Gefürsteten Grafschaft Tirol 216,67 %. Insgesamt ergibt dies eine durchschnittliche Steigerung von 192,86 %. Mit 41 biographierten gebürtigen Tirolern (Tirol: 38, Vorarlberg bis 1861: 3) wurde damit auch der prozentuale Tirolrekord pro Lieferung, 11,65 %, erreicht. Welchen Effekt Dörrers aufrüttelnde Mahnung an Santifaller hatte, wird noch offensichtlicher, wenn man sich die Differenz von 27 Biographien zwischen den zwei Lieferungen und diese unterteilt nach heutigen Staaten vor Augen führt: 6 Personen wurden auf dem Gebiet des heutigen Österreich, 21 in Italien geboren.

Auch die Frage nach der Verteilung der Berufsgruppen in den einzelnen historischen Geburtsstaaten bzw. Bundesländern bietet interessante Einblicke. Was ist für diese Verteilung charakteristisch, bei welchen territorialen Entitäten entspricht sie der ÖBL-Berufsgruppenverteilung, und welche Abweichungen und Ausreißer sind feststellbar? Die gestapelten Balkendiagramme in den Abbildungen 17 und 18 zeigen, in welchen historischen Staaten/Kronländern bzw. in welchen heutigen österreichischen Bundesländern welche Berufsgruppen wie häufig vorkommen. Es werden hier nur die auffälligsten Werte notiert. Bei den historischen Staaten sind dies:

- Tirol: „Bildende und angewandte Kunst" 24,07 % (d. h. 24,07 % aller im ÖBL biographierten gebürtigen Tiroler sind dieser Berufsgruppe zugeordnet, die vor 1861 geborenen Vorarlberger nicht miteingerechnet)
- Siebenbürgen: „Geisteswissenschaft" 20,90 %
- Kroatien: „Literatur-, Buch- und Zeitungswesen" 20,35 %
- Vorarlberg: „Wirtschaft" 19,51 %
- Bayern: „Musik und darstellende Kunst" 17,37 %

Bezogen auf die Bundesländer gibt es im Fall von Tirol mit 27,93 % in der Berufsgruppe „Bildende und angewandte Kunst" sowie für Vorarlberg mit 19,63 % in der Berufsgruppe „Wirtschaft" von der Norm abweichende Werte. Obige Prozentwerte zeigen, dass im Bereich der Geburtsstaaten auch hinsichtlich des Merkmals der Berufsgruppenverteilung Unausgewogenheiten vorhanden sind, die von den Gesamtwerten der hier untersuchten 65 Lieferungen des ÖBL abweichen (zur Erinnerung: „Literatur, Buch- und Zeitungswesen": 13,13 %; „Bildende und angewandte Kunst": 12,70 %; „Musik und darstellende Kunst": 10,58 %; „Geisteswissenschaft": 9,19 %; „Wirtschaft": 5,87 %). Im Gegensatz zur historisch-administrativen Verteilung der Geburtsorte, deren Ursache aus der Entstehungsgeschichte des Lexikons abgeleitet werden konnte, ist in diesem Fall die Deutung der Ergebnisse nicht so einfach möglich. Die Gründe für eventuelle redaktionelle Schwerpunktsetzungen können in manchen Fällen durchaus berechtigt sein, in anderen vielleicht weniger. Sehr oft hängen sie aber von der Zugänglichkeit bzw. vom Vorhandensein von Quellenmaterial und Expertenwissen ab oder sind Resultat von institutionellen Kooperationen und auch der Forschungspolitik.

Tabelle 6: Verteilung der Geburtsorte biographierter Personen nach historischen Staaten bzw. Kronländern der Monarchie

Historischer Staat/Kronland	Anzahl biographierter Personen	Prozentualer Anteil
?	689	3,88%
Anhalt (Hgm.)	3	0,02%
Anhalt-Bernburg	2	0,01%
Anhalt-Köthen	1	0,01%
Aschaffenburg-Regensburg	2	0,01%
Baden	53	0,30%
Baden-Durlach	1	0,01%
Bayern	167	0,94%
Böhmen	2.781	15,66%
Bosnien und Herzegowina	12	0,07%
Brasilien	2	0,01%
Bukowina	89	0,50%
Cisalpinische Republik	5	0,03%
Dalmatien	116	0,65%
Dänemark	4	0,02%
Deutsches Reich	2	0,01%
Deutschland	1	0,01%
Elsaß-Lothringen	7	0,04%
Fiume-Freie Stadt	6	0,03%
Frankfurt (Ghgm.)	3	0,02%
Frankfurt-Freie Stadt	15	0,08%
Frankreich	55	0,31%
Frankreich – Illyrische Provinzen	21	0,12%
Fürstbistum Hildesheim	1	0,01%
Fürstenberg	1	0,01%
Galizien	838	4,72%
Genua (Republik)	2	0,01%
Görz und Gradiska	48	0,27%
Griechenland	1	0,01%
Großbritannien	18	0,10%
Hamburg	20	0,11%
Hannover	24	0,14%

Historischer Staat/Kronland	Anzahl biographierter Personen	Prozentualer Anteil
Hessen (Kfm)	20	0,11%
Hessen-Darmstadt (Ghgm.)	26	0,15%
Hessen-Darmstadt (Lgft.)	4	0,02%
Hohenzollern-Sigmaringen	1	0,01%
Holstein	6	0,03%
Illyrien (Kgr.)	1	0,01%
Istrien	57	0,32%
Italien	46	0,26%
Italien (Kgr.)	6	0,03%
Kärnten	248	1,40%
Kgr. der Vereinigten Niederlande	1	0,01%
Kirchenstaat	11	0,06%
Krain	386	2,17%
Krakau-Freie Stadt	31	0,17%
Kroatien	398	2,24%
Küstenland	19	0,11%
Lombardo-Venetien	174	0,98%
Mähren	1.130	6,36%
Mailand (Hgm.)	40	0,23%
Mainz (Ebt.)	11	0,06%
Mantua	4	0,02%
Mecklenburg-Schwerin	11	0,06%
Mecklenburg-Strelitz	1	0,01%
Militärgrenze	1	0,01%
Modena (Hgm.)	1	0,01%
Moldau	8	0,05%
Monaco	1	0,01%
Nassau	9	0,05%
Neapel (Kgr.)	6	0,03%
Niederlande	11	0,06%
NÖ	3.721	20,96%
Oldenburg	4	0,02%
Oldenburg (Hgm.)	1	0,01%
OÖ	578	3,26%
Osmanisches Reich	54	0,30%
Österr. Niederlande	19	0,11%
Passau (Bm.)	2	0,01%
Peru	1	0,01%
Pfalz	5	0,03%
Polen	2	0,01%
Polen (Kgr.)	24	0,14%
Preußen	250	1,41%
Ragusa (Republik)	2	0,01%
Reichsstadt Aachen	1	0,01%
Reichsstadt Augsburg	4	0,02%
Reichsstadt Frankfurt	7	0,04%
Reichsstadt Friedberg	1	0,01%

Historischer Staat/Kronland	Anzahl biographierter Personen	Prozentualer Anteil
Reichsstadt Nürnberg	5	0,03%
Reichsstadt Regensburg	5	0,03%
Rumänien	13	0,07%
Rußland (Ksr.)	100	0,56%
Sachsen	111	0,63%
Sachsen-Coburg und Gotha	1	0,01%
Sachsen-Weimar-Eisenach	4	0,02%
Sardinien (Kgr.)	3	0,02%
Sbg.	217	1,22%
Sbg. (Ebt.)	2	0,01%
Sbg. (Kftm.)	1	0,01%
Schaumburg-Lippe	1	0,01%
Schlesien (österr.)	251	1,41%
Schweden	6	0,03%
Schweiz	69	0,39%
Serbien	5	0,03%
Siebenbürgen	354	1,99%
Sizilien (Kgr.)	1	0,01%
Slowakei	1	0,01%
Solms	2	0,01%
Spanien	2	0,01%
Speyer (Bm.)	2	0,01%
Stmk.	699	3,94%
Thüringen	32	0,18%
Tirol	1.051	5,92%
Toskana	24	0,14%
Trient (Ebt.)	1	0,01%
Trier (Ebtm.)	4	0,02%
Triest-Freie Stadt	148	0,83%
Tschechoslowakische Republik	2	0,01%
Ungarn	1.934	10,89%
USA	4	0,02%
Vbg.	164	0,92%
Venedig (Republik)	65	0,37%
Venetien	28	0,16%
Vorderösterreich	17	0,10%
Walachei	3	0,02%
Warschau (Hgm.)	8	0,05%
Westfalen (Kgr.)	4	0,02%
Wied (Gft.)	1	0,01%
Württemberg	73	0,41%
Würzburg	1	0,01%
Gesamt	**17.754**	**100%**

Tabelle 7: Verteilung der Geburtsorte biographierter Personen nach heutigen Staaten

Die Vermessung des Österreichischen Biographischen Lexikons

Heutiger Staat	Anzahl biographierter Personen	Prozentualer Anteil
?	481	2,71%
Ägypten	4	0,02%
Albanien	1	0,01%
Belgien	28	0,16%
Bosnien und Herzegowina	35	0,20%
Brasilien	2	0,01%
Bulgarien	2	0,01%
Dänemark	4	0,02%
Deutschland	956	5,38%
Estland	3	0,02%
Frankreich	57	0,32%
Griechenland	4	0,02%
Großbritannien	16	0,09%
Irland	2	0,01%
Italien	1.191	6,71%
Kroatien	569	3,20%
Lettland	3	0,02%
Liechtenstein	1	0,01%
Litauen	5	0,03%
Luxemburg	3	0,02%
Mazedonien	1	0,01%
Moldawien	2	0,01%
Monaco	1	0,01%
Montenegro	6	0,03%
Niederlande	12	0,07%
Österreich	6.119	34,47%
Peru	1	0,01%
Polen	681	3,84%
Portugal	1	0,01%
Rumänien	538	3,03%
Russland (RF)	26	0,15%
Schweden	6	0,03%
Schweiz	68	0,38%
Serbien	108	0,61%
Slowakei	657	3,70%
Slowenien	591	3,33%
Spanien	2	0,01%
Südafrika	1	0,01%
Syrien	1	0,01%
Tschechien	4.049	22,81%
Türkei	20	0,11%
Ukraine	515	2,90%
Ungarn	975	5,49%
USA	4	0,02%
Weißrussland	2	0,01%
Gesamt	**17.754**	**100%**

Tabelle 8: Verteilung der auf dem Gebiet des heutigen Österreich geborenen

biographierten Personen nach Bundesland

Bundesland	Anzahl biographierter Personen	Prozentualer Anteil (Österreich)
Burgenland	64	1,05%
Kärnten	236	3,86%
Niederösterreich	613	10,02%
Oberösterreich	579	9,46%
Salzburg	219	3,58%
Steiermark	544	8,89%
Tirol	598	9,77%
Vorarlberg	163	2,66%
Wien	3.103	50,71%
Gesamt	**6.119**	**100%**

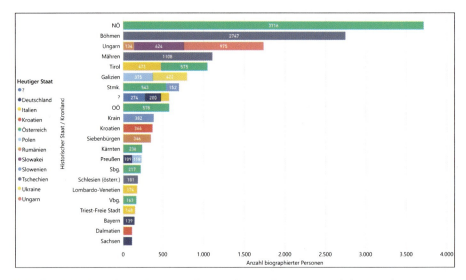

Abb. 12: Verteilung der Geburtsorte biographierter Personen nach historischen Staaten bzw. Kronländern der Monarchie, aufgeschlüsselt nach heutigen Staaten, n>100 (Graphik von Á. Z. Bernád)

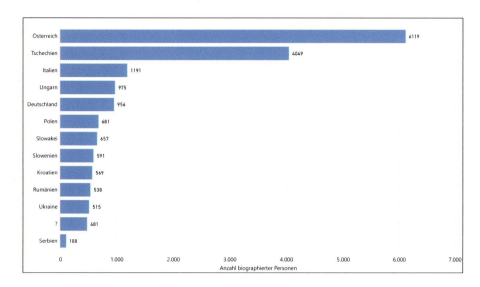

Abb. 13: Verteilung der Geburtsorte biographierter Personen nach heutigen Staaten, n>100 (Graphik von Á. Z. Bernád)

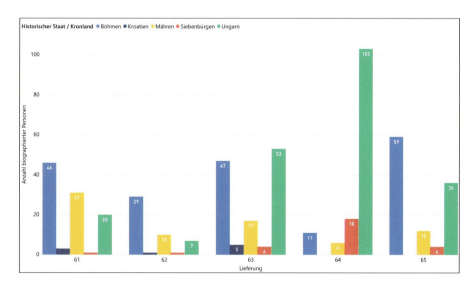

Abb. 14: Anzahl der in Ungarn, Kroatien, Siebenbürgen, Böhmen oder Mähren geborenen Personen ab der 61. Lieferung (Erscheinungsjahr 2009) (Graphik von Á. Z. Bernád)

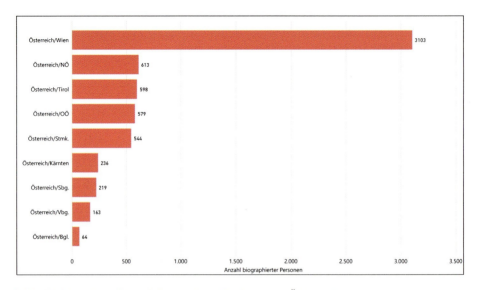

Abb. 15: Verteilung der auf dem Gebiet des heutigen Österreich geborenen biographierten Personen nach Bundesländern (Graphik von Á. Z. Bernád)

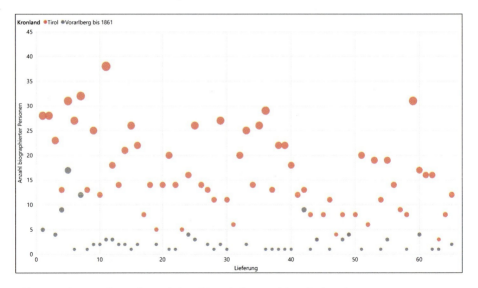

Abb. 16: Die Verteilung der auf dem historischen Gebiet Tirols geborenen Persönlichkeiten nach Lieferungen (Graphik von Á. Z. Bernád)

Die Vermessung des Österreichischen Biographischen Lexikons

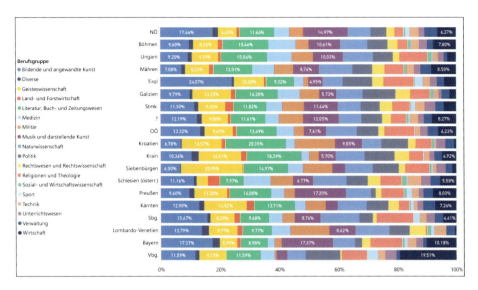

Abb. 17: Prozentuale Anteile der Berufsgruppen in den einzelnen historischen Geburtsstaaten (n>150) (Graphik von Á. Z. Bernád)

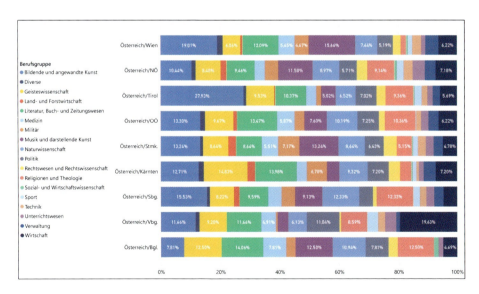

Abb. 18: Prozentuale Anteile der Berufsgruppen in den österreichischen Bundesländern (Graphik von Á. Z. Bernád)

4. Zur Präsenz der Frauen im ÖBL

Es bedarf weder einer Visualisierung noch einer Tabelle, um hier festhalten zu können: Die Anzahl der in das ÖBL aufgenommenen Frauen ist gering. Unter den 17.754 biographierten Personen findet man nur 860 Frauen, was einen Anteil von 4,844 % ergibt. Diesbezügliche Recherchen bzw. Abfragen zeigen allerdings, dass dies nicht nur im ÖBL, sondern auch in anderen biographischen (Fach-)Lexika der Fall ist. Aus diesem Grund ist hier von einer „geringen Anzahl" die Rede – der Ausdruck „unterrepräsentiert" wird ob des sich dahinter verbergenden ideologischen Anspruchs vermieden. Der scheinbar bescheidene Frauenanteil im ÖBL ist auf den Berichtszeitraum 1815–1950 zurückzuführen. In diesem Zusammenhang muss deshalb Christoph Mentschl zum Teil widersprochen werden, der geringe Frauenzahlen in biographischen Lexika, so auch im ÖBL, u. a. darauf zurückführte, dass „die historische Betrachtung sich auf das öffentliche Leben fokussierte und daher kaum Informationen über die private Sphäre, auf die die Frau vielfach reduziert wurde, produziert und zugänglich gemacht worden sind"[65]. Denn mag die Frauenforschung sich noch so sehr auf dieses Forschungsfeld konzentrieren und damit zweifelsohne neue Aspekte der Vergangenheit zum Vorschein bringen, wird sich dadurch in einem biographischen Lexikon, das bedeutende Persönlichkeiten erfasst und dessen Fokus mehr auf dem 19. Jahrhundert liegt, der Anteil der Frauen in Berufsbereichen wie Technik, Verwaltung, Rechtswesen oder Militär kaum verändern. Als Beispiel sei hier nur auf *biografiA – biografische datenbank und lexikon österreichischer frauen* verwiesen, die den Zeitrahmen „von der erstmaligen Nennung Österreichs bis zur Gegenwart" spannt – dennoch finden sich unter 19.618 Einträgen lediglich 17 Rechtswissenschafterinnen.[66] Auch der Vergleich mit anderen biographischen Nachschlagewerken und Onlinequellen zeigt, dass die ÖBL-Werte keinesfalls ungewöhnlich sind. Der Frauenanteil beträgt in der *Allgemeinen Deutschen Biographie*[67] 2,085 %, in der *Neuen Deutschen Biographie*[68]

---

65 Christoph Mentschl, Biographisch-lexikalisch Arbeiten. Gedanken zu Theorie und Praxis fächerübergreifender biographischer Lexika, mit besonderer Berücksichtigung des Österreichischen Biographischen Lexikons, in: Thomas Winkelbauer (ed.), *Vom Lebenslauf zur Biographie. Geschichte, Quellen und Probleme der historischen Biographik und Autobiographik* (= Schriftenreihe des Waldviertler Heimatbundes 40), Horn / Waidhofen an der Thaya: Waldviertler Heimatbund, 2000, 47–67, hier 50.

66 *biografiA – biografische datenbank und lexikon österreichischer frauen*, http://www.biografia.at/.

67 *Allgemeine Deutsche Biographie*, hrsg. durch die Historische Commission bei der Bayerischen Akademie der Wissenschaften, 56 Bde., Leipzig: Duncker & Humblot, 1875–1912.
Daten abgefragt über https://www.deutsche-biographie.de.

68 *Neue Deutsche Biographie*, hrsg. v. d. Historischen Kommission bei der Bayerischen Akademie der Wis-

3,315 %, in der neuen digitalen Version des *Historischen Lexikons der Schweiz*[69] 4,71 %, auf dem *Biography Portal of the Netherlands*[70] 5,78 %, um nur einige zu nennen. Die deutschsprachige Wikipedia wies zwar nach einer 2013 erstellten Statistik mit 14,8 % einen wesentlich höheren Frauenanteil auf, doch auch die größte Online-Enzyklopädie ist von Geschlechterungleichheit geprägt, wie dies Forscher der ETH Zürich, der Universität Koblenz-Landau sowie des Leibniz-Instituts für Sozialwissenschaften in einer unter dem Titel *It's a Man's Wikipedia?*[71] erschienenen Studie gezeigt haben.

Die Fragen, die sich in diesem Unterkapitel stellen, beziehen sich deshalb auf die Verteilung der Frauenbiographien nach Berufsgruppe, Lieferung und Geburtsort (nicht Geburtsstaat) sowie auf die Problematik, ob die ab den 1960er-Jahren sich entfaltende, ab den 1980er-Jahren auch in Österreich sich institutionalisierende Frauen- und Geschlechtergeschichte hinsichtlich der Aufnahme von Frauen in das ÖBL Auswirkungen zeitigte. Die letzte Fragestellung beschäftigt sich mit den Token- und Named Entity-Mittelwerten in Frauenbiographien im Vergleich zu Männerbiographien. Am Anfang dieses Unterkapitels wurde bereits festgehalten, dass die niedrige Anzahl von 860 Frauenbiographien auf den Bearbeitungszeitraum des ÖBL zurückzuführen ist. Dass der Frauenanteil nicht subtilen redaktionellen Ausgrenzungsmechanismen geschuldet ist, sondern den sozialen Status des weiblichen Geschlechts im 19. und auch in der ersten Hälfte des 20. Jahrhunderts abbildet, manifestiert sich noch deutlicher, wenn man sich die Verteilung nach Berufsgruppen vor Augen führt (Tabelle 9). Beinahe die Hälfte aller biographierten Frauen wirkte im Bereich der Berufsgruppe „Musik und darstellende Kunst" (381 bzw. 44,30 %). Die künstlerisch-literarische Sphäre ist mit „Literatur, Buch- und Zeitungswesen" (197 bzw. 22,91 %) sowie „Bildende und angewandte Kunst" (94 bzw. 10,93 %) ebenfalls sehr stark vertreten. 68 Biographien und somit 7,91 % entfallen auf die Berufsgruppe „Diverse", die u. a. auch die Mitglieder des Herrscherhauses inkludiert. In dieser Gruppe gibt es mit 26,877 % den höchsten prozentualen Frauenanteil im Verhältnis zu den biographierten Männern.

---

senschaften, Bd. 1ff., Berlin: Duncker & Humblot, 1953ff.
Daten abgefragt über https://www.deutsche-biographie.de.
69 *Historisches Lexikon der Schweiz*, https://hls-dhs-dss.ch/de/.
70 https://data.huygens.knaw.nl/details/u74ccc032adf8422d7ea92df96cd4783f0543db3b__bioport.
71 Claudia Wagner / David Garcia / Mohsen Jadidi / Markus Strohmaier, It's a Man's Wikipedia? Assessing Gender Inequality in an Online Encyclopedia, in: Daniele Quercia / Bernie Hogan (eds.), *Proceedings of the Ninth International AAAI Conference on Web and Social Media*, Palo Alto: AAAI Publications, 2015, 454–463, https://www.aaai.org/ocs/index.php/ICWSM/ICWSM15/paper/view/10585/10528.

Im Bereich der Technik sowie der Sozial- und Wirtschaftswissenschaften sind hingegen in den Lieferungen 1–65 keine Frauenbiographien enthalten. Aufgrund dieser aus den historischen, gesellschaftlichen und sozialen Gegebenheiten resultierenden unausgeglichenen Berufsgruppenverteilung bei den Frauen ergeben sich logischerweise zum Teil eklatante Abweichungen von den in Tabelle 4 zusammengefassten, auf die Gesamtheit der Biographien bezogenen prozentualen Anteilen der einzelnen Berufsgruppen: z. B. „Diverse" 1,43 % versus 7,91 %, „Musik und darstellende Kunst" 10,58 % versus 44,30 % oder „Literatur, Buch- und Zeitungswesen" 13,13 % versus 22,91 %.

Die Trendlinie in Abbildung 19, die die Veränderung der Anzahl der Frauenbiographien pro Lieferung darstellt, zeigt die gleiche sinkende Tendenz wie jene in Abbildung 2, die sich auf die Gesamtheit aller Lemmata bezieht. Die höchste Anzahl an Frauenlebensläufen weisen die Lieferungen 1–3 (35, 33 bzw. 31), den prozentual höchsten Anteil die Lieferungen 62 (11,043 %) und 53 (10,744 %) auf. Allerdings ist das Flächendiagramm bei den Frauenbiographien von wesentlich unregelmäßig auftretenden Ausreißern gekennzeichnet, die nicht in allen Fällen mit den jeweils letzten, stets schmäler ausfallenden Lieferungen eines Bandes im Zusammenhang stehen. Vielmehr sind sie berufsgruppenbedingt, wie dies z. B. bei der überdurchschnittlichen Abweichung zwischen der 52. und 53. Lieferung der Fall ist (Abb. 20), wo allein die unterschiedliche Anzahl der Biographien aus einer einzigen Berufsgruppe, nämlich „Musik und darstellende Kunst", einen Ausreißer verursacht. Der bei den Frauenbiographien aus dem hohen prozentualen Gesamtanteil resultierende Einfluss des Berufsgruppemerkmals auf die Anzahl bzw. auf den prozentualen Anteil pro Lieferung ist jedoch nicht der einzige Aspekt, der hier eine Rolle spielt. Wie Abbildung 21 belegt, steht auch die höhere Zahl der auf dem Gebiet des heutigen Österreich (7) sowie Deutschland (5) geborenen Frauen mit der Diskrepanz zwischen den zwei Lieferungen in Verbindung.

Letzteres führt zu der Frage, ob der Geburtsort den Karriereverlauf von Frauen und Männern und somit die Chance, in das ÖBL aufgenommen zu werden, beeinflusst. Vergleicht man die prozentualen Häufigkeitswerte des Merkmals Geburtsort bei Frauen und Männern, so ist offensichtlich, dass bei Frauen die großen Zentren der Monarchie einen höheren Anteil aufweisen als bei den Männern (Frauen: Wien 33,37 %, Prag 5,35 %, Budapest 2,44 %; Männer: Wien 16,65 %, Prag 3,62 %, Budapest 1,92 %). Dies stellt ebenfalls ein beredtes Abbild der historischen Wirklichkeit hinsichtlich der sozialen Stellung und Karriereperspektiven von Frauen dar: An der Peripherie geborene Frauen hatten wesentlich weniger Möglichkeiten, in einem Bereich des öffentlichen, kulturellen, wirtschaftlichen oder politischen Lebens zu reüssieren, als ihre männlichen Schicksalsgenossen. Das bislang zu den Berufsgruppen bzw. zur Rolle der Geburtsorte Ausgeführte erhellt auch, warum die Entwicklung und Institutionalisierung der historischen Frauenforschung auf den Frauenanteil unter den biographierten Personen des ÖBL überhaupt keinen Einfluss hatten bzw. haben konnten.

Bilden die Anzahl der Frauenbiographien, ihre Verteilung nach Berufsgruppen sowie die von jenen der Männer abweichenden Häufigkeiten ihrer Geburtsorte historische Wirklichkeitsausschnitte ab, so stellt sich zum Schluss die Frage, ob auch die Token- und Named-Entity-Mittelwerte in den Frauen- und Männerlebensläufen davon betroffen sind. Um dies untersuchen zu können, wurden die Lieferungen 1–47 (in denen es, wie bereits erwähnt, keine Subbiographien gibt) herangezogen. Diese enthalten 622 Biographien weiblicher Personen. Deshalb wurde aus den Männerbiographien dieser Lieferungen eine Zufallsstichprobe von 622 Lemmata gezogen. Die diesbezüglichen Werte wurden in Tabelle 10 zusammengefasst sowie in den Abbildungen 22–23 visualisiert.

Die Ergebnisse dieses Samples zeigen zunächst, dass die Gesamttextlänge der Männerbiographien (86.945) jene der Frauen (69.053) bei weitem überschreitet. Was allerdings die Named Entities anbelangt, so weisen die Frauenbiographien mit 6.676 einen höheren Wert auf als die Gesamtheit der Männerlebensläufe (6.008). Dementsprechend gestalten sich auch die Durchschnittswerte (Tabelle 10). Mit einem Mittelwert von 143,16 Tokens sind Männerbiographien in den Lieferungen 1–47 durchschnittlich um 30,35 Tokens länger als Frauenbiographien, die eine durchschnittliche Länge von nur 112,81 Tokens aufweisen. Der Named-Entities-Durchschnitt wiederum liegt in Frauenbiographien bei 10,95, bei den Männern bei nur 9,92. Der prozentuale Unterschied beträgt 26,90 % zugunsten der Männer bei den Tokens und 10,38 % zugunsten der Frauen bei den Named Entities. Des Weiteren zeigen die Liniendiagramme in den Abbildungen 22–23, dass die Token- und Named-Entity-Werte bei den Frauen öfter und von stärkeren Ausreißern geprägt sind als bei den Männern.

Aus den vorliegenden Werten der aus den Lieferungen 1–47 gezogenen Stichprobe kann, allerdings nur vorsichtig, der Schluss gezogen werden, dass im Hinblick auf die Textlänge von Lemmata Männer bevorzugt werden. Es wäre allerdings spekulativ und übertrieben, dahinter eine Intention seitens der Autorinnen und Autoren bzw. der Redaktion zu vermuten. Die Ursache des höheren Named-Entities-Durchschnittswertes in Frauenbiographien kann hingegen präzise bestimmt werden. Dass Frauenbiographien in den Lieferungen 1–47 des ÖBL trotz der niedrigeren Token-Werte einen höheren Durchschnittswert bei den Named Entities aufweisen, hängt mit dem besonders hohen Anteil der Berufsgruppe „Musik und darstellende Kunst" zusammen. Die Beschreibung von Lebens- und Karriereverläufen von Schauspielerinnen und Schauspielern, Sängerinnen und Sängern führt zu einer erhöhten Anzahl an Orts- und Institutionsnamen (bedingt durch Gastauftritte) sowie Personennamen, wobei nicht nur jene von Kolleginnen und Kollegen, sondern auch von Regisseuren, Dramatikern, Komponisten und Librettisten in den Biographien miterwähnt werden. Ähnliches gilt für die unter den Frauen ebenfalls stark präsente Berufsgruppe „Literatur, Buch- und Zeitungswesen".

Tabelle 9: Verteilung der Frauenbiographien im ÖBL nach Berufsgruppen

Berufsgruppe	Anzahl biographierter Frauen	Prozentualer Anteil (Frauen)
Bildende und angewandte Kunst	94	10,93%
Diverse	68	7,91%
Geisteswissenschaft	13	1,51%
Land- und Forstwirtschaft	1	0,12%
Literatur, Buch- und Zeitungswesen	197	22,91%
Medizin	5	0,58%
Militär	2	0,23%
Musik und darstellende Kunst	381	44,30%
Naturwissenschaft	4	0,47%
Politik	42	4,88%
Rechtswesen und Rechtswissenschaft	1	0,12%
Religionen und Theologie	11	1,28%
Sport	2	0,23%
Unterrichtswesen	29	3,37%
Verwaltung	1	0,12%
Wirtschaft	9	1,05%

Tabelle 10: Verteilung der Anzahl biographierter Personen sowie der durchschnittlichen Tokens- und Named-Entities-Werte nach Geschlecht in den ersten 47 Lieferungen des ÖBL (Männer: Zufallsstichprobe von 622 Personen)

Lieferung	Anzahl biographierter Männer	Durchschnitt Tokens Männerbiographien	Durchschnitt NEs Männerbiographien	Anzahl biographierter Frauen	Durchschnitt Tokens Frauenbiographien	Durchschnitt NEs Frauenbiographien
1	4	51,00	4,50	34	51,38	7,26
2	24	71,21	5,29	33	47,79	5,64
3	13	77,23	6,69	31	77,48	9,94
4	16	84,13	4,88	20	67,70	8,30
5	6	86,67	8,17	9	89,56	9,67
6	19	94,63	7,47	22	97,32	11,41
7	11	86,09	5,73	18	91,33	9,72
8	12	119,25	6,92	13	74,38	7,62
9	16	128,44	9,81	17	94,71	8,35
10	6	106,83	7,50	19	88,16	6,74
11	14	156,93	8,29	22	81,73	9,95
12	11	95,45	9,09	14	83,14	7,71
13	16	121,63	10,19	16	106,13	9,38
14	10	127,90	9,80	16	110,19	11,75
15	8	110,50	10,38	8	89,63	6,75
16	14	127,29	8,79	17	125,29	9,94
17	8	100,50	5,63	16	97,38	8,25
18	14	168,79	8,29	14	97,64	11,00
19	12	88,50	6,75	18	118,44	7,89
20	5	187,00	13,00	7	131,71	13,00
21	5	86,00	4,80	16	179,44	17,25
22	11	175,73	10,82	10	133,10	11,40
23	8	142,13	9,63	14	120,07	10,86
24	11	148,82	10,36	14	132,57	13,57
25	5	193,60	14,80	2	37,50	2,50
26	17	184,35	12,76	15	188,60	17,40
27	10	168,70	10,60	13	110,69	9,31
28	14	154,86	8,21	12	143,75	9,00
29	11	161,27	10,91	17	117,00	10,53
30	7	133,57	11,86	10	117,70	12,20
31	5	197,00	11,60	9	193,33	16,00
32	16	156,69	9,19	9	145,56	10,44
33	22	174,18	12,23	3	229,67	22,00
34	17	182,24	12,06	6	181,17	16,67
35	19	118,84	7,47	9	151,89	15,11
36	25	125,56	10,00	10	179,60	17,20
37	19	131,89	9,05	15	125,87	10,47
38	20	168,25	9,55	12	133,00	13,33
39	13	156,00	11,62	3	140,00	21,00
40	8	140,25	6,38	4	111,50	11,25
41	16	190,38	11,19	9	174,33	16,33
42	23	170,35	13,04	8	172,88	19,38
43	22	166,77	14,05	5	144,20	11,60
44	24	175,13	13,13	9	159,44	15,11
45	9	196,89	14,89	6	191,50	16,50
46	19	236,53	15,68	9	150,67	12,67
47	7	192,14	15,86	9	230,22	26,89
Gesamt	**622**	**143,16**	**9,92**	**622**	**112,81**	**10,95**

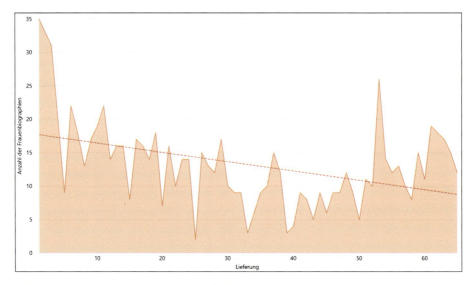

Abb. 19: Die Veränderung der Anzahl der Frauenbiographien pro Lieferung (Graphik von Á. Z. Bernád)

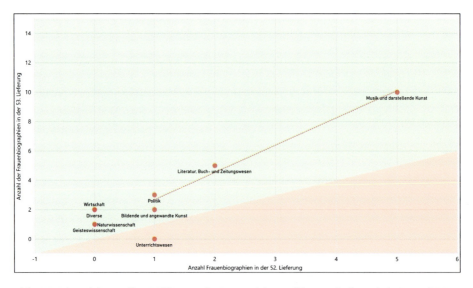

Abb. 20: Die zahlenmäßige Differenz der Frauenbiographien zwischen der 52. und 53. Lieferung, aufgeschlüsselt nach Berufsgruppen (Graphik von Á. Z. Bernád)

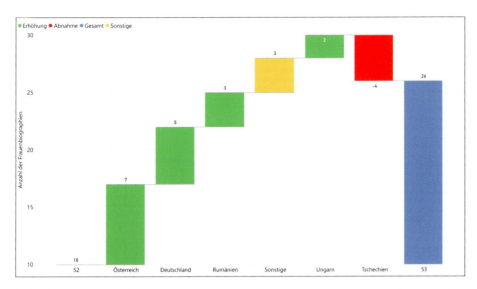

Abb. 21: Die zahlenmäßige Differenz der Frauenbiographien zwischen der 52. und 53. Lieferung, aufgeschlüsselt nach heutigen Staaten (Graphik von Á. Z. Bernád)

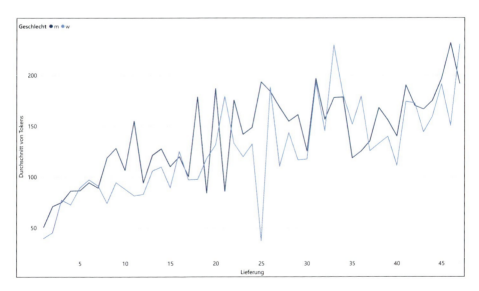

Abb. 22: Die Veränderung der durchschnittlichen Anzahl der Tokens von Frauen- und Männerbiographien in den Lieferungen 1–47; Männer: Zufallsstichprobe von 622 Personen (Graphik von Á. Z. Bernád)

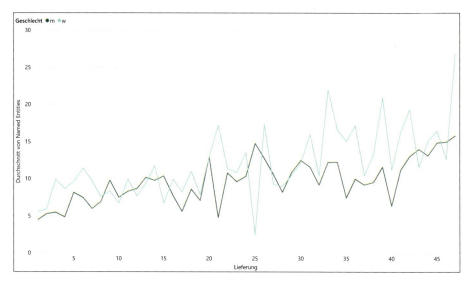

Abb. 23: Die Veränderung der durchschnittlichen Anzahl der Named Entities in Frauen- und Männerbiographien in den Lieferungen 1–47; Männer: Zufallsstichprobe von 622 Personen (Graphik von Á. Z. Bernád)

Schlussbetrachtung

Die diesem Beitrag vorangestellten Motti erinnern einerseits mit einem ironischen Augenzwinkern daran, dass entgegen der Mathematisierung der Geisteswissenschaften sowie aller durch die Digitalisierung zur Verfügung stehenden Tools nicht alles vermessen werden kann. Andererseits machen Alexander von Humboldts – in Daniel Kehlmanns Roman geäußerte – Hoffnung, Zahlen und Fakten brächten Ordnung in die Wirrnis von Lebensläufen, sowie die Zitate über die Macht der Metadaten deutlich, dass diese sehr viel offenbaren – auch über das hier untersuchte Nachschlagewerk. Vorliegender Beitrag bot eine dem *quantitative* und *visualistic turn* verpflichtete digitale Quellenkritik des ÖBL, die auf Informationen aus computerlinguistischen Verfahren sowie biographischen Metadaten aufbaute bzw., soweit es möglich war, diese auch zu einer Synthese verband. Das für die Analyse herangezogene Material reichte von digitalen Objekten bis zu analogen archivalischen Quellen. Die historisch und rezeptionsgeschichtlich ausgerichtete Interpretation der Ergebnisse führt vor Augen, dass die Berücksichtigung der entscheidenden Momente der Werkgenese unumgänglich ist. Fragen über die Textlänge und Informationsdichte der Biographien wurden ebenso behandelt wie Aspekte der Verteilung der biographierten Personen nach Berufsgruppen, historischen und heutigen Geburtsstaaten sowie nach dem Geschlecht. Alle untersuchten Bereiche zeugten von Abweichungen, Unregelmäßigkeiten und Unausgewogenheiten. Es wäre allerdings äußerst ungewöhnlich gewesen, wenn die Analyse eines Werkes, das seit über siebzig Jahren von hunderten Personen geschrieben und redigiert wurde bzw. wird, zu anderen und vor allem harmonischen Ergebnissen geführt hätte. Des Weiteren sollte durch die Fallbeispiele über den umfangreichen Lebenslauf von Joseph von Hammer-Purgstall bzw. die Biographien von Tiroler Persönlichkeiten gezeigt werden, dass die Entstehung eines Nachschlagewerks im Allgemeinen bzw. die Länge von Biographietexten oder die Aufnahme von Personen aus einer historischen Region im Besonderen mitunter – trotz strenger Redaktionsrichtlinien und Aufnahmekriterien – von unvorhersehbaren Faktoren begleitet und beeinflusst wird.

Der Beitrag ist keine Rezension und hatte folgerichtig nicht das Ziel, eine Wertung des ÖBL vorzunehmen. Vielmehr ging es darum, jene Punkte aufzuzeigen, die besonders beachtet werden sollten, sofern man anhand dieses biographischen Lexikons historische oder sozialwissenschaftliche Forschung betreiben möchte. Dies müssen insbesondere die im Bereich der Digital Humanities sich bewegenden Akteurinnen und Akteure bedenken. Gerade deshalb wurde auch die Problematik der kontinuierlich steigenden Informationsdichte thematisiert, die – aufgrund der Abweichungen zwischen den Werten der frühen und späten ÖBL-Lemmata – für die Digital Humanities, die Data Science oder die Netzwerkforschung ebenso eine Herausforderung darstellt wie für die Geisteswissenschaften die dem heutigen Forschungsstand nicht mehr entsprechenden Kurzbiographien der ersten Lieferungen – eine Herausforderung allerdings, die im Rahmen des APIS-Projekts durch die systematische, nach fest umrissenen Regeln durchgeführte Nachrecherche zu über 2.000 frühen ÖBL-Biographien größtenteils gemeistert werden konnte.[72]

---

[72] Ágoston Zénó Bernád / Maximilian Kaiser, *Nachrecherchierte ÖBL-Biographien der Buchstabengruppe C–G*, Ms., Wien, 2015. Die Ergebnisse dieser Arbeit sind in der APIS-Webapplikation auch in digitaler Form abrufbar (*Collection Nachrecherche*).

Peter Alexander Rumpolt

Berufsangaben im Österreichischen Biographischen Lexikon. Grundlagen, Entwicklung und Bedeutung für quantitative geistes- und sozialwissenschaftliche Analysen anhand von Stichproben

1. Einleitung

Für die Erforschung von Lebensgeschichten können verschiedene Kriterien relevant sein: Dazu zählen neben Herkunft, Vorfahren, Studium, Lehrer-Schüler-Verhältnissen und Vereinsmitgliedschaften unter anderen auch Berufszugehörigkeiten.[1] Eine wissenschaftliche Analyse von Biographien kann daher beispielsweise differenziert nach der beruflichen Zuordnung der biographierten Personen oder speziell für eine bestimmte Berufsgruppe vorgenommen werden. Diese Möglichkeit besteht auch im Falle des *„Österreichischen Biographischen Lexikons 1815–1950"* (ÖBL), zumal dieses hinsichtlich der Tätigkeits-/Funktionsbereiche der darin vertretenen Persönlichkeiten von Beginn an breit angelegt war und die einzelnen Biographien mit konkreten Berufsbezeichnungen versehen sind. Das Ziel dieses Beitrags besteht nun einerseits darin, auf Basis einer kurzen Vorstellung des ÖBL als fachlich vielfältiges biographisches Lexikon erstmals aufzuzeigen, wie die Berufsangaben im ÖBL konstituiert sind, welche Vielfalt diesbezüglich existiert und ob Änderungen in der Verwendungsweise feststellbar sind. Andererseits soll – daran anknüpfend – auch noch thematisiert werden, inwieweit ÖBL-Biographien für berufsspezifische quantitative geistes- und sozialwissenschaftliche Analysen geeignet sind und welche methodische Vorgehensweise dabei in der Praxis möglich ist.

---

1 Vgl. Michael Gehler, Europa, Europäisierung, Europäistik, europäische Integration und die Folgen für die Biographieforschung, in: Ágoston Zénó Bernád / Christine Gruber / Maximilian Kaiser (eds.) (unter Mitarbeit von Matthias Schlögl / Katalin Lejtovicz), *Europa baut auf Biographien. Aspekte, Bausteine, Normen und Standards für eine europäische Biographik*, Wien: new academic press, 2017, 13–20, hier 16.

2. Welche Personen umfasst das Österreichische Biographische Lexikon (ÖBL)?

Das „*Österreichische Biographische Lexikon 1815–1950*" wird seit Mitte der 1950er-Jahre dem Alphabet folgend in gedruckter Form publiziert, wobei sich die alphabetische Reihenfolge auf die Anfangsbuchstaben des Nachnamens der zu biographierenden Personen bezieht. Die Nachnamen der durch (Kurz-)Biographien, also durch Lexikonartikel porträtierten Personen stellen gleichzeitig auch die Lemmata des Lexikons dar, jene Stichwörter, unter denen die einzelnen Biographien auffindbar sind. Bis inklusive 2018 sind – zusammengefasst in 15 Bänden – insgesamt 69 Lieferungen erschienen. Diese Einzellieferungen der Print-Edition des ÖBL umfassen in Summe rund 18.800 Biographien[2] und decken dabei den Bereich „Abel" bis „Warchalowski" ab.[3] Seit 2009 sind die gedruckt veröffentlichten ÖBL-Biographien zusätzlich auch online frei verfügbar.

Zum Thema Online-Edition sei an dieser Stelle ein kleiner Exkurs gestattet, der den Rahmen einer Fußnote sprengen würde: Im Jahr 2009 wurden also die zuvor bereits in gedruckter Form, das heißt die im Kontext der Print-Edition des ÖBL publizierten Biographien auch online zur Verfügung gestellt. Seit 2011 werden im Rahmen dieser hier als Online-Edition bezeichneten, unter http://www.biographien.ac.at zugänglichen Version des ÖBL in Form von „Online-Tranchen" ergänzend auch Überarbeitungen und Nachträge sowie Fortsetzungsbiographien (Letztere für den Zeitraum 1951–2000/2010) veröffentlicht. Daraus resultieren auch die Bezeichnungen „*Österreichisches Biographisches Lexikon ab 1815*" sowie „*2. überarbeitete Auflage – online*" für die Online-Edition. Die bis Ende 2018 insgesamt sieben selbstständigen Online-Tranchen werden auch als eigene Lieferungen innerhalb der Online-Edition bezeichnet und nummeriert.

---

2 Gemäß Auskunft durch Christine Gruber per E-Mail vom 26.05.2019 wurden in der Print-Edition bis zu diesem Zeitpunkt (d. h. in den bis 2018 erschienenen Print-Lieferungen 1–69) insgesamt 18.155 Hauptbiographien sowie 644 Subbiographien veröffentlicht. Dies ergibt in Summe 18.799 Biographien. Subbiographien beziehen sich auf Personen, die in Hauptbiographien miterwähnt und im Zuge dessen ebenfalls kurz porträtiert werden.

3 Vgl. https://www.oeaw.ac.at/inz/forschungsbereiche/kulturelles-erbe/forschung/oesterreichisches-biographisches-lexikon/oebl-1815-1950-printedition/; https://www.oeaw.ac.at/inz/forschungsbereiche/kulturelles-erbe/publikationen/oesterreichisches-biographisches-lexikon/oebl-1815-1950-print-edition/ (jeweils zuletzt abgerufen am 29.06.2019).

Unter der Bezeichnung Online-Edition wurde ursprünglich die Gesamtheit der (als XML-Dateien strukturierten) online verfügbaren ÖBL-Biographien verstanden. In diesem Begriff inkludiert waren sowohl jene online gestellten Biographien, welche zuvor auch bereits in der Print-Edition des ÖBL (ÖBL 1815–1950) veröffentlicht worden waren, als auch die im Rahmen der eigenen Online-Tranchen ausschließlich online publizierten Überarbeitungen und Nachträge sowie Fortsetzungsbiographien, durch welche die Online-Edition inhaltlich erweitert werden sollte.[4] Mittlerweile werden mit dem Begriff Online-Edition aber teilweise auch nur jene Biographien bezeichnet, welche im Rahmen der Online-Tranchen und damit ausschließlich online erschienen sind (siehe unter http://www.biographien.ac.at, v. a. auf den Subseiten entsprechender Biographien). In vorliegendem Beitrag werden die Bezeichnungen „Online-Edition" und *„Österreichisches Biographisches Lexikon ab 1815"* sowie die Kurzformen „ÖBL online", „Online-ÖBL" und *„ÖBL ab 1815"* synonym und in der oben erstgenannten Bedeutung der Gesamtheit aller unter http://www.biographien.ac.at online zugänglichen Lexikonartikel verwendet.

Kommen wir aber nun wieder auf die Print-Edition „ÖBL 1815–1950" zu sprechen und stellen uns folgende Frage: Wer wird eigentlich in Form von Biographien in das ÖBL aufgenommen? Eine gut verständliche und prägnante Antwort auf diese Frage ist bei Christine Gruber und Roland Feigl zu finden: Bei den im ÖBL zu erfassenden Personen handle es sich um „verdiente Persönlichkeiten [...], die auf dem jeweiligen österreichischen Staatsgebiet geboren wurden, gelebt oder gewirkt haben, durch besondere Leistungen hervorgetreten [...] und zwischen 1815 [...] und 1950 [...] verstorben sind".[5] In Bezug auf den eher qualitativen Aspekt besonderer Leistungen ist bereits in der Einleitung

---

4 Vgl. Christine Gruber / Roland Feigl, Von der Karteikarte zum biografischen Informationsmanagementsystem. Neue Wege am Institut Österreichisches Biographisches Lexikon und biographische Dokumentation, in: Martina Schattkowsky / Frank Metasch (eds.), *Biografische Lexika im Internet. Internationale Tagung der „Sächsischen Biografie" in Dresden (30. und 31. Mai 2008)* (= Bausteine aus dem Institut für Sächsische Geschichte und Volkskunde. Kleine Schriften zur sächsischen Geschichte und Volkskunde 14), Dresden: Thelem, 2009, 55–75, hier 74; N. N., Vorwort, in: *Österreichisches Biographisches Lexikon ab 1815*, 2007, http://www.biographien.ac.at/oebl/oebl_div/vorwort.html (zuletzt abgerufen am 29.06.2019).

5 Gruber / Feigl, Von der Karteikarte zum biografischen Informationsmanagementsystem (wie Anm. 4), 55; vgl. auch Christine Gruber / Roland Feigl, Das <Biographie-Portal> – work in progress, in: *Germanistik in der Schweiz. Zeitschrift der Schweizerischen Akademischen Gesellschaft für Germanistik* 8/2011, 211–220, hier 214.

zum 1957 erschienenen ersten Band des ÖBL festgehalten, dass jene Frauen und Männer in das Lexikon aufgenommen würden, die „[...] auf irgendeinem Gebiet des öffentlichen Lebens, wie Kunst, Wissenschaft, Wirtschaft, Politik, Militär usw. Bemerkenswertes geleistet haben" und dass die Biographien „[...] einen Querschnitt durch das Kultur- und Geistesleben der behandelten Epoche geben [sollen]".[6]

Hinsichtlich der Auswahl und Aufnahme von Personen in das Österreichische Biographische Lexikon wurde und wird darauf geachtet, dass nicht nur weithin bekannte höhere Funktionsträger, sondern ganz bewusst auch alle jene Persönlichkeiten berücksichtigt werden, die zwar bislang lediglich fachspezifische und/oder regionale Bekanntheit aufweisen konnten[7], also „nicht im Vordergrund des allgemeinen historischen Bewusstseins stehen"[8], allerdings „auf ihrem jeweiligen Fachgebiet durch außergewöhnliche Leistungen hervorgetreten sind"[9]. Der Grundsatz, „auch weniger bekannte Persönlichkeiten und möglichst viele sogenannte ‚kleine Leute' aufzunehmen, selbst wenn ihr Wirken nur für einen kleinen Kreis bedeutungsvoll war", werde von der ÖBL-Redaktion speziell auch deswegen vertreten, um diese Personen „vor unverdientem Vergessen zu bewahren", wie Eva Obermayer-Marnach bereits 1957 treffend formulierte.[10]

Diese Aufnahmepraxis der ÖBL-Redaktion kann anhand ausgewählter Beispiele – acht Biographien aus sieben verschiedenen Print-Lieferungen des ÖBL – veranschaulicht werden. Einerseits beinhaltet das Lexikon sehr wohl Biographien von prominenten und auch heute noch allgemein bekannten bedeutenden Persönlichkeiten aus verschiedensten beruflichen Tätigkeitsbereichen. Dazu zählen unter vielen anderen der Komponist und Kapellmeister Johann Strauß (Sohn) (1825–1899)[11], Kaiserin Elisabeth von Österreich (1837–1898)[12],

---

6 Eva Obermayer-Marnach, Einleitung, in: *Österreichisches Biographisches Lexikon 1815–1950*, Bd. 1, 1957, X–XV, hier X.

7 Vgl. Hubert Reitterer, Österreichisches Biographisches Lexikon und biographische Dokumentation, in: Peter Csendes / Elisabeth Lebensaft (eds.), *Traditionelle und zukunftsorientierte Ansätze biographischer Forschung und Lexikographie* (= Österreichisches Biographisches Lexikon – Schriftenreihe 4), Wien, 1998, 42–46, hier 45.

8 Verlag der Österreichischen Akademie der Wissenschaften (ed.), *Neuzeit- und Zeitgeschichtsforschung* (Verlagsprospekt), Wien, o. J., hier 10.

9 Ebd.

10 Obermayer-Marnach, Einleitung (wie Anm. 6), XIII.

11 Siehe Thomas Aigner, „Strauß (Strauss) Johann (Sohn), Komponist und Kapellmeister", in: *Österreichisches Biographisches Lexikon 1815–1950*, Bd. 13, 2010 (Lfg. 62, 2010), 378–379, hier 378.

12 Siehe N. N., „Elisabeth Amalie Eugenie, Kaiserin von Österreich", in: *Österreichisches Biographisches Lexikon 1815–1950*, Bd. 1, 1957 (Lfg. 3, 1956), 242.

der Architekt Otto Koloman Wagner (1841–1918)[13] sowie der Psychiater und Neurologe Sigmund Freud (1856–1939)[14].

> **Lahner** Johann Georg, Fleischselcher.
> * Gasseldorf (Franken), 1774; † Wien, 23. 4. 1845. Verbrachte seine Gesellenzeit in Frankfurt a. Main; diente auf einer Donaufähre den Fahrpreis als Ruderknecht ab und kam 1799 nach Wien. 1804 eröffnete er im Haus Schottenfeld n. 274 ein Fleischselchergeschäft, in dessen Auslage am 15. 5. 1805 zum ersten Mal jene für die damalige Zeit merkwürdigen Gebilde hingen, welche L. in Erinnerung an seine Gesellenzeit „Frankfurter Würstel" nannte. Die Fa. blieb 3 Generationen im Besitz der Familie L.
> L.: (L. Urtel), Eine Wr. Spezialität. Zum 125jährigen Jubiläum der Wr. Frankfurter Würstel und der Familie L., 1930; Mitt. Bundesinnung der Fleischer, Wien. (Red.)

Abb. 1: Biographie über den Fleischselcher Johann Georg Lahner (1774–1845) im Österreichischen Biographischen Lexikon 1815–1950 (Print-Edition), Bd. 4, 1969 (Lfg. 20, 1969) auf Seite 404

Darüber hinaus sind im ÖBL aber eben auch Biographien über Persönlichkeiten zu finden, die zwar zu Lebzeiten Bedeutendes geleistet haben, heute aber nicht mehr im kollektiven Bewusstsein verankert zu sein scheinen. Exemplarisch dafür seien wiederum vier Personen angeführt. So hat sich der aus Franken gebürtige Johann Georg Lahner (1774–1845) nach seiner Gesellenzeit in Frankfurt am Main in Wien mit einem eigenen Fleischselchergeschäft selbstständig gemacht und die „Frankfurter Würstel" erfunden (siehe

---

13 Siehe Andreas Nierhaus, „Wagner Otto Koloman, Architekt", in: *Österreichisches Biographisches Lexikon 1815–1950*, Bd. 15, 2018 (Lfg. 69, 2018), 412–414, hier 412.

14 Siehe N. N., „Freud Sigmund, Psychiater und Neurologe", in: *Österreichisches Biographisches Lexikon 1815–1950*, Bd. 1, 1957 (Lfg. 4, 1956), 357–358, hier 357. – Für weiterführende Informationen zur ÖBL-Biographie über Sigmund Freud siehe: Ágoston Zénó Bernád / Maximilian Kaiser, The Biographical Formula: Types and Dimensions of Biographical Networks, in: Antske Fokkens / Serge ter Braake / Ronald Sluijter / Paul Arthur / Eveline Wandl-Vogt (eds.), *BD-2017. Biographical Data in a Digital World 2017. Proceedings of the Second Conference on Biographical Data in a Digital World 2017. Linz, Austria, November 6-7, 2017*, 2018, 45–52, hier 46–48, http://ceur-ws.org/Vol-2119/paper8.pdf (zuletzt abgerufen am 29.06.2019).

Abb. 1).¹⁵ Béla (Bernhard) Egger (1831–1910) wiederum richtete Beleuchtungsanlagen in Wien zum Beispiel im Bereich der Hermesvilla im Lainzer Tiergarten sowie während der Wiener Weltausstellung (1873) unter anderem für die Votivkirche ein und gilt als österreichisch-ungarischer Pionier der Elektrotechnik.¹⁶ Des Weiteren erwähnenswert sind beispielsweise Ludwig Hatschek (1856–1914), der Erfinder der maschinellen Herstellung von Asbestzement für dauerhafte und frostbeständige Dachplatten (Markenname „Eternit"),¹⁷ sowie die Sängerin, Diseuse und Kabarettkünstlerin Josma Selim (Selim-Benatzky) (1884–1929), die unter anderem im Wiener Etablissement „Simplicissimus" auftrat¹⁸.

Die Aufnahme von weniger prominenten, jedoch hervorragenden Vertretern ihres jeweiligen Arbeitsgebiets stellt dabei auch ein generelles Merkmal für nach wissenschaftlichen Kriterien erstellte biographische Lexika dar.¹⁹ Ein weiteres Charakteristikum des ÖBL ist seine hinsichtlich der beruflichen Tätigkeiten bzw. gesellschaftlichen Funktionen der Biographierten breite Anlage, also der Verzicht auf eine fachliche, disziplinäre oder berufsspezifische Einschränkung. Ein Lexikon wie das ÖBL sei eben, wie bei Hubert Reitterer nachgelesen werden kann, unter anderem auch fachlicher Pluralität verpflichtet.²⁰ Folglich sind im ÖBL, wie auch bereits mit oben genannten Beispielen zu veranschaulichen versucht wurde, Personen unterschiedlichster Fachrichtungen, Berufssparten, Tätigkeits- und Funktionsbereiche in Form von Biographien vertreten.

Es darf darauf hingewiesen werden, dass neben umfassend gehaltenen biographischen Lexika wie dem ÖBL auch fachspezifische bio-bibliographische Nachschlagewerke existieren, wie sie von Tillfried Cernajsek et al. am Beispiel

---

15 Vgl. N. N., „Lahner Johann Georg, Fleischselcher", in: *Österreichisches Biographisches Lexikon 1815–1950*, Bd. 4, 1969 (Lfg. 20, 1969), 404.
16 Vgl. N. N., „Egger Béla (Bernhard), Industrieller", in: *Österreichisches Biographisches Lexikon 1815–1950*, Bd. 1, 1957 (Lfg. 3, 1956), 221.
17 Vgl. N. N., „Hatschek Ludwig, Erfinder", in: *Österreichisches Biographisches Lexikon 1815–1950*, Bd. 2, 1959 (Lfg. 8, 1958), 208.
18 Vgl. Clemens M. Gruber / Clemens Höslinger, „Selim (Selim-Benatzky) Josma; eigentl. Hedwig Josma Fischer, Sängerin, Diseuse und Kabarettkünstlerin", in: *Österreichisches Biographisches Lexikon 1815–1950*, Bd. 12, 2005 (Lfg. 56, 2002), 155–156, hier 155.
19 Vgl. Elisabeth Lebensaft, Das biographische Lexikon – ein Medium mit Vergangenheit und Zukunft. Bestandsaufnahme, Probleme, Perspektiven, in: Peter Csendes / Elisabeth Lebensaft (eds.), *Traditionelle und zukunftsorientierte Ansätze biographischer Forschung und Lexikographie* (= Österreichisches Biographisches Lexikon – Schriftenreihe 4), Wien, 1998, 5–7, hier 7.
20 Vgl. Reitterer, Österreichisches Biographisches Lexikon (wie Anm. 7), 45.

von Geologen, Mineralogen und Paläontologen vorgestellt werden.[21] Die Autor/inn/en betonen jedoch, dass sich die Quellenlage für eine wissenschaftsgeschichtliche Aufarbeitung der österreichischen Vertreter der Geowissenschaften dennoch als schwierig erweise, Biographien über einzelne Forscherpersönlichkeiten für ein solches Vorhaben aber jedenfalls von entscheidender Bedeutung seien.[22] Neben biographischen Nachschlagewerken mit einer fachlichen/disziplinären Fokussierung bestehen des Weiteren auch solche mit einer subnationalen oder regionalen Schwerpunktsetzung wie z. B. das *„Biographische Lexikon von Oberösterreich"*[23] oder die *„Sächsische Biografie"*[24].

3. Welcher Datenbestand des ÖBL bildet die Ausgangsbasis für die Analysen?

Da auch die Print-Edition des ÖBL – das *„Österreichische Biographische Lexikon 1815–1950"* – noch nicht abgeschlossen ist, sondern sich weiterhin in Erarbeitung befindet und durch die Veröffentlichung von Einzellieferungen laufend erweitert wird, war es im Kontext des Forschungsprojekts *„Mapping historical networks: Building the new Austrian Prosopographical/Biographical Information System (APIS)"*[25] notwendig, für die weitere Bearbeitung und Auswertung der Biographiedaten einen bestimmten Datenbestand, d. h. den zu einem gewissen Zeitpunkt vorliegenden Erarbeitungsstand des ÖBL, als Ausgangsbasis festzulegen.

Diese übergeordnete Ausgangs(daten)basis sowohl für das Forschungsprojekt APIS im Allgemeinen als auch für die in Ausarbeitung befindliche Disser-

---

21 Siehe Tillfried Cernajsek / Johannes Seidl / Astrid Rohrhofer, *Geowissenschaften und Biographik. Auf den Spuren österreichischer Geologen und Sammler (1748 – 2000)* (= Österreichisches Biographisches Lexikon – Schriftenreihe 6), Wien, 2000, hier 5–9.
22 Vgl. ebd., 3, 4, 7.
23 Vgl. Friederike Hillbrand-Grill, *Ein neues Forum der Personengeschichte* (= Österreichisches Biographisches Lexikon – Schriftenreihe 2), Wien, 1992, hier 12.
24 Vgl. Marcus Weidner, Regionalbiografische Nachschlagewerke im Internet-Zeitalter, in: Ágoston Zénó Bernád / Christine Gruber / Maximilian Kaiser (eds.) (unter Mitarbeit von Matthias Schlögl / Katalin Lejtovicz), *Europa baut auf Biographien. Aspekte, Bausteine, Normen und Standards für eine europäische Biographik*, Wien: new academic press, 2017, 119–138, hier 129.
25 Zum Forschungsprojekt APIS im Allgemeinen siehe auch die Beiträge von Roland Feigl / Christine Gruber, Josef Kohlbacher sowie Eveline Wandl-Vogt in diesem Band sowie auch: Christine Gruber / Eveline Wandl-Vogt, Mapping historical networks: Building the new Austrian Prosopographical / Biographical Information System (APIS). Ein Überblick, in: Ágoston Zénó Bernád / Christine Gruber / Maximilian Kaiser (eds.) (unter Mitarbeit von Matthias Schlögl / Katalin Lejtovicz), *Europa baut auf Biographien. Aspekte, Bausteine, Normen und Standards für eine europäische Biographik*, Wien: new academic press, 2017, 271–282.

tation des Verfassers dieser Zeilen im Speziellen setzt sich aus jenen Biographien zusammen, welche in den Bänden 1–14 (Lieferungen 1–66) der Print-Edition des ÖBL enthalten sind (Buchstabenbereich „A" bis „Tůma" der Print-Edition, bis inklusive 2015 erschienen[26]), sowie zusätzlich aus den Biographien der ersten vier Online-Tranchen[27] (Stand 02.09.2016)[28]: Konkret umfasst der hier verwendete Datenbestand des ÖBL 18.108 gedruckt und/oder online publizierte Biographien.

Liegt der Fokus einer empirischen Analyse auf jenen im ÖBL enthaltenen Biographien respektive biographierten Personen, deren Sterbejahr in den durch das ÖBL primär abgedeckten Zeitraum 1815–1950 fällt, nimmt man also den Zeitraum vom frühen 19. bis zur Mitte des 20. Jahrhunderts in den Blick, so ist die übergeordnete Ausgangsdatenbasis weiter einzugrenzen. Konkret sind für Auswertungen und Analysen mit Bezugnahme auf den zeitlichen Rahmen der Print-Edition des ÖBL von der Ausgangsbasis im Umfang von 18.108 Biographien noch 183 Biographien in Abzug zu bringen: einerseits jene 181 Biographien, welche Personen porträtieren, die nach 1950 verstorben sind (Fortsetzungsbiographien als Teil der Online-Tranchen), sowie andererseits auch zwei Biographien über Personen, deren Sterbejahr vor 1815 liegt (dabei handelt es sich um zwei Subbiographien der Print-Edition). Daraus ergibt sich ein Datenbestand an 17.925 publizierten Biographien respektive darin biographierten Personen. Dieser Datenbestand stellt auch das konkrete Analyseset für den em-

---

26 Vgl. https://www.oeaw.ac.at/inz/forschungsbereiche/kulturelles-erbe/publikationen/oesterreichisches-biographisches-lexikon/oebl-1815-1950-print-edition/ (zuletzt abgerufen am 29.06.2019).

27 Als „Online-Tranchen" werden jene Veröffentlichungen des ÖBL bezeichnet, welche in Ergänzung zur Print-Edition erfolgen (siehe auch die Ausführungen in Kap. 2).

28 Die Ausgangsbasis der Daten für APIS und für das Dissertationsprojekt des Beitragsautors setzt sich in der APIS-WebApp genau genommen aus drei ÖBL-Basis-Collections zusammen, und zwar aus jenen Biographien, welche bis 02.09.2016 in die Datenbank APIS-WebApp importiert worden waren (insgesamt 18.108 Biographien, eigene Auswertung am 27.08.2018). Eine seitens des ACDH nachträglich importierte vierte ÖBL-Basis-Collection mit weiteren 294 im Rahmen der ersten 14 Print-Bände oder der ersten vier Online-Tranchen bis 2015 veröffentlichten Biographien des Buchstabenbereichs „B" bis „T" ist nicht Teil der Ausgangsdatenbasis des erwähnten Dissertationsprojekts. – Die Datenbank APIS-WebApp ist unter der Adresse https://apis.acdh.oeaw.ac.at/ erreichbar, allerdings vorerst (per Stand Juni 2019) nur für ÖBL- und APIS-Mitarbeiter/innen zugänglich (passwortgeschützt). Zu Aufbau und Funktionsweise des *Virtual Research Environment* APIS-WebApp siehe weiterführend: Matthias Schlögl / Katalin Lejtovicz, A Prosopographical Information System (APIS), in: Antske Fokkens / Serge ter Braake / Ronald Sluijter / Paul Arthur / Eveline Wandl-Vogt (eds.), *BD-2017. Biographical Data in a Digital World 2017. Proceedings of the Second Conference on Biographical Data in a Digital World 2017. Linz, Austria, November 6-7, 2017*, 2018, 53–58, http://ceur-ws.org/Vol-2119/paper9.pdf (zuletzt abgerufen am 29.06.2019). Zum Begriff Collection siehe den Beitrag von Maximilian Kaiser „Leitfaden für die Annotation von Named Entities (NE) in Biographien" in diesem Band.

pirischen Teil der Doktorarbeit[29] des Autors dieses Beitrags sowie den Auswahlrahmen für mögliche Stichprobenziehungen dar.

Für die in vorliegendem Beitrag nachfolgenden grundlegenden Überlegungen zu den im ÖBL verwendeten Berufsangaben sowie zu deren Bedeutung für quantitative Analysen darf jedoch, beispielsweise für exemplarische Veranschaulichungen, vorrangig die zuvor beschriebene übergeordnete APIS-Ausgangsdatenbasis (Datenbestand an 18.108 Biographien) als Referenz dienen. Dies erscheint sinnvoll, da mehrere Untersuchungs(teil)gruppen/Stichproben, welche im Kontext verschiedener Schwerpunktsetzungen im Rahmen von APIS festgelegt wurden, im Datenbestand der ersten 14 Print-Bände plus der ersten vier Online-Tranchen ihren Ursprung haben. Dazu zählen neben einer Fokussierung auf Wissenschaftler durch den Verfasser dieser Zeilen, auf die in Kapitel 6 exemplarisch noch näher eingegangen wird, auch die Collection „Künstlerhaus" und die Collection „Journalisten".[30]

4. Wie sind die Berufsangaben im ÖBL konstituiert und systematisiert?

Während also einige Publikationen vorliegen, welche das Österreichische Biographische Lexikon und seine Entwicklung, Charakteristika sowie Aufnahmekriterien erläutern,[31] wird nach Kenntnisstand des Verfassers dieser Zeilen bisher aber – abgesehen von einem kurzen Überblick bei Roland Feigl[32] – in

---

29   Das an der Universität Wien angesiedelte Dissertationsprojekt des Verfassers dieses Beitrags zielt in empirischer und methodischer Hinsicht darauf ab, die in Biographien des ÖBL enthaltenen raumbezogenen Informationen zu einzelnen Lebensstationen der jeweils biographierten Personen (einerseits Ortsnamen im engeren Sinn sowie weitere Toponyme und andererseits auch Namen von Institutionen) als Basis für sozialwissenschaftliche/humangeographische Analysen zu deren Lebensverläufen, räumlicher Mobilität und Migration heranzuziehen. Dabei erfolgt eine Fokussierung auf die Personengruppe der Wissenschaftler (siehe dazu auch Kap. 6).

30   Zur Collection „Künstlerhaus" siehe die Beiträge von Maximilian Kaiser („Künstlerbiographien und historische Netzwerkforschung") sowie von Maximilian Kaiser / Peter Alexander Rumpolt in diesem Band, zur Collection „Journalisten" siehe den Beitrag von Ágoston Zénó Bernád in diesem Band. Die beiden Untersuchungs-/Analyseteilgruppen „Künstlerhaus" und „Journalisten" stehen genau genommen mit der erläuterten Ausgangsdatenbasis *plus* der nachträglich importierten vierten ÖBL-Basis-Collection (siehe auch Anm. 28) in Beziehung.

31   Neben den diesbezüglich bereits zitierten Quellen siehe auch: Ágoston Zénó Bernád, Das Österreichische Biographische Lexikon 1815–1950. Ein Nachschlagewerk im Wandel der Zeit, in: Katalin Ágnes Bartha / Annamária Biró / Zsuzsa Demeter / Gabriella-Nóra Tar (eds.), *Hortus Amicorum. Köszöntőkötet Egyed Emese tiszteletére*, Kolozsvár: Erdélyi Múzeum Egyesület, 2017, 457–467.

32   Siehe Roland Feigl, Die Datenbank „ÖBLDOC", in: Peter Csendes / Elisabeth Lebensaft (eds.), *Traditionelle und zukunftsorientierte Ansätze biographischer Forschung und Lexikographie* (= Österreichisches Biographisches Lexikon – Schriftenreihe 4), Wien, 1998, 53–66, hier 55, 63, 65.

keiner Veröffentlichung auf die im ÖBL verwendete Systematik der Berufsangaben näher eingegangen. Vorliegender Beitrag soll dazu dienen, diese Lücke zu schließen, also Informationen zur Verwendungsweise von Berufsangaben im ÖBL bereitstellen, die für berufsspezifische quantitative Analysen z. B. anhand von Stichproben äußerst hilfreich sind, bisher aber nicht im Detail analysiert und veröffentlicht wurden.

Die Berufsangaben zählen – gemeinsam mit Vor- und Nachnamen, Geburts- und Sterbedatum, Geburts- und Sterbeort sowie dem Geschlecht der jeweils biographierten Person – zu den sogenannten Metadaten (oder Eckdaten) der biographischen Datensätze des ÖBL. Berufsangaben zu den jeweils porträtierten Personen sind in den einzelnen Biographien des ÖBL in Form von genauen Berufsbezeichnungen enthalten. Diese Berufsbezeichnungen lauten beispielsweise „Architekt", „Bischof", „Generalmajor", „Geograph", „Jurist" oder „Sängerin". Während in den gedruckt und/oder online publizierten Biographien des ÖBL hinsichtlich der Berufszuordnung der jeweils biographierten Person ausschließlich diese sogenannten genauen Berufsbezeichnungen genannt sind, existieren quasi im redaktionellen Hintergrund auch noch übergeordnete Kategorien der beruflichen Zuordnung (Berufsgruppen in Form von Haupt- sowie Untergruppen), auf welche nun nachfolgend näher eingegangen wird.

4.1 Haupt(berufs)gruppen – bereits Teil des Karteikartensystems

Die zahlreichen verschiedenen spezifischen Berufsangaben (= genaue/explizite Berufsbezeichnungen) wurden und werden seitens der ÖBL-Redaktion 18 Berufsgruppen[33] (= Hauptgruppen/Hauptberufsgruppen) zugeordnet. Wie der Datenbank „GIDEON"[34], der internen biographischen Datenbank der ÖBL-Redaktion, entnommen werden kann, handelt es sich dabei um die folgenden Berufsgruppen (nachfolgend in alphabetischer Reihenfolge, inklusive einer abschließend genannten Restkategorie „Diverse")[35]:

---

33 Mit der Bezeichnung „Berufsgruppen" sind in diesem Beitrag jeweils nicht die – weiter unten noch zu erläuternden – Untergruppen, sondern immer die 18 Hauptgruppen (Hauptberufsgruppen) gemeint.

34 Die Datenbank „GIDEON" ist nur für ÖBL- und APIS-Mitarbeiter/innen zugänglich (passwortgeschützt). Für nähere Informationen zum Projekt „e-OeBL" inklusive des Applikationsframeworks „GIDEON ADMS" (Entstehung, Bedeutung, Funktionsweise) siehe Gruber / Feigl, Von der Karteikarte zum biografischen Informationsmanagementsystem (wie Anm. 4), 62–73; Bernád, Das Österreichische Biographische Lexikon (wie Anm. 31), 464.

35 Auf die quantitative Verteilung der mehr als 18.000 einzelnen Biographien respektive biographierten Personen auf die 18 Hauptberufsgruppen wird weiter unten noch näher eingegangen.

1) Bildende und angewandte Kunst
2) Geisteswissenschaft
3) Land- und Forstwirtschaft
4) Literatur, Buch- und Zeitungswesen
5) Medizin
6) Militär
7) Musik und darstellende Kunst
8) Naturwissenschaft
9) Politik
10) Rechtswesen und Rechtswissenschaft
11) Religionen und Theologie
12) Sozial- und Wirtschaftswissenschaft
13) Sport
14) Technik
15) Unterrichtswesen
16) Verwaltung
17) Wirtschaft
18) Diverse

Eine Zuordnung der einzelnen genauen Berufsbezeichnungen zu den übergeordneten (Haupt-)Berufsgruppen war implizit bereits durch das Karteikartensystem der ÖBL-Redaktion gegeben. Wie der Autor dieser Zeilen in einem Gespräch mit Christine Gruber, der Chefredakteurin des ÖBL, in Erfahrung bringen konnte[36], sei die Zuordnung der biographierten Personen zu den Berufsgruppen in der Praxis durch farbliche Differenzierung der einzelnen Karteikarten erfolgt und so in der Namenskartei heute noch ersichtlich (siehe Abb. 2 und 3).

---

36 Expertengespräch des Beitragsautors mit Christine Gruber am 04.09.2018.

Für mehrere Jahrzehnte bildete diese Namenskartei im Umfang von mittlerweile ca. 30 Laufmetern und etwa 80.000 Karteikarten die wesentliche Grundlage für die Erarbeitung des ÖBL (Print-Edition).[37] Die als Abbildungen 2 und 3 dargestellten Fotos gestatten einen aktuellen Blick in zwei Laden der Schränke dieser umfangreichen Namenskartei des ÖBL, die heute (per Juni 2019) am Forschungsbereich „Kulturelles Erbe: Biographik und Editionen" des Instituts für Neuzeit- und Zeitgeschichtsforschung (INZ) der Österreichischen Akademie der Wissenschaften (ÖAW) angesiedelt ist. Auf den beiden Fotos ist zu sehen, dass die Karteikarten verschiedene Farben aufweisen. Jeder Hauptberufsgruppe ist eine bestimmte Farbe (oder Weiß) zugeteilt, wobei der jeweilige Farbton entweder für die gesamte Karteikarte oder für einen Streifen am oberen Rand einer weißen Karteikarte gilt. So ist beispielsweise der Berufsgruppe „Naturwissenschaft" ein Grünton (siehe Abb. 2) und der Berufsgruppe „Geisteswissenschaft" ein Blauton zugeordnet, während Informationen über jene Personen, welche primär der Berufsgruppe „Politik" angehören, jeweils auf rosafarbenen Karteikarten geschrieben und die Karteikarten der Berufsgruppe „Literatur, Buch- und Zeitungswesen" in Orange gehalten sind. Bei einer der 18 Berufsgruppen, und zwar bei „Musik und darstellende Kunst", wird noch weiter differenziert: Für Personen aus dem Bereich Musik sind weiße Karteikarten mit einem grünen Streifen (siehe Abb. 3), für Personen aus dem Bereich Theater weiße Karteikarten mit einem blauen Streifen am oberen Rand vorgesehen.[38]

Da eine Person aufgrund unterschiedlicher Tätigkeitsbereiche und folglich verschiedener in der Biographie angegebener genauer Berufsbezeichnungen auch mehreren Berufsgruppen zugeordnet sein kann, muss in solchen Fällen einer Berufsgruppe quasi Vorrang eingeräumt werden. Diese sogenannte **primäre Berufsgruppe** (primäre Hauptberufsgruppe) einer Person sei Christine Gruber zufolge dafür ausschlaggebend, welchem Mitglied der ÖBL-Redaktion (Fachredakteur) und in weiterer Folge auch welchem externen Autor – der überwiegende Teil der Biographien des ÖBL werde nämlich von externen Autoren geschrieben – das Verfassen der Biographie dieser Person zugeteilt wird.[39] Bei Personen, die mehr als einer Berufsgruppe zugeordnet sind, bezieht sich

---

37 Vgl. Reitterer, Österreichisches Biographisches Lexikon (wie Anm. 7), 43; Gruber / Feigl, Von der Karteikarte zum biografischen Informationsmanagementsystem (wie Anm. 4), 56.
38 Auskunft von Christine Gruber per E-Mail vom 13.05.2019.
39 Expertengespräche des Beitragsautors mit Christine Gruber am 18.07.2018 und am 18.09.2018.

dann auch die Farbe der Karteikarte jeweils auf die primäre Berufsgruppe dieser Person.

Beispielhaft kann die Biographie des 1813 in Böhmen geborenen und 1896 in der Steiermark verstorbenen Friedrich Simony (Szimonj) genannt werden. Die über ihn im ÖBL publizierte Biographie beinhaltet die folgenden Berufsangaben: „Geograph, Geologe und Alpinist"[40]. Diese drei genauen Berufsbezeichnungen sind zwei verschiedenen Hauptberufsgruppen zuzurechnen: Während die Berufsbezeichnungen „Geograph" und „Geologe" jeweils der Berufsgruppe „Naturwissenschaft" zugehörig sind, ist der Berufsbezeichnung „Alpinist" die Berufsgruppe „Sport" übergeordnet. Als primäre Berufsgruppe ist „Naturwissenschaft" angegeben.[41] Daher ist auch die Karteikarte zu Friedrich Simony in dem für die Berufsgruppe „Naturwissenschaft" vorgesehenen grünen Farbton gehalten (siehe Abb. 2).

Im Falle des 1860 ebenfalls in Böhmen geborenen und 1911 in Wien verstorbenen Gustav Mahler erweist sich die Berufsgruppenzugehörigkeit als einfacher, zumal beide in der Biographie genannten Berufsbezeichnungen – „Komponist und Dirigent"[42] – der Berufsgruppe „Musik und darstellende Kunst" (und dabei jeweils dem Bereich Musik) angehören, wodurch dieser Berufsgruppe logischerweise auch die Funktion der primären Berufsgruppe zufällt.[43] In der Namenskartei wurden die Informationen über Gustav Mahler daher auch auf einer weißen Karteikarte mit einem grünen Streifen am oberen Rand eingetragen (siehe Abb. 3).

Dieses System an Karteikarten, auf denen für die Biographien relevante Informationen „oft uneinheitlich, unstrukturiert und zum Teil handschriftlich"[44] angegeben worden waren, wurde mittlerweile durch ein digitales/elektronisches Redaktionssystem (Datenbank GIDEON) ersetzt[45]. Die Namenskartei und eine ergänzende Materialiensammlung[46] stellen aber weiterhin einen rele-

---

40 Wolfgang Kainrath, „Simony (Szimonj) Friedrich, Geograph, Geologe und Alpinist", in: *Österreichisches Biographisches Lexikon 1815–1950*, Bd. 12, 2005 (Lfg. 57, 2004), 284.
41 Gemäß Datenbank GIDEON (zuletzt abgerufen am 29.06.2019).
42 Friedrich Heller, „Mahler Gustav, Komponist und Dirigent", in: *Österreichisches Biographisches Lexikon 1815–1950*, Bd. 5, 1972 (Lfg. 25, 1972), 411–412, hier 411.
43 Gemäß Datenbank GIDEON (zuletzt abgerufen am 29.06.2019).
44 Feigl, Datenbank „ÖBLDOC" (wie Anm. 32), 53.
45 Zur Entwicklung von der Namenskartei zur aktuellen Datenbank siehe ausführlich Gruber / Feigl, Von der Karteikarte zum biografischen Informationsmanagementsystem (wie Anm. 4) sowie zusammenfassend Bernád, Das Österreichische Biographische Lexikon (wie Anm. 31), 464.
46 Siehe Reitterer, Österreichisches Biographisches Lexikon (wie Anm. 7), 43; Gruber / Feigl, Von der Karteikarte zum biografischen Informationsmanagementsystem (wie Anm. 4), 56–57.

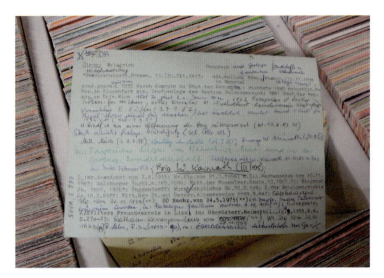

Abb. 2: Blick in die ÖBL-Namenskartei: Karteikarte des Geographen, Geologen und Alpinisten Friedrich Simony (Szimonj) (1813–1896) inmitten zahlreicher weiterer Karteikarten im Buchstabenbereich „Sd" bis „Steh" (Foto: Peter A. Rumpolt, 26.03.2019)

Abb. 3: Blick in die ÖBL-Namenskartei, Buchstabenbereich „M" bis „Ml" mit der mehrseitigen Karteikarte des Komponisten und Dirigenten Gustav Mahler (1860–1911) (Foto: Peter A. Rumpolt, 26.03.2019)

vanten Bestandteil der biographischen Dokumentation am ÖAW-Forschungsbereich zum Kulturellen Erbe dar.

Wie aber verteilen sich die im Österreichischen Biographischen Lexikon porträtierten Personen auf die 18 (Haupt-)Berufsgruppen? Die 18.108 Biographien des ÖBL, welche die Ausgangsdatenbasis für das Forschungsprojekt APIS und das Dissertationsprojekt des Beitragsautors bilden[47], implizieren für die darin biographierten 18.108 Personen insgesamt 25.221 Berufsgruppenzugehörigkeiten (vgl. Abb. 4). Dies erklärt sich daraus, dass eine Person auch mehrere Berufsbezeichnungen aufweisen und damit auch mehreren Berufsgruppen zugeordnet sein kann. Es erfolgt an dieser Stelle also keine Einschränkung auf die primäre Berufsgruppe einer Person (die 18.108 Personen weisen logischerweise jeweils eine und somit insgesamt 18.108 Zuordnungen zu einer primären Berufsgruppe auf), vielmehr werden jeweils alle Berufsgruppenzuordnungen einer biographierten Person berücksichtigt. Wie sich diese einzelnen Berufsgruppenzugehörigkeiten auf die 18 unterschiedlichen Berufsgruppen verteilen, kann Abbildung 4 entnommen werden. Das darin dargestellte Organigramm ist so zu lesen, dass von den 25.221 einzelnen Zugehörigkeiten von Personen zu Berufsgruppen beispielsweise 2.173 auf die Berufsgruppe „Musik und darstellende Kunst" entfallen, also 2.173 biographierte Personen dieser Berufsgruppe – aber nicht zwingend nur dieser – zuzurechnen sind. „Musik und darstellende Kunst" kann dabei für diese Personen entweder die primäre oder eine weitere Berufsgruppe darstellen. Die insgesamt 18 Hauptberufsgruppen sind unterschiedlich stark besetzt: Fünf der 18 Berufsgruppen umfassen jeweils zwischen rund 200 und 650 Personen, ein Drittel der 18 jeweils zwischen 1.050 und rund 1.400 und ein weiteres Drittel – darunter auch „Musik und darstellende Kunst" – je zwischen 1.800 und 2.450 Personen. Der verbleibenden Berufsgruppe „Literatur, Buch- und Zeitungswesen" ist mit rund 3.250 die höchste Zahl an biographierten Personen zugeordnet.

---

47 Siehe Anm. 28.

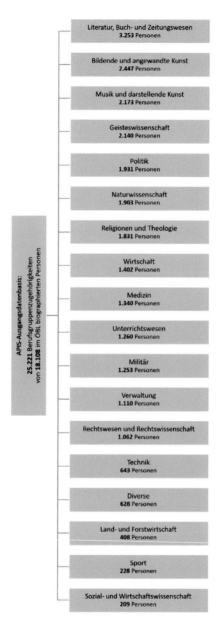

Abb. 4: Zugehörigkeit der im ÖBL biographierten Personen zu den 18 (Haupt-) Berufsgruppen des ÖBL, gereiht nach der Besetzung dieser Berufsgruppen (Datengrundlage: APIS-Ausgangsdatenbasis [APIS-WebApp, drei bis 02.09.2016 importierte ÖBL-Basis-Collections; siehe auch Anm. 28]; eigene Abfrage, Auswertung und Darstellung)

Zum Abschluss dieses den Hauptberufsgruppen des ÖBL gewidmeten Kapitels kann festgehalten werden, dass die Angabe einer (primären) Hauptberufsgruppe „lediglich eine weit gefaßte Zuordnung [eines biographischen Datensatzes] zu einem Tätigkeitsbereich ermöglicht"[48]. Demgegenüber können die Berufsangaben auf den den Hauptgruppen untergeordneten Ebenen der Berufssystematik des ÖBL – Untergruppen und v. a. genaue Berufsbezeichnungen – bereits deutlich konkreter vorgenommen werden.

4.2 Untergruppen – eine Zwischenebene in der redaktionellen Datenbank

Während 1998 zusätzlich zur Zuordnung zu einer (primären) Berufsgruppe auch noch von einer „spezifische[n] Berufsgruppenzugehörigkeit"[49] die Rede war, werden in der von der ÖBL-Redaktion aktuell verwendeten biographischen Datenbank GIDEON ergänzend sogenannte Untergruppen genannt. Die Ebene „Untergruppe" liegt in der Hierarchie der ÖBL-Berufssystematik zwischen den übergeordneten Haupt(berufs)gruppen und den einzelnen genauen Berufsbezeichnungen. Die Bezeichnung der Untergruppen erfolgt in der Regel im Plural. Als Beispiele für Untergruppen können „Beamte", „Offiziere" und „Regierungsmitglieder" sowie „Biologen" und „Geowissenschaftler" angeführt werden.[50] Die Untergruppenebene ist in erster Linie für das ÖBL-Redaktionsteam intern relevant. Zum besseren Verständnis wird aber auch an dieser Stelle in aller Kürze exemplarisch gezeigt, wie sich die mittlere Hierarchieebene „Untergruppe" in die Berufssystematik des ÖBL einfügt, zumal dies im Hinblick auf quantitative Analysemöglichkeiten von Bedeutung ist.

Als erstes Beispiel darf erneut Friedrich Simony (Szimonj) dienen, der zwei Untergruppen zugeordnet ist: Innerhalb der primären Hauptberufsgruppe „Naturwissenschaft" ist dies die Untergruppe „Geowissenschaftler", der wiederum die beiden genauen Berufsbezeichnungen „Geograph" und „Geologe" angehören. Innerhalb der Hauptberufsgruppe „Sport" handelt es sich um die Untergruppe „Alpinisten", zu der auch die genaue Berufsbezeichnung „Alpinist" zählt.[51] Letzteres zeigt, dass die Bezeichnungen für Untergruppe und genaue Berufsbezeichnung auch de facto gleichlautend sein können.

---

48 Feigl, Datenbank „ÖBLDOC" (wie Anm. 32), 55.
49 Feigl, Datenbank „ÖBLDOC" (wie Anm. 32), 63, auch 55.
50 Gemäß Datenbank GIDEON (zuletzt abgerufen am 29.06.2019).
51 Gemäß Datenbank GIDEON (zuletzt abgerufen am 29.06.2019).

Eine ähnliche Situation liegt im Falle des 1766 in Debrecen in Ungarn geborenen und 1828 ebendort verstorbenen Michael Fazekas[52] vor. Als primäre Hauptberufsgruppe Michael Fazekas' ist in der Datenbank GIDEON „Literatur, Buch- und Zeitungswesen", als Untergruppe jene der „Schriftsteller" und als dazugehörige (erstgenannte) genaue Berufsbezeichnung ebenso „Schriftsteller" eingetragen. Die bei Michael Fazekas zweitgenannte Berufsbezeichnung „Botaniker" ist Teil der Untergruppe der „Biologen", welche wiederum Teil der Naturwissenschaften ist.[53]

Eine Person kann also in der im ÖBL über sie verfassten Biographie beispielsweise (unter anderem) mit der konkreten Berufsbezeichnung „Botaniker" versehen sein, damit auf der Ebene der Untergruppen den „Biologen" und übergeordnet der Haupt(berufs)gruppe „Naturwissenschaft" angehören. Die Anwendung mehrerer Hierarchieebenen sowie die Berufsangaben selbst haben sich allerdings im Laufe der bisher bereits über 60-jährigen Entstehungszeit des ÖBL immer wieder verändert und weiterentwickelt, was auch in einer unterschiedlichen Verwendung von Begrifflichkeiten auf den Ebenen der Untergruppen sowie der genauen Berufsbezeichnungen resultiert. So kann, um an obiges Beispiel anzuknüpfen, die Berufsangabe „Biologe" nicht nur auf Untergruppenebene, sondern auch direkt in einer publizierten Biographie und somit im Sinne einer genauen Berufsbezeichnung Verwendung gefunden haben. Dies ist beispielsweise bei dem 1876 in der Oberkrain geborenen und während des Ersten Weltkriegs 1916 gefallenen Franc Megušar der Fall, in dessen Biographie als genaue Berufsbezeichnung „Biologe" aufscheint.[54] Auf den beiden übergeordneten Ebenen der Berufsangaben ist Franc Megušar der (primären) Hauptgruppe „Naturwissenschaft" sowie der Untergruppe der „Biologen" zugeordnet.[55]

4.3 Genaue Berufsbezeichnungen – publiziert in den Biographien

Die detailliertesten Berufsangaben finden sich auf der Ebene der genauen/expliziten/exakten Berufsbezeichnungen, der untersten Ebene der Berufssystematik des ÖBL. Bei diesen Berufsbezeichnungen handelt es sich jeweils um

---

52 Vgl. N. N., „Fazekas Michael, Dichter und Botaniker", in: *Österreichisches Biographisches Lexikon 1815–1950*, Bd. 1, 1957 (Lfg. 4, 1956), 289.
53 Gemäß Datenbank GIDEON (zuletzt abgerufen am 29.06.2019).
54 Vgl. Nada Gspan, „Megušar Franc, Biologe", in: *Österreichisches Biographisches Lexikon 1815–1950*, Bd. 6, 1975 (Lfg. 27, 1974), 191.
55 Gemäß Datenbank GIDEON (zuletzt abgerufen am 29.06.2019).

eine „explizite Bezeichnung der beruflichen Tätigkeiten"[56] der biographierten Person. In den gedruckt und/oder online publizierten Biographien, also den einzelnen Lexikonartikeln des ÖBL, sind Berufsangaben zu der jeweils porträtierten Person ausschließlich in Form dieser genauen Berufsbezeichnungen enthalten. Diese Charakterisierungen der (beruflichen) Tätigkeit bzw. der Art des Erwerbs einer Person reichen von „Volksschriftsteller", „Gartenarchitekt", „Stahlschneider" und „Ballonführer" über „Alpinist", „Brauereibesitzer", „Komponist" oder „Salondame" bis hin zu „Pomologe", „Äbtissin", „Parteifunktionär" und „Militärarzt".[57] Eine biographierte Person kann eine oder mehrere genaue Berufsbezeichnungen aufweisen, in einer Biographie veröffentlicht werden bis zu fünf Berufsbezeichnungen.

Zumal es sich im Falle des Österreichischen Biographischen Lexikons um ein im Laufe von mehreren Jahrzehnten gewachsenes Projekt und Produkt handelt, ist ein systematisches Verzeichnis aller Berufsbezeichnungen inklusive Zuordnung zu den übergeordneten Berufshaupt- und -untergruppen vonseiten der ÖBL-Redaktion leider nicht verfügbar. Das ÖBL dürfte damit in gewisser Weise auch in der Tradition deutschsprachiger historischer Forschung stehen – Katrin Moeller et al. halten in Bezug auf die Klassifikation historischer Berufe jedenfalls Folgendes fest: „Projekte in der historischen, deutschsprachigen Forschung entwickelten [...] aufgrund des hohen personellen Aufwands Systematiken häufig induktiv, legten Tätigkeitsprofile aufgrund des Vorwissens fest und dokumentierten die Einordnung der Berufe kaum."[58] Wenngleich auch im Falle des ÖBL keine systematische Dokumentation im Sinne eines nachschlagbaren Verzeichnisses der verwendeten Berufsangaben vorhanden und zugänglich ist, so ist es auf Basis der in den Datenbanken GIDEON und APIS-WebApp enthaltenen Informationen mit entsprechendem Zeitaufwand allerdings sehr wohl möglich, auch in quantitativem Sinne einen tieferen Einblick in respektive Überblick über die Berufsangaben des ÖBL zu geben.

Auf Basis einer seitens des ACDH durchgeführten Abfrage[59] hat sich der Au-

---

56 Feigl, Datenbank „ÖBLDOC" (wie Anm. 32), 55.
57 Gemäß ÖBL-Online-Edition, http://www.biographien.ac.at/ (zuletzt abgerufen am 29.06.2019).
58 Katrin Moeller / Andreas Müller / Robert Nasarek, *Ontologie historischer, deutschsprachiger Berufs- und Amtsbezeichnungen*, https://www.geschichte.uni-halle.de/struktur/hist-data/ontologie/, online am 28.08.2018 (zuletzt abgerufen am 29.06.2019).
59 Die für die Auswertung der Berufsbezeichnungen primäre Ausgangsliste bezieht sich auf den Datenbestand der APIS-Ausgangsdatenbasis (drei ÖBL-Basis-Collections in der APIS-WebApp), eine zweite Liste auf jenen inklusive der vierten ÖBL-Basis-Collection (siehe jeweils Anm. 28 sowie die Hinweise zu Tab. 1).

tor dieses Beitrags daher daran gewagt, die für das ÖBL verwendeten und darin publizierten genauen Berufsbezeichnungen einer umfangreichen quantitativen Auswertung zu unterziehen. Die Zielsetzung dieser Auswertung besteht darin, einerseits die Anzahl an unterschiedlichen Berufsbezeichnungen (verschiedene Begriffe/Formulierungen zur Charakterisierung der Tätigkeit bzw. Funktion einer Person) sowie andererseits auch die Häufigkeit des Vorkommens der einzelnen Berufsbezeichnungen zu ermitteln, zusätzlich wird jeweils auch eine Differenzierung nach dem Geschlecht vorgenommen. Die Auswertung der Berufsbezeichnungen des ÖBL erfolgt dabei auf Grundlage des Datenbestandes der in den Print-Bänden 1–14 und Online-Tranchen 1–4 veröffentlichten Biographien im Allgemeinen respektive der APIS-Ausgangsdatenbasis an 18.108 Biographien im Speziellen.[60]

Bevor auf die Ergebnisse eingegangen werden kann, erscheinen ein paar Anmerkungen im Kontext von Zielsetzung, Methodik und Durchführung dieser Auswertung angebracht, die unmittelbar auf der Art der Anwendung der Berufsangaben im ÖBL basieren:

1) Erstens wird mit der Auswertung darauf abgezielt, das quantitative Ausmaß der *einzelnen* konkreten Berufsbezeichnungen zu erfassen. Daher ist für diese Analyse auch nicht entscheidend, ob eine Berufsbezeichnung in einer Biographie allein oder in Kombination mit einer oder mehreren weiteren Berufsbezeichnungen vorkommt und um welche Kombinationen es sich dabei handelt. So zählt also eine ausschließlich als „Theologe" bezeichnete biographierte Person hinsichtlich der Häufigkeit des Vorkommens ebenso einmal für die Berufsbezeichnung „Theologe" wie eine Person, in deren Biographie „Bischof und Theologe" angegeben ist. Im letztgenannten Fall zählt die Person zusätzlich auch einmal für die Berufsbezeichnung „Bischof".

2) In Anbetracht der Feststellung des Autors, dass die in den ÖBL-Biographien angewendeten Berufsbezeichnungen die jeweiligen Tätigkeitsbereiche der porträtierten Personen teilweise in unterschiedlichem Detailgrad beschreiben, sei zweitens darauf hingewiesen, dass die einzelnen Berufsbezeichnungen für die Auswertung jeweils in der in den Biographien, d. h. den Lexikonartikeln des ÖBL, angegebenen Formulierung berücksichtigt werden. So stellen beispielsweise „Schriftsteller", „Mundartschriftsteller" und „pädagogischer Fachschriftsteller" im Zuge dieser

---

60 Siehe Anm. 28 und 59.

Auswertung ebenso drei verschiedene Berufsbezeichnungen dar wie „Fabrikant", „Glasfabrikant" und „Klavierfabrikant". Auch verschiedene Bezeichnungen für ein und dieselbe (oder eine sehr ähnliche) berufliche Tätigkeit werden jeweils als unterschiedliche Berufsbezeichnungen des ÖBL betrachtet (im Sinne verschiedener Begriffe/Formulierungen): „Geiger" und „Violinist" zählen somit ebenso als zwei verschiedene Berufsbezeichnungen wie „Weinbaufachmann" und „Önologe" oder „Bienenforscher" und „Apidologe".[61]

3) Andererseits muss drittens festgehalten werden, dass Berufsangaben, deren Schreibweisen sich lediglich in sprachlich-formaler (orthographischer) Hinsicht unterscheiden, jeweils zusammengefasst werden. So stellen „Sprachwissenschaftler" und „Sprachwissenschafter" für den Verfasser dieser Zeilen ebenso *eine* Berufsbezeichnung dar wie z. B. die Einträge „klassischer Philologe" und „klass. Philologe".

4) Viertens wurde die Entscheidung getroffen, auf den ersten Blick unklare genaue Berufsbezeichnungen wie z. B. „-theoretiker" im Einzelfall zu überprüfen. Das konkrete Beispiel „-theoretiker" konnte in der Biographie über Karel Stecker (1861–1918), der darin als „Musikpädagoge, -theoretiker und Komponist"[62] beschrieben ist, gefunden und dadurch der Berufsbezeichnung „Musiktheoretiker" zugeordnet werden. Dieses Beispiel verdeutlicht auch die Notwendigkeit einer manuellen Bearbeitung.

5) Fünftens sei betont, dass die sprachlich männlichen und die sprachlich weiblichen Formen einer Berufsbezeichnung gleichermaßen berücksichtigt werden. So zählen sowohl „Schauspieler" als auch „Schauspielerin" jeweils einmal für die Berufsbezeichnung „Schauspieler/Schauspielerin". Bei solchen Berufsbezeichnungen, die in ÖBL-Biographien über Männer ebenso vorkommen wie in solchen über Frauen, wird hinsichtlich der Häufigkeit des Vorkommens ergänzend auch eine geschlechtsspezifische Differenzierung vorgenommen (siehe auch Tab. 1).

6) Der Vollständigkeit wegen sei sechstens auch noch erwähnt, dass jene Einträge in der Ausgangsliste[63], bei welchen es sich offensichtlich nicht um genaue Berufsbezeichnungen, sondern um die übergeordneten

---

61 Die Verwendung unterschiedlicher Begriffe für ein und dieselbe oder eine sehr ähnliche Tätigkeit (z. B. „Geiger" und „Violinist") ist auch der langen Entstehungszeit des ÖBL geschuldet.
62 Jitka Ludvová, „Stecker Karel, Ps. Florestan, Musikpädagoge, -theoretiker und Komponist", in: *Österreichisches Biographisches Lexikon 1815–1950*, Bd. 13, 2010 (Lfg. 60, 2008), 128.
63 Siehe Anm. 59.

Hauptberufsgruppen (z. B. „Land- und Forstwirtschaft" oder „Medizin") oder Teile der Benennung einer Hauptberufsgruppe handelt (z. B. „Literatur" oder „darstellende Kunst"), im Zuge der Auswertung der Berufsbezeichnungen nicht berücksichtigt werden.

Nach diesen Hinweisen zur praktisch-methodischen Vorgehensweise kann nun auf die Ergebnisse der quantitativen Auswertung der genauen Berufsbezeichnungen des ÖBL eingegangen werden. Dabei sollen die folgenden beiden Fragen beantwortet werden:
- Wie viele verschiedene Berufsbezeichnungen können konstatiert werden?
- Wie häufig kommen die einzelnen Berufsbezeichnungen vor, und welche treten am öftesten auf?

Die erstgenannte Frage kann wie folgt beantwortet werden: Im Laufe von mehr als 60 Jahren wurden seitens der ÖBL-Redaktion für die mehr als 18.000 biographierten Personen über 1.000 verschiedene detaillierte Berufsangaben vergeben. Genau genommen kann als Ergebnis der Auswertung festgehalten werden, dass in jenen 18.402 Biographien, welche in den Print-Bänden 1–14 oder als Teil der Online-Tranchen 1–4 veröffentlicht wurden, insgesamt genau 1.100 unterschiedliche einzelne Berufsbezeichnungen Verwendung gefunden haben, bei Einschränkung auf die APIS-Ausgangsdatenbasis an 18.108 Biographien sind es 1.093 verschiedene Berufsbezeichnungen (Tab. 1).[64] Von diesen 1.093 detaillierten Berufsangaben (genauen Berufsbezeichnungen) kommt die überwiegende Mehrheit (925) in den ÖBL-Biographien nur in der männlichen Form vor (z. B. Dirigent, Geologe, Arzt, Priester und Kommunalpolitiker). 127 Berufsbezeichnungen existieren sowohl in männlicher als auch in weiblicher Form, darunter Schauspieler/in, Ordensangehörige/r, Pianist/in und Pädagoge/-in. Weitere 41 Angaben zur beruflichen Tätigkeit sind ausschließlich in Biographien über Frauen enthalten. Dazu zählen unter anderen die Berufsbezeichnungen Frauenrechtlerin, Kongregationsgründerin und Krankenpflegerin.

---

64 In Konsistenz mit dem Dissertationsprojekt des Beitragsautors erfolgt die textliche Interpretation der Ergebnisse der Auswertung der genauen Berufsbezeichnungen des ÖBL in diesem Beitrag – sofern nicht explizit anders angegeben – mit Bezugnahme auf die APIS-Ausgangsdatenbasis an 18.108 Biographien (siehe auch Anm. 28 sowie die Hinweise zu Tab. 1).

	ÖBL-Berufsbezeichnungen in männlicher und/oder weiblicher Form			
	insgesamt	in männlicher und weiblicher Form	nur männlich	nur weiblich**
Anzahl an unterschiedlichen Berufsbezeichnungen*	1.093 (1.100)	127 (130)	925 (929)	41 (41)

	Rang	Berufsbezeichnung	Häufigkeit des Vorkommens in ÖBL-Biographien*		
			männlich u. weiblich	in männlicher Form	in weiblicher Form
Top-20 der Berufsbezeichnungen	1	Schriftsteller/Schriftstellerin	2.331 (2.366)	2.105 (2.138)	226 (228)
	2	Maler/Malerin	1.410 (1.438)	1.322 (1.349)	88 (89)
	3	Politiker/Politikerin	1.363 (1.382)	1.345 (1.363)	18 (19)
	4	Lehrer/Lehrerin	798 (806)	760 (768)	38 (38)
	5	Jurist/Juristin	719 (730)	717 (728)	2 (2)
	6	Historiker/Historikerin	693 (707)	690 (704)	3 (3)
		Komponist/Komponistin	693 (708)	674 (689)	19 (19)
	8	Journalist/Journalistin	651 (665)	629 (643)	22 (22)
	9	Schauspieler/Schauspielerin	579 (584)	397 (402)	182 (182)
	10	Sänger/Sängerin	412 (417)	214 (219)	198 (198)
	11	Offizier/Offizierin	385 (393)	383 (391)	2 (2)
	12	Mediziner/Medizinerin	365 (373)	363 (371)	2 (2)
	13	Architekt	353 (359)	353 (359)	– (–)
	14	Industrieller	349 (353)	349 (353)	– (–)
	15	Bildhauer/Bildhauerin	340 (350)	330 (340)	10 (10)
	16	Theologe	338 (343)	338 (343)	– (–)
	17	Feldmarschal(l)eutnant	308 (310)	308 (310)	– (–)
	18	Chemiker/Chemikerin	305 (310)	304 (309)	1 (1)
	19	Beamter/Beamtin	297 (302)	296 (301)	1 (1)
		Seelsorger	297 (299)	297 (299)	– (–)

Tab. 1: Genaue Berufsbezeichnungen in ÖBL-Biographien (Print-Bände 1–14 und Online-Tranchen 1–4), differenziert nach Häufigkeit (Top-20) und Geschlecht
(Datengrundlage: APIS-Ausgangsdatenbasis [APIS-WebApp, drei bis 02.09.2016 importierte ÖBL-Basis-Collections; siehe auch Anm. 28]; Abfrage durch das ACDH am 05.06.2019; eigene Auswertung und Darstellung)
* Die jeweils erstgenannten Werte (jeweils erste Spalte) beziehen sich auf diese APIS-Ausgangsdatenbasis (18.108 Biographien). Die zusätzlich in Klammern angegebenen Werte (jeweils zweite Spalte) beziehen sich auf diese Ausgangsbasis plus die vierte ÖBL-Basis-Collection (siehe auch Anm. 28) und somit auf die Gesamtheit der Print-Bände 1–14 und Online-Tranchen 1–4 (18.402 Biographien).
** Inklusive der grammatikalisch sächlichen, in der Biographie über eine Frau verwendeten Berufsbezeichnung „Medium"

Des Weiteren zielt die Auswertung auch darauf ab, der Frage nach der Häufigkeit des Vorkommens der einzelnen Berufsbezeichnungen auf den Grund zu gehen. Wie auch in Tabelle 1 ersichtlich ist, handelt es sich bei der im Österreichischen Biographischen Lexikon am häufigsten vorkommenden genauen Berufsbezeichnung um „Schriftsteller" oder „Schriftstellerin", und zwar sowohl insgesamt (Nennung in 2.331 Biographien) als auch in Biographien über Männer (2.105) sowie in Biographien über Frauen (226). Die Top-3 der häufigsten Berufe für beide Geschlechter zusammen werden von „Maler/Malerin" sowie „Politiker/Politikerin" komplettiert, im Falle der Biographien über Personen männlichen Geschlechts in umgekehrter Reihenfolge (etwas mehr Politiker als Maler). Betrachtet man hingegen nur die Biographien über Persönlichkeiten weiblichen Geschlechts, so liegen mit „Sängerin" und „Schauspielerin" andere Berufsbezeichnungen auf den Rängen zwei und drei, gefolgt von „Malerin", „Lehrerin" und „Pianistin" auf den Plätzen vier bis sechs.

Innerhalb der Top-20-Berufsbezeichnungen für Männer und Frauen insgesamt finden sich auch fünf, die im ÖBL ausschließlich in der männlichen Form vorzufinden sind (Tab. 1): Es handelt sich dabei um die Berufsangaben „Architekt", „Industrieller", „Theologe", „Feldmarschal(l)leutnant" und „Seelsorger". Diese fünf Berufsbezeichnungen werden jeweils in knapp 300 bis gut 350 Biographien genannt. Mit je zwischen 150 und 200 Einträgen im ÖBL folgen „Techniker", „Dirigent", „Verwaltungsbeamter", „Generalmajor" und „Bischof" als nächsthäufigste der insgesamt 925 ausschließlich männlichen Berufsbezeichnungen.

Von jenen 127 Berufsbezeichnungen, welche im ÖBL sowohl in männlicher als auch in weiblicher Form vorkommen, sind die allermeisten weit überwiegend in Biographien über Männer zu finden. So stehen beispielsweise 363 Medizinern lediglich 2 Medizinerinnen, 1.345 Politikern nur 18 Politikerinnen und 629 Journalisten bloß 22 Journalistinnen gegenüber (Tab. 1). Im Falle der auf Gesamtrang zehn liegenden Sänger und Sängerinnen sind hingegen beinahe so viele Frauen (198) wie Männer (214) verzeichnet.

Während Tabelle 1 mit den Top-20 die am häufigsten verwendeten Berufsbezeichnungen visualisiert, soll aber auch nicht unerwähnt bleiben, dass am anderen Ende der insgesamt 1.093 (bzw. 1.100[65]) verschiedene Bezeichnungen umfassenden Auflistung sehr viele zu finden sind, die nur sehr selten in ÖBL-Biographien enthalten sind. So kommen u. a. „Ägyptologe", „Musikschuldirektor" und „Uhrmacher" jeweils insgesamt nur fünfmal, „Fußballer", „Konditor" und „Oboist" je viermal, „Generalvikar", „Klavierfabrikant/Klavierfabri-

---

65 Die in diesem Absatz erläuterten Ergebnisse der Auswertung der Berufsbezeichnungen sind hinsichtlich der Häufigkeit des Vorkommens sowohl mit Bezugnahme auf den Datenbestand an 18.108 Biographien (APIS-Ausgangsdatenbasis) als auch in Bezug auf den Datenbestand an 18.402 Biographien (Print-Bände 1–14 und Online-Tranchen 1–4 insgesamt) gültig (siehe jeweils auch Anm. 28 sowie die Hinweise zu Tab. 1).

kantin" und „Stadtplaner" je dreimal sowie „Demograph", „Kindergärtnerin" und „Krippenbauer" je zweimal vor. 428 der insgesamt 1.093 einzelnen Berufsbezeichnungen – und somit knapp 40 Prozent aller detaillierten Berufsangaben – existieren sogar je nur ein einziges Mal. Zu diesen Bezeichnungen der beruflichen Tätigkeit, die im Österreichischen Biographischen Lexikon jeweils nur für eine einzige biographierte Persönlichkeit Verwendung gefunden haben, zählen „Fleischselcher" und „Diseuse" – auf die entsprechenden Biographien wurde in diesem Beitrag bereits eingegangen – ebenso wie „Filmregisseur"[66], „Frauenärztin", „Griechisch-orthodoxer Erzbischof" und „Hebamme".

Nach ausführlicher Erläuterung von Vorgehensweise und Ergebnissen dieser erstmals durchgeführten vollständigen quantitativen Auswertung der einzelnen Berufsbezeichnungen des ÖBL erscheint es angebracht, in diesem Kapitel abschließend auch noch kurz auf die Bedeutung der Reihenfolge einzugehen, in der mehrere Berufsbezeichnungen in einer Biographie angeführt werden. Sind bei einer biographierten Person mehrere Berufe angegeben, weist sie also mehr als eine genaue Berufsbezeichnung auf, so hat die an erster Stelle genannte eine spezielle Funktion. Christine Gruber zufolge sei die **erstgenannte genaue Berufsbezeichnung** nämlich zuallermeist kennzeichnend dafür, warum eine Person in erster Linie für die Veröffentlichung ihrer Biographie im ÖBL ausgewählt worden war.[67] Somit ist der Grund für die Auswahl einer Person für und die Aufnahme in das Österreichische Biographische Lexikon in der Regel in der in der Biographie an erster Stelle angeführten genauen Berufsbezeichnung wiederzufinden.

4.4 Können sich Berufsangaben verändern?

Aus welchem vorrangigen Grund eine Person für die Veröffentlichung ihrer Biographie im ÖBL ausgewählt wird, spiegelt sich also meistens in jener genauen Berufsbezeichnung wider, welche im entsprechenden Lexikonartikel an erster Stelle angeführt ist. Welchem ÖBL-Fachredakteur und welchem externen Autor die Biographie einer Person im Zuge des Erstellungsprozesses zugeteilt wird, wird wiederum durch die „primäre (Haupt-)Berufsgruppe" be-

---

66 Wie sowohl der Datenbank GIDEON als auch der ÖBL-Online-Edition (http://www.biographien.ac.at/) entnommen werden kann (jeweils zuletzt abgerufen am 29.06.2019), wurden mittlerweile – und zwar in dem 2018 erschienenen Print-Band 15 des ÖBL – bereits zwei weitere Biographien (Lexikonartikel) publiziert, die u. a. die Berufsbezeichnung Filmregisseur beinhalten.
67 Expertengespräch des Beitragsautors mit Christine Gruber am 18.09.2018.

stimmt, bei welcher es sich im Übrigen in der Regel um jene Berufsgruppe handelt, welche der erstgenannten Berufsbezeichnung übergeordnet ist.

Warum aber sind bei den in diesem Beitrag bisher zu erstgenannter Berufsbezeichnung und deren Zusammenhang mit der primären Berufsgruppe vorgenommenen Erläuterungen die Formulierungen „zuallermeist", „meistens" und „in der Regel" zu lesen? Dies liegt daran, dass es – wie der Beitragsautor von Christine Gruber erfahren durfte – in Bezug auf diese oben erläuterten Punkte auch Ausnahmen gebe respektive Änderungen vorgenommen worden seien[68]:

Erstens sei in den Biographien von Band 1 (Lieferungen 1–5; Buchstabenbereich „A" bis „Glä") vermehrt nur eine einzige genaue Berufsbezeichnung pro Lexikonartikel angewendet worden. Im Falle des Vorliegens **mehrerer Berufsbezeichnungen** – und dies ist hier relevant – seien diese in Band 1 oftmals in einer aus heutiger Sicht „**falschen**" **Reihenfolge** angeführt. Dies bedeutet, dass fallweise jene berufliche Tätigkeit einer Person, deretwegen diese für das ÖBL ausgewählt worden war, in der Biographie nicht an erster Stelle genannt ist, sondern sich z. B. in der zweitgenannten Berufsbezeichnung wiederfindet. Einer Recherche des Verfassers dieser Zeilen zufolge dürfte dies aber offenbar nicht nur in Band 1 vorkommen: So lautet beispielsweise in der in Band 3 (Lieferung 15) veröffentlichten ÖBL-Biographie über den Tiroler Johann Knit(t)el (1846–1928) die Charakterisierung der beruflichen Tätigkeit „Bauer und Mechaniker", obwohl die Lektüre dieser Biographie eindeutig nahelegt, dass die von Johann Knit(t)el konstruierten Maschinen und Geräte und somit die zweitgenannte Berufsbezeichnung Mechaniker für die Aufnahme in das ÖBL ausschlaggebend gewesen sein dürften.[69]

Zweitens seien im Laufe der Entwicklung des ÖBL zwecks Vereinfachung, Systematisierung oder Korrektur auch Änderungen von Berufsangaben erfolgt[70]: Dabei könne es einerseits im Zuge der Erstellung der redaktionsinternen biographischen Datenbank GIDEON eine Überarbeitung der beruflichen Zuordnung von biographierten Personen in Form der **Änderung** der **primären Berufsgruppe** gegeben haben.

Andererseits seien sowohl bei oben genannter Überarbeitung im Rahmen des Aufbaus der Datenbank GIDEON als auch im Zuge der Überarbeitung von Biographien für die Online-Tranchen des ÖBL auch **Änderungen** der für eine

---

68 Gemäß Gruber (wie Anm. 67).
69 Siehe N. N., „Knit(t)el Johann, Bauer und Mechaniker", in: *Österreichisches Biographisches Lexikon 1815–1950*, Bd. 3, 1965 (Lfg. 15, 1965), 441.
70 Gemäß Gruber (wie Anm. 67).

Biographie verwendeten **Berufsbezeichnung(en)** möglich. Diesbezüglich konnte der Autor dieser Zeilen im Zuge einer eingehenden Befassung mit dem Thema und den verschiedenen zugrunde liegenden Quellen (ÖBL-Print-Edition, ÖBL-Online-Edition, redaktionsinterne Datenbank GIDEON) verschiedene Arten/Typen von Änderungen feststellen. Die möglichen, im Laufe der Zeit erfolgten Änderungen der Berufsbezeichnungen werden nachfolgend differenziert nach diesen unterschiedlichen Typen vorgestellt, wobei dies bei jedem Änderungstyp anhand mehrerer ausgewählter Beispiele erfolgt. Die exemplarische Veranschaulichung mittels konkreter Biographien des ÖBL soll den Erläuterungen die Abstraktheit nehmen und das Verständnis erleichtern:[71]

Beginnen wir also mit dem ersten konstatierten Änderungstyp (*Typ 1a*): Beispielsweise steht in der in Band 1 des ÖBL publizierten Biographie über Michael Fazekas „Dichter und Botaniker"[72] geschrieben, während in der internen Datenbank GIDEON sowie in der Online-Edition des ÖBL – hier in der Überschrift des entsprechenden Eintrags, nicht aber im Textblock selbst – „Schriftsteller und Botaniker" zu lesen ist. Eine analoge Situation liegt bei dem aus der Untersteiermark stammenden Leopold Poljanec vor: Während in jenen Lexikonartikel, welcher in Band 8 der Print-Edition über ihn veröffentlicht wurde, die Berufsbezeichnungen „Biologe und Schulmann"[73] Eingang gefunden haben, kann der Überschrift des entsprechenden Lexikonartikels der Online-Edition (und auch der Datenbank GIDEON) die Formulierung „Biologe und Lehrer" entnommen werden. Als drittes, auch in Bezug auf die Online-Quellen analoges Beispiel für die Umformulierung einer genauen Berufsbezeichnung in einer ÖBL-Biographie darf der aus Österreichisch-Schlesien stammende Karl Rudczinsky (Rudzinsky) dienen, dessen Berufsbezeichnungen von „Architekt und Naturforscher"[74] (Print-Edition, Band 9) in „Naturwissenschaftler und Architekt" geändert wurden. In letztgenanntem Fall wurde zusätzlich zur Umformulierung einer von zwei Berufsbezeichnungen auch die Reihenfolge der beiden verändert. Dass nun „Naturwissenschaftler" die in der Überschrift erst-

---

71 In den nachfolgenden dreizehn Absätzen wird mehrfach auf die ÖBL-Online-Edition (http://www.biographien.ac.at/) und die Datenbank GIDEON Bezug genommen. Die entsprechenden Angaben wurden jeweils am 29.06.2019 überprüft bzw. zuletzt abgerufen.
72 N. N., „Fazekas Michael" (wie Anm. 52).
73 Nada Gspan, „Poljanec Leopold, Biologe und Schulmann", in: *Österreichisches Biographisches Lexikon 1815–1950*, Bd. 8, 1983 (Lfg. 37, 1980), 181.
74 František Spurný, „Rudczinsky (Rudzinsky) Karl, Architekt und Naturforscher", in: *Österreichisches Biographisches Lexikon 1815–1950*, Bd. 9, 1988 (Lfg. 44, 1987), 312.

genannte Berufsbezeichnung darstellt, legt auch eine Lektüre der Biographie selbst nahe.[75] Darüber hinaus kann dies auch in Konsistenz mit der in der Datenbank GIDEON erfolgten Festlegung von „Naturwissenschaft" als primäre Berufsgruppe gesehen werden.

Änderungen von „Dichter" zu „Schriftsteller", von „Schulmann" zu „Lehrer" oder von „Naturforscher" zu „Naturwissenschaftler" betreffen also primär die Ausformulierung der Berufsbezeichnungen. Solche Umbenennungen würden, wie Christine Gruber betont, zum Zwecke der Vereinfachung und Systematisierung erfolgen, um damit auch die Abfragemöglichkeiten zu verbessern.[76] Berufsbezeichnungen wie „Dichter", „Schulmann" oder „Naturforscher" kommen jedoch in anderen Biographien auch in der Online-Edition weiterhin vor. Als ein Beispiel dafür kann Johann Suttner angeführt werden, der nicht nur in Band 14 der Print-Edition mit den detaillierten Berufsangaben „Beamter und Naturforscher"[77] versehen ist, sondern genau diese Berufsbezeichnungen auch in der Online-Edition (sowie auch in der Datenbank GIDEON) aufweist.

Änderungen von Berufsbezeichnungen wie die oben beschriebenen drei Beispiele können als Vereinfachungen, welche tendenziell verallgemeinernden Charakter haben, verstanden werden. Auf der anderen Seite sind aber auch Änderungen von Berufsbezeichnungen in ÖBL-Biographien zu konstatieren, die – in deutlichem Gegensatz zu den bisher beschriebenen Beispielen – vielmehr spezifizierenden Charakter aufweisen (*Typ 1b*). Vier Biographien, deren detaillierte Berufsangaben im Lexikonartikel der Print-Edition und am Beginn des Textblocks in der Online-Edition jeweils noch allgemeiner gehalten sind als in der internen Datenbank GIDEON sowie in der Überschrift des entsprechenden Eintrags in der Online-Edition, mögen dies besser verständlich machen: Im Falle des aus Mähren stammenden Josef Ambros hat die genaue Berufsbezeichnung eine Änderung von „pädagog. Schriftsteller"[78] hin zu „Pädagogischer Fachschriftsteller" erfahren, bei dem aus der Bukowina stammenden Eugen Hakman(n) wurde aus der Nennung „Erzbischof"[79] die Bezeichnung „Griechisch-orthodoxer Erzbischof".

---

75 Siehe ebd.
76 Gemäß Gruber (wie Anm. 67).
77 Matthias Svojtka / Thomas Hofmann, „Suttner Johann, Beamter und Naturforscher", in: *Österreichisches Biographisches Lexikon 1815–1950*, Bd. 14, 2015 (Lfg. 63, 2012), 65–66, hier 65.
78 N. N., „Ambros Josef, pädagog. Schriftsteller", in: *Österreichisches Biographisches Lexikon 1815–1950*, Bd. 1, 1957 (Lfg. 1, 1954), 18.
79 N. N., „Hakman(n) Eugen, Erzbischof", in: *Österreichisches Biographisches Lexikon 1815–1950*, Bd. 2, 1959 (Lfg. 7, 1958), 156.

Bei Personen, die (auch) eine berufliche Tätigkeit auf politischer Ebene ausübten, erfolgte fallweise eine genauere Charakterisierung ebendieser politischen Tätigkeit. So wurde beispielsweise aus dem Vorarlberger „Priester, Politiker und Volkswirtschafter" Anton Barnabas Fink, dem Initiator einer verstärkten Nutzung der Wasserkraft unter anderem in Vorarlberg,[80] ein „Priester, Abgeordneter und Volkswirtschafter". Und der als erster Ministerpräsident Ungarns nach dem Österreichisch-Ungarischen Ausgleich von 1867 und anschließend als gemeinsamer Außenminister Österreich-Ungarns bekannte Julius Graf Andrássy der Ältere wurde im ÖBL ursprünglich als „Politiker und Staatsmann"[81] bezeichnet, ist mittlerweile jedoch mit der – alleinigen – genauen Berufsangabe „Ministerpräsident" versehen. Gemein ist diesen vier exemplarisch vorgestellten Biographien, dass die Änderung der Berufsbezeichnung(en) in diesen Fällen jeweils zu detaillierteren Angaben hinsichtlich der beruflichen Tätigkeit geführt hat, wenngleich auch die Spezifizierung in unterschiedlichem Ausmaß erfolgte.

Des Weiteren können aber auch Änderungen von genauen Berufsbezeichnungen konstatiert werden, die über eine Umformulierung oder Spezifizierung der Tätigkeit hinausgehen und vielmehr eine eindeutige Veränderung der Berufsangaben darstellen (*Typ 1c*). So wird beispielsweise der „Maler und Lithograph"[82] Rudolf Gaupmann (der Ältere) neuerdings als „Maler, Grafiker u. Fotograf" bezeichnet. Noch deutlicher fällt die Veränderung bei Johann Bapt. Graf von Barth-Barthenheim aus: Während seine genaue Berufsbezeichnung ursprünglich (in Band 1 der Print-Edition) „Schriftsteller"[83] lautete, wird der gebürtige Elsässer mittlerweile als „Staatswissenschaftler und Verwaltungsbeamter" charakterisiert. Auch diese Korrektur erscheint schlüssig – sowohl in Anbetracht der in diesem sehr kurzen Lexikonartikel enthaltenen Informationen zu seinem Lebenslauf[84] als auch in Zusammenhang mit der Nennung der Berufsgruppen „Sozial- und Wirtschaftswissenschaft" (als primäre Berufsgruppe) und „Verwaltung" (als weitere Berufsgruppe) in der Datenbank GIDEON.

---

80 Vgl. N. N., „Fink Anton Barnabas, Priester, Politiker und Volkswirtschafter", in: *Österreichisches Biographisches Lexikon 1815–1950*, Bd. 1, 1957 (Lfg. 4, 1956), 317.
81 N. N., „Andrássy Julius (d. Ältere) Graf, Politiker und Staatsmann", in: *Österreichisches Biographisches Lexikon 1815–1950*, Bd. 1, 1957 (Lfg. 1, 1954), 20–21, hier 20.
82 N. N., „Gaupmann Rudolf, Maler und Lithograph", in: *Österreichisches Biographisches Lexikon 1815–1950*, Bd. 1, 1957 (Lfg. 5, 1957), 413.
83 N. N., „Barth-Barthenheim Johann Bapt. Graf von, Schriftsteller", in: *Österreichisches Biographisches Lexikon 1815–1950*, Bd. 1, 1957 (Lfg. 1, 1954), 51.
84 Siehe ebd.

Sowohl die beschriebenen Beispiele, bei denen die Änderung von Berufsbezeichnungen hinsichtlich der Formulierung und eher im verallgemeinernden Sinne erfolgte (Typ 1a), als auch jene, deren geänderte Berufsbezeichnungen demgegenüber spezifischer ausfallen (Typ 1b), sowie auch die zuletzt beschriebenen Beispiele mit deutlich veränderten Angaben (Typ 1c) weisen jeweils das Merkmal auf, dass sich die in der internen Datenbank GIDEON vorgenommene Änderung der genauen Berufsbezeichnungen bisher in der veröffentlichten Biographie nur auf die Überschrift des jeweiligen Eintrags in der Online-Edition ausgewirkt hat.

Ist jedoch im Falle eines bereits in der Print-Edition publizierten Lexikonartikels eine Überarbeitung der gesamten Biographie für die Veröffentlichung als Teil einer Online-Tranche erfolgt, so findet sich eine etwaige in der Datenbank GIDEON vorgenommene Änderung der Berufsbezeichnung(en) in der Online-Edition sowohl in der Überschrift als auch am Beginn des Textblocks des entsprechenden Eintrags wieder. Beispielhaft für diesen hier *Typ 2* genannten Änderungstyp kann dies anhand der ÖBL-Biographien über Hermann Blodig und Jehudo Epstein gezeigt werden, die beide ursprünglich in Band 1 der Print-Edition erschienen waren und dann jeweils als Teil der vierten Online-Tranche in überarbeiteter Form und erweitertem Umfang publiziert wurden. Bei Hermann Blodig wurde dabei die ursprüngliche Berufsbezeichnung „Nationalökonom"[85] in „Jurist und Ökonom"[86] geändert. Interessant ist, dass Hermann Blodigs primäre Berufsgruppe in der internen Datenbank GIDEON dennoch weiterhin mit „Sozial- und Wirtschaftswissenschaft" angegeben ist. Im Falle von Jehudo Epstein[87] wiederum erfolgte im Zuge der Überarbeitung der Biographie eine Erweiterung der Berufsbezeichnung von „Maler"[88] hin zu „Maler und Zeichner"[89].

Fallweise – und damit sind wir bei *Typ 3* – haben sich Änderungen der

---

85 N. N., „Blodig Hermann, Nationalökonom", in: *Österreichisches Biographisches Lexikon 1815–1950*, Bd. 1, 1957 (Lfg. 1, 1954), 94.

86 H. Bergmann, „Blodig, Hermann (1822–1905), Jurist und Ökonom", in: *Österreichisches Biographisches Lexikon ab 1815 (2. überarbeitete Auflage – online)*, Lfg. 4 (= Online-Tranche 4), 2015, http://www.biographien.ac.at/oebl/oebl_B/Blodig_Hermann_1822_1905.xml (zuletzt abgerufen am 29.06.2019).

87 Zur Person Jehudo Epstein sowie für Hintergrundinformationen zu seinem Lebenslauf siehe weiterführend auch: Maximilian Kaiser / Matthias Schlögl / Katalin Lejtovicz / Peter Alexander Rumpolt, Artist Migration Through the Biographer's Lens: A Case Study Based on Biographical Data Retrieved from the Austrian Biographical Dictionary, in: *Journal of Historical Network Research* 2, 2018, 76–108, hier 88–90, https://doi.org/10.25517/jhnr.v2i1.33.

88 N. N., „Epstein Jehudo, Maler", in: *Österreichisches Biographisches Lexikon 1815–1950*, Bd. 1, 1957 (Lfg. 3, 1956), 258–259, hier 258.

89 R. Schober, „Epstein, Jehudo (1870–1945), Maler und Zeichner", in: *Österreichisches Biographisches Lexikon ab 1815 (2. überarbeitete Auflage – online)*, Lfg. 4 (= Online-Tranche 4), 2015, http://www.biographien.ac.at/oebl/oebl_E/Epstein_Jehudo_1870_1946.xml (zuletzt abgerufen am 29.06.2019).

Berufsbezeichnung(en) einer biographierten Person, die in der Datenbank GIDEON vorgenommen wurden, aber (noch) nicht auf eine veröffentlichte Version der Biographie ausgewirkt. Mehrere exemplarisch ausgewählte Biographien, auf die in diesem Beitrag teilweise bereits an anderer Stelle eingegangen wurde, mögen dies verdeutlichen.

In der gedruckten Fassung des ÖBL ist bei Johann Georg Lahner die Bezeichnung „Fleischselcher"[90], bei Gustav Mahler „Komponist und Dirigent"[91] sowie im Falle des 1822 in Österreichisch-Schlesien geborenen und 1884 in Mähren verstorbenen, für seine Kreuzungsversuche mit Erbsen und die daraus abgeleiteten Vererbungsregeln bekannt gewordenen Gregor (Johann) Mendel „Naturforscher, Genetiker und Abt"[92] zu lesen. Während im Online-ÖBL exakt dieselben Berufsbezeichnungen zu finden sind (und zwar jeweils sowohl am Beginn des Textblocks als auch in der Überschrift des entsprechenden Eintrags), können der Datenbank GIDEON mit „Fleischselcher und Erfinder der Frankfurter Würstel", „Komponist, Operndirektor und Dirigent" beziehungsweise „Naturwissenschaftler, Lehrer, Genetiker und Ordensangehöriger" geänderte oder erweiterte Angaben entnommen werden.

Selbiges gilt in analoger Weise auch für Maximilian Macher und (Johann Wilhelm) Ferdinand Schneider, deren in der Print-Edition des ÖBL publizierte Berufsbezeichnungen „Kraftballonführer"[93] bzw. „Offizier und Militärdiplomat"[94] jeweils gleichlautend auch in der Online-Edition vorkommen. In der Datenbank GIDEON sind bei diesen beiden Personen jedoch „Ballonführer" respektive „Offizier, Diplomat und Militärschriftsteller" angegeben. Interessant ist dabei, dass diese geänderten Bezeichnungen zwar bis dato nicht veröffentlicht wurden, sehr wohl aber bereits Eingang in die APIS-Ausgangsdatenbasis[95] in der APIS-WebApp gefunden haben dürften. Dies ergibt sich im Umkehrschluss daraus, dass die beiden publizierten Berufsbezeichnungen „Kraftballonführer" und „Militärdiplomat" in jenen Ausgangslisten[96], auf deren Basis die genaue

---

90 N. N., „Lahner Johann Georg" (wie Anm. 15).
91 Heller, „Mahler Gustav" (wie Anm. 42).
92 Fritz Knoll, „Mendel Gregor (Johann), Naturforscher, Genetiker und Abt", in: *Österreichisches Biographisches Lexikon 1815–1950*, Bd. 6, 1975 (Lfg. 28, 1974), 218–219, hier 218.
93 Redaktion des ÖBL, „Macher Maximilian, Kraftballonführer", in: *Österreichisches Biographisches Lexikon 1815–1950*, Bd. 5, 1972 (Lfg. 25, 1972), 394.
94 Edith Wohlgemuth, „Schneider (Johann Wilhelm) Ferdinand, Offizier und Militärdiplomat", in: *Österreichisches Biographisches Lexikon 1815–1950*, Bd. 10, 1994 (Lfg. 49, 1993), 374.
95 Siehe Anm. 28.
96 Siehe Anm. 59.

quantitative Auswertung der Berufsbezeichnungen durchgeführt wurde, nicht enthalten sind.

Hinsichtlich der Möglichkeit von Veränderungen in der Verwendung von Berufsbezeichnungen in ein und derselben ÖBL-Biographie ist aus Sicht des Beitragsautors an dieser Stelle noch eine Möglichkeit bzw. ein Änderungstyp ausständig, der als *Typ 4* bezeichnet und am Beispiel zweier Biographien abschließend vorgestellt werden kann. So ist es nämlich auch möglich, dass wir es bei ein und derselben biographierten Person im Laufe der Zeit mit insgesamt drei verschiedenen Varianten an Berufsbezeichnungen zu tun haben. Im Falle von Ludwig Hatschek beispielsweise hat sich die detaillierte Berufsangabe von „Erfinder"[97] über „Erfinder des Asbest" bis hin zu „Erfinder, Unternehmer und Techniker" verändert, bei Anton Freiherr von Doblhoff-Dier von „Politiker und Ökonom"[98] über „Minister und Ökonom" zu „Minister, Schriftsteller landwirtschaftlicher Werke, Diplomat und Ökonom". In beiden Fällen ist die erste Variante der Berufsbezeichnung(en) der jeweiligen Person im entsprechenden Lexikonartikel der Print-Edition sowie am Beginn des Textblocks der Biographie in der Online-Edition, die zweite Variante in der Überschrift des Eintrags in der Online-Edition und die dritte Variante bisher ausschließlich in der internen Datenbank GIDEON zu finden. Die jeweils dritte Variante wurde somit auch (noch) nicht veröffentlicht. Dieser Typ 4 möglicher Veränderungen von ÖBL-Berufsbezeichnungen vereint somit die Charakteristika der davor beschriebenen Typen 1 – im Falle der beiden Beispiele jeweils konkret 1b und 1c – sowie 3.

Und wenn eine Änderung von Berufsbezeichnungen in der Datenbank GIDEON erst zu einem Zeitpunkt vorgenommen wurde, der nach jenem liegt, welcher den Stichtag für die APIS-Ausgangsdatenbasis[99] darstellt, so konnten diese geänderten Angaben auch nicht Eingang finden in jene Ausgangslisten[100], welche der quantitativen Auswertung der Berufsbezeichnungen zugrunde liegen. So ist in der Datenbank GIDEON beispielsweise der 3. April 2017 als Datum der letzten Änderung des biographischen Datensatzes zu Anton Freiherr von Doblhoff-Dier angegeben, und die neue (noch nicht veröffentlichte) genaue

---

97 N. N., „Hatschek Ludwig" (wie Anm. 17).
98 N. N., „Doblhoff-Dier Anton Frh. von, Politiker und Ökonom", in: *Österreichisches Biographisches Lexikon 1815–1950*, Bd. 1, 1957 (Lfg. 2, 1954), 189.
99 Siehe Anm. 28.
100 Siehe Anm. 59.

Berufsbezeichnung „Schriftsteller landwirtschaftlicher Werke" ist nicht Teil der erwähnten Ausgangslisten und zählt damit auch nicht zu den insgesamt 1.093 (bzw. 1.100) im Zuge der Auswertung erhobenen verschiedenen Bezeichnungen.

Der Vollständigkeit halber sei aber auch noch erwähnt, dass es sehr wohl auch Biographien gibt, bei denen hinsichtlich der verwendeten Berufsbezeichnung(en) im Laufe der Entwicklung des ÖBL keinerlei Änderungen vorgenommen wurden: So wird zum Beispiel Albin Egger-Lienz durchwegs als „Maler"[101] und Georg Bilgeri einheitlich als „Offizier und Alpinist"[102] bezeichnet, und das nicht nur in der Print-Edition, sondern auch in der Online-Edition sowie in der Datenbank GIDEON. Im Falle von Georg Bilgeri wurde die genaue Berufsangabe auch in der im Rahmen einer Online-Tranche veröffentlichten überarbeiteten und erweiterten Version der Biographie unverändert beibehalten.[103]

Nach der Erläuterung der verschiedenen Typen möglicher Änderungen von genauen Berufsbezeichnungen darf an dieser Stelle auch noch auf **Unterschiede** im **Zusammenhang** zwischen den genauen Berufsbezeichnungen und den (Haupt-)Berufsgruppen hingewiesen werden. Die Anzahl der in einem Lexikonartikel des ÖBL angeführten Berufsbezeichnungen muss nämlich nicht unbedingt mit der Anzahl an Berufsgruppen, denen die porträtierte Person zugeordnet ist, übereinstimmen. Dabei bestehen prinzipiell drei verschiedene Möglichkeiten des Zusammenhangs. Drei Biographien, die je drei Berufsbezeichnungen beinhalten, mögen dies exemplarisch veranschaulichen:[104]

Die erste Möglichkeit besteht darin, dass die Anzahl der Berufsgruppen mit jener der Berufsbezeichnungen übereinstimmt. Beispielhaft sei Anton Barnabas Fink[105] genannt, dessen drei genaue Berufsbezeichnungen – ursprünglich Priester, Politiker und Volkswirtschafter, mittlerweile Priester, Abgeordneter und Volkswirtschafter – in der Datenbank GIDEON auch drei Berufsgruppen

---

101 N. N., „Egger-Lienz Albin, Maler", in: *Österreichisches Biographisches Lexikon 1815–1950*, Bd. 1, 1957 (Lfg. 3, 1956), 224–225, hier 224.
102 N. N., „Bilgeri Georg, Offizier und Alpinist", in: *Österreichisches Biographisches Lexikon 1815–1950*, Bd. 1, 1957 (Lfg. 1, 1954), 84.
103 Siehe W. Kainrath, „Bilgeri, Georg (1873–1934), Offizier und Alpinist", in: *Österreichisches Biographisches Lexikon ab 1815 (2. überarbeitete Auflage – online)*, Lfg. 6 (= Online-Tranche 6), 2017, http://www.biographien.ac.at/oebl/oebl_B/Bilgeri_Georg_1873_1934.xml (zuletzt abgerufen am 29.06.2019).
104 In den nachfolgenden drei Absätzen beziehen sich einzelne Angaben auch auf die ÖBL-Online-Edition (http://www.biographien.ac.at/) und die Datenbank GIDEON. Diese wurden jeweils am 29.06.2019 überprüft bzw. zuletzt abgerufen.
105 Siehe N. N., „Fink Anton Barnabas" (wie Anm. 80).

entsprechen: Dabei handelt es sich um „Religionen und Theologie", „Politik" sowie „Sozial- und Wirtschaftswissenschaft", wobei in diesem Fall „Politik" als primäre Berufsgruppe angegeben und somit die im Lexikonartikel erstgenannte Berufsbezeichnung „Priester" einer anderen – und zwar „Religionen und Theologie" – als der primären Berufsgruppe zugeordnet ist.

Die zweite Möglichkeit bilden jene biographierten Personen, die weniger Berufsgruppen als Berufsbezeichnungen aufweisen. Dies ist dann der Fall, wenn mehrere genaue Berufsbezeichnungen zu ein und derselben Berufsgruppe gehören. Ein Beispiel dafür ist, wie bereits an anderer Stelle erwähnt, Friedrich Simony (Szimonj)[106] mit seinen drei Berufsbezeichnungen „Geograph, Geologe und Alpinist" und den beiden übergeordneten Berufsgruppen „Naturwissenschaft" (primär) und „Sport".

Besonders hinzuweisen ist aber auf die dritte Möglichkeit, die dadurch charakterisiert ist, dass die Anzahl der in der Datenbank GIDEON eingetragenen Berufsgruppen jene der im Lexikonartikel angegebenen Berufsbezeichnungen übersteigt. Exemplarisch kann der „Politiker, Historiker und Soziologe"[107] Bolesław Limanowski angeführt werden, der den folgenden vier Berufsgruppen zugeordnet ist: „Politik" (primär), „Geisteswissenschaft", „Sozial- und Wirtschaftswissenschaft" sowie auch „Literatur, Buch- und Zeitungswesen".

Es scheint daher naheliegend zu sein, dass zwischen der Vergabe von Berufsbezeichnungen und der Zuordnung zu den Berufsgruppen hinsichtlich der jeweiligen Anzahl kein zwingender linearer Zusammenhang besteht. Ferner kann vermutet werden, dass sich im Laufe der jahrzehntelangen Entwicklung des ÖBL auch diesbezüglich Veränderungen in der Anwendung ergeben haben.

Die in der Überschrift dieses Kapitels gestellte Frage, ob sich die Berufsangaben im ÖBL verändern können, kann aber jedenfalls mit Ja beantwortet werden, und zwar im Besonderen in Bezug auf die Ebene der genauen Berufsbezeichnungen innerhalb der ÖBL-Berufssystematik. Mit den in diesem Unterkapitel vorgenommenen Erläuterungen konnte anhand von zahlreichen Beispielen sogar aufgezeigt werden, welche verschiedenen Typen von Änderungen speziell der genauen Berufsbezeichnungen festzustellen sind. Inwieweit sich die Berufssystematik des ÖBL sowie die verschiedenen möglichen Veränderungen der Angaben auf die Dateneignung und ein potentielles metho-

---

106 Siehe Kainrath, „Simony (Szimonj) Friedrich" (wie Anm. 40).
107 Wiesław Bieńkowski, „Limanowski Bolesław, Politiker, Historiker und Soziologe", in: *Österreichisches Biographisches Lexikon 1815–1950*, Bd. 5, 1972 (Lfg. 23, 1971), 215–216, hier 215.

disches Vorgehen in der Praxis auswirken, soll nun nachfolgend Gegenstand dieses Beitrags sein.

5. Sind die ÖBL-Biographien für berufsspezifische quantitative Analysen geeignet?

Hinsichtlich der Intentionen des Forschungsprojekts APIS wurde vorgegeben, „[b]asierend auf den biographischen Daten des ÖBL" Möglichkeiten zu schaffen, „um Lösungsansätze für Forschungsfragen im geistes-, sozial- und kulturwissenschaftlichen Kontext zu unterstützen bzw. spezifische Auswertungen zu ermöglichen".[108] Ergänzend solle aber unter anderem auch herausgearbeitet werden, „inwieweit sich Nationalbiographien überhaupt als Datenbasis für die Beantwortung spezieller, v. a. sozialgeschichtlicher Forschungsfragen eignen [...]".[109] Die Eignung des Österreichischen Biographischen Lexikons als Datengrundlage für die Bearbeitung sozialwissenschaftlicher/humangeographischer Fragestellungen einzuschätzen, stellt auch eine wesentliche Zielsetzung des Dissertationsprojekts des Beitragsautors dar. Einen Aspekt, den es dabei im Hinblick auf potentielle thematische Fokussierungen und Stichprobenziehungen zu betrachten gilt, stellen die Angaben zur beruflichen Tätigkeit der biographierten Personen dar.

Die an dieser Stelle zu beantwortende Frage lautet also, ob die im Österreichischen Biographischen Lexikon publizierten Biographien als Datenbasis für berufsspezifische quantitative geistes- und sozialwissenschaftliche Analysen geeignet sind. Kurz gefasst kann die Antwort darauf folgendermaßen formuliert werden: „Ja, aber". Gemeint ist damit, dass Analysen von im ÖBL biographierten Personen sehr wohl auch differenziert nach der beruflichen Tätigkeit möglich sind, dass dies aber nicht „auf Knopfdruck" erfolgen kann und dass dafür auch ein entsprechendes Hintergrundwissen über die Berufssystematik des ÖBL erforderlich ist.

Zuallererst ist ein Bewusstsein dafür hilfreich, dass es sich bei der Berufssystematik des ÖBL um keine Klassifikation von reinen Berufs- oder Erwerbstätigkeiten handelt, wie sie heutzutage beispielsweise für (nationale) Statistiken verwendet werden. Vielmehr umfasst das ÖBL Personen verschiedenster Berufssparten und Fachrichtungen ebenso wie unterschiedlicher Tätigkeits-

---

108 Gruber / Wandl-Vogt, Mapping historical networks (wie Anm. 25), 275.
109 Ebd., 276.

und Funktionsbereiche, was sich auch in den Berufsangaben, vor allem auf Ebene der genauen Berufsbezeichnungen, niederschlägt. Während einerseits zahlreiche Berufsbezeichnungen Verwendung gefunden haben, die auch heute noch gängige (z. B. Architekt, Beamter/-in, Journalist/in, Lehrer/in) oder früher übliche Berufstätigkeiten benennen (z. B. Büchsenmacher, Elfenbeinschnitzer, Kupferstecher, Stahlschneider), entsprechen andere Angaben dem heutigen Verständnis einer Erwerbstätigkeit weniger oder überhaupt nicht (z. B. Freiheitskämpfer/in, Mäzen/in, Naturforscher, Philanthrop/in). Dazu können auch im ÖBL verwendete Bezeichnungen gezählt werden, die entweder eine Besonderheit in der Tätigkeit und im Wirken einer Person hervorstreichen (z. B. Bergbahnpionier, Erfinder des Asbest, Skipionier) oder eher die Funktion einer Person kennzeichnen (z. B. Kommunalpolitiker, Regierender Fürst von und zu Liechtenstein, Vereinsfunktionär/in).[110] Von jenen drei Formen oder Typen von Berufsklassifikationen, welche von Katrin Moeller et al. angeführt werden,[111] lässt sich die Berufssystematik des ÖBL daher wohl auch primär jener Gruppe zuordnen, welche durch die Systematisierung von Tätigkeitsprofilen und Branchen charakterisiert ist.

Darüber hinaus ist es von großem Nutzen, über die folgenden sechs Aspekte der ÖBL-Berufssystematik Kenntnis zu haben:

1. Aufbau in drei Ebenen (Hauptgruppen – Untergruppen – Berufsbezeichnungen);
2. Berufsangaben können gleichlautend auf verschiedenen Ebenen vorkommen.
3. Die Berufsbezeichnungen sind unterschiedlich detailliert formuliert.
4. Jene Berufsbezeichnung, deretwegen eine Person für die Veröffentlichung ihrer Biographie im ÖBL ausgewählt wurde, kann fallweise auch nicht an erster Stelle genannt sein.
5. Erstgenannte Berufsbezeichnung und primäre (Haupt-)Berufsgruppe korrespondieren nicht zwingend.
6. Änderungen von Berufsangaben, speziell der Berufsbezeichnungen, sind möglich und auch bereits in verschiedener Art und Weise erfolgt.

---

110 Die in diesem Absatz jeweils beispielhaft genannten Berufsbezeichnungen entstammen der in Kapitel 4.3 vorgestellten eigenen Auswertung (siehe auch die Hinweise zu Tab. 1), können aber auch in der ÖBL-Online-Edition (http://www.biographien.ac.at/) eingegeben und gefunden werden (zuletzt abgerufen am 29.06.2019).
111 Siehe Moeller / Müller / Nasarek, *Ontologie* (wie Anm. 58).

Über den Aufbau der ÖBL-Berufssystematik Bescheid zu wissen, also Kenntnis darüber zu haben, dass diese aus drei Ebenen besteht – Hauptgruppen, Untergruppen und genaue Berufsbezeichnungen –, ist Grundvoraussetzung für berufsspezifische Analysen. Zu wissen, dass die mittlere Ebene dabei lediglich redaktionsinterne Relevanz besitzt, ist zusätzlich hilfreich. Die Untergruppenebene sei daher für wissenschaftliche Auswertungs- und Analysezwecke auch nicht relevant oder brauchbar.[112] Hinsichtlich der in den einzelnen Biographien des ÖBL enthaltenen Angaben zur beruflichen Tätigkeit ist zu beachten, dass diese genauen Berufsbezeichnungen – als unterste Ebene innerhalb der Berufssystematik – die jeweiligen Tätigkeitsbereiche der biographierten Personen in unterschiedlichem Detailgrad beschreiben. Wie bereits erläutert, stellen beispielsweise „Mundartschriftsteller" und „pädagogischer Fachschriftsteller" beziehungsweise „Glasfabrikant" und „Klavierfabrikant" ebenso einzelne genaue Berufsbezeichnungen dar wie die allgemeiner gehaltenen Nennungen „Schriftsteller" respektive „Fabrikant".

Zu dem für die Durchführung von berufsspezifischen Analysen hilfreichen Hintergrundwissen über die ÖBL-Berufssystematik zählen neben den vorab hinsichtlich der Verschiedenheit an Tätigkeitsbereichen gegebenen Informationen und den soeben beschriebenen Punkten 1 und 3 aber auch noch die weiteren vier Aspekte (obige Punkte 2, 4, 5 und 6): dass Berufsangaben auch de facto gleichlautend auf verschiedenen Ebenen innerhalb der Berufssystematik vorkommen können, dass die in einem Lexikonartikel des ÖBL erstgenannte Berufsbezeichnung fallweise nicht die ihr zugedachte Funktion erfüllt, dass die erstgenannte Berufsbezeichnung nicht zwingend mit der in der Datenbank GIDEON eingetragenen primären Berufsgruppe korrespondiert und dass es im Laufe der bereits über 60-jährigen Entstehungszeit des ÖBL in verschiedener Hinsicht Änderungen in der Verwendung der Berufsangaben gegeben hat.

Während die oben genannten Aspekte in vorliegendem Beitrag überwiegend bereits anhand zahlreicher Beispiele ausführlich dargelegt und erläutert wurden, darf an dieser Stelle auf den in obiger Auflistung zweiten Punkt – in Verbindung mit dem dritten – noch näher eingegangen werden. Wie bereits beschrieben, sind Berufsangaben wie zum Beispiel „Biologe(n)" sowohl als genaue Berufsbezeichnung (also direkt in einer publizierten Biographie) als auch auf Untergruppenebene (und damit nur in der redaktionsinternen Datenbank)

---

112 Gemäß Gruber (wie Anm. 36).

zu finden. Dies hat zur Folge, dass Auswertungen zur Häufigkeit des Vorkommens bestimmter Berufsbezeichnungen mit Anspruch auf thematische Vollständigkeit und Sinnhaftigkeit auf Basis systematischen Filterns in den Datenbanken de facto nicht möglich sind. Möchte man beispielsweise alle jene Personen analysieren, die in ihrer jeweiligen ÖBL-Biographie u. a. als „Biologe" bezeichnet werden, so ist eine entsprechende Abfrage auf Ebene der Berufsbezeichnungen prinzipiell möglich, allerdings wird das Ergebnis nicht alle im ÖBL biographierten Biologen umfassen. Warum? Im ÖBL porträtierte Personen, die u. a. eine im Bereich der Biologie detailliertere genaue Berufsbezeichnung wie zum Beispiel „Botaniker", „Pflanzenphysiologe", „Zoologe", „Apidologe" oder „Lepidopterologe" aufweisen, werden mit einer solchen Abfrage nicht angesprochen, obwohl diese Berufsbezeichnungen ebenso zur Untergruppe der „Biologen" zählen wie die Berufsbezeichnung „Biologe" selbst.

In Ergänzung zu diesen hinsichtlich der Dateneignung relevanten Aspekten darf am Ende dieses Kapitels der Vollständigkeit halber auch noch erwähnt werden, dass die Vergabe der genauen Berufsbezeichnungen durch die ÖBL-Fachredakteure naturgemäß auch ein wenig subjektiven Charakter aufweisen kann. So könnte man den im ÖBL mit den Berufsbezeichnungen „Architekt und Naturforscher"[113] bzw. „Naturwissenschaftler und Architekt" bezeichneten Karl Rudczinsky (Rudzinsky) auf Basis der in der Biographie enthaltenen Informationen nach Meinung des Verfassers des vorliegenden Beitrags ebenso als Mineralogen oder den „Naturforscher"[114] bzw. „Naturwissenschaftler" Ferdo (Ferdinand) Seidl durchaus auch als Geographen betrachten.[115]

Zieht man die bezüglich der für das ÖBL verwendeten Berufsangaben bemerkenswerten Aspekte in Betracht, vermag man die eingangs mit „Ja, aber" beantwortete Frage mit dem entsprechenden Hintergrundwissen weiterführend zu beantworten und ist man sich dessen bewusst, dass jeweils ein bestimmter Bearbeitungs- und Abfragestand des ÖBL als Basis heranzuziehen und dieser auch anzugeben ist, so kann man sich der methodisch-praktischen Umsetzung einer berufsspezifischen Analyse von ÖBL-Biographien widmen.

---

113 Spurný, „Rudczinsky (Rudzinsky) Karl" (wie Anm. 74).
114 Nada Gspan, „Seidl Ferdo (Ferdinand), Naturforscher", in: *Österreichisches Biographisches Lexikon 1815–1950*, Bd. 12, 2005 (Lfg. 56, 2002), 121–122, hier 121.
115 Die jeweils zweite veröffentlichte Version der Berufsbezeichnung(en) ist in der ÖBL-Online-Edition (http://www.biographien.ac.at/) und in der Datenbank GIDEON enthalten (jeweils zuletzt abgerufen am 29.06.2019).

6. Welche methodische Vorgehensweise zur Bildung von Untersuchungsgruppen für berufsspezifische quantitative Analysen des ÖBL ist in der Praxis möglich?

Betrachtet man die im ÖBL biographierten Personen zum Beispiel hinsichtlich deren räumlicher Mobilität oder in Bezug auf sozialräumliche Netzwerke, so wäre es prinzipiell von großem Interesse, eine solche sozialwissenschaftliche/humangeographische Analyse für alle – also bereits mehr als 18.000 – im ÖBL in Form von Biographien vertretenen Persönlichkeiten durchzuführen. Eine solche Analyse könnte dabei auch differenziert nach der beruflichen Zugehörigkeit der Personen, konkret z. B. nach den Hauptberufsgruppen, erfolgen.

Analysen zu räumlicher Mobilität und Migration von biographierten Personen basieren auf den in den Biographien enthaltenen raumbezogenen Informationen zu den einzelnen Lebensstationen der porträtierten Personen (Geburtsort und Sterbeort sowie eventuelle weitere Aufenthaltsorte oder -institutionen). Geburts- und Sterbeorte sind praktikabel auswertbar, da sie zu den „Metadaten" der Biographien zählen. Im Falle aller weiteren Aufenthaltsorte einer biographierten Person ist dies allerdings nicht der Fall, eine Auswertung daher auch nicht von vornherein möglich. Vielmehr müssen dafür in jeder einzelnen Biographie erst alle jene Ortsnamen und weiteren Toponyme sowie Namen von Institutionen identifiziert und annotiert werden, welche einen Aufenthaltsort der Person im Laufe ihres Lebens beschreiben.[116] Da es zur Sicherstellung der in geistes- und sozialwissenschaftlichen Disziplinen üblichen Qualitätsstandards (Stichwort Datenqualität) derzeit de facto weiterhin erforderlich ist, diese sogenannte Annotation manuell durchzuführen[117], und weil dieser Vorgang des manuellen Annotierens mit einem erheblichen Zeitaufwand einhergeht und für die mehr als 18.000 Biographien vermutlich einige Jahre in Anspruch nehmen würde, ist es notwendig, eine Fokussierung vorzunehmen und Untersuchungs- oder Analyseteilgruppen bzw. Stichproben festzulegen. Damit soll nicht zuletzt auch die praktische Durchführbarkeit einer solchen Analyse gewährleistet werden.

---

116 Zu Toponymen als Grundlage für Analysen zu räumlicher Mobilität siehe weiterführend auch den Beitrag von Maximilian Kaiser / Peter Alexander Rumpolt (konkret Kap. 4) in diesem Band. Im Falle von Netzwerkanalysen kann darüber hinaus auch die Annotation von Personen, die in den Biographien miterwähnt werden, von Bedeutung sein.

117 Zum Vorgang des manuellen Annotierens siehe den Beitrag von Maximilian Kaiser „Leitfaden für die Annotation von Named Entities (NE) in Biographien" in diesem Band.

Für die Auswahl der Personen, die eine Untersuchungsgruppe oder Stichprobe bilden, bestehen, wie auch Maximilian Kaiser in diesem Band festhält[118], grundsätzlich mehrere Möglichkeiten. So können dabei zeitliche oder räumliche Kriterien ebenso herangezogen werden wie thematische. In zeitlicher Hinsicht kann beispielsweise eine Kohorte aller in einem bestimmten Zeitraum, z. B. innerhalb eines Kalenderjahres oder eines Jahrzehnts, geborenen oder verstorbenen Personen als Untersuchungsgruppe definiert werden. Fasst man demgegenüber alle jene Personen zu einer Gruppe zusammen, welche dasselbe Geburtsland aufweisen, so folgt man einem raumbezogenen Auswahlkriterium. Entscheidet man sich hingegen für eine thematische Auswahl, so stellt dafür die berufliche Zugehörigkeit der weiterführend zu analysierenden Personen eine interessante Möglichkeit dar. In allen drei Fällen besteht auch die Möglichkeit, mehrere Untersuchungs-/Analyseteilgruppen zu definieren (z. B. in raumbezogener Hinsicht nach verschiedenen Geburtsländern) und diese vergleichend zu analysieren.

Erfolgt die Definition einer oder mehrerer Untersuchungs(teil)gruppen (Analyseteilgruppen, Stichproben) nach der beruflichen Zugehörigkeit der im Österreichischen Biographischen Lexikon verzeichneten Personen, so bestehen aus Sicht des Verfassers dieser Zeilen hinsichtlich der methodischen Vorgehensweise vier verschiedene Möglichkeiten:

Erstens können die in den einzelnen Biographien des ÖBL angegebenen genauen **Berufsbezeichnungen** als konkretes Auswahlkriterium herangezogen werden. Demzufolge bestünde eine Untersuchungsgruppe aus allen jenen Personen, welche ein und dieselbe Berufsbezeichnung aufweisen (z. B. „Architekt"), oder aus einer Stichprobe daraus. Gegebenenfalls können auch zwei oder drei Teilgruppen definiert und dadurch zwei oder drei Berufsbezeichnungen einer vergleichenden Betrachtung unterzogen werden. Entscheidet man sich für eine solche Festlegung nach den genauen Berufsbezeichnungen des ÖBL, dann sind auf jeden Fall zwei Punkte zu beachten: Einerseits sollte man sich der in den Kapiteln 4 und 5 dieses Beitrags erläuterten Spezifika der ÖBL-Berufssystematik sowie der diesbezüglich möglichen Änderungen bewusst sein. Und andererseits sollte man auch auf die Häufigkeit des Vorkom-

---

118 Zu den Möglichkeiten der Auswahl zu analysierender Gruppen siehe auch den Beitrag von Maximilian Kaiser „Künstlerbiographien und historische Netzwerkforschung" in diesem Band.

mens einzelner Berufsbezeichnungen achten, bei Stichprobenziehungen also nur quantitativ ausreichend stark besetzte Personengruppen analysieren[119].

Eine zweite mögliche Vorgehensweise besteht darin, einen oder mehrere **Begriffe** festzulegen, welche für eine bestimmte thematische Fokussierung kennzeichnend sind, und die Analyse anschließend auf **jene Berufsbezeichnungen** zu fokussieren, **in deren Benennungen** diese Begriffe vorkommen. Interessiert man sich also beispielsweise für im ÖBL biographierte Persönlichkeiten, die mit dem alpinen Raum in Verbindung stehen, also in den Alpen lebten oder wirkten oder etwas für den Alpenraum Bedeutsames bewirkten, so könnte man die Analyse auf jene Berufsbezeichnungen eingrenzen, in deren jeweiliger Benennung – unabhängig von Groß- oder Kleinschreibung – die Wortteile „alpen" oder „alpin" enthalten sind. Wie die in Kapitel 4.3 erläuterte eigene quantitative Auswertung der genauen Berufsbezeichnungen ergab, handelt es sich dabei im ÖBL konkret um die drei Berufsbezeichnungen „Alpenvereinsfunktionär", „alpiner Schriftsteller" und „Alpinist". Eine in der beschriebenen Form definierte Untersuchungsgruppe würde dann alle jene Personen umfassen, die (u. a. auch) zumindest eine dieser drei Berufsbezeichnungen aufweisen. Innerhalb des Datenbestandes im Umfang von 18.108 Biographien (APIS-Ausgangsdatenbasis)[120] sind gemäß der eigenen Auswertung konkret 111 „Alpinisten", sieben „Alpenvereinsfunktionäre" und vier „alpine Schriftsteller" Teil des ÖBL, bei einem Teil dieser Personen sind mehrere dieser drei Bezeichnungen angegeben.

In Anknüpfung an diese zweite Variante besteht die dritte Möglichkeit zur Bildung einer Untersuchungsgruppe darin, wiederum einen oder mehrere **Begriffe** oder Formulierungen festzulegen, welche für eine bestimmte thematische Fokussierung relevant erscheinen, allerdings in diesem Fall anschließend jene Personen zu einer Gruppe zusammenzufassen, **in** deren **Lexikonartikeln** diese Begrifflichkeiten im jeweiligen Biographietext vorkommen. Eine solche Vorgehensweise hatte Ágoston Zénó Bernád versucht, um anhand mehrerer re-

---

119 „Stichprobenumfänge von weniger als 30 gelten allgemein als zu klein, um Repräsentativität zu erreichen." (Gerhard Bahrenberg / Ernst Giese / Josef Nipper, *Statistische Methoden in der Geographie. Band 1. Univariate und bivariate Statistik* (= Teubner Studienbücher der Geographie), Stuttgart / Leipzig: B. G. Teubner, 1999, hier 18). Vgl. auch Norbert de Lange / Josef Nipper, *Quantitative Methodik in der Geographie* (= Grundriss Allgemeine Geographie, = UTB 4933), Paderborn: Ferdinand Schöningh, 2018, hier 267.
120 Siehe Anm. 28 sowie die Hinweise zu Tab. 1.

levanter Begriffe alle journalistisch tätigen oder mit dem Pressewesen in Beziehung stehenden Personen in einer Untersuchungsgruppe zusammenzuführen.[121]

Untersuchungs- oder Analyseteilgruppen auf Basis der Zuordnung der biographierten Personen zu den **(Haupt-)Berufsgruppen** zu erstellen, stellt schließlich eine vierte Möglichkeit dar. So hat beispielsweise Maximilian Kaiser aus allen im ÖBL biographierten Personen mit Zuordnung zur Berufsgruppe „Bildende und angewandte Kunst" unter Zuhilfenahme externer Quellen (Mitgliederverzeichnisse) jene Personen herausgefiltert und zu einer Untersuchungs(teil)gruppe zusammengefasst, welche Mitglied in der Künstlervereinigung „Genossenschaft der bildenden Künstler Wiens" (Künstlerhaus) waren (Collection „Künstlerhaus" in der APIS-WebApp).[122]

Während bei allen bisher beschriebenen Optionen zur Festlegung von Untersuchungsgruppen jeweils eine inhaltlich bewusste Auswahl erfolgte – dies ist auch dann der Fall, wenn drei Analyseteilgruppen zu je einer Berufsbezeichnung gebildet werden, welche selbst wiederum drei verschiedenen Berufsgruppen angehören –, besteht beispielsweise im Falle der vierten Möglichkeit, der Bildung von Untersuchungs(teil)gruppen differenziert nach Berufsgruppen, auch die Variante einer *Zufallsauswahl*, d. h. der Bildung repräsentativer Teilmengen (Stichproben). Der Verfasser dieses Beitrags hat sich hinsichtlich der im Rahmen seines Dissertationsprojekts vorgenommenen Fokussierung auf Wissenschaftler für genau diese Variante entschieden.

Das Analyseset für diese Schwerpunktsetzung im Bereich der Wissenschaft und den Auswahlrahmen für eine Stichprobenziehung bilden jene 17.925 Biographien innerhalb der APIS-Ausgangsdatenbasis, die Personen mit Sterbejahr im Zeitraum 1815–1950 porträtieren (siehe Kapitel 3 dieses Beitrags). Innerhalb dieses Auswahlrahmens wird der Blick auf jene drei (Haupt-)Berufsgruppen des ÖBL gerichtet, welche explizit der Wissenschaft gewidmet sind: „Geisteswissenschaft", „Naturwissenschaft" sowie „Sozial- und Wirtschaftswissenschaft". Die Grundgesamtheit für die empirischen Analysen stellen somit jene im ÖBL

---

121 Aufgrund der für die Durchführung der manuellen Annotation zu großen Zahl an diesbezüglichen Biographien fiel schließlich aber doch die Entscheidung, die Untersuchungsteilgruppe (Stichprobe) in erster Linie auf der Berufsbezeichnung „Journalist/Journalistin" aufzubauen (Collection „Journalisten" in der APIS-WebApp) und somit doch die erstgenannte Möglichkeit methodischen Vorgehens anzuwenden. Zur Collection „Journalisten" siehe auch Anm. 30 sowie den Beitrag von Ágoston Zénó Bernád in diesem Band.

122 Zur Collection „Künstlerhaus" siehe auch Anm. 30 und die folgenden Beiträge: Kaiser / Schlögl / Lejtovicz / Rumpolt, Artist Migration (wie Anm. 87), 81 sowie die Beiträge von Maximilian Kaiser („Künstlerbiographien und historische Netzwerkforschung") und von Maximilian Kaiser / Peter Alexander Rumpolt in diesem Band.

innerhalb des genannten Datenbestandes/Auswahlrahmens durch Biographien vertretenen Personen dar, die zumindest eine genaue Berufsbezeichnung aufweisen, welche einer dieser drei Berufsgruppen zugeordnet ist. Aus dieser Grundgesamtheit an im ÖBL biographierten mehr als 4.000 Wissenschaftlern wird eine Stichprobe gezogen, und zwar in systematischer, aber dennoch einer Zufallsauswahl entsprechender Form. Diese Gesamtstichprobe im Umfang von insgesamt rund 600 Personen besteht aus drei Teilgruppen. Um Vergleiche zwischen den drei Disziplinengruppen zu ermöglichen und diesbezüglich repräsentative Aussagen treffen zu können, handelt es sich dabei um je eine (Zufalls-) Teilstichprobe aus den drei oben genannten „Wissenschaftler-Berufsgruppen" im Umfang von jeweils etwa 200 Personen.[123]

Im Falle der Festlegung von Untersuchungs(teil)gruppen bzw. (Teil-)Stichproben nach den Hauptberufsgruppen des ÖBL sollte man sich auch noch dessen bewusst sein, dass, wie am Ende von Kapitel 4 erwähnt, zwischen den Berufsbezeichnungen und der Zuordnung einer Person zu den Berufsgruppen hinsichtlich der jeweiligen Anzahl kein zwingender linearer Zusammenhang besteht.

Für alle vier Möglichkeiten zur Bildung von Untersuchungsgruppen sei noch auf Folgendes hingewiesen: Wie bereits weiter oben erläutert, erfüllt die in einer Biographie erstgenannte Berufsbezeichnung de facto nicht immer die ihr zugedachte Funktion, den vorrangigen Grund für die Aufnahme der jeweils porträtierten Person zu kennzeichnen. Des Weiteren wurde darauf hingewiesen, dass erstgenannte Berufsbezeichnung und primäre Berufsgruppe nicht zwingend korrespondieren. Aus diesen Gründen wird vorgeschlagen, sich bei der Festlegung von Untersuchungs(teil)gruppen oder Stichproben nicht nur auf die erstgenannten Berufsbezeichnungen respektive die primären Berufsgruppen zu beziehen, sondern jeweils alle in einer Biographie genannten Berufsbezeichnungen beziehungsweise alle einer Person zugeordneten Berufsgruppen zu berücksichtigen. Diesem Vorschlag folgt auch das im Rahmen der Fokussierung auf Wissenschaftler gewählte Stichprobenauswahlverfahren.

---

[123] Eine detaillierte Erläuterung dieses für Analysen zu räumlicher Mobilität von Wissenschaftlern selbst entwickelten, diffizilen Stichprobenauswahlverfahrens (Bildung von drei systematischen Zufallsteilstichproben) würde an dieser Stelle den Rahmen sprengen.

7. Abschluss und Ausblick

Mit dem Österreichischen Biographischen Lexikon wurde und wird primär ein fundiertes und verlässliches Nachschlagewerk für die Geschichtswissenschaften und die interessierte Öffentlichkeit geschaffen. Das ÖBL als Datenquelle für quantitative geistes- und sozialwissenschaftliche Analysen zu verwenden, gehörte hingegen nicht zu den ursprünglichen Zielsetzungen. Genau dies ist aber nun Kern des innovativen und experimentellen Forschungsprojekts APIS.

Obwohl eigentlich nicht dafür konzipiert, kann festgehalten werden, dass das ÖBL aufgrund seiner thematisch breiten Anlage auch für berufsspezifische quantitative Analysen im Bereich der Geistes- und Sozialwissenschaften – z. B. Analysen zu Netzwerken und räumlicher Mobilität der biographierten Personen – durchaus geeignet ist, dass für die Durchführung solcher Analysen und dabei vor allem für die Festlegung von Untersuchungsgruppen (gegebenenfalls Stichproben) allerdings entsprechendes Hintergrundwissen erforderlich ist. So sollte man immer die für das ÖBL konzipierte und verwendete Berufssystematik und die verschiedenen Möglichkeiten an Änderungen der Berufsangaben im Laufe der bereits über 60-jährigen Entstehungs- und Weiterentwicklungszeit des ÖBL im Hinterkopf behalten und sich vor der Bildung einer oder mehrerer berufsspezifischer Untersuchungs-/Analyseteilgruppen auch einen Überblick darüber verschaffen, welche Berufsangaben – vor allem auf den Ebenen der Hauptberufsgruppen sowie der genauen Berufsbezeichnungen – im ÖBL wie oft vorkommen.

Mit vorliegendem methodologischen Beitrag wird versucht, die bisher bestehende Lücke in puncto veröffentlichter näherer Informationen über die im ÖBL verwendeten Berufsangaben zu schließen. Dadurch besteht nun erstmals die Möglichkeit für einen tieferen Einblick in die aus drei Ebenen bestehende Berufssystematik des ÖBL und die Zusammenhänge zwischen den Ebenen sowie für einen umfassenden Überblick über die verschiedenen Änderungsmöglichkeiten, speziell auf Ebene der genauen Berufsbezeichnungen (inkl. der konstatierten Typen an möglichen Änderungen). In Bezug auf die Häufigkeit des Vorkommens der – insgesamt rund 1.100 – einzelnen Berufsbezeichnungen in den Biographien des ÖBL wurde mit der eigens durchgeführten quantitativen Auswertung aller genauen Berufsbezeichnungen gänzlich „Neuland" beschritten.

In Verbindung mit einem 2017 publizierten Beitrag zur Verwendung von Personennamen im ÖBL[124] sowie zwei weiteren primär methodologisch bzw. methodisch ausgerichteten Beiträgen in diesem Band[125] steht dem interessierten Leser und geneigten Nutzer nun bereits ein umfangreiches Set an auch im Sinne von Hilfestellungen oder „Gebrauchsanweisungen" nutzbaren Hintergrundinformationen über das ÖBL zur Verfügung.

Dem Autor vorliegenden Beitrags ist bewusst, dass es sich bei der ÖBL-Berufssystematik um eine komplexe und abstrakte Thematik handelt. Daher war das Verfassen dieses Beitrags auch durchgehend von dem Bestreben geleitet, die Komplexität oder Abstraktheit bestmöglich herunterzubrechen, und zwar durch die exemplarische Veranschaulichung anhand konkreter Biographien. Ein weiteres Bestreben bestand darin, auf Basis der umfassenden Aufarbeitung der Berufsangaben die Frage nach der Eignung der ÖBL-Biographien als Datenbasis für nach der beruflichen Tätigkeit differenzierende quantitative Analysen zu beantworten („Ja, aber") und daran anknüpfend – im Sinne einer Vorleistung für die thematischen Analysen – für das methodische Vorgehen verschiedene Möglichkeiten zur Bildung von berufsspezifischen Untersuchungsgruppen (Analyseteilgruppen/Stichproben) aufzuzeigen und diesbezüglich konkrete Umsetzungsvarianten vorzustellen.

Dabei kann es als grundlegend sinnvoll und begrüßenswert erachtet werden, dass ein Teil der seitens der ÖBL-Redaktion vorgenommenen Änderungen der genauen Berufsbezeichnungen aus Gründen der Vereinfachung und Systematisierung erfolgte und dass dadurch Abfragemöglichkeiten verbessert werden sollten. Es wäre wünschenswert, wenn der ÖBL-Redaktion die Möglichkeit gegeben werden könnte, neben dem eigentlichen Prozess der Erarbeitung und Veröffentlichung des Lexikons auch diese Bemühungen fortzuführen.

Im Sinne eines Ausblicks sei abschließend darauf hingewiesen, dass zukünftig auch Überlegungen dahingehend angestellt werden sollten, welche weiteren Möglichkeiten zur Visualisierung von Berufsangaben und -systematik bestehen und zwecks anschaulicher Darstellung genutzt werden könnten. Eine erste diesbezügliche Anregung geben beispielsweise Katrin Moeller et al.[126]

---

124 Siehe Hubert Bergmann / Elian Carsenat, Ein sprachübergreifendes biographisches Lexikon als anthroponymische Herausforderung, in: Ágoston Zénó Bernád / Christine Gruber / Maximilian Kaiser (eds.) (unter Mitarbeit von Matthias Schlögl / Katalin Lejtovicz), *Europa baut auf Biographien. Aspekte, Bausteine, Normen und Standards für eine europäische Biographik,* Wien: new academic press, 2017, 355–381.
125 Siehe den Beitrag von Ágoston Zénó Bernád und Katalin Lejtovicz sowie den Beitrag von Maximilian Kaiser „Leitfaden für die Annotation von Named Entities (NE) in Biographien" in diesem Band.
126 Siehe Moeller / Müller / Nasarek, *Ontologie* (wie Anm. 58).

Maximilian Kaiser

Künstlerbiographien und historische Netzwerkforschung. Anwendungsbeispiele aus dem Bereich der digitalen Kunstgeschichte

Mit der Nationalbiographie entstand im 19. Jahrhundert ein neuer Typus von biographischem Lexikon, welches sich sukzessive zu einem europaweiten Phänomen entwickelte. Für die Biographik stellte dies einen entscheidenden Wendepunkt dar. Diese Lexika folgten alle der grundlegenden Idee, in einem einzigen allumfassenden Nachschlagewerk all jene Personen* durch Lebensläufe zu verewigen, die durch ihre Wirkung bzw. Bedeutung das Bild einer Nation nachhaltig geprägt hatten. Das hieß auch, dass keine Beschränkung auf eine bestimmte Gruppe oder auf eine berufliche Tätigkeit vorgenommen werden sollte. Für das Gebiet des Kaisertums Österreich schuf Constantin von Wurzbach mit seinem *Biographischen Lexikon des Kaiserthums Oesterreich* das umfangreichste enzyklopädische Werk in diesem Zusammenhang.[1] Darin sind 3.480 Künstlerbiographien enthalten. Für viele der dort beschriebenen Persönlichkeiten war es die erste Niederschrift ihres Lebens und Wirkens. Es folgten weitere Lexikonprojekte wie *Das Geistige Wien* von Ludwig Julius Eisenberg.[2] Österreichische Künstler wurden außerdem in dem bis heute fortgeführten Standardwerk des Allgemeinen Künstlerlexikons (AKL), zu dieser Zeit noch als *Allgemeines Lexikon der Bildenden Künstler von der Antike bis zur Gegenwart* von Ulrich Thieme und Felix Becker bekannt, aufgenommen.[3] Mit der Motivation „einem florierenden Kunsthandel, einer aufblühenden Kunstforschung in Museen und Hochschulen eine solide Grundlage in Form eines Künstlerlexikons zu geben", fasst der deutsche Kunsthistoriker Martin

---

* Im Sinne der leichteren Lesbarkeit verwendet der Autor im vorliegenden Beitrag ausschließlich die männliche Form.
1 Constantin von Wurzbach, *Biographisches Lexikon des Kaiserthums Oesterreich*, 60 Bde., Wien: K. K. Hof- und Staatsdruckerei, 1856–1891.
2 Ludwig Julius Eisenberg / Richard Groner, *Das Geistige Wien. Mittheilungen über Wiener Architekten, Bildhauer, Bühnenkünstler, Graphiker, Journalisten, Maler, Musiker und Schriftsteller*, 2 Bde., Wien: Brockhaus-Verlag, 1889–1890.
3 Ulrich Thieme / Felix Becker (eds.), *Allgemeines Lexikon der Bildenden Künstler von der Antike bis zur Gegenwart*, 37 Bde., Leipzig, 1907–1950.

Warnke die Bestrebungen der beiden „Amateure" zusammen.⁴ Die Redaktion dieses Lexikons rekrutierte für das Verfassen der einzelnen wissenschaftlichen Biographien die renommiertesten Kunsthistoriker der damaligen Zeit. Für Artikel zu österreichischen Künstlern wurden so bekannte Namen wie Hans Ankwicz-Kleehoven, Hans Tietze, Max Dvořák oder Max Eisler gewonnen. In der Nachfolge von Wurzbach wurde während der Zwischenkriegszeit mit der Herausgabe einer *Neuen Österreichischen Biographie* begonnen.⁵ Auch dort finden sich etliche Autoren, die bereits für das AKL geschrieben hatten, darunter u. a. auch eben genannter Hans Ankwicz-Kleehoven.⁶ In seinem Nachlass, der sich heute in der Österreichischen Galerie Belvedere befindet, sind von Künstlern ausgefüllte Fragebögen erhalten. Mittels dieser Methode sammelte er bis in die Nachkriegszeit reichende biographische Informationen. Die Veröffentlichung dieser Daten plante er in Form der Herausgabe eines eigenen Lexikons. In die gleiche Ära fällt auch der Startschuss für das *Österreichische Biographische Lexikon* (ÖBL), welches im Vergleich zu den erwähnten Lexika infolge der spezifischen Auswahl der biographierten Personen eine Sonderstellung einnimmt. Dies liegt an zweierlei Tatsachen: Einerseits deckt es den zeitlichen Rahmen von 1815 bis 1950 ab, andererseits finden sich Personen im Lexikon, die sowohl auf dem Staatsgebiet der Habsburgermonarchie als auch jenem der Republik Österreich gelebt und gewirkt haben. Das bedeutet, dass die ehemaligen Kronländer somit ebenso berücksichtigt werden. Künstlerlexika, wie z. B. *Österreichisches Künstlerlexikon* von Rudolf Schmidt, blieben unvollendet. Das Werk *Die österreichischen Maler des 19. Jahrhunderts* von Heinrich Fuchs wiederum ist in seiner Konzeption enger gefasst und reicht im Umfang nicht an das ÖBL heran.⁷

Das ÖBL als Lexikon selbst hat mehrere Digitalisierungsphasen durchlebt. Seit 2011 erscheinen Biographien der sogenannten Online-Edition „Österreichisches Biographisches Lexikon ab 1815"⁸ nur mehr digital. Grundvoraussetzung

---

4 Martin Warnke, Alles über alle, in: *Die Zeit. Online Edition*, 29.1.1997, https://www.zeit.de/1993/05/alles-ueber-alle (Zugriff 2.10.2018).

5 Anton Bettelheim begann 1923 mit der Reihe. Ab Band 8 kam Edwin Rollet als Zweitherausgeber hinzu. Die Reihe wurde bis zum Band 22 im Jahr 1987 fortgesetzt. Zu den Anfängen s. Anton Bettelheim (ed.), *Neue Österreichische Biographie. 1815–1918*, 7 Bde., Wien: Almathea-Verlag [u. a.], 1923–1931.

6 Von ihm stammen die Biographien zu Josef Hoffmann (X), Dagobert Peche (VIII) und Anton Romako (XII). Die Bandnummern sind durch römische Zahlen angegeben und in Klammern gesetzt. Für die Fortsetzung der *Neuen Österreichischen Biographie* konnte Ankwicz keine Artikel mehr liefern, da er 1962, als der erste Band erschienen war, verstarb.

7 Rudolf Schmidt, *Österreichisches Künstlerlexikon. Von den Anfängen bis zur Gegenwart*, Bd. 1 (A bis D), Wien: Tusch, 1974; Heinrich Fuchs, *Die österreichischen Maler des 19. Jahrhunderts*, 6 Bde., Wien: Selbstverlag, 1972–1979.

8 Die Onlineausgabe des Lexikons erscheint zusätzlich zur Printedition und umfasst Nachträge bzw. Überarbeitungen bereits publizierter Artikel sowie Personen, die nach 1950 verstorben sind.

für diese Form der Publikation war, dass die einzelnen Texte in Form von teilstrukturierten XML-Dateien produziert werden können. Wichtig zu erwähnen ist hierbei, dass sich der Terminus „strukturiert" auf die Auszeichnung bestimmter biographischer Merkmale einer Person, gleichzusetzen also mit dem, was man unter Metadaten versteht, bezieht. Dadurch war die Ausgangsbasis für das Forschungsprojekt „Mapping historical networks: building the Austrian Prosopographical Information System (APIS)" gegeben. Eine zentrale Hypothese von APIS ist, dass sich Biographien über die im Text genannten Ausbildungs- und Karrierestationen vergleichen lassen. Diese im Weiteren als biographische Bausteine bezeichneten Elemente finden in den digitalen Geisteswissenschaften als sogenannte „Named Entities" und „Relations" ihre Entsprechung. Dazu passt die Beobachtung der Kunsthistoriker Ernst Kris und Otto Kurz, „ daß in aller Biographik gewisse Grundvorstellungen vom bildenden Künstler nachzuweisen sind, die, ihrem Wesen nach aus einheitlicher Wurzel verständlich, sich bis in die Anfänge der Geschichtsschreibung zurückverfolgen lassen."[9] Eine weitere Annahme – und diese ist für die nachfolgenden Ausführungen von größerer Bedeutung, besteht darin, dass sich die auf diesem Weg gewonnenen biographischen Angaben als Grundlage für die historische Netzwerkforschung eignen.

1. Historische und biographische Netzwerke

Daran anknüpfend ist im Folgenden zwischen zwei verschiedenen Arten von Netzwerkdarstellungen zu unterscheiden, nämlich dem historischen und dem biographischen Netzwerk. Handelt es sich beim Begriff der historischen Netzwerkforschung um eine Methode, die sich in den letzten Jahren durch zahlreiche Artikel, Monographien, Handbücher, Diplomarbeiten und Dissertationen etabliert hat, so ist der Begriff des biographischen Netzwerks noch relativ neu. Im weitesten Sinne entspricht er dem englischen „Prosopographical Network". Eine Unterscheidung kann grundsätzlich auf Basis der den Darstellungen zugrundeliegenden Quellen getroffen werden. Bei der historischen Netzwerkforschung wird ein Quellentyp systematisch ausgewertet. Es kann sich dabei um Briefe, Verzeichnisse, Protokolle, Kreditbücher usw. handeln. Im Fall der biographischen Netzwerkforschung liegen den Visualisierungen alle in einer Biographie zu findenden Named Entities zugrunde. Konkret auf

---

9 Ernst Kris / Otto Kurz, *Die Legende vom Künstler* (= Suhrkamp Taschenbuch Wissenschaft 102), Frankfurt am Main: Suhrkamp, 1995 (Nachdruck 1. Auflage), 23.

das ÖBL bezogen, kann es sich dabei um Personen-, Orts- oder Institutionsnamen handeln. Diese Nennungen decken im Gegenzug zur historischen Netzwerkforschung nicht einen einzelnen Zeitpunkt ab, sondern das komplette Spektrum an materieller Überlieferung vom Zeitpunkt der Geburt an bis zum Tod einer Person. Die Auflistung aller einer Biographie zugrundeliegenden (Sekundär-)Quellen findet sich in der Regel in dem auf das Werkverzeichnis folgenden Literaturverzeichnis am Ende eines jeden Textes. Durch die Bearbeitung und Sichtung seitens der Redaktion wiederum wird gewährleistet, dass sich der Autor in seinen Beschreibungen an die formalen Kriterien hält und dass der für eine Biographie zur Verfügung stehende Platz bzw. die Textlänge nicht überschritten wird.

Erst durch diese Formalisierung der Lexikonsprache wird die vergleichende Analyse des ÖBL auf digitaler Basis ermöglicht. Franco Morettis geistvolle Bemerkung, „Human beings employed full time in keeping institutions alive, not vice versa", beruht auf einer Studie, in der er Nachrufe aus der *New York Times* untersucht hat.[10] Was dabei durchklingt, kann als ein Versuch gewertet werden, Distant Reading auf biographische Texte anzuwenden. Durch die Wahl eines biographischen Textes als Untersuchungsgegenstand lässt sich eine Parallele zum APIS-Projekt herstellen. Um die Stichhaltigkeit der anfangs postulierten Annahmen zu testen, musste zuerst eine Stichprobe gezogen werden. Bereits in den 1970er-Jahren merkte Lawrence Stone kritisch an, dass die Einbindung computerunterstützter Verfahren in der prosopographischen Forschung nicht unproblematisch sei. Dazu schrieb er:

„The availability of the computer will increasingly tempt some historians to concentrate their energies on problems that can be solved by quantification, problems which are sometimes – but by no means always – the most important or interesting ones. It will also tempt them to abandon sampling techniques [...]".[11]

Dieses Statement im Hinterkopf behaltend, lassen sich grundsätzlich mehrere Möglichkeiten für die Auswahl finden. So können Gruppen über die Zugehörigkeit zu einer Generation, über ihre Herkunft oder auch nach thematischen Kriterien gebildet werden. Aus kunsthistorischer Perspektive sind vor allem die Künstler von Interesse. Deshalb wurde eine repräsentative Stichprobe von

---

10 Franco Moretti, New York Times Obituaries, in: *New Left Review*, no. 2, March-April 2000, 107.
11 Lawrence Stone, Prosopography, in: *Daedalus. Historical Studies Today*, Vol. 100, no. 1 (1971), 72.

506 Künstlerbiographien aus dem Korpus des ÖBL gezogen. Für die Auswahl einer jeden Biographie war es entscheidend, ob die betreffende Person Mitglied in der Künstlervereinigung „Genossenschaft bildender Künstler Wiens" bzw. im Künstlerhaus war oder nicht. Die Verbindung zu dieser Institution konnte über die Auswertung von Mitgliederverzeichnissen hergestellt werden. Alle Künstlerbiographien, auf die dieses Merkmal zutrifft, finden sich in der gleichnamigen Collection Künstlerhaus.

Dass für die Auswertung von Biographien unterschiedliche Lesarten und Analysemöglichkeiten zur Verfügung stehen, darauf wurde im Text *The biographical formula: Types and Dimensions of biographical networks* hingewiesen.[12] In den nachfolgenden zwei Kapiteln geht es vor allem um die Auswertungsmöglichkeiten am Beispiel zweier prominenter Kunstinstitutionen (Akademie der bildenden Künste Wien, Künstlerhaus Wien), die daran anschließende Detailanalyse widmet sich dem Institutionsnetzwerk; auf die Analyse der Teilnetzwerke der Professoren und Präsidenten sowie der Verbindungen zu Kunstsammlerkreisen folgt zum Abschluss ein Kapitel über mögliche Synergien, die sich aus der Verwendung von biographischen Daten für die historische Netzwerkforschung ergeben können.

2. Die Akademie der bildenden Künste Wien

Als ein erstes Anwendungsbeispiel wird also die Akademie der bildenden Künste Wien (ABK) herangezogen. Seit ihrer Gründung durch Kaiser Leopold I. war sie die bedeutendste Institution für die künstlerische Ausbildung in der Habsburgermonarchie und hat ihre Bedeutung bis in die heutige Zeit bewahrt. Im Jahr 1876 wurde die Akademie reformiert, zentralisiert und zog in ein neu errichtetes Gebäude auf dem Schillerplatz in Wien. Neben den beiden Klassen für Malerei und Skulptur wurde auch eine Reihe von Spezialschulen etwa für Historienmalerei, Landschaftsmalerei, Tiermalerei, Höhere Skulptur, Kupferstich, Medaillenkunst und Architektur geführt. Von Beginn an wurde die Idee einer ausgewählten Künstlerelite durch strenge Aufnahmeregularien und begrenzte Studienplätze verfolgt. Daraus lässt sich ableiten, dass jene Künstler, die zum Professor an der Akademie in Wien berufen wurden, zu den etablierten Künstlern Österreichs zu

---

12 Vgl. Ágoston Zénó Bernád / Maximilian Kaiser, The biographical formula: Types and Dimensions of Biographical Networks, in: *BD-2017. Proceedings of the Workshop for biographical data in a digital World 2017*, Ars Electronica Center Linz 6.–7.11.2017, 45–52, http://ceur-ws.org/Vol-2119/paper8.pdf (Zugriff 11.7.2018).

zählen sind. Es überrascht daher nicht weiter, dass die Biographien von akademisch ausgebildeten Künstlern mit einer Aufzählung der wichtigsten Lehrer beginnen. Die Kunstgeschichte beschäftigt sich im Gegenzug dazu mehr mit der Stilgeschichte und der Kunstentwicklung in allgemeinen Kategorien. Als Konsequenz daraus sind viele der Lehrer, die aus Sicht der Zeitgenossen damals bekannt und berühmt waren, in heutigen Zeiten weitgehend vergessen. Das lässt sich am Beispiel Christian Griepenkerls (1839–1916) nachvollziehen, der Generationen von heute als ikonisch angesehenen österreichischen Künstlern unterrichtet hatte, wie z. B. Gustav Klimt, Egon Schiele oder Anton Faistauer.

Nachdem eine ausreichende Zahl an Künstlerbiographien annotiert worden war, konnte ein Netzwerk basierend auf den „war Schüler"-Relationen dargestellt werden. Das Ergebnis ist in Abbildung 1 wiedergegeben.

Um ein besseres Verständnis für dieses biographische Netzwerk zu entwickeln, ist es notwendig, im Folgenden auf einige seiner Besonderheiten hinzuweisen:

1. Zunächst stellt sich folgende Frage: Wer sind die Lehrer in diesem Netzwerk? Zentralitätsmaße wie Degree (dt. Kontengrad) vermitteln einen ersten Eindruck davon, welche Personen am häufigsten in den Texten erwähnt werden. Diese Methode kann dazu verwendet werden, um die Bedeutung eines Lehrers zu bestimmen. Sie funktioniert aber nur bis zu einer bestimmten Ebene dieses Netzwerks. Es müssen auch jene Fälle berücksichtigt werden, in denen innerhalb einer Künstlerbiographie eine größere Anzahl von Lehrern erwähnt wird und dadurch die Schüler ein höheres Ranking innerhalb dieses Netzwerks erhalten. Deshalb ist der Richtung der Kanten eine größere Bedeutung zuzurechnen.

2. Des Weiteren ist zu fragen: Welche Filter können hier angewendet werden? Maler, Bildhauer und Architekt sind die am häufigsten vergebenen Berufsbezeichnungen für Künstlerbiographien im ÖBL. Zu den selteneren Kombinationen zählen Berufe wie Stadtplaner, Kunsthandwerker, Photograph oder Restaurator. Es ist grundsätzlich möglich, dass ein Künstler bis zu fünf solcher Bezeichnungen zugeschrieben erhält. Ein Beispiel dafür wäre die Biographie Julius von Payers, der die Kombination Offizier, Kartograph, Alpen- und Polarforscher, Maler und Schriftsteller aufweist.[13] Kommt der erstgenannten Berufs-

---

13 Julius von Payer stellte im Oktober 1884 erstmals sein naturalistisches Kolossalgemälde „Die Bai des Todes", auch bekannt als „Der Untergang der Franklin-Expedition" oder „Starvation Cove", im Wiener Künstlerhaus aus und sorgte damit für Furore. Das Gemälde wurde daraufhin neben Bildern von Makart und Munkácsy Teil der Permanenten Ausstellung. Vgl. G. Hamann, Payer, Julius von (1841–1915), in: *ÖBL 1815–1950*, Bd. 7 (Lfg. 34, 1977), 374–375.

Künstlerbiographien und historische Netzwerkforschung   211

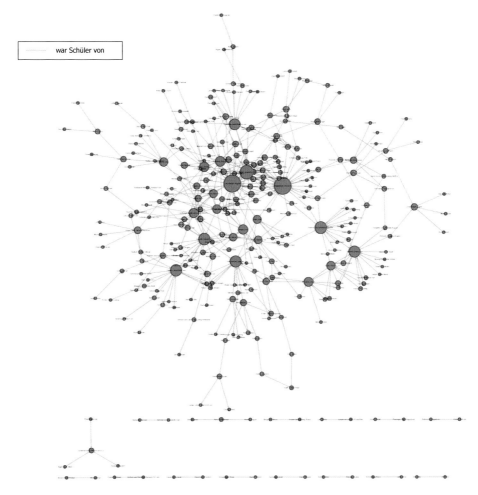

Abb. 1: Netzwerk basierend auf allen „war Schüler"-Relationen der Künstlerhaus-Collection (Graphik des Autors)

bezeichnung die größte Bedeutung zu, werden die danach folgenden gleichwertig gewichtet. Diese Tätigkeiten können sich in einzelnen biographischen Bausteinen, ganzen Karrierewegen oder auch nur im Werkverzeichnis widerspiegeln. Das heißt, dass Mehrfachkombinationen, wie z. B. Maler und Bildhauer, sich sowohl in der namentlichen Nennung eines Professors für Malerei als auch eines Professors für Bildhauerei im Haupttext niederschlagen. Deshalb sind manche der Künstler in diesem Netzwerk als „Broker" (dt. Vermittler) positioniert, wie die Beispiele von Viktor Jasper oder Emanuel Pendl zeigen.

3. Eine letzte Frage ist nun: Wie sind die Knoten platziert? Das Zentrum ist besetzt von den Malern. Die Architekten können links und die Bildhauer rechts davon gefunden werden. Bei den Graphikern verhält es sich so, dass sie nahe bei den Malern platziert sind, weil sie zumeist eine weitere Ausbildung an der Akademie absolviert hatten. Interessant ist das hohe Ranking des Bildhauers Kaspar von Zumbusch (1830–1915), der selbst zu diesem Zeitpunkt noch mit keiner eigenen Biographie im Lexikon vertreten ist. Geplant ist eine Veröffentlichung für die letzte Printlieferung des ÖBL, die voraussichtlich 2021/22 erscheinen wird. Davon unabhängig wird er in zahlreichen der bisher erschienenen Künstlerbiographien erwähnt. Die am seltensten erwähnten Personen finden sich am unteren Rand des Netzwerks, wie z. B. die deutschen Maler Otto Dill (1884–1957) und Johann Caspar Herterich (1843–1905), die aufgrund der Aufnahmekriterien des ÖBL – wie geographische Herkunft, Relevanz und Wirkung innerhalb Österreichs – nicht im Lexikon aufgenommen wurden.

Im Vergleich zu diesem Netzwerk steht das Konzept einer Schule der Malerei oder der Bildhauerei. Dieses bewegt sich auf der Ebene von bereits bekanntem kunsthistorischem Wissen. Im Fall der Akademie der bildenden Künste Wien würde solch eine Schule am ehesten jener von Karl Rahl (1812–1865) entsprechen. Der Kunstkritiker Carl von Vincenti schrieb 1876 in einem seiner Essays über Rahl und seine Schüler:

„Dies waren die Rahlianer, so benannt nach Carl Rahl, ihrem Gründer und Haupte, gewesenem einsemestrigen Professor an der Akademie der bildendenden Künste, [...]. Was die Namen van der Nüll – Sicardsburg und Hansen für die Wiener Baukunst, was Fernkorn und Gasser für die Plastik, das bedeuten Führich und Rahl für die Wiener Malkunst im Allgemeinen und die Historienmalerei im Besonderen: sie sind Marksteine des Wiederaufschwunges."[14]

---

14 Carl v. Vincenti, *Wiener Kunst-Renaissance*, Wien: Gerold, 1876, 213.

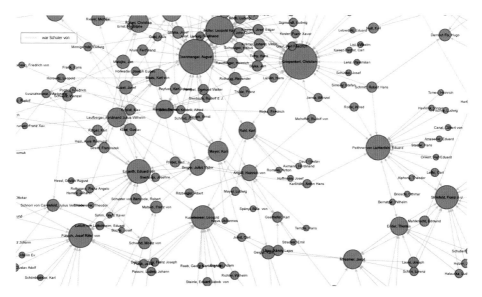

Abb. 2: Detailausschnitt des biographischen Netzwerks (Graphik des Autors)

Rahl befindet sich im Zentrum des Netzwerks und damit in direkter Nachbarschaft zu den Knoten von Christian Griepenkerl und August Eisenmenger (vgl. Abb. 2). Im Gegensatz zu den Professoren an der Akademie unterhielt Rahl ein privates Atelier, in dem er zahlreiche Schüler neben dem Unterricht auch an seinen Projekten beteiligte. Die Ausbildung glich eher einer Werkstattsituation. Mittels der nachfolgenden Anekdote überliefert Vincenti, wie der Unterricht in der Rahl-Schule alltäglich ablief:

„*So wunderbar er auch das Wort zu beherrschen wußte, nie war er beredter, als wenn er mit Palette und Pinsel in der Hand durch frisches, rücksichtsloses »Hineinfahren« in die Arbeiten seiner Schüler drastisch-belehrende Kritik übte. Diese brutalen Interventionen waren meist eben so viele überraschende Erfolge, wo der Meister oft mit grobem, aber kühn inspirirtem [sic!] Pinsel den Punkt zu treffen wußte, um den es sich handelte.*"[15]

Es muss also in diesem Zusammenhang nicht nur von einer institutionellen Bildung, sondern viel mehr noch von einer stilistischen Prägung gesprochen werden. Der Kunstkritiker Adalbert Franz Seligmann, der als in den 1840er-Jah-

---

15 Ebenda, 214.

ren geborener Künstler um einiges jünger als die Schüler Rahls war, berichtet in seinem autobiographischen Artikel *Aus den Erinnerungen eines Malers* aus dem Jahr 1917 ebenfalls über die Rahl-Schule:

> *„Die besten Schüler wohnten bei ihm und arbeiteten an seinen großen Bildern mit, jeder nach Art seiner Begabung. Bitterlich und Eisenmenger* [Anm. August Eisenmenger (1830–1907)] *als besonders gute Zeichner machten nach den Entwürfen des Meisters die Modellstudien und großen Kartons; Griepenkerl, das koloristische Talent der Schule, betätigte sich vornehmlich bei der malerischen Ausführung."*[16]

Eduard Bitterlich ist deshalb nicht in der Nähe positioniert, weil in seiner Biographie eine andere Formulierung gewählt wurde: „Nach seiner Rückkehr nach Wien trat er 1857 in das Atelier von → Karl Rahl [Person: Karl Rahl, Relation: arbeitete zusammen] ein, wo er bis zu dessen Tod (1865) arbeitete."[17]

Für Seligmann ist Hans Makart mitunter der interessanteste Schüler von Rahl, weil dieser aus seiner Sicht bereits den Stil seines Lehrers überwunden hatte. Aus welcher Perspektive er Rahl sah, zeigt eine andere Bemerkung aus diesem Artikel:

> *„Den meisten von uns jungen Burschen galt Rahl als antiquiert, als Repräsentant einer akademischen Richtung von gestern, wie wir auch Führich und Waldmüller als »überwunden« ansahen. Immerhin betrachten wir eine solche abgeschiedene Größe mit gebührendem Respekt, etwa wie eine schöne Leiche."*[18]

Für die Darstellung einer Schule wäre statt eines Netzwerks auch ein Stammbaum denkbar. Bei Anwendung dieses Konzepts müsste auf der Ebene der Knoten zwischen den Kategorien Elternteil und Kind unterschieden werden, um die Abstammung verdeutlichen zu können. Die Visualisierungssoftware Visone bietet dafür ein hierarchisches Layout. Um bei diesem Beispiel zu bleiben, wurden exemplarisch alle direkten Verbindungen Leopold Kupelwiesers (1796–1862), Karl Rahls und Christian Griepenkerls aus dem vorherigen Netzwerk ausgewählt. Der aus diesen Filterkriterien resultierende Graph ist in

---

16 Adalbert Franz Seligmann (A. F. S.), Aus den Erinnerungen eines Malers, in: *Neue Freie Presse. Morgenblatt*, 19.9.1917, 3.
17 Cornelia Reiter, Eduard Bitterlich (1833–1872), Maler, Zeichner und Entwerfer, in: *ÖBL Online-Edition*, Lfg. 1 (01.03.2011).
18 Seligmann, Erinnerungen (wie Anm. 16), 3.

der Abbildung 3 wiedergegeben. Die vertikale Positionierung der Knoten wird durch die Anzahl an Kontakten bzw. den Degree bestimmt. Das visuelle Konzept einer Genealogie ist in dieser Form nur zum Teil erfolgreich umgesetzt. Um eine Besonderheit dieser Darstellung herauszugreifen, sei erwähnt, das beispielsweise August Eisenmenger, ein weiterer Schüler Rahls, der als Lehrer in seiner Zeit eine ähnliche Wirkung wie Griepenkerl als Akademieprofessor entfalten konnte, auf gleicher Ebene mit den anderen Lehrern rangiert.

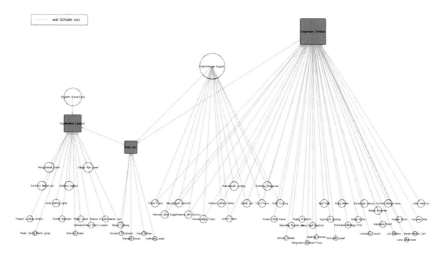

Abb. 3: Der Graph stellt den Stammbaum der Schule Kupelwieser–Rahl–Griepenkerl dar. Die Knoten der Lehrer *(parent nodes)* sind als Quadrate dargestellt (Graphik des Autors)

3. Das Wiener Künstlerhaus

Neben der Akademie der bildenden Künste ist die Genossenschaft der bildenden Künstler Wiens eine häufig in Künstlerbiographien auftauchende Institution und für diese Epoche ebenfalls prägend. Diese Künstlervereinigung, auch bekannt als Künstlerhaus, wurde 1861 in Wien gegründet und existiert bis heute. Die Verbindung zu dieser Institution kann über die Mitgliederlisten rekonstruiert werden, die sich im Archiv des Vereins erhalten haben. In diesen Listen sind nicht nur bezogen auf die Künstler verschiedene Kategorien zu finden, auch für Kunstinteressierte, Sammler und Mäzene wurden eigene Formen der Mitgliedschaft, wie z. B. jene des Stifters oder die des Gründers, geschaffen. Die Errichtung des Gebäudes auf dem Karlsplatz wurde durch die Verbindungen zu diesem philanthropischen Personenkreis in kürzester Zeit ermöglicht. Genauso wie die Akademie die wichtigste Bildungseinrichtung für Künstler zur Zeit der Habsburgermonarchie darstellte, resultierte die Bedeutung des Künstlerhauses aus seiner Position auf dem Kunstmarkt. Im 19. Jahrhundert nahm die Genossenschaft neben wenigen Kunsthändlern und den Auktionshäusern Dorotheum, Wawra, Glückselig oder Artaria nahezu eine Monopolstellung in Bezug auf den Handel mit zeitgenössischer Kunst ein. Daraus resultierte, dass die Aufnahme in das Künstlerhaus als ein wichtiges/r Karriereziel bzw. -schritt eines österreichischen Künstlers angesehen wurde – bedeutete dies doch nicht nur die Zulassung zu den Ausstellungen, sondern zugleich auch zur Verkaufsplattform. Außerdem wurde in dieser Zeit der künstlerische Austausch auf organisatorischer Ebene durch eine ganze Gruppe vergleichbarer und über ganz Europa verstreuter Künstlervereine organisiert. Es kann daher gesagt werden, dass es sich beim Künstlerhaus um ein europaweites Berufsnetzwerk für Künstler gehandelt hat.

Nachdem das Annotieren aller Biographien der Collection Künstlerhaus abgeschlossen ist, bieten sich grundsätzlich zwei verschiedene Optionen für die Datenanalyse an: 1. die Visualisierung von im Verlauf der Individualbiographien der Künstler relevanten Orten auf einer Karte und 2. die Visualisierung von biographischen Netzwerken.

ad 1. Das Ergebnis der Kartenvisualisierung ist in Abbildung 4 zu sehen. Die Punkteverteilung auf diesen Karten verändert sich, je nachdem welcher Relationstyp für die Darstellung ausgewählt wurde. Eine Karte, die beispielsweise Reiseorte bzw. Ziele von Studienreisen zeigt, würde sich nicht nur durch die abgebildeten Orte unterscheiden, sondern auch hinsichtlich des dargestellten Detailgrads. In diesem Fall werden Ländernamen häufiger angegeben als jene von Städten (PPLA1) oder kleineren Siedlungen (PPLA2–4). Eine Besonderheit dieses Datensatzes besteht auch darin, dass Metropolen (PPLC) nicht die einzigen Orte von Bedeutung sind. Gerade kleinere Städte wie z. B. Innsbruck, die für die Nord-Süd-Mobilität von Künstlern wichtig sind, kommen ebenso häufig vor. Da jeder Eintrag mit der Ortsnamendatenbank GeoNames verknüpft wird, werden die geographischen Koordinaten automatisch aus den dortigen Metadaten übernommen. Dadurch können Karten ohne größeren Zeitaufwand visualisiert werden.

Abb. 4: Wirkungsorte von Künstlern aus der Collection Künstlerhaus (Graphik des Autors)

ad 2. Das Netzwerk basierend auf Person-Institution-Verbindungen besteht in Summe aus 957 Knoten (davon 480 Personen) und 1.830 Kanten (vgl. Abb. 5). Von den 477 genannten Institutionen ist die Akademie der bildenden Künste Wien die mit Abstand am häufigsten erwähnte im gesamten Sample und, dies mag an dieser Stelle nicht überraschend sein, dadurch im Zentrum des Netzwerks positioniert. In direkter Nachbarschaft dazu befinden sich neben der Genossenschaft bildender Künstler Wiens vor allem weitere wichtige Bildungseinrichtungen wie z. B. das K. K. Polytechnische Institut, die Technische Universität Wien als dessen Nachfolger oder auch die Kunstgewerbeschule. Nachdem diese Institutionen auch heute noch existieren, ist deren Geschichte bereits umfassend erforscht. Für die Beschreibung der Verbindungen zwischen den Entitäten Person und Institution treten am häufigsten die Relationen „war Student an" (602), „war Mitglied von" (526) und „war Mitarbeiter von" (196) auf. Neben den großen Knoten, die als Hubs aufgrund ihrer regelmäßigen Nennung in den Texten zahlreiche Biographien miteinander verbinden, findet sich auch eine Reihe kleinerer Institutionen, wie z. B. Ateliers, private Kunstschulen, Werkstätten, Zeitungen oder Zeitschriften, in diesem Netzwerk. In der kreisförmigen Anordnung der Knoten, die sich mit dem Zifferblatt einer Uhr vergleichen lässt, wären sie zwischen neun und zwölf Uhr platziert. Jene Biographien, die seltene Kombinationen in ihren Lebens- und Karriereverläufen aufweisen, finden sich wiederum weiter aufgefächert von ein bis acht Uhr. Sie spiegeln die erhebliche Vielfalt an Biographien des ÖBL wider und resultieren nicht nur aus der regionalen Verteilung, sondern auch aus dem langen Berichtszeitraum und den verschiedensten Berufskombinationen der Künstler.

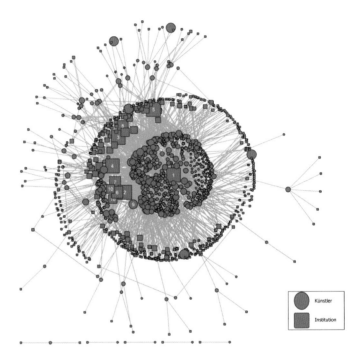

Abb. 5: Institutionen-Netzwerk der Collection Künstlerhaus. Anmerkung: Die Knotengröße entspricht dem jeweiligen Degree. Die Top-10 sind gerankt und dementsprechend beschriftet: 1. Akademie der bildenden Künste Wien, 2. Genossenschaft bildender Künstler Wiens (Künstlerhaus), 3. Technische Hochschule Wien, 4. Kaiserlich-Königliche Kunstgewerbeschule, 5. Akademie der Bildenden Künste München, 6. Franz-Josephs-Orden, 7. Kaiserlich-Königliches Polytechnisches Institut (Wien), 8. Wiener Secession, 9. Theophil Freiherr von Hansen und 10. Österreichischer Ingenieur- und Architekten-Verein/Österreichisch-Kaiserlicher Orden der Eisernen Krone. (Graphik des Autors)

4. Detailanalyse des Institutionsnetzwerks

Nachdem im vorangegangenen Unterkapitel die prinzipielle Beschaffenheit des Institutionsnetzwerks beschrieben wurde, soll nun daran anschließend der Blick auf dessen Zusammensetzung im Detail erfolgen. Die Unterschiede zwischen der historischen und der biographischen Netzwerkforschung wurden bereits eingangs erläutert. Auch auf die Entstehung der Biographien und die daraus resultierenden Besonderheiten wurde bereits an einer anderen Stelle dieser Publikation (s. Kapitel „Korpusanalyse und digitale Quellenkritik") hingewiesen. In diesem Zusammenhang ist aber noch zu erwähnen, dass sich die Stichprobe, auf welcher die Collection Künstlerhaus beruht, nicht gleichmäßig über alle Bände, geographischen Regionen und Generationen verteilt. Dies ist bedingt durch die Methode der thematischen Stichprobenziehung, auf die ebenfalls bereits hingewiesen wurde. Wie verhält es sich aber nun mit der Informationsdichte der ausgewählten Künstlerbiographien? Eine Möglichkeit, diese zu messen, ist es, die Anzahl der in den Biographien genannten Institutionen zu bestimmen. Dabei ist auch jene Zahl von Interesse, welche die Anzahl an Kanten zwischen Personen und Institutionen angibt. Um eine annähernd vergleichbare Menge an Biographien zu erhalten, wurden für diesen Vergleich die Daten aus dem ersten Band in ein Verhältnis zu jenen der drei zuletzt publizierten Bände gesetzt. Wie aus Abb. 6 hervorgeht, beinhaltet der erste Band des ÖBL in etwa gleich viele Biographien wie die letzten drei Bände des Lexikons zusammengenommen.

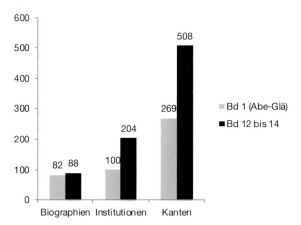

Abb. 6: Vergleich der Informationsdichte der Biographien auf Basis der Knoten und Kanten des Institutionsnetzwerkes (Graphik des Autors)

Im zeitlichen Verlauf haben sich die Rahmenbedingungen der Texterstellung des ÖBL mehrfach verändert. Zu diesen gehören nicht nur die Redaktionsarbeit und die Produktionsbedingungen, sondern auch die Digitalisierung von historischen Quellen. Daraus resultiert eine generelle Zunahme der Informationsdichte. Diese Beobachtung wird durch die Collection Künstlerhaus bestätigt. Im Detail verdoppeln sich sowohl die Anzahl der in den Biographien genannten Institutionen als auch die Relationen. Waren es in den 1950er-Jahren im Schnitt drei Verbindungen zu Institutionen, die im Text vorkommen, so sind es in den neueren Texten fünf bis sieben. Zu beachten ist dabei, dass die kurzen Biographien des ersten Bands im Rahmen der seit 2011 erscheinenden Online-Edition des ÖBL sukzessive überarbeitet werden und in diesem Fall dann in ihrer Länge und dem Inhalt den heutigen Standards der Redaktion entsprechen.

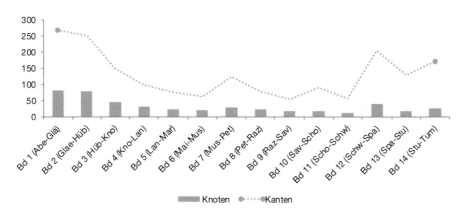

Abb. 7: Verhältnis von publizierten Bänden des ÖBL zur Anzahl an Personenknoten des Institutionsnetzwerks. Anmerkung: Der Verlauf der Punktlinie zeigt die in den Biographien stetig steigende Anzahl an Verbindungen zu den genannten Institutionen. Über alle Bände hinweg gemessen sind die markantesten Anstiege in den Bänden 5, 7 und 10 zu verzeichnen. (Graphik des Autors)

Es ist zu beobachten, dass bezogen auf alle publizierten Bände des ÖBL die Anzahl an Künstlerbiographien aus der Stichprobe sukzessive abnimmt (vgl. Abb. 7). Im Gegensatz dazu steigt die durchschnittliche Anzahl an Kanten pro Institution von Band zu Band. Einzige Ausnahme ist dabei der Band 12, was mit der zufälligen Verteilung der Biographien auf die Buchstaben des Alphabets im Zusammenhang steht. Konkret bedeutet das, dass sich die Anfangsbuchstaben der Familiennamen nicht gleichmäßig von A bis Z verteilen. Das zeigt beispielsweise der Blick auf den Buchstaben S. Die erste Künstlerbiographie ist die von Friedrich Schachner und findet sich im Band 10. Der Buchstabe selbst beginnt schon im Band 9 und setzt sich bis zu Band 14 fort. Dort findet sich etwa Josef Székelys Biographie. Neuerlich auf die Gesamtheit der Biographien bezogen kann festgestellt werden, dass aus einem stetigen Anstieg der durchschnittlichen Kanten pro Institution eine stärkere Vernetzung auf Ebene der Institutionen resultiert. Dies hängt einerseits mit der Erschließung neuer Quellen (Universitätsakten, Mitgliederverzeichnisse usw.) und andererseits mit den sich erweiternden und verändernden Redaktionsrichtlinien zusammen. So werden die Lebens- und Karrierewege der Künstler zunehmend komplexer beschrieben. In der Praxis heißt das, dass nicht nur knapp eine einzelne Funktion an einer Institution genannt wird, sondern diese Relation in eine Abfolge von bestimmten Karrierestufen (**ABK:** Student, Assistent, Supplent und o. Professor; **KH:** o. Mitglied, Ehrenmitglied, Vizepräsident, Präsident) gestellt wird.

Im Zuge des Annotierens der Künstlerbiographien wurden 49 verschiedene Kategorien für die im Text genannten Institutionen vergeben. Angeführt wird die Liste der Top-15 von der Kategorie „Verein" (vgl. Tab. 1). Erst auf Platz vier sind „Künstlervereine" zu finden. Unterscheiden lassen sich Vereine von Künstlervereinen einerseits durch Ziel und Zweck dieser Vereinigungen und andererseits durch ihre Mitgliederstrukturen. Unter Verein sind sowohl der klassische Kunstverein, der sich als Verein zur Förderung der bildenden Künste versteht, in dem Kunstfreunde, Kunstsammler, Mäzene und Künstler zusammentreffen, als auch gesellige Vereinigungen wie der Club Alte-Welt oder die Anzengrube zu verstehen. Die Kategorie „Künstlergruppe", meist eine kleinere und weniger formelle Vereinigung von Künstlern, tritt bei den zeitlich jüngeren Biographien (geb. 1860 aufwärts) öfter auf und bildet eine eigene Kategorie. Um nur einige wenige Beispiele zu nennen, seien die Neue Vereinigung, die polnische Künstlergruppe „Die Scholle" oder Céhbeliek aus Ungarn genannt. Zählt man alle Arten von Bildungseinrichtungen zusammen, also Kunsthochschulen, sonstige Bildungseinrichtungen, Hochschulen und private Kunstschulen, dann liegt diese Kategorie klar in Führung. Unter „Sonstige Bildungseinrichtung" sind beispielsweise Lehrerbildungseinrichtungen oder Fachschulen zu verstehen. Die Kategorien von Institutionen wie „Atelier" oder „private Kunstschule" mussten in den meisten Fällen angelegt werden, weil sie durch die GND nicht abgedeckt werden.

Top-15 der Kategorien	Häufigkeit	Beispiellabel eines Knotens
Verein	49	Altertumsverein zu Wien
Kunsthochschule	48	Académie des Beaux-Arts (Paris)
Atelier	43	C. Angerer & Göschl (Wien)
Künstlerverein	38	Deutscher Künstlerverein Rom
Zeitschrift	29	Die Gartenlaube. Illustrirtes Familienblatt
Schule	25	Akademisches Gymnasium (Wien)
Hochschule	23	Polytechnikum Kassel
Kommission	19	Donauregulierungs-Kommission
Sonstige Bildungseinrichtungen	17	Fachschule für Holzindustrie in Bozen
private Kunstschule	16	Malschule Heinrich Strehblow
Ritterorden	15	belgischer Leopoldorden
Behörde	13	Stadtbauamt
Universität	12	Universität Innsbruck
Firma	11	Dekorationsfirma „Franz & Carl Jobst"
Fabrik	11	Pöchlarner Ofenfabrik B. Erndt

Tab. 1: Die 15 häufigsten Kategorien aller in Künstlerbiographien genannten Institutionen aus der Collection Künstlerhaus

Ein Vergleich auf Ebene der publizierten Bände des Lexikons zeigt geringfügige Verschiebungen. Ein großer Teil der Künstlerbiographien des ersten Bands besteht aus sehr kurzen Biographien. Aus heutiger Sicht fehlen in vielen Fällen erwähnenswerte Teile aus der Gliederung, wie z. B. die Mitgliedschaften und Auszeichnungen. So verwundert es nicht, dass sich durch den Vergleich das Ranking dementsprechend verändert und beispielsweise der Ritterorden darunter zu finden ist (vgl. Tab. 2).

Band 1		Band 12 bis 14	
Top-10	Häufigkeit	Top-10	Häufigkeit
Verein	14	Kunsthochschule	13
Kunsthochschule	13	Atelier	13
Atelier	13	Künstlerverein	6
Künstlerverein	6	Hochschule	6
Hochschule	6	Museum	5
Museum	5	Schule	4
Schule	4	sonstige Bildungseinrichtungen	4
sonstige Bildungseinrichtungen	4	Ritterorden	4
Ritterorden	4	Behörde	4
Behörde	4	Zeitschrift	3

Tab. 2: Vergleich zwischen der Häufigkeit einzelner Institutionskategorien im Band 1 und den drei letzten Bänden

Manche Institutionen kommen nicht nur häufiger vor, sie verteilen sich auch gleichermaßen über alle Bände des ÖBL. Das wäre konkret sowohl der Fall bei der Akademie der bildenden Künste als auch bei der Genossenschaft bildender Künstler Wiens. Anders sieht es bei den selteneren Institutionen und Kategorien aus, wie das Beispiel des Ritterordens zeigt. Dies veranschaulicht die nachfolgende Abb. 8.

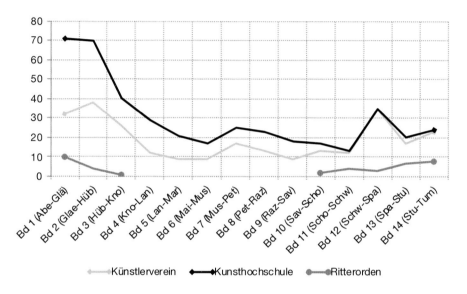

Abb. 8: Vergleichende Gegenüberstellung der Kategorien Kunsthochschule (schwarz), Künstlerverein (hellgrau) und Ritterorden (dunkelgrau), basierend auf der Anzahl der Nennungen pro Band des ÖBL (Graphik des Autors)

Im Kontext der vorangegangenen statistischen Analyse spielte der Entstehungszeitraum der Biographien eine wichtige Rolle. Eine andere Sicht auf dieselben Daten erlaubt der Blick auf die Geburtsdaten und der daraus abgeleiteten Zugehörigkeit zu einer Generation. In dieser Stichprobe stellen die Generationen von in den 1820er- bis in die 1860er-Jahre Geborenen in Summe ca. 75 % aller Biographien. Wie aber unterscheiden sich die institutionellen Verbindungen der Künstler aus dieser Perspektive? Um diese Frage beantworten zu können, ist es in einem ersten Schritt notwendig, auf den eben genannten Kriterien basierende Teilnetzwerke zu bilden. Danach folgt in einem nächsten Schritt die Filterung nach den die einzelnen Graphen verbindenden und sehr häufig vorkommenden Institutionen. Ziel ist es, nur mehr jene Institutionsknoten im Netzwerk zu belassen, die weder im vorangegangenen noch im nachfolgenden Teilnetzwerk vorkommen. Die daraus resultierenden Netzwerkdarstellungen sind als Teile der Abb. 9 im Folgenden zu sehen.

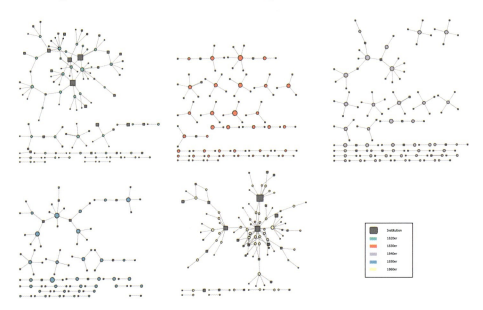

Abb. 9: Die Teilnetzwerke sind beginnend links oben chronologisch nach Generationen angeordnet. Das dichteste Netzwerk ergibt sich beim Teilnetzwerk der 1860er-Generation (gelb). (Graphik des Autors)

Die aus diesen Filterungen resultierenden Teilnetzwerke unterscheiden sich durch die enthaltenen Institutionsknoten. Zu finden sind dort jetzt jene Institutionen, die exklusiv nur in den Künstlerbiographien dieser Generation vorkommen. Darunter fallen beispielsweise im Netzwerk der 1860er-Generation die Wiener Secession und der Hagenbund, beide prominent und zentral im Netzwerk platziert, genauso wie die Bank der Stadt Buenos Aires (Maximilian Lenz) oder der Verein Kunstschule für Frauen und Mädchen (Adalbert Franz Seligmann, Hans Tichy). Daraus resultiert, dass sich die Netzwerke auch auf statistischer Ebene unterscheiden. So ist festzustellen, dass das Teilnetzwerk der 1860er-Generation die höchste Netzwerkdichte aufweist (density 0,019) und jenes der in den 1840er-Jahren Geborenen die niedrigste Dichte (density 0,011). Bei letztgenanntem Teilnetzwerk lässt sich dies auf das Fehlen der Akademie der bildenden Künste und des Künstlerhauses zurückführen. Zu erwähnen ist, dass der zeitliche Wandel auch für die Institutionen von Bedeutung ist. Das heißt, dass Personen unterschiedlicher Generationen zwar mit ein und derselben Institution verbunden sein können, diese aber nicht zwangsläufig in beiden Teilnetzwerken aufscheinen müssen. Das kann mit einem Namenswechsel zu einem späteren Zeitpunkt zusammenhängen. Ein Beispiel dafür wäre die Umwandlung des K. K. Polytechnischen Instituts im Jahr 1872 in die Technische Hochschule Wien.

Eine weitere Möglichkeit der Analyse des Institutionsnetzwerks bieten die Verbindungen zu den mit diesen Entitäten verknüpften Orten (vgl. Tab. 3). Die meisten dieser Verknüpfungen sind durch die Verwendung von GND-Einträgen im Zuge des Annotationsprozesses automatisch importiert worden. War eine Institution nicht in der GND enthalten, wurden diese Daten durch manuelle Eingaben ergänzt. Für die Collection Künstlerhaus sind die Städte Wien, München, Prag, Budapest und Graz am häufigsten. Nach München finden sich mit Paris, London und Rom noch drei weitere Standorte von Institutionen unter den Top-10, die außerhalb der Habsburgermonarchie liegen. Orientiert man sich an den Kategorien von GeoNames, so ist festzustellen, dass sich 67 % der Institutionen auf Städte (Hamburg, New York, Triest usw.) und nur 33 % auf kleinere Orte in ländlichen Gebieten (Nötsch bei Bleiberg, Szolnok, Hainburg a. d. Donau usw.) verteilen.

GeoNames	Zuordnung	Häufigkeit
seat of a first-order administrative division (PPLA)	Stadt	16
capital of a political entity (PPLC)	Stadt	14
populated place (PPL)	Land	7
seat of a second-order administrative division (PPLA2)	Land	3
seat of a third-order administrative division(PPLA3)	Land	3
third-order administrative division (ADM3)	Land	3
first-order administrative division (ADM1)	Stadt	2

Tab. 3: Zuordnung der Orte zu urbanen oder ländlichen Räumen, basierend auf den Kategorien von GeoNames

Durch einen Blick auf die für die Institutionen vergebenen Kategorien wird deutlich, dass bestimmte Typen wie „Atelier" oder „Kunsthochschule" signifikant für Städte und andere wie „Künstlerkolonie" und „Sonstige Bildungseinrichtung" für kleinere Orte im ländlichen Raum sind. Der Frage, welchen Kategorien von Siedlungen in den Künstlerbiographien eine stärkere Bedeutung zukommt, wird an einer anderen Stelle dieses Bands nachgegangen (s. Kapitel „Netzwerke und räumliche Mobilität von Künstler"n).

5. Teilnetzwerke der Professoren der Akademie der bildenden Künste und Präsidenten der Künstlervereine

Die Möglichkeiten zur Beschreibung einer Künstlerkarriere sind vielfältig. Wie aber lässt sich diese Vielfalt vergleichen und für quantitative Analysen nutzbar machen? Ein Weg, den Erfolg messbar zu machen, ist es, die Verbindungen zu den im Biographietext genannten Institutionen heranzuziehen. Dafür eignet sich das zuvor vorgestellte und über die APIS-Daten generierte Institutionsnetzwerk. Damit sind zwei Annahmen verknüpft:
1. In Künstlerbiographien werden nicht gleich häufig Institutionen genannt und
2. jene Biographien mit einer größeren Zahl an Institutionsnennungen im Text beschreiben erfolgreichere Karrieren.

Im Umkehrschluss würde das bedeuten, dass man über das Institutionsnetzwerk künstlerische Eliten als Teilnetzwerke identifizieren kann. Führt man diesen Gedankengang weiter, so würden sich zwei Gruppen im Kontext der Stichprobenziehung und bisherigen Ausführungen zur Falsifizierung dieser Hypothese anbieten, nämlich die Professoren der Akademie der bildenden Künste Wien[19] und die Präsidenten der Künstlervereinigungen Künstlerhaus, Secession und Hagenbund. Für die Ermittlung dieser beiden Gruppen können Publikationen und Archivquellen herangezogen werden. Im ersten Fall wäre das *Die Geschichte der Akademie der bildenden Künste Wien* von Walter Wagner.[20] Bei den Vereinen sind es neben Publikationen vor allem die Mitgliederverzeichnisse, die verlässliche Namenslisten liefern.[21] Basierend auf diesen In-

---

19 Die Gruppe setzt sich auch aus den bei Wagner erwähnten Assistenten und Supplenten zusammen. Da diese aber eine Minderheit der im ÖBL mit Biographien bedachten Personen repräsentieren, wird zwecks Vereinfachung und besserem Verständnis trotzdem von „den Professoren" die Rede sein. Die Collection ist in der APIS-Datenbank mit „ABK-Professoren" gleichlautend benannt.
20 Vgl. Walter Wagner, *Die Geschichte der Akademie der bildenden Künste in Wien*, Wien: Rosenbaum, 1967, 362–390.
21 Vgl. Wladimir Aichelburg, *Das Wiener Künstlerhaus. 1861–2001*, Bd. 1: Die Künstlergenossenschaft und ihre Rivalen Secession und Hagenbund, Wien 2003; Matthias Herrmann (ed.), *Secession, Vereinigung Bildender Künstler Wiener Secession*, Ausstellungshaus, Archiv 1897–2000, CD-Rom, Wien: Selbstverlag 2000; Verena Gamper / Maximilian Kaiser, Biogramme, in: Agnes Husslein-Arco / Mathias Boeckl / Harald Krejci (eds.), *Hagenbund. Ein europäisches Netzwerk der Moderne 1900 bis 1938*, Ausst.-Kat. Österreichische Galerie Belvedere (10.10.2014 – 01.02.2015), Wien 2014, 428–435.

formationen lassen sich zwei Collections in APIS erstellen.[22] Die beiden Gruppen sind mit einmal 43 (Collection ABK Professoren) und 34 (Collection Präsidenten) Personen in etwa ähnlich groß. Insgesamt machen sie dadurch im Verhältnis zum Gesamtnetzwerk ca. zehn bis acht Prozent der dort enthaltenen Personen aus. Die Schnittmenge von neun Künstlern setzt sich sowohl aus den Ringstraßenarchitekten Hasenauer, Schmidt und Sicardsburg zusammen als auch aus Malern wie Angeli, Lefler, Makart und Peithner von Lichtenfels. Die Überschneidung dieser beiden sozialen Kreise kann als eine Art von „innerstem Kreis" dieser Zeit gesehen werden und beinhaltet jene Personen, die auch aus heutiger Sicht als renommierte Professoren und Vereinsfunktionäre gelten.[23] Man kann auch sagen, dass sie für mustergültige Künstlerkarrieren dieser Zeit stehen. Nicht alle Personen, die in diesen beiden Teilnetzwerken enthalten sein müssten, sind auch in das ÖBL aufgenommen worden. Das kann einerseits mit ihrem Sterbedatum zusammenhängen, wie im Fall des Bildhauers Karl Stemolak (gest. 1956) oder des Malers und Graphikers Hans Ranzoni (gest. 1954). Das kann aber auch andererseits eine Folge der fehlenden Aufarbeitung durch die Kunstgeschichte sein, wie im Fall von Franz Messner, Christian Ludwig Martin und Alexander Popp, alle ihres Zeichens Präsidenten der Secession. Dabei spielt die Frage, welche Verbindungen sich von einer Biographie zu den Geschehnissen der NS-Zeit ziehen lassen, sicher eine zusätzliche Rolle. Der erwähnte Architekt Popp (gest. 1947) war beispielsweise ab 1939 gemeinsam mit den beiden Malern Ferdinand Andri und Wilhelm Dachauer kommissarischer Leiter der Akademie der bildenden Künste. Für ihn bedeutete der Anschluss den „größten Karrieresprung unter den Lehrenden", hatte er doch zuvor nur einen unbezahlten Lehrauftrag an der Akademie gehabt.[24] Leopold Blauensteiner (gest. 1947) war wiederum bis 1.6.1939 in der Funktion des Präsidenten des Künstlerhauses tätig. Danach übernahm er zuerst die Stelle des Beauftragten für bildende Kunst des Landeskulturamtes der NSDAP Österreichs und später

---

22 Eine Filterung ist über die Inhalte der Spalte „collections" und die jeweiligen Stichworte wie z. B. Künstlerhaus, Professoren oder Präsidenten möglich.
23 Michael Nolert, Kreuzung sozialer Kreise: Auswirkungen und Wirkungsgeschichte, in: Roger Häußling / Christian Stegbauer (eds.), *Handbuch Netzwerkforschung*, Wiesbaden: Vs. Verlag, 2010, 163.
24 Die Geschichte der Akademie der bildenden Künste wurde von 2013 bis 2014 im Rahmen eines Forschungsprojektes aufgearbeitet. Die Ergebnisse wurden publiziert. Vgl. Verena Pawlowsky, *Die Akademie der bildenden Künste Wien im Nationalsozialismus. Lehrende, Studierende und Verwaltungspersonal* (= Kontexte. Veröffentlichungen der Akademie der bildenden Künste Wien, 1), hrsg. v. E. Blimlinger, A. B. Braidt und K. Riegler, Wien u. a.: Böhlau Verlag, 2015, 33; Die Akademie der bildenden Künste Wien im Nationalsozialismus. Lehrende, Studierende und Verwaltungspersonal, Datenbank, http://ns-zeit.akbild.ac.at/ (Zugriff 28.8.2018).

die Leitung der Reichskunstkammer. Ihm wird u. a. zugeschrieben, die Künstler Wilhelm Frass und Albert Janesch mit der Auflösung des Hagenbunds im April 1938 betraut zu haben.[25] Im Künstlerhaus folgte auf Blauensteiner der Maler Rudolf Hermann Eisenmenger (1902–1994) in dieser Funktion nach.[26] Die Bedeutung des in Siebenbürgen geborenen Malers wird dem Leser des Lexikons *Siebenbürger Sachsen in Österreichs Vergangenheit und Gegenwart* aus dem Jahr 1976 durch seine Werke der Nachkriegsjahre und da vor allem durch die Gestaltung des Eisernen Vorhangs der Wiener Staatsoper verdeutlicht.[27] In dem von Maria Mißbach 1986 verfassten Werkverzeichnis zitiert sie aus dessen undatiertem Lebenslauf wie folgt:

„Als mir im Jahre 1939 die Präsidentschaft des Künstlerhauses angeboten wurde, lehnte ich diese wiederholt ab, mit der Begründung, daß die künstlerische Arbeit allein meine Aufgabe sei, sonst nichts! Ich ließ mich zur Annahme erst überreden, als von vielen Seiten in mich gedrungen wurde, [...] So gut ich konnte, erfüllte ich hier meine Pflicht."[28]

Jüngste Forschungen sehen die Verbindungen Eisenmengers während dieser Zeit kritisch. Die Einschätzung von Katharina Szlezak beruht etwa auf dem Vergleich seiner offiziellen Aufträge wie z. B. dem Gemälde *Wanduhr* (1939), das in einem Gebäude nächst dem Wiener Rathaus angebracht war, mit den Werken anderer NS-Künstler. Für sie steht dadurch fest, dass er erst unter dem NS-Regime seine Karriere „mit Erfolg" ausbauen konnte.[29] Die Tatsache seiner frühen Mitgliedschaft in der NSDAP und seiner 1939 beginnenden Präsidentschaft ist aus ihrer Sicht maßgebend dafür, dass er sich dazu entschied „sein gesamtes künstlerisches Wirken in den Dienst der NS-Herrschaft zu stellen und der NS-Weltanschauung in seinen Werken zu huldigen."[30]

---

25 Vgl. Elisabeth Klamper, Kunst dient der Macht. Kulturpolitik des Austrofaschismus 1934–1938 und die Auflösung des Künstlerbundes Hagen, in: Agnes Husslein-Arco, Mathias Boeckl und Harald Krejci (eds.), *Hagenbund. Ein europäisches Netzwerk der Moderne 1900 bis 1938*, Ausst.-Kat. Österreichische Galerie Belvedere (10.10.2014 – 01.02.2015), Wien 2014, 353–354.
26 Zum Zeitpunkt des Verfassens dieses Beitrags befand sich der Artikel in Bearbeitung. Dieser wurde im Zuge der 7. Online-Edition des ÖBL veröffentlicht. Vgl. Maria Missbach, Rudolf Hermann Eisenmenger (1902–1994), Maler und Graphiker, in: *ÖBL Online-Edition*, Lfg. 7 (14.12.2018).
27 Rotraut Acker-Sutter, *Siebenbürger Sachsen in Österreichs Vergangenheit und Gegenwart*, Innsbruck: Wagner, 1976, 225–226.
28 Zit. nach Maria Mißbach, *Rudolf Hermann Eisenmenger: Leben und Werk*, Dissertation Universität Wien, 1986, 19.
29 Katharina Szlezak, *„RELIGIÖSE" MALEREI. Über die Vereinnahmung der Christlichen Malerei zur Erschaffung einer „Nationalsozialistischen Malerei"*, Diplomarbeit Universität Wien 2009, 126.
30 Ebenda.

Die Laufzeit der Präsidentschaften variiert von Verein zu Verein. Der schon erwähnte Karl Stemolak war während der Zwischenkriegszeit auf zwei Amtszeiten verteilt 17 Jahre lang Präsident des Hagenbunds. Nach Ende des Zweiten Weltkrieges war er nochmals ein Jahr Präsident der Secession. Bedingt durch die lange Lebensdauer des Künstlerhauses scheint es so, dass einander die Präsidenten vergleichsweise öfter abgewechselt haben. Das trifft auf die Maler Heinrich von Angeli, Eugen Felix und Andreas Streit zu. Im Gesamtnetzwerk finden sich jene Personen, die in den 1840er-Jahren geboren wurden, am häufigsten. Mit Blick auf die Teilnetzwerke ist festzustellen, dass sich selbige auf unterschiedliche Generationen verlagern. Ist bei den Professoren die Generation der 1830er-Jahre stärker vertreten, so dominiert bei den Präsidenten die Gruppe der in den 1860er-Jahren Geborenen.

Berechnet man für das Gesamtnetzwerk das Verhältnis von Biographie zu genannten Institutionen, so kommt man im Schnitt auf ca. eine Nennung pro Text. Vergleicht man diese Zahl mit den beiden kleineren Teilnetzwerken, dann ist festzustellen, dass diese deutlich mehr Institutionen (bei **ABK-Professoren** jeweils 3,4 und bei -**Präsidenten** 4,2) pro Biographie enthalten.

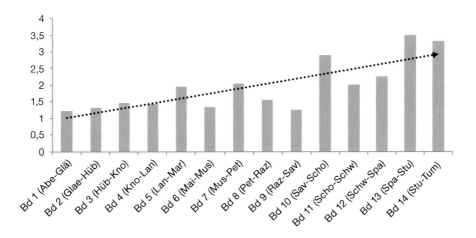

Abb. 10: Durchschnittliche Anzahl an Institutionen pro Biographien eines Einzelbands innerhalb des Gesamtnetzwerks.
Anmerkung: Es ist zu beobachten, dass in den neueren Biographien der letzten vier Bände dem Trend entsprechend zahlreichere Institutionen zur Beschreibung von Karrierestationen genannt werden. Die Schwankungsbreite resultiert einerseits aus der zufälligen Verteilung der Lemmata auf das Alphabet und andererseits aus den Schwerpunkten der individuellen Biographie. (Graphik des Autors)

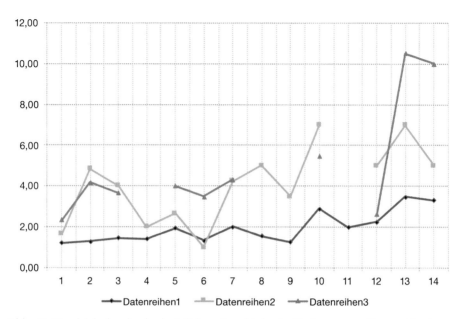

Abb. 11: Vergleich der durchschnittlichen Anzahl der Institutionen pro Biographie des Gesamtnetzwerks mit jenen der Teilnetzwerke der ABK-Professoren und Vereinspräsidenten.
Anmerkung: Es fällt auf, dass bei diesen deutlich mehr Named Entities dieser Art in den Texten zu finden sind. Es kann vorkommen, dass in manchen Bänden des ÖBL keine Professoren oder Präsidenten enthalten sind. In diesen Fällen resultiert daraus eine Lücke in der diagrammatischen Darstellung. (Graphik des Autors)

Die beiden Diagramme in den Abb. 10 und 11 nähern sich den quantitativen Auswertungen des ÖBL-Korpus an (s. Kapitel „Korpusanalyse und digitale Quellenkritik"). Für das Institutionsnetzwerk bieten sich zur weiteren Analyse eine Messung der Netzwerkdichte und ein Vergleich der gewonnenen Ergebnisse an. Dieser Wert berechnet sich aus dem Verhältnis an potenziell möglichen Verbindungen zu den tatsächlichen Kanten des Netzwerks.[31] Auch in diesem Fall lassen sich höhere Netzwerkdichten in den beiden Teilnetzwerken (**ABK-Professoren** 0,021 und **-Präsidenten** 0,026) feststellen.

Daraus lässt sich für das restliche Institutionsnetzwerk zusammenfassend ableiten, dass allgemein gesagt Eliten darin zu finden sind und sich diese über

---

[31] Jürgen Lerner, Beziehungsmatrix, in: Roger Häußling / Christian Stegbauer (eds.), *Handbuch Netzwerkforschung*, Wiesbaden: Vs. Verlag, 2010, 358.

statistische Methoden bzw. die historische Netzwerkforschung nachweisen, vergleichen und analysieren lassen. „Eine Elite in diesem Sinn ist in einem ersten Schritt über die Positionsmethode identifizierbar."[32] Dementsprechend wurden die Künstlereliten in diesem Kapitel über ihre Relationen zu zwei ausgewählten Institutionen bestimmt. Weitere Eliten können über Verbindungen zu anderen im Gesamtnetzwerk enthaltenen Institutionen identifiziert werden. Denkbar wären beispielsweise die Lehrenden an ausländischen Kunsthochschulen, die Mitglieder von Kunst- und Kulturvereinen oder die durch Ritter- und Verdienstorden ausgezeichneten Personen. Wie schon erwähnt, wurden die Institutionen dahingehend kategorisiert.

6. Künstler und ihr Klientel

Die Mitgliedschaft in der Genossenschaft war nicht nur auf Künstler beschränkt, sondern stand auch Personengruppen offen, die man als Kunstinteressierte, Kunstsammler oder sogar Mäzene bezeichnen könnte, also all jene, bei denen es sich vereinfacht gesagt um die Klientel der Künstler gehandelt hatte. Die Namen finden sich in den Mitgliederverzeichnissen unter den Kategorien der Stifter, der Gründer, der außerordentlichen Mitglieder und der Teilnehmer gelistet. Der Einfachheit halber werden diese im Folgenden zur Gruppe der Kunstsammler zusammengefasst.[33] Zu den Gründern und Stiftern sind die finanzkräftigsten Personen der Ringstraßenepoche zu zählen. Sie spendeten in der Regel einen größeren Geldbetrag, der anfangs für die Errichtung des namensstiftenden Ausstellungsgebäudes am Karlsplatz verwendet wurde. Aus Dank für diese Unterstützung wurden sie namentlich auf einer Marmortafel im sogenannten Ranftl-Zimmer genannt und durch von Künstlerhaus-Mitgliedern gemalte Porträts verewigt. Sie rekrutierten sich einerseits aus dem Pool des Hochadels (Auersperg, Lobkowitz, Schwarzenberg) und andererseits aus den bedeutendsten Industriellen (Drasche, Lederer, Mautner), Fabrikanten (Lobmeyer, Haas, Thonet) und Bankiers (Königswarter, Rothschild, Schöller) der Habsburgermonarchie. Diese Personen lassen sich auch mehrheitlich im ÖBL finden. Anders verhält sich die Situation bei der Gruppe der außerordentlichen Mitglieder und Teilnehmer. Hier ist eine geringere Abdeckung durch das Lexi-

---

32 Franz Urban Pappi, Netzwerkansätze in der Elitenforschung, in: Roger Häußling / Christian Stegbauer (eds.), *Handbuch Netzwerkforschung*, Wiesbaden: Vs. Verlag, 2010, 588.
33 In APIS sind die Biographien dieser Gruppe in der Collection „Kunstsammler 13.3.2017" zu finden.

kon festzustellen. Für viele dieser Namen findet man bis heute noch keine entsprechenden Biographien. Darunter sind Wirtschaftstreibende, Mediziner, Techniker, Rechtsanwälte, Schauspieler, Journalisten, Universitätsprofessoren oder auch Privatiers zu finden. Im Gegensatz zum Adel, der oftmals auf vererbte Kunstsammlungen zurückgreifen konnte, finden sich in den Namenslisten der Verzeichnisse auch viele Sammler neueren Typus. Am treffendsten beschreibt diesen der deutsche Kunsthistoriker Lothar Brieger:

„Aus dieser Einöde, aus der Wüstenei, in der es kaum eine Oase gab – auch das Museum war damals keine Oase –, ist der Sammler in unsere Zeit getreten. Er hat mit keiner der früheren Sammlertypen etwas gemein, er ist der erste Sammler der Weltkultur, der aus einer industriellen Welt kommt."[34]

Im Zuge des Abgleichs dieser Namenslisten mit den Biographien des ÖBL gelangt man zu einem Sample von insgesamt rund 190 Personen. Das Spektrum der beruflichen Tätigkeiten ist bei dieser Gruppe weit vielfältiger als bei den Künstlern. Im Folgenden soll ein Vergleich auf Ebene des Institutionsnetzwerks erfolgen.

KÜNSTLER		KUNSTSAMMLER	
Top-10 Kategorien	**Häufigkeit**	**Top-10 Kategorien**	**Häufigkeit**
Verein	49	Verein	45
Kunsthochschule	48	Fabrik	29
Atelier	43	Firma	18
Künstlerverein	38	Aktiengesellschaft	17
Zeitschrift	29	Zeitung	12
Schule	25	Universität	10
Hochschule	23	Schule	10
Kommission	19	Museum	10
Sonstige Bildungseinrichtung	17	Kommission	10

Tab. 4: Häufigkeit der jeweiligen Kategorien in den beiden Netzwerken am Beispiel der Top-10. Anmerkung: Übereinstimmungen wurden blau markiert.

Im Netzwerk der Kunstsammler besitzt der Knoten der Akademie der bildenden Künste Wien ebenfalls den höchsten Degree. Dies hängt mit der tradi-

---

34 Lothar Brieger, *Das Kunstsammeln. Eine kurze Einführung in seine Theorie und Praxis*, München: Delphin Verlag, 3. Auflage 1918, 10–11.

tionell starken Verbindung zwischen dieser Institution und einer Reihe von Kunstmäzenen zusammen. So wurden etwa zahlreiche Stipendien über Preise vergeben, die nach dem jeweiligen Stifter benannt wurden. Um ein Beispiel herauszugreifen, sei der Bankier Moriz Freiherr von Königswarter (1837–1893) erwähnt. Nach dessen Ableben wurde eine Preisstiftung eingerichtet, die ab dem Jahr 1895 jährlich an je einen Schüler der allgemeinen Mal- und der Bildhauerschule einen Geldpreis vergab.[35] Seine Biographie findet sich im vierten Band des ÖBL. Dort wird auch darauf hingewiesen, dass er „ein bekannter Kunstsammler" war.[36] Anders als beim Netzwerk der Künstler kann die berufliche Tätigkeit der Sammler sehr unterschiedlich gewesen sein. Darauf wurde bereits hingewiesen. Daraus resultiert auch konsequenterweise, dass die Kategorie der Kunsthochschule weniger häufig vorkommt als in den Künstlerbiographien. Eine Schnittmenge zwischen den Personengruppen der Künstler und jenen der Kunstsammler ergibt sich auf Ebene der Institutionen beispielsweise durch die Akademie der bildenden Künste Wien, die Universität Wien, die Genossenschaft bildender Künstler Wiens, das K. K. Polytechnische Institut Wien oder das Österreichische Museum für Kunst und Industrie. Betrachtet man die Überschneidungen hingegen auf Ebene der Institutionskategorien, so sind es die Vereine, die Schulen und die Kommissionen, welche die beiden Netzwerke miteinander verbinden. Vergleicht man, wie viele Personen auf diesem Weg miteinander verbunden werden können, dann fällt auf, dass es auch Kategorien wie z. B. „Fabrik" oder „Kunsthochschule" gibt, die schwerpunktmäßig der einen oder anderen Personengruppe zuzuordnen sind, also entweder den Kunstsammlern oder den Künstlern. Um beim Beispiel der Fabrik zu bleiben, sei noch erwähnt, dass einzelne Künstler wie etwa der Bildhauer und Medailleur Stefan Schwartz durch seine berufliche Tätigkeit für die Hofkammer-Metallwarenfabrik Mayerhofer & Klinkosch mit dem Betreiber Josef Carl von Klinkosch über die Institution verbunden ist. Weitere Beispiele wären der Architekt Ludwig Baumann und der Bildhauer Matthias Purkathofer, die genauso wie Heinrich Freiherr von Drasche-Wartinberg über eine Kante mit den Wienerberger Ziegelwerken verknüpft sind. Nach Georg Simmels Theorie der

---

35 Eine umfangreiche Aufstellung der verschiedenen Preise und Stipendien findet sich in der Publikation anlässlich des 250-jährigen Jubiläums der Akademie. Vgl. *Die K. K. Akademie der bildenden Künste in Wien in den Jahren 1892–1917. Zum Gedächtnis des zweihundertfünfzigjährigen Bestandes der Akademie*, hrsg. durch das Professorenkollegium, Wien: Gesellschaft für graphische Industrie, 1917, 89–99.

36 Vgl. Erich Hillbrand, Moriz Frh. von Königswarter (1837–1893), in: *ÖBL 1815–1950*, Bd. 4 (Lfg. 16, 1966), 41.

sozialen Kreise erweitert sich – vereinfacht gesprochen – das soziale Netzwerk mit dem Heranwachsen und Altern einer Person.[37] Kontakte, die in früheren Lebensabschnitten geknüpft wurden, wie etwa jene während der Schulzeit, können bei zukünftigen Verbindungen eine Rolle spielen. Schulen, die sowohl von Künstlern als auch von Kunstsammlern besucht wurden, wären das Schottengymnasium (**K**: Max Kurzweil, Moritz von Schwind; **KS**: Anton von Frisch, Eugen Herz) oder das Akademische Gymnasium (**K**: Heinrich Siller, Leopold Simony, Stefan Simony; **KS**: Anton Dreher, Nikolaus Dumba, Raimund Grübl) in Wien. Sie zählten zu den elitärsten Bildungseinrichtungen Österreichs und haben sich diesen Status bis heute erhalten. Eine nähere Ausdifferenzierung der einzelnen Bildungsanstalten nimmt Gernot Stimmer vor. Dabei unterscheidet er die benediktinischen Gymnasien (Piaristen, Schottengymnasium, Seitenstetten, Kremsmünster), die Jesuitenanstalten (Stella Matutina, Kalksburg, Mariaschein, Petrinum) und die staatlichen Gymnasien.

„Exemplarisch demonstriert das Schottengymnasium den Typus der Rekrutierungsanstalt einer bildungsmäßig zwar einheitlichen, politisch heterogenen Oberschicht, die sich später in den verschiedensten ideologischen Elitegruppen zu integrieren vermochte. [...] Einschränkend muß festgestellt werden, daß vornehmlich das jüdisch-liberale Bürgertum Wiens schulmäßig doch die staatlichen Gymnasien frequentierte, insbesondere das Akademische Gymnasium, das zwischen 1773–1848 unter Leitung der Jesuiten bzw. der Piaristen gestanden war, ab 1852 als Staatsgymnasium weitergeführt wurde und zu seinen Absolventen (bei einem Anteil an jüdischen Schülern von 50 % ab 1880) die Prominenz des politischen und wissenschaftlichen Liberalismus zählte."[38]

Würde man noch mehr biographische Daten zu den Kunstsammlern aus dem Umfeld des Künstlerhauses erschließen, ergäbe sich ein noch weitaus differenzierteres Bild. In den Künstlerbiographien wird darüber hinaus noch eine Reihe weiterer Schulen in Wien (z. B. Staatsgewerbeschule I., Gymnasium Sacre Coeur usw.) und anderen Städten der Monarchie genannt. Auch an Schu-

---

37 „Mit fortschreitender Entwicklung aber spinnt jeder Einzelne derselben [Anm.: Familie] ein Band zu Persönlichkeiten, welche au[ß]erhalb dieses ursprünglichen Associationskreises liegen und statt dessen durch sachliche Gleichheit der Anlagen, Neigungen und Thätigkeiten usw. eine Beziehung zu ihm besitzen; die Association durch äu[ß]erliches Zusammensein wird mehr und mehr durch eine solche nach inhaltlichen Beziehungen ersetzt." Georg Simmel, *Über soziale Differenzirung. Sociologische und psychologische Untersuchungen*, Leipzig: Duncker & Humboldt, 1890, 101.
38 Gernot Stimmer, *Eliten in Österreich 1848–1970* (Studien zur Politik und Verwaltung, 57-1), Wien: Böhlau Verlag, 1997, 105.

len wie der Wiener Handelsakademie absolvierten Personen beider Gruppen, wie z. B. der Chemiker Eduard Lippmann und der Maler Ludwig Kainzbauer, ihren Schulabschluss.

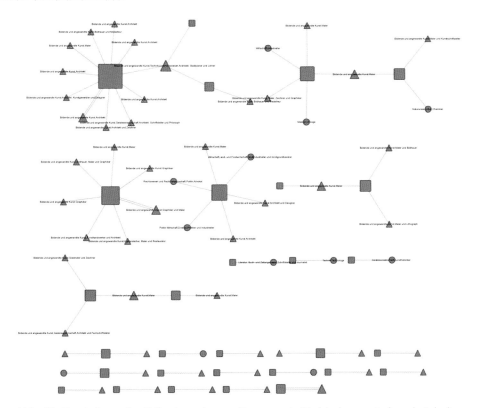

Abb. 12: Darstellung des Teilnetzwerks von Personen in Verbindung mit den als Schulen kategorisierten Institutionen. (Graphik des Autors)
Anmerkung: Künstler sind hier als Dreiecke, Kunstsammler als Kreise und Schulen als Quadrate dargestellt. Anstelle der Personennamen wurden als Labels die im ÖBL vergebenen Berufsbezeichnungen der Personen gewählt. Dies soll verdeutlichen, welche Tätigkeitsbereiche an den einzelnen Institutionen zusammentrafen. Die wichtigsten Schulen sind – in absteigender Reihenfolge – die Staatsgewerbschule Wien I., die Graphische Lehr- und Versuchsanstalt Wien, das Akademische Gymnasium, das Schottengymnasium und die Theresianische Akademie.

Inwiefern berufliche oder schulische Kontakte sich aber tatsächlich auf die individuelle Sammlertätigkeit niederschlagen, wäre effektiv nur über eine Rekonstruktion einzelner Kunstsammlungen und den anschließenden Abgleich mit den biographischen Netzwerken möglich. Als Basis für eine solche Analyse könnten exemplarisch Kataloge von Nachlassauktionen herangezogen werden. Ein positiver Nebeneffekt, der aus der Erschließung der Biographien von Kunstsammlern in einer virtuellen Forschungsumgebung, wie sie das APIS-System bereitstellt, resultiert, wäre, dass bestehende Datensätze, wie z. B. der Getty Provenance Index®, mittels Natural-Language-Processing-Methoden angereichert werden könnten. Die Möglichkeiten, die eine solche Datenanreicherung bieten kann, wurden an einem Datensatz zu Pariser Kunstauktionen von Léa Saint-Raymond und Antonin Courtin bereits eindrucksvoll demonstriert.[39]

Die Verbindungen über die in den Biographien genannten Institutionen beinhalten Informationen über die vielfältigen Berührungspunkte zwischen Künstlern und Kunstsammlern. Meist spielten sich die entscheidenden Kontakte aber auf einer persönlichen Ebene ab und fanden in Form von informellen Zusammenschlüssen, wie z. B. Stammtischgesellschaften, statt. Einen Eindruck davon vermitteln im Folgenden die Abb. 13 und 14.

Abb. 13: Stammtisch im Café Kremser (1. Bezirk, Kärntner Ring 8). Anmerkung: Darauf sind die Künstler 1 Adolf Kaufmann, 2 Josef Kinzel, 3 Fabrikant [Rudolf] Manoschek, 4 Josef Jungwirth, 5 Karl Probst, 6 Hans Temple, 7 Giulio Angelo Liberali und 8 ein Privatier Türk zu sehen. (Quelle: *Österreichische Illustrierte Zeitung*, 12. Jg., H. 13, 29.12.1912, 327. ÖNB|ANNO)

---

39 Léa Saint-Raymond und Antoine Courtin, „*Enriching and Cutting: How to Visualize Networks Thanks to Linked Open Data Platforms ...*", in: *Artl@s Bulletin 6*, no. 3 (2017), 91–99.

Abb. 14: Weiterer Stammtisch im Café Kremser (1. Bezirk, Kärntner Ring 8). Anmerkung: Darauf sind die Künstler 1 Alois Hans Schramm, 2 Josef Kinzel, 3 Karl Probst, 4 Eduard Veith, 5 die Gattin des Malers Adolf Kaufmann und 6 Gustav Hessl zu sehen. (Quelle: *Österreichische Illustrierte Zeitung*, 12. Jg., H. 13, 29.12.1912, 327. ÖNB|ANNO)

Wie das Beispiel der Biographie von Egon Herz zeigt, werden im ÖBL solche Kontakte häufiger durch die Nennung von Personennamen und seltener mittels der Angabe von Institutionsnamen beschrieben.

„*Befreundet mit P. Altenberg (s.d.), A. Schnitzler, H. v. Hofmannsthal, M. Mell, K. Schönherr, M. Reinhardt, A. Moissi, A. Bassermann, M. Devrient (s.d.), G. Reimers, F[erdinand] Andri, A[lexander] D[emetrius] Goltz (s.d.), W[illiam] Unger etc., war er als Sammler (Plaketten, Möbel, Bilder, Bücher) vor allem Bibliophile, dessen Spezialgebiet Viennensia, Biographien und Memoiren von Theaterleuten waren.*"[40]

Das mag auch daran liegen, dass dieses Wissen über die Zusammensetzung solch privater Kreise und Netzwerke, bis auf sehr prominente Ausnahmen, sich aus heutiger Sicht nur mehr schwer rekonstruieren lässt. Neben Fotografien können in manchen Fällen Tagebücher, Briefe oder Zeichnungen dennoch Aufschluss über solche Relationen geben.

---

40 o. A., Eugen Herz (1875–1944), Industrieller, in: *ÖBL 1815–1950*, Bd. 2 (Lfg. 9, 1959), 294 f.

Aber kehren wir zurück zu den beiden Fotografien. Ein Abgleich der beiden Bildlegenden zeigt, dass es personelle Überschneidungen gibt. In diesem Fall wären das die Künstler Kaufmann, Kienzel und Probst. Auf der ersten Fotografie sind außerdem zwei Personen zu sehen, die als Privatier und Fabrikant bezeichnet werden. Eine Tätigkeit der beiden als Sammler ist nicht ausgeschlossen. Sucht man nach diesen Namen in den Verzeichnissen des Künstlerhauses, so findet man dort einen Rudolf Manoschek gelistet. Als eine Besonderheit des Künstlerhauses kann der Modus für die Aufnahme gesehen werden. So war es etwa für Teilnehmer notwendig, durch drei Mitglieder, zumeist Künstler, vorgeschlagen zu werden. Der Aufnahmeschein von Manoschek beispielsweise belegt, dass dieser u. a. von Josef Kinzel vorgeschlagen wurde. Ob zwischen diesen Vorschlägen und der individuellen Sammlertätigkeit jedoch generell ein Zusammenhang herzustellen ist, könnte nur durch eine systematische Untersuchung endgültig geklärt werden.[41]

7. Künstlerbiographien als Grundlage für die historische Netzwerkforschung

Am Ende dieses Artikels sollen mögliche Synergien für die historische Netzwerkforschung beleuchtet werden. Zu diesem Zweck wurde ein Quellentypus ausgewählt, der gerade im Feld der digitalen Kunstgeschichte zunehmend als Analysegegenstand Bedeutung erlangt und sich in zahlreichen Forschungsprojekten bereits bewährt hat: der Ausstellungskatalog.[42] Aktuelle Beispiele dafür sind z. B. das Hagenbund-Projekt, das Artl@s-Projekt, Exhibitium-Projekt oder „Exhibitions of Modern European Painting 1905–1915". All diesen liegt im Kern eine ähnliche Idee und Motivation zugrunde, nämlich Künstler, Werke

---

41 Dies wurde ausgehend von den auf den beiden Fotografien sichtbaren Personen exemplarisch versucht. Die vorläufigen Ergebnisse wurden 2017 im Rahmen des 11. Workshops für historische Netzwerkforschung an der Universität Augsburg durch den Vortrag des Autors „Wie Biographien für die historische Netzwerkforschung genutzt werden können. Ein Praxisbeispiel an Hand von Künstler- und Sammlernetzwerken im Umfeld des Wiener Künstlerhauses" präsentiert. Es zeigt sich dabei, dass Künstler wie Karl Probst und Hans Temple im Vergleich zu anderen dieses System viel häufiger und über einen längeren Zeitraum hinweg genutzt hatten, hingegen Karl Ludwig Prinz und Josef Jungwirth über einen kürzeren Zeitraum hinweg und intensiver. Dabei ergaben sich strategische Allianzen sowohl innerhalb desselben Kreises (Temple mit Prinz, Probst mit Jungwirth und Kinzel) als auch mit einer Reihe von anderen Mitgliedern des Künstlerhauses (z. B. Prinz mit Epstein, Grünhut, Ranzoni).

42 Dieses Konzept für eine um biographische Informationen erweiterte historische Netzwerkanalyse wurde durch den Vortrag des Autors „Biographies and Historical Network Research: use cases for biographical data in the realm of digital art history" auf der Historical Network Research Conference in Brünn 2018 erstmals öffentlich vorgestellt.

und Ereignisse zu dokumentieren. Jutta Held hat bereits im Jahr 2000 im Vorwort zu der Dokumentation von Ausstellungen während der NS-Zeit in Deutschland und zur Zeit der DDR den Begriff der seriellen Kunstgeschichte für die Beschreibung der dabei angewandten Methode gewählt. Dabei weist sie auch auf Vorteile hin, die aus der Anwendung quantitativer Verfahren resultieren:

> *„Die quantitative Methode, so läßt sich formulieren, trug zur Demokratisierung der Geschichtswissenschaften bei. Nicht nur wurden Felder der Tätigkeiten, der Vorstellungen und kulturellen Praktiken erschlossen und als geschichtliche Faktoren gewichtet, die der Ereignisgeschichte entgingen, es wurde damit zugleich der Beitrag eines jeden Mitglieds einer Bevölkerungsgruppe gewürdigt, erstmalig auch derjenigen, die keine oder lediglich schematisierte Spuren in der Schriftkultur hinterlassen hatten."*[43]

Diese Aussage deckt sich mit den im Zuge des Hagenbund-Projekts gesammelten Erfahrungen. Für manche der Künstler wurde durch die Auswertung dieser „schematisierten Spuren" erstmals eine Verbindung zum Schauplatz Wien und der Künstlervereinigung Hagenbund hergestellt.[44] Im Kontext des Künstlerhauses entsprechen die Kataloge der Jahresausstellungen am ehesten jenen Anforderungen, welche die serielle Kunstgeschichte an ihre Quellen stellt (vgl. Abb. 15).

---

43 Jutta Held, Serielle Kunstgeschichte. Ein Beitrag zur Erforschung der künstlerischen Verhältnisse im 20. Jahrhundert, in: Martin Papenbrock / Gabriele Saure (eds.), *Kunst des frühen 20. Jahrhunderts in deutschen Ausstellungen* (Schriften Guernica Gesellschaft, 10), 1. Band: Ausstellungen deutscher Gegenwartskunst in der NS-Zeit, Weimar 2000: VDG, 15.
44 Maximilian Kaiser, Struktur, Netzwerk, Diskurs. Anatomie einer Künstlervereinigung, in: Agnes Husslein-Arco / Mathias Boeckl / Harald Krejci (eds.), *Hagenbund. Ein europäisches Netzwerk der Moderne 1900 bis 1938*, Ausst.-Kat. Österreichische Galerie Belvedere (10.10.2014 – 01.02.2015), Wien 2014, 105.

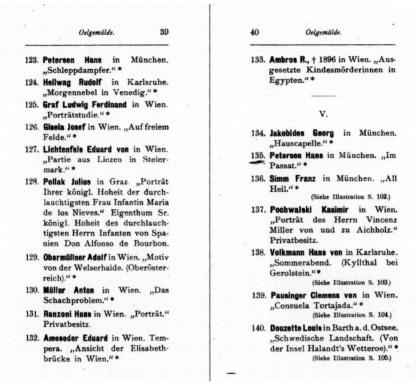

Abb. 15: Doppelseite aus dem Katalog der 25. Jahresausstellung des Künstlerhauses im Jahr 1897 (Quelle: archive.org)

Dort sind die Namen der Aussteller Zeile für Zeile und in dichter Abfolge gelistet. Anders als bei der Erstellung einer Ausstellungsdatenbank, in die die einzelnen Künstler in der jeweiligen Originalschreibweise übernommen werden, wäre es für die Auswertbarkeit als Netzwerk notwendig, die einzelnen Künstler zu identifizieren, um etwaige Duplikate zu vermeiden. Als Ergebnis bekäme man einen Graphen, der im Zentrum den die Ausstellung darstellenden Knoten aufweist. Um diesen würden sich dann die Knoten der Aussteller positionieren. Mit jedem auf diesem Weg erfassten Ausstellungskatalog nimmt die Komplexität dieser Netzwerke zu (vgl. Abb. 16). Künstler, welche öfter als andere ausgestellt haben, würden von Algorithmen automatisch in das Zentrum gerückt werden. Zentralitätsmaße wie Degree, Betweenness oder Indegree würden wiederum dabei helfen, Akteure zu identifizieren und deren Bedeutung auf statistischer Ebene zu bestimmen.

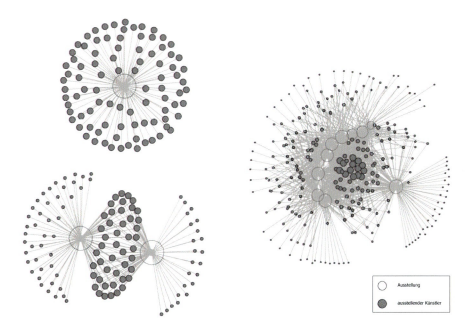

Abb. 16: Drei verschiedene Ausstellernetzwerke, die jeweils auf der Auswertung anderer Kataloge der Jahresausstellungen beruhen (von links nach rechts): 25. Jahresausstellung (1898), 25. und 26. Jahresausstellung (1898–1899) und 19. bis 27. Jahresausstellung (1890–1900) (Graphik des Autors)

Über den Sinn oder im konkreten Fall den Unsinn der sozialen Netzwerkanalyse für die kunsthistorische Forschung schreibt Claire Bishop, dass aus ihrer Sicht die Gefahr bestehe, die sorgfältige historische Argumentation durch das soziale Netzwerk zu ersetzen. Sie argumentiert weiter, dass hiermit an die Stelle der künstlerischen Innovation die Anzahl der sozialen Verbindungen gesetzt werde. Diese würden wiederum in der Folge über die Bedeutung eines Künstlers entscheiden.[45] „*Digital art history is just such a subordination of human activity to metric evaluation.*"[46] Damit bringt sie eine der am häufigsten geäußerten Kritikpunkte an dieser digitalen Methode auf den Punkt. Um dieser Kritik aber begegnen zu können, ist es notwendig, sich mit den dahinterste-

---

[45] Claire Bishop, Against Digital Art History, in: *International Journal for Digital Art History*, Nr. 3 (2018), 125–126. DOI: https://doi.org/10.11588/dah.2018.3.49915 (2.10.2018).
[46] Ebd.

henden Idealvorstellungen von sozialer Netzwerkanalyse zu beschäftigen. Im Grunde genommen geht es um das Bedürfnis, mehr aus dem Schaubild „Netzwerkgrafik" herauslesen zu können als bisher. Dieses Mehr an Informationen kann als jenes Wissen identifiziert werden, das sich bei einer Untersuchung mit ähnlicher Zielsetzung, aber unter Anwendung qualitativer Methoden zu den in einem Netzwerk enthaltenen Personen ermitteln lässt. Das können beispielsweise geographische Bezüge (geboren an Ort X, ausgebildet an Institution Y, bereiste Ort Z usw.), Informationen über Werke (Bildtitel von Gemälden, Entstehungsjahr, Standort eines Gebäudes, Zugehörigkeit zu einer öffentlichen Sammlung usw.) oder zu sozialen Kontakten (Teil einer Künstlergruppe, war befreundet mit Sammlern und Künstlern, war verwandt mit weiteren Künstlern usw.) sein. All diese genannten Informationen lassen sich, vielleicht nicht im selben Ausmaß, aber grundsätzlich in der Gesamtheit an Biographien des ÖBL finden. Um den Bogen wieder zurück zu den Ausstellernetzwerken zu spannen, wird daran anknüpfend der Versuch gestartet, ein Konzept für die Anreicherung bestehender Ausstellernetzwerke mit biographischen Daten vorzustellen.

Jedes dieser Netzwerke wird grundsätzlich aus Tabellendaten generiert. Eine Tabelle beschreibt die Knoten und ihre Attribute. Eine zweite Tabelle nützt die einmaligen Identifikationsnummern (ID) der Knoten, um die Kanten von einem Ausgangsknoten zu einem passenden Zielknoten zu zeichnen. Jedes Datenbankprojekt baut auf seiner eigenen Logik bzw. Heuristik auf, um die Daten zu strukturieren und abzuspeichern. In der APIS-Webapplikation erhält jeder Knoten seinen eigenen einmaligen Unique Ressource Identifier (URI) oder nutzt einen bestehenden aus der Linked-Open-Data-Cloud. Als eine Besonderheit des Systems werden mit jedem Export nicht nur die Metadaten einer Person, wie z. B. Name (label), Geburts- und Sterbedaten (start_date, end_date), die nach der Systematik des ÖBL vergebene berufliche Tätigkeit bzw. Tätigkeiten einer Person (professions) oder die Zugehörigkeit zu einer Datensammlung (collections), sondern auch diese URIs als Attribut der Knoten mitausgewiesen.

Zu welchen Resultaten könnte man gelangen, wenn sich diese Netzwerke mit aus der APIS-Webapplikation generierten biographischen Daten verbinden ließen? Zu Demonstrationszwecken wurden zehn chronologisch aufeinander folgende Kataloge (19. bis 27. Jahresausstellung) der erwähnten Jahresausstellungen über APIS erfasst. Führt man diesen Gedanken konsequent weiter, wäre es zunächst notwendig, aus einem beliebig gewählten biographischen

Netzwerk ein weiteres Attribut wie z. B. „reiste nach Paris" anzulegen. Das heißt, es müsste im Ausgangsnetzwerk eine weitere Spalte mit der Überschrift „reiste nach Paris" und der Feldeigenschaft „boolean" erzeugt werden. Für die Personenknoten dieses kleineren Netzwerks würde der Wert dann auf „true" gesetzt werden. Zurück auf das vorangegangene Netzwerk bezogen, wird angenommen, dass sich dort wiederum Personen finden lassen, auf welche diese biographischen Kriterien zutreffen. Durch die URIs der Knoten können die einzelnen Personen unterschieden, Knoten mit gleicher URI verschmolzen, und darauf aufbauend kann das Ausstellernetzwerk mit dem biographischen Netzwerk zusammengeführt werden. Nachdem dieser Schritt vollzogen ist, ließe sich das Netzwerk auf jene Personen hin filtern, die dieses Kriterium auch tatsächlich erfüllen. Das daraus resultierende Ergebnis ist in Abb. 17 dargestellt.

Verfolgt man diese Argumentation weiter, so könnte man mittels dieser Vorgehensweise eine Reihe von Forschungsfragen aus der räumlichen Kunstgeschichte oder Künstlersozialgeschichte beantworten, nämlich:

aus der räumlichen Kunstgeschichte:
- Wer reiste nach Paris?
- Wer wurde in München ausgebildet?
- Wer arbeitete in Brno?

aus der Künstlersozialgeschichte:
- Wer hat an der Academié Julian in Paris studiert?
- Wer war Professor an der Akademie der bildenden Künste in Wien?

Integriert man nach dieser Methode weitere biographischen Daten, so lässt sich eine Reihe von Teilnetzwerken erzeugen. Abhängig von der gestellten Frage würden sich diese hinsichtlich ihrer Dimension, also der Anzahl an Knoten und Kanten, erheblich unterscheiden. Um bei den Beispielen zu bleiben, wurden nachfolgende Graphen exemplarisch auf den zuvor gestellten Fragen aufgebaut. Die sich aus diesen exemplarischen Abfragen ergebenden Netzwerke sind in Abb. 18 ersichtlich.

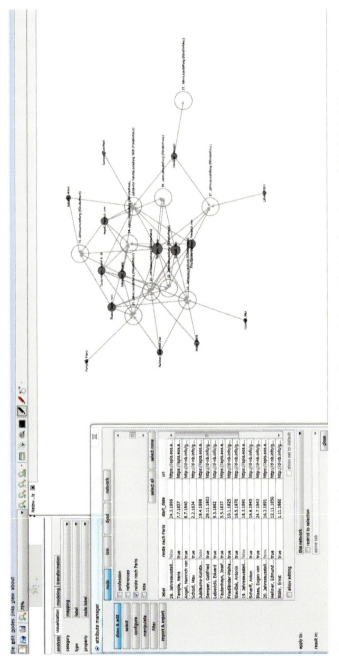

Abb. 17: Screenshot der Visualisierung der erweiterten Netzwerkdaten (Spalte mit „reiste nach Paris"-Relationen)

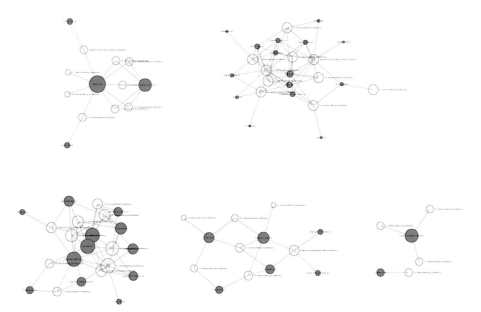

Abb. 18: Das Ergebnis einer kombinierten Abfrage aus Ausstellernetzwerk und biographischen Daten (von links nach rechts): arbeitete in Brünn, reiste nach Paris, wurde in München ausgebildet, war Professor an der Akademie und war Student an der Academié Julian in Paris (Graphik des Autors)

8. Resümee

Der Schwerpunkt dieses Beitrags lag darin, die Vielfalt an Auswertungsmethoden und Visualisierungen zu demonstrieren, die sich für über die APIS-Datenbank erhobene Daten bieten. Der besondere Fokus lag dabei auf jenen Anwendungsbeispielen, die aus Sicht der digitalen Kunstgeschichte von größtem Interesse sind. Ausgehend von den zwei für österreichische Künstler wichtigsten Institutionen, der Akademie der bildenden Künste und der Genossenschaft bildender Künstler Wiens, wurde in einem ersten Schritt gezeigt, dass sowohl Netzwerke auf Ebene der Personen als auch der Institutionen komplexe Strukturen ergeben können. Dabei bietet sich für die Analyse dieser Strukturen nicht nur die Darstellung als Netzwerk, sondern auch die als Stammbaum oder Karte an. Für die Detailanalyse des Institutionsnetzwerks sind die Kategorien der Institutionen, die Metadaten der Personen, wie z. B. Geburtsjahr oder die Zuordnung zu den Bänden des ÖBL, ein effektives Mittel, um ein besseres Verständnis bezüglich der Zusammensetzung des Netzwerks zu erhalten. Die beiden

Teilnetzwerke der Professoren und Präsidenten, die auf der Basis bestimmter Positionen an bzw. Relationen zu Institutionen gebildet wurden, bestätigen das Vorhandensein dessen, was am treffendsten mit dem Begriff des Elitennetzwerks etikettiert werden kann. Sie sind durch die stärkere Vernetzung zu diesem Entitätstyp charakterisiert. Weitere Teilnetzwerke dieses Typus könnten in Zukunft über vergleichbare statistische Merkmale anderer biographischer Netzwerke für deren Identifizierung genutzt werden. Aus dem Pool an Verbindungen zu anderen Berufsgruppen, wie etwa den Technikern, Medizinern oder Juristen, sind exemplarisch jene zu einem ausgewählten Personenkreis untersucht worden, bei denen durch die Mitgliedschaft im Künstlerhaus ein grundlegendes Kunstinteresse angenommen oder eine Sammlertätigkeit vermutet werden kann. Auf institutioneller Ebene ergeben sich tatsächlich zahlreiche Verbindungen zwischen diesen beiden Gruppen. In einem zweiten Schritt stellte sich die Frage, ob diese Personen tatsächlich als Sammler tätig waren – eine Frage, die sich letztlich nicht ohne ein weiteres Quellenstudium, wie z. B. von Auktionskatalogen, beantworten lässt. Abschließend wurde noch ein Konzept vorgestellt, das mögliche Synergien für die historische Netzwerkforschung durch die Nutzung und Einbindung von biographischen Daten aufzeigt. Am Beispiel von systematisch ausgewerteten Ausstellungskatalogen des Künstlerhauses wurde veranschaulicht, welchen Mehrwert die Datenanreicherung der digitalen Kunstgeschichte brächte.

Wie in diesem Band bereits des Öfteren ausgeführt wurde, ist der Prozess der Datengewinnung in den digitalen Geisteswissenschaften ein komplexes Thema. Im Bereich der digitalen Kunstgeschichte werden die Visualisierung und die Darstellung von Daten zurzeit lebhaft und kontroversiell diskutiert. Die offensichtlichen Vorteile für die historische Netzwerkforschung sollten aber nicht allein auf die erwähnte Datenanreicherung beschränkt werden. In zukünftigen Diskussionen werden noch stärker als jetzt Themen wie die Qualität der Daten, die Nachhaltigkeit der Datenspeicherung und die Verwendung von Linked-Open-Data als Quelle an Bedeutung gewinnen. Ein Datenbanksystem, das vergleichbar wie APIS als virtuelle Forschungsumgebung konzipiert ist, kann der Forschung für die Lösung mancher dieser Herausforderungen bereits hilfreich sein und Denkanstöße für künftige Vorhaben liefern.

Ágoston Zénó Bernád

Communities und Hubs in skalenfreien Graphen. Versuch einer Analyse von Journalistennetzwerken in der Donaumonarchie anhand von Biographien des Österreichischen Biographischen Lexikons 1815–1950

Vorbemerkungen

Vorliegender Beitrag thematisiert anhand einer aus den Lemmata der digitalisierten Printversion des *Österreichischen Biographischen Lexikons 1815–1950* (ÖBL)[1] gezogenen Stichprobe, welche Möglichkeiten die soziale Netzwerkanalyse bei der Erforschung des Pressewesens in der Österreichisch-Ungarischen Monarchie bietet. Der Beitrag gliedert sich in vier Teile. Zuerst wird ein Überblick über den Forschungsstand bzw. die Digitalisierung von historischen Zeitungen und Zeitschriften geboten und einige sich daraus ergebende zentrale Fragen werden behandelt, insbesondere im Hinblick auf die Gründe der Etablierungsschwierigkeiten netzwerkanalytischer Ansätze und Methoden in der historischen Presseforschung. Des Weiteren wird auf die Vorteile, die ein – in ein entsprechendes digitales Umfeld eingebettetes – transnationales biographisches Nachschlagewerk bei einer solchen Untersuchung bietet, eingegangen. Der zweite Teil ist der Beschreibung der Stichprobenziehung sowie der Erläuterung der Annotation der Biographien gewidmet. Kapitel drei fokussiert auf die Darlegung relevanter fachspezifischer Themen und Begriffe wie Graphentypen, Zentralitäts- und Prestigemaße, Hubs sowie Communities. Der vierte, netzwerkanalytische Teil befasst sich mit Fragen nach der Eigenschaft und Struktur der in der Stichprobe identifizierten Hubs und Communities im hier vorliegenden Journalistennetzwerk bzw. seiner Teilnetzwerke.

---

[1] *Österreichisches Biographisches Lexikon 1815–1950*, Wien: Böhlau Verlag, Verlag der Österreichischen Akademie der Wissenschaften, 1954ff.; Online-Ausgabe: www.biographien.ac.at. – Alle Internet-Ressourcen wurden am 6.7.2019 zuletzt überprüft.

1. Herausforderungen und Auswege – Zum Stand der Forschung und der Digitalisierung

Das APIS-Projekt widmet(e) sich der netzwerkorientierten Analyse der Lebensläufe von in das ÖBL aufgenommenen Personen. Ausgangspunkt und zugleich grundlegende, von Christine Gruber formulierte Fragestellung des Vorhabens war, bis zu welchem Grad sich

„Nationalbiographien überhaupt als Datenbasis für die Beantwortung spezieller, v. a. sozialgeschichtlicher Forschungsfragen eignen bzw. ob und in welchem Umfang sich etwaige Informationslücken durch konsequente, automatisierte Anreicherungen mit vernetzbaren Daten aus externen Online-Quellen signifikant reduzieren lassen."[2]

Im Kontext der Medienwissenschaft, insbesondere der historischen Presseforschung, lautet demzufolge die Frage, ob sich Nationalbiographien im Allgemeinen bzw. das ÖBL im Besonderen eignen, um unter Anwendung der Methoden der sozialen Netzwerkanalyse neue Erkenntnisse im Bereich der Medien- bzw. Pressegeschichte zu gewinnen.

Die Diskussion dieser Frage setzt allerdings voraus, dass zunächst geklärt wird, ob sich Netzwerkansätze im Bereich der Medienwissenschaft, insbesondere der historischen Presseforschung, überhaupt etabliert haben sowie des Weiteren, worin die Gründe für die zaghafte Anwendung dieser Methoden liegen könnten. Dass damit die Antwort etwas vorweggenommen wird, ist nicht grundlos. Denn in einer 2018 erschienenen thematischen Sondernummer der Zeitschrift *medien & zeit* haben die Herausgeber Erik Koenen, Niklas Venema und Matthias Bixler auf die verspätete Rezeption der Netzwerkansätze in der Medienwissenschaft mehr als deutlich hingewiesen:

„Die Kommunikations- und Medienwissenschaft blieb von diesem Trend erstaunlicherweise weitgehend unberührt. Die Implementierung von Netzwerkansätzen in den Methodenkanon wurde über Jahrzehnte zwar immer wieder angeregt bzw. gefordert [...]. Dabei handelt es sich jedoch viel mehr um Einzelbeiträge, die je für sich Bezüge zur

---

2 Christine Gruber / Eveline Wandl-Vogt, Mapping Historical Networks: Building the New Austrian Prosopographical | Biographical Information System (APIS). Ein Überblick, in: Ágoston Zénó Bernád / Christine Gruber / Maximilian Kaiser (eds.), *Europa baut auf Biographien. Aspekte, Bausteine, Normen und Standards für eine europäische Biographik*, Wien: new academic press, 2017, 271–282, hier 276.

SNA herstellen, statt konsequent aufeinander aufzubauen. Dies ist umso unverständlicher, als es bei Kommunikation um ein intrinsisch relationales Phänomen geht."[3]

Es wird davon ausgegangen, dass der Grund für die verzögerte Rezeption weniger in den disziplinimmanenten theoretischen und methodischen Querelen innerhalb der Medienwissenschaft liegt, sondern vielmehr mit der Pressegeschichte des 19. Jahrhunderts und dem derzeitigen Stand der Digitalisierung in Zusammenhang steht.

Im Laufe des langen 19. Jahrhunderts kam es zu einer Entfesselung der Massenkommunikation. Allen Brüchen, Rückschritten und Verzögerungen zum Trotz brachen die Medien aus der ökonomischen, rechtlichen und politischen Enge aus und bewirkten in der Folge eine tiefe soziale Durchdringung der Gesellschaft.[4] Einen nicht unerheblichen Anteil an dieser Entwicklung hatten auch technische Neuerungen wie die Erfindung der Schnellpresse, der Rotationsmaschine sowie des Maschinensatzes. Diese Faktoren führten auch in der Habsburgermonarchie zu einem rapiden Anstieg der Anzahl der periodisch erscheinenden Medien. Bereits die erste 1875 von Johann Winckler vorgelegte statistische Untersuchung der Medienlandschaft Cisleithaniens zwischen 1848 und 1873[5] führte diese Entfesselung deutlich vor Augen (Abb. 1).

Zu Recht betonte mehr als ein Jahrhundert später Helmut W. Lang, dass im Gegensatz zu den Zeitungen des 17. und 18. Jahrhunderts, deren Erfassung aufgrund der mitunter schwierigen Nachweisbarkeit die Grenzen bibliographischen Arbeitens aufzeigt, die Erhebung der zwischen 1850 und 1945 erschiene-

---

3   Erik Koenen / Niklas Venema / Matthias Bixler, Historische Netzwerkforschung als Perspektive und Methode der Kommunikations- und Mediengeschichte, in: *medien & zeit* 33/1, 2018, https://bit.ly/2FA8hcF. Im Hinblick auf die von den Autoren genannten Einzelbeiträge müssen an dieser Stelle insbesondere die Arbeiten von Joad Raymond und Noah Moxham zur frühneuzeitlichen Pressegeschichte sowie von Alexis Easley über Journalistennetzwerke des Viktorianischen Zeitalters hervorgehoben werden. Vgl. Joad Raymond / Noah Moxham (eds.), *News Networks in Early Modern Europe*, Leiden / Boston: Brill, 2016; Alexis Easley (ed.), Special Issue: Victorian Networks and the Periodical Press, in: *Victorian Periodicals Review* 44, 2011.
4   Siehe dazu Jürgen Wilke, *Grundzüge der Medien- und Kommunikationsgeschichte. Von den Anfängen bis ins 20. Jahrhundert*, Köln u. a.: Böhlau, 2008, 154–167. Über Ursachen der Verzögerung in der Habsburgermonarchie siehe Gabriele Melischek / Josef Seethaler, Presse und Modernisierung in der Habsburgermonarchie, in: Helmut Rumpler / Peter Urbanitsch (eds.), *Die Presse als Faktor der politischen Mobilisierung* (= Die Habsburgermonarchie 1848–1918, Bd. 8/2), Wien: Verlag der ÖAW, 2006, 1535–1714, hier 1553–1556.
5   Johann Winckler, *Die periodische Presse Oesterreichs. Eine historisch-statistische Studie*. Herausgegeben von der k. k. Statistischen Central-Commission, Wien: Sommer & Comp., 1875. Trotz der mehrfach geäußerten Kritik stellt die Arbeit Wincklers bis zum heutigen Tag eine wichtige medienwissenschaftliche Quelle dar (siehe dazu Melischek / Seethaler, ebd., 1546).

nen periodischen Druckwerke ein „quantitatives Problem"[6] darstellt. Die *Bibliographie der österreichischen Zeitschriften 1704–1850*[7] verzeichnet 1.642, jene der ab dem 17. Jahrhundert bis zum Ende des Zweiten Weltkriegs erschienenen österreichischen Zeitungen 6.725 Einträge.[8] Gabriele Melischek und Josef Seethaler haben in ihren detaillierten statistischen Analysen des Tagespressewesens der franzisko-josephinischen Epoche für die Periode 1855 bis 1910 insgesamt 703 Zeitungstitel (404 für die österreichische, 299 für die ungarische Reichshälfte) erhoben.[9] Auch die Zahlen der in Ungarn herausgegebenen Bibliographien sprechen Bände. Sind in Margit V. Busas Pressebibliographie für den Zeitraum von 1705 bis 1849 lediglich 470 Titel angeführt, so konnten für den kurzen Zeitraum von 1850 bis 1867 bereits 607 Titel erfasst werden.[10] Die von Mária Rózsa zusammengestellte Bibliographie der deutschsprachigen Presse in Ungarn verzeichnet insgesamt 1.827 zwischen 1850 und 1920 verlegte Zeitungen, Zeitschriften und Fachblätter.[11]

Angesichts dieser Zahlen stehen selbst große Digitalisierungsvorhaben vor einer nur schwer bewältigbaren Herausforderung. Projekte wie AustriaN Newspapers Online (ANNO)[12] an der Österreichischen Nationalbibliothek mit mehr als 1.000 digitalisierten Zeitschriften und Zeitungen aus der Periode 1568 bis 1948 haben zwar zweifelsohne nicht nur die Medienwissenschaft, sondern generell jegliche auf historische Zeitungen und Zeitschriften zurückgreifende Forschung grundlegend verändert. Der Katalog der von der Deutschen Natio-

---

6 Helmut W. Lang, Die Anfänge der periodischen Presse in Österreich, in: ders. / Ladislaus Lang / Wilma Buchinger, *Bibliographie der österreichischen Zeitungen 1621–1945 A–M*, München: K. G. Saur 2003, 21–29, hier 21.

7 Helmut W. Lang / Ladislaus Lang / Wilma Buchinger, *Bibliographie der österreichischen Zeitschriften 1704–1850*, 3 Bde. (= Österreichische Retrospektive Bibliographie, Reihe 3: Österreichische Zeitschriften 1704–1945), München: K. G. Saur 2006.

8 Siehe Helmut W. Lang / Ladislaus Lang / Wilma Buchinger, *Bibliographie der österreichischen Zeitungen 1621–1945*, 3 Bde. (= Österreichische Retrospektive Bibliographie, Reihe 2: Österreichische Zeitungen 1492–1945), München: K. G. Saur, 2003.

9 Siehe Gabriele Melischek / Josef Seethaler, *Presse und Modernisierung in der Habsburgermonarchie* (wie Anm. 4), 1535–1714; Gabriele Melischek / Josef Seethaler, Die Tagespresse der franzisko-josephinischen Ära, in: Matthias Karmasin / Christian Oggolder (eds.), *Österreichische Mediengeschichte*. Bd. 1: Von den frühen Drucken zur Ausdifferenzierung des Mediensystems (1500 bis 1918), Wiesbaden: Springer VS, 2016, 167–192.

10 Siehe Margit V. Busa, *Magyar sajtóbibliográfia 1705–1849. A Magyarországon magyar és idegen nyelven megjelent valamint a külföldi hungarika hírlapok és folyóiratok bibliográfiája*, Budapest: OSZK, 1986; Margit V. Busa, *Magyar sajtóbibliográfia 1850–1867. A Magyarországon magyar és idegen nyelven megjelent valamint a külföldi hungarika hírlapok és folyóiratok bibliográfiája*, Budapest: OSZK, 1996.

11 Siehe Mária Rózsa, Deutschsprachige Presse in Ungarn 1850–1920. Bibliographie. 1. Teil: Zeitschriften und Fachblätter, 2. Teil: Zeitungen, in: *Berichte und Forschungen* 11 (2003), 59–141.

12 http://anno.onb.ac.at/

nalbibliothek und der Staatsbibliothek zu Berlin betriebenen Zeitschriftendatenbank (ZDB)[13], die periodisch erschienene bzw. erscheinende, in Bibliotheken in Deutschland und Österreich vorhandene Werke verzeichnet und auch Informationen über die Digitalisierung der Titel bietet, konfrontiert uns allerdings dennoch mit ernüchternden Fakten. Die Gesamtzahl der in der Datenbank erfassten Zeitungen liegt bei 63.000. Davon sind 843 auf dem Gebiet der Habsburgermonarchie (bis 12.11.1918) erschienen, allerdings – laut Abfrage am 25. Mai 2019 – lediglich 170 digitalisiert, bei sieben weiteren Titeln wird die Digitalisierung geplant.

Dass die Methoden der sozialen Netzwerkanalyse in das Forschungsfeld der Pressegeschichte bislang nur vereinzelt Eingang fanden, dürfte jedoch nur zum Teil mit der geschilderten Problematik zusammenhängen. Weitere folgenreiche Hindernisse stellen Digitalisierungsformate, fehlende strukturierte Daten sowie die mangelnde Datenqualität dar. Die meisten Periodika sind online entweder in einem Bildformat, wie z. B. JPG oder TIFF, bzw. im plattformunabhängigen Dateiformat PDF verfügbar. Dank der Optischen Zeichenerkennung (OCR) ist zwar auf vielen Portalen, so auch auf ANNO, eine Volltextsuche möglich, von vollständig – nicht nur im Metadatenbereich – strukturierten, maschinenlesbaren XML-Dateien, semantisch angereicherten Texten und somit relationalen Daten, deren Verfügbarkeit die Grundvoraussetzung für die Implementierung von Netzwerkforschungsansätzen darstellt, ist man jedoch noch weit entfernt. Letzteres ist wiederum den derzeitigen Automatisierungsmöglichkeiten geschuldet. Angesichts der enormen Datenmengen kämen derzeit nämlich nur maschinenbasierte Verfahren, also die automatisierte semantische Anreicherung von Textkorpora, infrage. Dabei werden zwar immer bessere Ergebnisse erzielt, jedoch bei Weitem nicht solche, dass man auf sie aufbauend sozial- oder geisteswissenschaftliche Forschung betreiben könnte.

Die Problematik der mangelnden Datenqualität wurde von Forscherinnen und Forschern des niederländischen BiographyNet-Projekts,[14] das sich, dem APIS-Projekt ähnlich, ebenfalls der semantischen Anreicherung eines biographischen Lexikons widmet, bereits 2014 thematisiert: "The current results are not of high enough quality yet to truly support the ultimate goal of this project. We do not extract enough information from the text to form a database in RDF

---

13 https://zdb-katalog.de/index.xhtml.
14 http://www.biographynet.nl.

that is truly richer than that what can be derived from the metadata." [15] In dem drei Jahre später publizierten Tagungsband *Europa baut auf Biographien* wurde das Problem noch deutlicher hervorgehoben: "… the standard precision and recall evaluations are not sufficient to provide the necessary insights to historians using the output of our automatic analyses." [16] Auch die Stuttgarter Computerlinguisten André Blessing und Jonas Kuhn, die die erste computerlinguistische Exploration der ÖBL-Biographien durchgeführt haben, sprachen in diesem Zusammenhang von der

> „eingeschränkten Verlässlichkeit automatischer Werkzeuge, insbesondere beim Einsatz auf Zielgegenstände, die in zentralen Eigenschaften vom jeweiligen Entwicklungsstandard abweichen (beispielsweise Texten, die sprachlich von modernen Zeitungstexten abweichen, auf denen computerlinguistische Standardwerkzeuge trainiert werden)."[17]

Unter diesen bislang ungelösten technischen, computerlinguistischen Herausforderungen leidet jedoch im Bereich der Kommunikations- und Medienwissenschaft zumeist die mit älteren Quellen arbeitende historische Presseforschung. Sind, wie beispielsweise im Falle von Online-Zeitungen oder sozialen Medien, relationale Daten vorhanden, so kommt es sehr wohl – mitunter sogar zu äußerst beeindruckenden – Anwendungen netzwerk- und datenanalytischer Ansätze, wie dies beispielsweise die im Rahmen der jährlich stattfindenden Chaos Communication Congress[18] gehaltenen Vorträge von David Kriesel

---

15 Antske Fokkens / Serge ter Braake / Niels Ockeloen / Piek Vossen / Susan Legene / Guus Schreiber, BiographyNet: Methodological Issues when NLP supports historical research, in: Nicoletta Calzolari / Khalid Choukri / Thierry Declerck / Hrafn Loftsson / Bente Maegaard / Joseph Mariani / Asuncion Moreno / Jan Odijk / Stelios Piperidis (eds.), *Proceedings of the Ninth International Conference on Language Resources and Evaluation (LREC'14)* (= LREC Proceedings 11), Reykjavík: European Language Resources Association (ELRA), 2014, 3728–3735, hier 3733, online: http://www.lrec-conf.org/proceedings/lrec2014/pdf/1103_Paper.pdf.

16 Antske Fokkens / Serge ter Braake / Niels Ockeloen / Piek Vossen / Susan Legêne / Guus Schreiber / Victor de Boer, BiographyNet: Extracting Relations Between People and Events, in: Ágoston Zénó Bernád / Christine Gruber / Maximilian Kaiser (eds.), *Europa baut auf Biographien. Aspekte, Bausteine, Normen und Standards für eine europäische Biographik*, Wien: new academic press, 2017, 193–224, hier 210.

17 Jonas Kuhn / André Blessing, Die Exploration biographischer Textsammlungen mit computerlinguistischen Werkzeugen. Methodische Überlegungen zur Übertragung komplexer Analyseketten in den Digital Humanities, in: Ágoston Zénó Bernád / Christine Gruber / Maximilian Kaiser (eds.), *Europa baut auf Biographien. Aspekte, Bausteine, Normen und Standards für eine europäische Biographik*, Wien: new academic press, 2017, 225–257, hier 226.

18 Der Chaos Communication Congress ist das seit 1984 in Deutschland jährlich zwischen Weihnachten und Neujahr stattfindende, von der Hackervereinigung Chaos Computer Club e. V. organisierte, internationale Treffen der Hacker- und Netzaktivistenszene. Siehe dazu Yana Breindl, Die digitale Bürgerrechtsbewegung: Akteure, Strategien und Themen, in: Andreas Busch / Yana Breindl / Tobias Jakobi (eds.), *Netzpolitik. Ein einführender Überblick*, Wiesbaden: Springer VS, 2019, 141–162.

(*SpiegelMining – Reverse Engineering von Spiegel-Online*[19]) oder Michael Kreil (*Social Bots, Fake News und Filterblasen*[20]) zeigen.

Der derzeitige Status quo stellt dennoch keinen aporetischen Zustand dar. Die Untersuchung des Pressewesens der Österreichisch-Ungarischen Monarchie mit Methoden der sozialen Netzwerkanalyse wäre zum einen durch eine entsprechende, strukturierte Metadaten bietende Digitalisierung von Korpora wie der Lang'schen Zeitungs- und Zeitschriften-Bibliographien möglich, die aufgrund ihres Detailreichtums die Entstehung von *dichten Metadaten*[21] der periodischen Medien erlaubten. Zum anderen ist der Grundgedanke des APIS-Projekts, nämlich die semantische Anreicherung von Biographien bzw. biographischen Datensätzen, darunter auch zahlreicher Journalistenlebensläufe, eine potentielle, Abhilfe schaffende Alternative. Unabhängig davon, in welcher Form die semantische Anreicherung vonstattengeht, sei es durch manuelle, semiautomatisierte oder automatisierte Annotation, führt uns dies zu der eingangs aufgeworfenen Frage, nämlich ob sich Nationalbiographien im Allgemeinen bzw. das ÖBL im Besonderen aus inhaltlicher Sicht für eine im Bereich der historischen Presseforschung angesiedelte netzwerkanalytische Untersuchung eignen.

Nationalbiographien sind Nachschlagewerke, die als Hauptaufnahmekriterium die jeweilige nationale und kulturelle Zugehörigkeit der in ihnen biographierten Personen festlegen.[22] Sie stellen einen Kanon[23] der aufnahmewürdigen Personen dar, wobei die Autorinnen und Autoren der Biographien sowie Redakteurinnen und Redakteure des Lexikons als Entscheidungsinstanzen, als

---

19 David Kriesel, *SpiegelMining – Reverse Engineering von Spiegel-Online. Wer denkt, Vorratsdatenspeicherungen und „Big Data" sind harmlos, der kriegt hier eine Demo an Spiegel-Online*, 33C3: Works For Me. Chaos Communcation Congress, 2016, https://media.ccc.de/v/33c3-7912-spiegelmining_reverse_engineering_von_spiegel-online. Die Vortragsfolien sowie die *SpiegelMining*-Blogartikel von Kriesel siehe unter http://www.dkriesel.com/spiegelmining.
20 Michael Kreil, *Social Bots, Fake News und Filterblasen. Therapiestunde mit einem Datenjournalisten und vielen bunten Visualisierungen*, 34C3: tuwat. Chaos Communcation Congress, 2017, https://media.ccc.de/v/34c3-9268-social_bots_fake_news_und_filterblasen.
21 Unter *dichte Metadaten* werden hier über den Titel, Erscheinungsort und Erscheinungszeitraum hinausgehende Informationen über Zeitungen und Zeitschriften verstanden. Die von Lang veröffentlichten Bibliographien bieten auch Informationen über Drucker, Herausgeber, Verleger, Redakteure und politisch-ideologische Ausrichtung der erfassten periodischen Medien.
22 Vgl. Klaus Schreiber, *Biographische Informationsmittel. Typologie mit Beispielen* (= Informationsmittel für Bibliotheken, Beiheft 9), Teilbd. 1, Berlin: Deutsches Bibliotheksinstitut, 1999, 27.
23 „Kanon (griech. = Richtschnur, Maßstab), festgesetzte Regel, Norm: 1. die anerkannten heiligen Schriften einer Religion [...], 2. die als authentisch geltenden Werke eines Autors [...], 3) in der Literatur eine als allgemeingültig und verbindlich gedachte Auswahl mustergültiger Autoren und Werke, deren Kenntnis bei Gebildeten vorausgesetzt wird." (Gero von Wilpert, *Sachwörterbuch der Literatur*, 8. verbesserte und erweiterte Auflage, Stuttgart: Alfred Kröner Verlag, 2008, 396).

eine Art „interpretive community" im Sinne von Stanley Fish[24] fungieren: Sie entscheiden zwar nicht wie die von dem amerikanischen Literaturtheoretiker postulierten Lesergemeinschaften über die Wahrheit einer Interpretation eines Textes, allerdings sehr wohl anhand institutionalisierter Leitlinien über die Aufnahme von Personen und haben dadurch eine identitätsstiftende Deutungshoheit über eine als national definierte Kultur einer Gemeinschaft inne. Da bei der Aufnahme von Personen der gesamte Raum des ehemaligen Habsburgerreiches Berücksichtigung findet, stellt das ÖBL einen Sonderfall dar: Das den Nationalbiographien eigene nationale, identitätsstiftende Moment wird durch die selbst deklarierte, historisch verwurzelte Transnationalität umgesetzt.[25]

Daraus lässt sich fürs Erste folgern, dass sowohl Nationalbiographien im Allgemeinen als auch das ÖBL im Besonderen bei der Auswahl der aufgenommenen Personen von einer Subjektivität geprägt sind, die eher dagegen spricht, dass man anhand der in den Biographien enthaltenen Informationen die Ansätze der sozialen Netzwerkanalyse einsetzen kann oder sollte, um neue Erkenntnisse über die Geschichte des Pressewesens in der Monarchie zu gewinnen. Hinzu kommt, dass im ÖBL die Kronländer der westlichen Reichshälfte stärker repräsentiert sind, des Weiteren, dass aufgrund der Änderung der Aufnahmekriterien und der Redaktionsrichtlinien die in den 1950er-Jahren im Buchstabenbereich A–G verfassten Biographien wesentlich kürzer sind als später veröffentlichte.[26] Aus einer anderen Perspektive betrachtet, bieten jedoch sowohl die Transnationalität des Lexikons als auch die durch die APIS-Applikation sich eröffnenden technischen Möglichkeiten eine einmalige Gelegenheit, den Versuch einer auf das Pressewesen der gesamten Donaumonarchie bezogenen Netzwerkanalyse zu unternehmen. Voraussetzung dafür ist aller-

---

24 Siehe dazu Stanley Fish, Interpreting the *Variorum*, in: ders., *Is There a Text in This Class? The Authority of Interpretive Communities*, Cambridge, Massachusetts / London: Harvard University Press, 1980, 147–173.
25 „Es wird also der gesamte Raum des ehemaligen Kaisertumes Österreich, bzw. seit 1867 der sogenannten westlichen Reichshälfte der Österreichisch-Ungarischen Monarchie – »Die im Reichsrate vertretenen Königreiche und Länder«, wie die staatsrechtliche Bezeichnung lautete – einbezogen. Die Biographien sollen trotz ihrer Kürze einen Querschnitt durch das Kultur- und Geistesleben der behandelten Epoche geben. Dieses Unterfangen wäre jedoch ohne Berücksichtigung des gesamten österreichischen Lebensraumes vor 1918 unmöglich, da nur durch die Verschmelzung der verschiedenen Völkerschaften und durch die Wechselwirkung der mannigfaltigsten Elemente das entstehen konnte, was wir heute österreichische Kultur nennen." (Eva Obermayer-Marnach, Einleitung, in: *Österreichisches Biographisches Lexikon 1815–1950*, Bd. 1, Wien: Böhlau Verlag, 1957, X–XV, hier X).
26 Siehe dazu den Beitrag von Ágoston Zénó Bernád und Katalin Lejtovicz in diesem Band.

dings die Ziehung einer repräsentativen Stichprobe von ÖBL-Journalistenbiographien, die die historische Entwicklung des Pressewesens in beiden Reichshälften und nicht die im Laufe der letzten Jahrzehnte sich mehrfach ändernden Redaktionsrichtlinien und Aufnahmekriterien des Lexikons widerspiegelt.

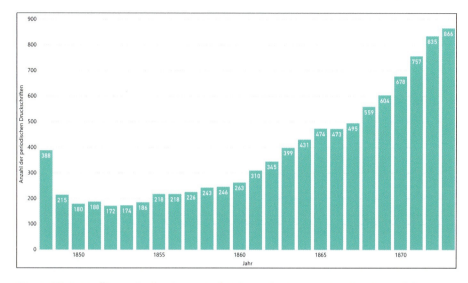

Abb. 1: Jährliche Übersicht der Gesamtzahl der in der österreichischen Reichshälfte zwischen 1848 und 1873 erschienenen periodischen Druckschriften nach Winckler[27] (Graphik von Á. Z. Bernád)

2. Stichprobenziehung und Annotation des Datensatzes

Das ÖBL umfasst derzeit etwa 20.000 Biographien im Buchstabenbereich A–We. Davon sind in die APIS-Webapplikation bislang Biographien bis einschließlich des Buchstabens „T" (1.–66. Lieferung) eingespielt worden. Personen werden im ÖBL nach Hauptberufsgruppen (z. B. „Literatur-, Buch- und Zeitungswesen", „Medizin", „Militär" oder „Politik") und – je nach Lebenslauf auch kombinierbaren – Berufsbezeichnungen (z. B. „Schriftsteller", „Politiker", „Rabbiner", aber z. B. auch „Politiker, Diplomat und Journalist" oder „Schriftstellerin und Frauenrechtlerin") kategorisiert.[28] In einem ersten Schritt

---

27 Johann Winckler, *Die periodische Presse Oesterreichs. Eine historisch-statistische Studie*. Herausgegeben von der k. k. Statistischen Central-Commission, Wien: Sommer & Comp., 1875, Tl. 3: Tabellarische Uebersichten und Verzeichnisse, 4.
28 Siehe dazu den Beitrag von Peter A. Rumpolt in diesem Band.

wurde aus den Lieferungen 1–66 eine Collection erstellt, die alle Personen mit der Berufsbezeichnung „Journalist" beinhaltete. Diese 633 Personen umfassende Liste wurde weiteren Filterungsschritten unterzogen:
- Um durch die kurzen Biographien der frühen Lieferungen eventuell entstehende Verzerrungen bei der Netzwerkanalyse zu vermeiden, fand ausschließlich der Buchstabenbereich H–T Berücksichtigung.
- Aufgrund eventuell auftretender falscher Relationszuordnungen von Entitäten sollten die ausgewählten Lemmata keine sogenannten Subbiographien[29] enthalten.
- Anhand der Geburts- und Sterbejahre wurden nur Personen beibehalten, die während des Bestehens der Österreichisch-Ungarischen Monarchie (1867–1918) journalistisch tätig waren (Personen, die auch vor 1867 bzw. nach 1918 aktiv waren, wurden nicht aus der Collection gelöscht).

Aus der so übrig gebliebenen Liste von 480 Personen wurde ausgehend von der Zeitungsdichte in den beiden Reichshälften bzw. in den einzelnen Kronländern der Monarchie zwischen 1855 und 1910[30] sowie unter Berücksichtigung des Merkmals Geburtsort eine proportional geschichtete Zufallsstichprobe von 100 Personen gezogen. Bei einer geschichteten Stichprobe werden die Elemente einer endlichen Grundgesamtheit

„in Klassen (Schichten) zusammengefaßt, wobei angenommen wird, daß die Elemente aus der gleichen Klasse hinsichtlich der untersuchten Frage ein ähnliches ‚Verhalten' zeigen und daß sich die Elemente aus verschiedenen Klassen unterschiedlich verhalten. Anschließend wird aus jeder Klasse (Schicht) eine reine Zufallsstichprobe gezogen. […] Zur Bildung von Schichten können natürlich auch mehrere Variablen herangezogen werden. Man erhält dann Mehrfachschichtungen."[31]

---

29 Ab der 48. Lieferung enthalten einige ÖBL-Lemmata auch „Subbiographien". Dabei handelt es sich um die Lebensläufe von Verwandten der in der sogenannten Hauptbiographie erfassten Person. Detaillierter siehe dazu den Beitrag von Ágoston Zénó Bernád und Katalin Lejtovicz in diesem Band.

30 Zur Entwicklung des Zeitungsmarktes in Cis- und Transleithanien zwischen 1855 und 1910 im Vergleich, insbesondere zur Zeitungsdichte siehe Gabriele Melischek / Josef Seethaler, *Presse und Modernisierung in der Habsburgermonarchie* (wie Anm. 4), 1552–1566 sowie 1668–1714.

31 Gerhard Bahrenberg / Ernst Giese / Josef Nipper, *Statistische Methoden in der Geographie. Band 1. Univariate und bivariate Statistik* (= Teubner Studienbücher der Geographie), Stuttgart / Leipzig: B. G. Teubner, 1999, 20.

Ziel war die Zusammenstellung einer repräsentativen Stichprobe, die den Entwicklungsstand des Pressewesens in Cis- und Transleithanien bzw. in den einzelnen Kronländern und nicht, wie bereits erwähnt, durch Auswahlkriterien bedingte Schwerpunktsetzungen des ÖBL widerspiegeln sollte.

Als Ergebnis liegt nun eine Auswahl vor, die 56 auf dem Gebiet der österreichischen Reichshälfte und 44 auf dem Gebiet der ungarischen Reichshälfte (Königreich Ungarn: 38, Königreich Kroatien und Slawonien: 6) geborene Journalistinnen und Journalisten umfasst. Die Stichprobe enthält sowohl renommierte und einflussreiche Persönlichkeiten des Pressewesens im 19. Jahrhundert wie beispielsweise den legendären Wiener Reporter Emil Kläger (1880–1936), Josef Pulitzer (1847–1911), den Stifter des nach ihm benannten Pulitzer-Preises, oder den Luftfahrtpionier und Gründer der ersten österreichischen Sportzeitung Viktor Silberer (1846–1924), aber auch – zumindest im deutschsprachigen Raum – weniger bekannte wie Carlo Vigilio Rupnik (1816–1899), Redakteur des Triestiner Amtsblattes *L'Osservatore Triestino*, oder den kroatischen Journalisten Dušan Lopašić (1852–1921). Durch Biographien wie die des galizischen Politikers Mieczysław Gwalbert Henryk Pawlikowski (1834–1903), des siebenbürgischen Schriftstellers Johann Schuster-Herineanu (1883–1920) oder des Prager Bürgermeisters Jindřich Šolc (1841–1916), um nur einige zu nennen, ist die nicht-deutschsprachige bzw. nicht-ungarischsprachige Presse in den beiden Reichshälften ebenfalls entsprechend vertreten. Mit den Lebensläufen von Berta Schütz (1878–1927) und Bertha von Suttner (1843–1914) sind in der Stichprobe zwei u. a. auch als Journalistinnen tätige Frauen erfasst.

Die Biographien der 100 ausgewählten Persönlichkeiten wurden in der APIS-Datenbank als Collection gespeichert und die Entitäten „Person", „Ort" sowie „Institution" manuell annotiert.[32] Bei jenen, die auch nach dem Ende der Monarchie aktiv waren, wurden in den Biographien ausschließlich jene Angaben berücksichtigt, die sich auf den Zeitraum bis 1918 beziehen. Da Medien ihre Entstehung zumeist nicht nur Personen, sondern auch Institutionen und Organisationen des kulturellen, sozialen, wirtschaftlichen und politischen Lebens (Verlagen, Druckereien, Vereinen, Parteien etc.) verdanken, wurden Zeitungen und Zeitschriften nicht als „Werk"-, sondern als „Institution"-Entität

---

32 Die manuell annotierte Collection „Bernad Stichprobe Journalisten" ist online unter https://bit.ly/2PX8ecv abrufbar.

definiert. Im Laufe der Annotation wurden insgesamt 566 Institutionen erfasst. Dass hierbei nur bedingt auf die Gemeinsame Normdatei (GND) der Deutschen Nationalbibliothek[33] zurückgegriffen werden konnte, ist auf den supranationalen Ansatz des Lexikons zurückzuführen: Historische Institutionen, z. B. auf dem Gebiet der heutigen Nachfolgestaaten der Monarchie erschienene, nichtdeutschsprachige Zeitungen und Zeitschriften, sind in der GND kaum erfasst. In diesen Fällen wurden für den Nachweis der Periodika die bereits zitierten Bibliographien von Lang und Busa sowie online zugängliche Bibliothekskataloge der Nachfolgestaaten der Monarchie verwendet.

Neben Zeitungen (232) und Zeitschriften (67) sind Vereine (44), Schulen (27), Universitäten (20) und Parteien (15) die in den Journalistenbiographien am häufigsten vorkommenden Institutionstypen (Abb. 2).[34] Wie bei den Personen findet man auch hier sowohl die großen und einflussreichen Medien der franzisko-josephinischen Epoche, wie beispielsweise *Die Presse* (1848–1896), die *Neue Freie Presse* (1864–1939), den *Pester Lloyd* (1854–1945), die *Illustrirte Zeitung* (1843–1944) oder das *Fremden-Blatt* (1847–1919), als auch jenseits der historischen Presseforschung kaum bekannte Zeitungen und Zeitschriften wie das kurzlebige Wiener Witzblatt *Pumpernickel* (1851–1856) oder die von Viktor Silberer 1871 gegründete Zeitschrift *Der Kapitalist*, die ironischerweise im Gefolge des Gründerkrachs von 1873 ein jähes Ende fand.

Bei der manuellen Annotation der Biographien lag der Fokus auf den Relationen zwischen den Entitätspaaren Person-Ort, Person-Person sowie Person-Institution. Über die Person-Ort- bzw. Institution-Ort-Relationen wurden insgesamt 219 geographische Orte erfasst. Die Anzahl der in den Biographien miterwähnten, nicht in der Stichprobe enthaltenen Personen beträgt 203. Die Gesamtzahl der nach der Annotation vorliegenden Relationen liegt bei 1.282, davon entfallen 236 auf Person-Ort-[35], 231 auf Person-Person- und 815 auf Person-Institution-Beziehungen. Bei den Person-Ort-Beziehungen kamen 42 unterschiedliche Relationstypen vor, wobei die häufigsten „war Journalist in"

---

33 „Die Gemeinsame Normdatei (GND) ist ein Dienst, um Normdaten kooperativ nutzen und verwalten zu können. Diese Normdaten repräsentieren und beschreiben Entitäten, also Personen, Körperschaften, Konferenzen, Geografika, Sachbegriffe und Werke, die in Bezug zu kulturellen und wissenschaftlichen Sammlungen stehen." (https://www.dnb.de/DE/Professionell/Standardisierung/GND/gnd_node.html)
34 Die Gesamtliste der Institutionen der Collection „Bernad Stichprobe Journalisten" ist online unter https://bit.ly/2EeZhIX abrufbar.
35 Hierbei wurden die im Rahmen der Metadaten erfassten Relationstypen „place of birth" sowie „place of death" nicht berücksichtigt.

(33), „wirkte in" (30) sowie „studierte in" (26) waren. Bei den Person-Person-Beziehungen liegen 22 Relationstypen vor: Die ersten drei Plätze werden hier von „arbeitete zusammen" (47), „war Elternteil von" (24) und „war befreundet mit" (23) belegt. Die höchste Anzahl an unterschiedlichen Relationstypen (114) kommen bei Person-Institution-Verbindungen vor, wobei „war Journalist" (179), „war Redakteur" (75) und „war Student" (65) vermehrt auftreten. Einen Überblick der häufigsten Relationstypen bieten die Abbildungen 3–5.

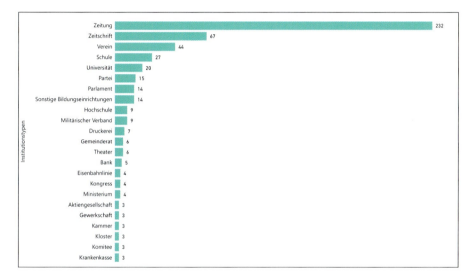

Abb. 2: Die Verteilung der in den ausgewählten Journalistenbiographien am häufigsten vorkommenden Institutionstypen (n>2) (Graphik von Á. Z. Bernád)

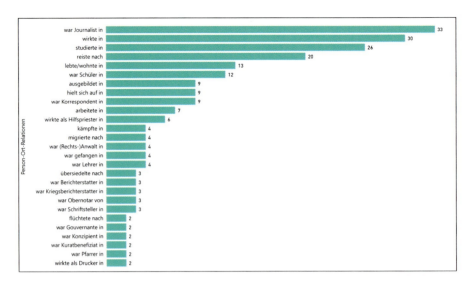

Abb. 3: Die häufigsten Person-Ort-Relationen (n>1) (Graphik von Á. Z. Bernád)

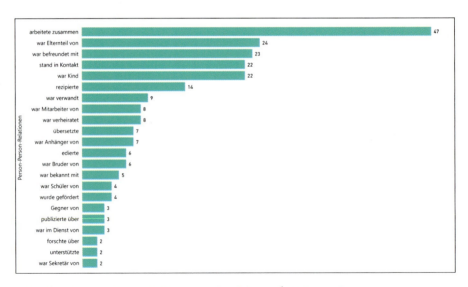

Abb. 4: Die Person-Person-Relationen (Graphik von Á. Z. Bernád)

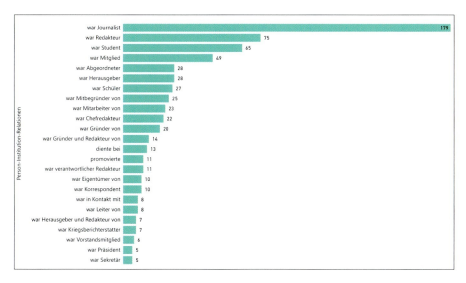

Abb. 5: Die häufigsten Person-Institution-Relationen (n>4) (Graphik von Á. Z. Bernád)

3. Netzwerkanalytische Begriffe

3.1 Graphentypen

Als Ausgangspunkt liegt uns ein Datensatz mit den Entitätstypen „Person", „Ort" und „Institution" vor. Wir haben es also mit einem aus drei Gruppen bestehenden Netzwerk mit drei Knotenattributen zu tun, wobei die Knoten durch gerichtete Kanten miteinander verbunden sind. Man spricht in diesem Fall von einem gerichteten Multigraphen.[36] Charakteristisch für einen Multigraphen ist, dass zwischen zwei Knoten auch mehrere Beziehungen, sogenannte Mehrfachkanten, bestehen können. So sind in unserem Netzwerk u. a. die Akteure Emil Kralik (1864–1906), Anton Langer (1824–1879), Albert Leitich (1869–1908), Franz Friedrich Masaidek (1840–1911) sowie Edmund Porges (1872–1917) mit dem Ortsknoten Wien doppelt verbunden, weil dieser sowohl ihr Geburts- als auch ihr Sterbeort ist. Gleiches liegt in Fällen vor, wenn eine Akteurin bzw. Akteur als Mitarbeiterin bzw. Mitarbeiter einer Institution im Laufe der Zeit

---

[36] Siehe dazu Ulrik Brandes, Graphentheorie, in: Christian Stegbauer / Roger Häußling (eds.), *Handbuch Netzwerkforschung*, Wiesbaden: VS, Verlag für Sozialwissenschaften, 2010, 345–354.

unterschiedliche Positionen bekleidete, wie beispielsweise der Journalist, Politiker und Historiker Hippolyt Tauschinski (1839–1905), der 1864–1865 Bibliotheksassistent, 1865–1868 hingegen Dozent für Allgemeine Geschichte und Kulturgeschichte an der Wiener Akademie der bildenden Künste war.

Ein Netzwerk mit drei Knotenattributen kann allerdings bei der Identifizierung von Communities nur einen ersten Überblick bieten. Für eine detaillierte Analyse ist die Konstruktion von Netzwerken mit einer Einteilung in jeweils zwei verschiedene Knotengruppen – mögliche Kombinationen wären Personen und Orte, Institutionen und Orte oder Personen und Institutionen – sinnvoller. In der Netzwerkforschung werden solche Netzwerke als bipartite Graphen bezeichnet, wobei diese von den sogenannten bimodalen Graphen unterschieden werden müssen:

„Bimodal und bipartit bezeichnen also nicht ganz den gleichen Sachverhalt: für einen bipartiten Graphen kann es verschiedene Einteilungen in je zwei intern nicht verbundene Gruppen geben, während in einem bimodalen Graphen die Einteilung bereits (durch extrinsische Attribute) festgelegt ist und zumindest grundsätzlich auch Beziehungen zwischen Knoten gleichen Typs bestehen können [...]."[37]

Konstruieren wir aus den vorliegenden Daten ein Netzwerk der Institutionen und Orte, so gibt es gerichtete Kanten ausschließlich ausgehend von Institutionsknoten zu den Ortsknoten. So sind beispielsweise die *Linzer Zeitung*, der Katholische Volksverein für Oberösterreich sowie die auf dessen Bestreben 1872 gegründete Bank Oberösterreichischer Volkskredit mit dem Ortsknoten Linz verbunden, es gibt jedoch keine Verbindung zwischen diesen Institutionen. Gleiches gilt für das Netzwerk von Personen und Institutionen. Der in Budapest geborene Journalist Adolf Silberstein (1845–1899) studierte u. a. an der Universität Leipzig und war u. a. Mitarbeiter des *Leipziger Tageblatts* und des *Pester Lloyd*. Auch in diesem Fall sind gerichtete Kanten nur zwischen dem Akteur Silberstein und den jeweiligen Institutionen, nicht jedoch zwischen den Institutionen selbst vorhanden.

Ein weiterer Netzwerktyp, der im Rahmen der Analyse vorkommen wird, ist das sogenannte unimodale Netzwerk, das ausschließlich aus Knoten gleichen Typs besteht. Dies liegt zunächst im Falle der Person-Person-Beziehungen vor, aber auch bipartite Graphen können in unimodale Netzwerke transfor-

---

37 Ebd., 349.

miert werden.³⁸ So kann beispielsweise das Person-Institution-Netzwerk der Journalistinnen und Journalisten in ein unimodales Netzwerk von Institutionen mit ungerichteten Personen-Kanten umgewandelt werden. Als Beispiele seien hier die Universität Klausenburg und *Le Figaro Illustré*, eine Beilage der Tageszeitung *Le Figaro*, genannt, die in diesem Netzwerk durch den auch in Paris tätigen Schriftsteller und Journalisten Dezső Malonyay (1866–1916), der hier nun als Kante fungiert, verbunden sind. Auch Mehrfachbeziehungen sind möglich, so ist der Wiener Journalisten- und Schriftsteller-Verein „Concordia" durch dessen Mitglieder Johann Nordmann (1820–1887), Daniel Spitzer (1835–1903), Moritz Széps (1834–1902) und Hippolyt Tauschinski (1839–1905) mit der Universität Wien verbunden, da die genannten Akteure dort studiert haben. Solche Graphentransformationen erweisen sich auch im Bereich der Community-Bestimmung als zielführend.

Neben der Unterscheidung zwischen gerichteten und ungerichteten sowie bimodalen, bipartiten und unimodalen Graphen gibt es ein weiteres, auf der Verteilung der Verlinkungen pro Knoten basierendes Unterscheidungsmerkmal, nämlich den Gegensatz zwischen Zufallsgraphen und skalenfreien Netzwerken. Zufallsgraphen („random networks") kommen zwar auch im Bereich von sozialen Netzwerken vor,³⁹ sie sind jedoch vorwiegend mathematische Objekte wie z. B. der Erdős-Rényi-Graph.⁴⁰ Charakteristisch für diese Graphen ist, dass alle Knoten in etwa dieselbe Anzahl an Verbindungen aufweisen.

Im Gegensatz zu Zufallsgraphen verfügen Knoten in skalenfreien Netzwerken („scale-free networks")⁴¹ über eine sehr ungleiche Anzahl an Relationen. Die abweichende Verteilung der Verbindungen pro Knoten resultiert aus dem „power law", laut dem die Wahrscheinlichkeit, dass ein bestimmter Knoten eine Verbindung mit einem stark vernetzten Knoten eingeht, wesentlich höher ist, als dass eine Relation zu einem Knoten mit wenigen Kanten entsteht. Aus diesem Grund verfügen einerseits die meisten Knoten in solchen komplexen Netzwerken über relativ wenige Verbindungen, andererseits treten einige we-

---

38 Siehe dazu Alexander Rausch, Bimodale Netzwerke, in: Stegbauer / Häußling (eds.), *Handbuch Netzwerkforschung* (wie Anm. 36), 421–432, hier 425–427.
39 Siehe dazu Duncan J. Watts / Steven H. Strogatz, Collective dynamics of ‚small-world' networks, in: *Nature* 393, 1998, 440–442, https://doi.org/10.1038/30918.
40 Siehe dazu Paul Erdős / Alfréd Rényi, On random graphs I., in: *Publicationes Mathematicae Debrecen* 6, 1959, 290–297, https://www.renyi.hu/~p_erdos/1959-11.pdf.
41 Siehe dazu Albert-László Barabási / Réka Albert, Emergence of scaling in random networks, in: *Science* 286, 1999, 509–512; Réka Albert / Albert-László Barabási, Statistical mechanics of complex networks, in: *Reviews of Modern Physics* 74, 2002, 47–97; Albert-László Barabási, *Network Science*, Cambridge: Cambridge University Press, 2016, 112–201.

nige sehr stark vernetzte Knoten, sogenannte Hubs, hervor. Eine hohe Anzahl an Relationen bei einem Knoten bedeutet jedoch noch nicht, dass es sich auf der Ebene des Gesamtnetzwerks um einen Hub handelt. Letztere treten nämlich zugleich auch als abkürzendes Verbindungsglied zwischen anderen Elementen auf. Deshalb sind fast alle Knoten nur wenige Grade von einem Hub entfernt. Charakteristisch für diese Netze ist des Weiteren die Herausbildung eines zentralen Kerns („central core"), von mehreren, daran angehängten Ketten („tendril"), deren Knoten über höchstens zwei andere Knoten mit dem „central core" verbunden sind, von außerhalb des „central core" verlaufenden Röhren („tubes"), die entfernte Netzwerkareale miteinander verbinden, sowie Inseln („islands") genannte, isolierte Teile des Gesamtnetzwerks, die keine Relationen zum zentralen Kern aufweisen. Die Skalenfreiheit tritt meistens in realistischen Netzwerkstrukturen auf. Bekannte Beispiele sind das World Wide Web und das Internet, soziale Netzwerke wie beispielsweise Kollaborationsnetzwerke von Schauspielerinnen und Schauspielern oder Wissenschaftlerinnen und Wissenschaftlern, Zitationsgraphen von wissenschaftlichen Artikeln oder lexikalisch-semantische Netze.

3.2 Zentralitäts- und Prestigemaße

Anhand von Zentralitäts- und Prestigemaßen können einflussreiche Akteurinnen und Akteure innerhalb eines Netzwerks identifiziert und lokalisiert werden.[42] Nachstehend sollen nur jene kurz erläutert werden, die in der Folge bei der Analyse des Journalistennetzwerks eine Rolle spielen werden.
a) Zentralitätsmaße
- Degree-, In-Degree- und Out-Degree-Centrality: Degree misst die Bedeutung eines Knotens anhand der Anzahl der Kanten, die diesen mit anderen Knoten verbinden. Bei Netzwerken mit gerichteten Kanten unterscheidet man zwischen Out-Degree-Zentralität, die die Zahl der von einem Knoten ausgehenden Kanten misst, sowie In-Degree-Zentralität, bei der die eingehenden Verbindungen entscheidend sind.
- Closeness Centrality: Hierbei wird die Distanz eines Knotens zu den anderen Knoten innerhalb eines Netzwerks gemessen. Je kürzer die Pfaddistanz eines Knotens zu anderen Knoten und je kleiner die Anzahl der an-

---

42 Siehe dazu Peter Mutschke, Zentralitäts- und Prestigemaße, in: Stegbauer / Häußling (eds.), *Handbuch Netzwerkforschung* (wie Anm. 36), 365–378.

deren, vermittelnden Knoten, desto höher ist die Selbstständigkeit und somit der Closeness-Wert des Knotens.
- Eigenvector Centrality: misst die Bedeutung eines Knotens anhand der Zentralität seiner unmittelbaren Nachbarknoten.
- Betweenness Centrality: misst, wie oft ein Knoten eine vermittelnde Rolle zwischen anderen Knoten in einem Netzwerk einnimmt.

b) Prestigemaße

Die Berechnung von Prestigemaßen ist nur in gerichteten Netzwerken möglich, da nur in solchen Graphen die zu untersuchenden Knoten durch eingehende Kanten mit anderen Knoten verbunden sind:
- Proximity-Prestige: Der anhand der durchschnittlichen Länge der Pfade berechnete Proximity-Prestige-Wert eines Knotens ergibt sich aus der Anzahl jener Knoten, die in einer direkten oder indirekten, gerichteten Beziehung mit diesem Knoten stehen.
- Rank-Prestige: misst die gewichtete Summe der In-Degrees eines Knotens. Die Höhe des Rank-Prestige-Wertes eines Knotens innerhalb eines gerichteten Netzwerks hängt von der Prominenz der ihn „wählenden", d.h. mit ihm über gerichtete Kanten in Beziehung stehenden Knoten ab.

3.3 Netzwerkdichte und Netzwerkdurchmesser

- Kantendichte (Netzwerkdichte): berechnet sich aus der Anzahl der möglichen Kanten im Netzwerk; der Wert liegt stets zwischen 0 (keine Kante) und 1 (eine Kante zwischen jedem Knoten).
- Durchschnittliche Pfadlänge (Netzwerkdurchmesser): die durchschnittliche Länge zwischen zwei Knoten in einem Netzwerk;
- Diameter (Netzwerkdurchmesser): die längste Distanz zwischen zwei Knoten in einem Netzwerk.

3.4 Zum Community-Begriff in der Netzwerkforschung

Die Bestimmung und Analyse von Communities spielt allen voran in der sozialen Netzwerkforschung (beispielsweise Mitarbeiterinnen und Mitarbeiter einer Institution, Freundeskreise, Kundinnen und Kunden eines Mobilfunk- oder Internetproviders) sowie in der Medizin (u. a. im Bereich der Kodierung von biologischen Funktionen in zellulären Netzwerken und der Epidemiologie) eine wichtige Rolle. Die wohl bekannteste Untersuchung von Communities in sozialen Netzwerken ist die von Wayne W. Zachary 1977 publizierte Studie über die untereinander zerstrittenen Mitglieder eines Karateklubs.[43] Der „Community"-Begriff wird in der Netzwerkforschung ausgehend von Hypothesen, die sich auf die Konnektivität bzw. auf die Dichte innerhalb eines Graphen beziehen, definiert:

> "Each community corresponds to a connected subgraph [...]. Consequently, if a network consists of two isolated components, each community is limited to only one component. The hypothesis also implies that on the same component a community cannot consist of two subgraphs that do not have a link to each other. [...] Nodes in a community are more likely to connect to other members of the same community than to nodes in other communities. The orange, the green and the purple nodes satisfy this expectation. [...] In other words, all members of a community must be reached through other members of the same community (connectedness). At the same time we expect that nodes that belong to a community have a higher probability to link to the other members of that community than to nodes that do not belong to the same community (density)." [44]

Diese Definition von Communities ist jedoch nur auf den ersten Blick eindeutig. Insbesondere aufgrund der unterschiedlichen Ausprägung der Konnektivität zwischen den Knoten innerhalb eines Graphen bzw. Teilgraphen müssen drei Arten von Gemeinschaften unterschieden werden, wobei in der Fachliteratur keine Einigkeit darüber herrscht, ab welcher Vernetzungsstärke von Communities gesprochen werden kann:
- „maximum cliques": In diesem Fall wird eine Community als ein kompletter Teilgraph mit einer maximalen Dichte definiert, d. h., alle dazugehörigen Knoten sind miteinander verbunden.
- „strong communities": Als Community gilt hier ein Teilgraph, dessen Knoten mehr Verbindungen zu den anderen Knoten des gleichen Teilgraphen aufweisen als zu Knoten, die zu anderen Teilgraphen des Gesamtnetzwerks gehören.

---

43 Wayne W. Zachary, An information flow model for conflict and fission in small groups, in: *Journal for Anthropological Research* 33, 1977, 452–473. Eine hohe Anzahl an Zitationen erreichte Zacharys Aufsatz allerdings erst viel später, als die Daten in einem anderen Paper als Benchmark für die Identifizierung von Communities verwendet wurden (siehe dazu Michelle Girvan / Mark E. J. Newman, Community structure in social and biological networks, in: *Proceedings of the National Academy of Sciences of the United States of America* 99, 2002, 7821–7826.)
44 Albert-László Barabási, *Network Science* (wie Anm. 41), 325.

- „weak communities": In diesem Fall dürfen die Knoten eines Teilgraphen mit Knoten aus anderen Communities unter der Voraussetzung verbunden sein, dass der interne Gesamtgrad der Knoten des Teilgraphen den externen Gesamtgrad übersteigt.[45]

Bei der Partitionierung eines Netzwerks und der Identifizierung von Communities spielt die *Modularität* (M) genannte Größe eine wichtige Rolle. Diese misst die Qualität jeder Partition eines Netzwerks und ermöglicht somit die Überprüfung der Genauigkeit bzw. der Korrektheit der Community-Identifizierung.[46] Für die Durchführung dieser Berechnungen werden in der Netzwerkforschung unterschiedliche Algorithmen herangezogen wie beispielsweise Girvan-Newman[47], Greedy Modularity[48] oder Louvain Modularity[49].

4. Analyse

Für die Untersuchung des vorliegenden Journalistennetzwerks wurde das Netzwerkanalyse- und Visualisierungstool *Gephi*[50] verwendet. Gegenüber „maximum cliques" und „strong communities" schien es sinnvoll, den „weak communities" den Vorzug zu geben, denn wie noch zu zeigen sein wird, weisen viele in eine bestimmte Community eingebettete Knoten Verbindungen zu Knoten aus anderen Teilgraphen auf. Für die Berechnung der Hub-Werte wurde ein Algorithmus von Jon M. Kleinberg, für jene der Zentralitätsmaße einer von Ulrik Brandes verwendet.[51] Bei der Ermittlung der Prestigemaße

---

45 Ebd., 325–327.
46 Siehe dazu ebd., 338–346.
47 Michelle Girvan / Mark E. J. Newman, *Community structure in social and biological networks* (wie Anm. 43) sowie Mark E. J. Newman / Michelle Girvan, Finding and evaluating community structure in networks, in: *Physical Review E* 69, 026113, 2004, 1–15, https://bit.ly/3axcSHL.
48 Mark E. J. Newman, Fast algorithm for detecting community structure in networks, in: *Physical Review E* 69, 066133, 2004, 1–5, https://pdfs.semanticscholar.org/29d4/dfae2807a67a2c66c720b4985cb599c4e245.pdf.
49 Vincent D. Blondel / Jean-Loup Guillaume / Renaud Lambiotte / Etienne Lefebvre, Fast unfolding of communities in large networks, in: *Journal of Statistical Mechanics: Theory and Experiment* 2008/10, https://doi.org/10.1088/1742-5468/2008/10/P10008; R. Lambiotte / J.-C. Delvenne / M. Barahona / Laplacian Dynamics and Multiscale Modular Structure in Networks, https://arxiv.org/pdf/0812.1770.pdf.
50 https://gephi.org. Einen konzisen Überblick über dieses mächtige Analysetool bietet Martin Grandjean unter http://www.martingrandjean.ch/gephi-introduction/.
51 Jon M. Kleinberg, Authoritative Sources in a Hyperlinked Environment, in: *Journal of the ACM* 46/5, 1999, 604–632, https://www.cs.cornell.edu/home/kleinber/auth.pdf; Ulrik Brandes, A Faster Algorithm for Betweenness Centrality, in: *Journal of Mathematical Sociology* 25/2, 2001, 163–177, https://bit.ly/34dfg5z.

kam ein *Gephi*-eigener Plugin zum Einsatz.[52] Bei der Identifizierung der Communities fiel die Entscheidung auf den Louvain-Algorithmus, da sich dieser aus Sicht der Geschwindigkeit bzw. der an einem PC zur Verfügung stehenden Rechenleistung als am effizientesten erwiesen hat.

Es wurden folgende Graphen konstruiert und untersucht:
- Gesamtnetzwerk Personen-Orte-Institutionen (gerichtet) → Gesamtnetzwerk Personen-Orte-Institutionen (ungerichtet), Abkürzung: G
- Person-Ort-Netzwerk (bipartit, gerichtet) → Orte-Netzwerk (unimodal, ungerichtet), Abkürzung: POO
- Person-Ort-Netzwerk (bipartit, gerichtet) → Personen-Netzwerk (unimodal, ungerichtet), Abkürzung: POP
- Person-Institution-Netzwerk (bipartit, gerichtet) → Personen-Netzwerk (unimodal, ungerichtet), Abkürzung: PIP
- Person-Institution-Netzwerk (bipartit, gerichtet) → Institutionen-Netzwerk (unimodal, ungerichtet), Abkürzung: PII
- Person-Person-Netzwerk (unimodal, gerichtet) → keine Transformation des Ursprungsnetzwerks, Abkürzung: PP

Communities werden in diesem Kapitel sowie in den Tabellen folgendem Muster gemäß abgekürzt:

• CG0, CG1, CG2 usw.	Communities des Gesamtnetzwerks
• CPOO0, CPOO1 usw.	Communities des aus dem Person-Ort-Netzwerk konstruierten unimodalen Orte-Netzwerks
• CPOP0, CPOP1 usw.	Communities des aus dem Person-Ort-Netzwerk konstruierten unimodalen Personen-Netzwerks
• CPIP0, CPIP1 usw.	Communities des aus dem Person-Institution-Netzwerk konstruierten unimodalen Personen-Netzwerks
• CPII0, CPII1 usw.	Communities des aus dem Person-Institution-Netzwerk konstruierten unimodalen Institutionen-Netzwerks
• CPP0, CPP1 usw.	Communities des unimodalen, gerichteten Person-Person-Netzwerks.

---

52 Siehe dazu https://github.com/michihenninger/gephi-plugin/tree/prestige-plugin/modules.

Eine Übersicht über die grundlegenden Strukturdaten der untersuchten Netzwerke bietet Tabelle 1.

Tabelle 1: Grundlegende Strukturdaten der analysierten Netzwerke

Ursprungsgraph	Typ	Transformiert in	Typ	Knoten	Kanten	Degree Durchschnitt	Kantendichte (0-1)	Communities (Auflösung: 1)	Inseln (Knoten)	Modularity (0-1)	Pfadlänge Durchschnitt	Diameter (max. Distanz)
Gesamtnetzwerk Personen-Orte-Institutionen	gerichtet	Gesamtnetzwerk Personen-Orte-Institutionen (G)	ungerichtet	1.088	1.095	3,667	0,003	18	0	0,715	4,443	13
Person-Ort-Netzwerk	bipartit, gerichtet	Orte-Netzwerk (POO)	unimodal, ungerichtet	99	259	5,232	0,053	17	7 (14)	0,75	2,739	6
Person-Ort-Netzwerk	bipartit, gerichtet	Personen-Netzwerk (POP)	unimodal, ungerichtet	79	715	18,101	0,232	14	8 (8)	0,285	2,085	6
Person-Institution-Netzwerk	bipartit, gerichtet	Personen-Netzwerk (PIP)	unimodal, ungerichtet	100	564	11,28	0,114	27	22 (23)	0,387	2,196	5
Person-Institution-Netzwerk	bipartit, gerichtet	Institutionen-Netzwerk (PII)	unimodal, ungerichtet	562	3.104	11,046	0,02	43	27 (125)	0,877	3,007	6
Person-Person-Netzwerk (PP)	unimodal, gerichtet	–	unimodal, gerichtet	269	231	0,859	0,003	47	43 (186)	0,928	1,154	3

4.1 Das Gesamtnetzwerk G

Um einen ersten Überblick zu erhalten bzw. um beurteilen zu können, ob es sich um ein skalenfreies Netzwerk handelt, wurde zunächst das aus Person-, Institution- und Ortsknoten bestehende Gesamtnetzwerk untersucht (Tabelle 2–3, Abb. 6–9). Der ursprünglich gerichtete Graph wurde in einen ungerichteten transformiert. Anschließend wurde die Verteilung der Verbindungen pro Knoten berechnet. Abbildung 7 zeigt, dass die Gradverteilung jener von skalenfreien Netzwerken entspricht: Die meisten Knoten haben wenige Verbindungen, und nur wenige Knoten verfügen über eine hohe Anzahl an Verbindungen. Auch andere typische Merkmale skalenfreier Graphen, wie beispielsweise die um den Knoten von Josef Pulitzer befindlichen Tendrils in CG4 (Abb. 8) sowie der über die Knoten k. u. k. Infanterieregiment „Erzherzog Rainer" Nr. 59–Salzburg–Missionsschwestern vom hl. Petrus Claver verlaufende Tube zwischen dem in Prag, Wien und Bosnien tätigen Offizier und Kriegsberichterstatter Johann Lukeš sowie dem Triestiner Schriftsteller Ugo Mioni (Abb. 9), konnten erfasst werden. Inseln kommen allerdings nicht vor, alle Knoten sind Teil des Central Core.

Bei einer Auflösung von 1 und einer hohen Modularität von 0,715 konnten insgesamt 18 Communities identifiziert werden. Die durchschnittliche Verbindung pro Knoten liegt bei 3,667. Obwohl nicht nur die Visualisierung in der Abbildung 6, sondern auch die durchschnittliche Pfadlänge von 4,443 bei einem Netzwerkdiameter von 13 ein relativ dichtes Netzwerk suggerieren, ist dies, wie uns die geringe Kantendichte von lediglich 0,003 zeigt, insgesamt gesehen nicht der Fall. Vielmehr gibt es einige stark bis sehr stark vernetzte Bereiche, denen wiederum viele wesentlich schwächer verknüpfte Areale gegenüberstehen.

Wenden wir uns den Communities zu, so bilden CG7 mit 160, CG0 mit 151 und CG1 mit 115 Knoten die größten Gemeinschaften (Tabelle 2). Um welche Knoten sich diese Gemeinschaften gruppieren, kann sowohl von dem Degree- als auch vom Hub-Wert her betrachtet werden, wobei zweierlei auffällt: Obwohl erstens sowohl Personen als auch Institutionen immer zumindest eine Verbindung zu einem Ortsknoten besitzen, sind es nicht immer Letztere, die die jeweils höchsten Werte pro Community aufweisen. Zweitens zeigt sich hier, dass ein Knoten mit einem hohen Degree-Wert nicht zwingendermaßen auch den höchsten Hub-Wert innerhalb einer Community hat. Während in CG7 und CG0 Wien und Budapest nicht nur die höchste Anzahl an Verbindungen, sondern mit 0,571 (Wien) bzw. 0,274 (Budapest) in ihren Communities – und auch im Gesamtnetzwerk – die höchsten Hub-Werte haben, kommt es ab CG1 zu einer Art Zäsur. Der Knoten mit den meisten Links (33) innerhalb dieser Gemeinschaft ist der Miteigentümer des *Neuen Wiener Tagblatts*, Moritz Széps, der u. a. auch zum späteren französischen Ministerpräsidenten Georges Clemenceau (1841–1929) intensive Kontakte pflegte. Den höchsten Hub-Wert in CG1 weist allerdings mit 0,107 eine bedeutende Institution des Pressewesens der Zeit, nämlich der Wiener Journalisten- und Schriftsteller-Verein „Concordia", auf.

Betrachten wir die Hub-Werte auf der Ebene des Gesamtnetzwerks, so liegen auf den ersten fünf Plätzen wie bereits erwähnt die Knoten Wien und Budapest, dicht gefolgt von der Universität Wien (0,117), dem Journalisten und Juristen Aurél Kecskeméthy (0,113) sowie Hippolyt Tauschinski (0,1127), einer bedeutenden Gestalt der österreichischen Sozialdemokratie. Hier fällt insbesondere der Knoten Kecskeméthy auf, der mit einem niedrigen Degree von 14 Verbindungen als Hub vor zahlreichen anderen Akteuren mit zum Teil einer wesentlich höheren Anzahl an Verbindungen in den Vordergrund rückt. Das Beispiel führt die Bedeutung von Hubs besonders deutlich vor Augen: Nicht die Anzahl, sondern die Qualität der Verbindungen ist entscheidend. Kecskeméthy wirkte sowohl in Budapest als auch in Wien, er war u. a. Mitarbeiter der ab 1850 erscheinenden Tageszeitung *Pesti Napló*, wo auch andere in die Stichprobe aufgenommene Journalisten als Mitarbeiter tätig waren, und war schließlich ein Vertrauter des Grafen István Széchenyi (1791–1860), der als eine in mehreren Biographien miterwähnte Person einen hohen In-Degree-Wert hat. Aufgrund seiner wenigen, jedoch wichtigen und teilweise Community-überschreitenden Verbindungen fungiert Kecskeméthy somit als abkürzendes Verbindungsglied zwischen unterschiedlichen Elementen des Gesamtnetzwerks.

Bezüglich der Netzwerkdichte hat sich zwar gezeigt, dass die Visualisierung von Graphen mitunter zu falschen Annahmen führen kann, sie bietet jedoch auch Vorteile. Abbildung 6 zeigt uns nämlich etwas Wesentliches bezüglich der Vernetzung im Bereich des gesamten Pressewesens in der Monarchie: Das hier durch Knoten und Kanten dargestellte Pressewesen in der österreichischen und ungarischen Reichshälfte teilt sich in zwei große Cluster und wird nur durch wenige Communities bzw. Knoten verbunden. Hervorzuheben ist hier die Rolle von Paris in CG10. Die französische Hauptstadt war Reiseziel und diente als Studien- und Wirkungsort u. a. für den aus Schlesien stammenden

Journalisten Berthold Molden und den Wiener Humoristen Emil Kralik (CG7), Michael Klapp, in den 1870er-Jahren Leiter der *Wiener Montagsrevue* (CG1), und Bertha von Suttner (CG4) einerseits sowie für den bereits erwähnten Journalisten Dezső Malonyay und den Mitbegründer der Allgemeinen Ungarischen Arbeiterpartei, Zsigmond Politzer Csapó (CG10), andererseits. Ein weiterer struktureller Unterschied zwischen diesen beiden Netzwerkteilen ist, dass der das ungarische Pressewesen repräsentierende Bereich sichtbar homogener strukturiert ist als der österreichische, wo mehrere Tendrils bzw. tendrilartige Elemente auffallen. Hierbei handelt es sich beispielsweise um Communities von Akteuren, die auf dem Gebiet der Kronländer Österreich ob der Enns, Tirol und Vorarlberg (CG15), der Krain (CG8) sowie im heute zu Slowenien gehörenden Teil des Herzogtums Steiermark (CG17) tätig waren. Personen und Institutionen in diesen Communities stehen oft nur über einen einzigen Knoten mit dem rund um die Stadt Wien sich gruppierenden „österreichischen" Netzwerkareal in Verbindung.

Abb. 6: Visualisierung der Communities im Gesamtnetzwerk: Die Farben markieren die Communities, die Knotengröße entspricht dem Hub-Wert. (Graphik von Á. Z. Bernád)

Communities und Hubs in skalenfreien Graphen

Tabelle 2: Verteilung der Knotenanzahl pro Community sowie Degree- und Hub-Werte der jeweils bestvernetzten Akteure pro Community innerhalb des Gesamtnetzwerks (Anzahl identifizierter Communities bei einer Auflösung von 1:18)

	Community	Anzahl Knoten	Knoten mit dem höchsten Degree	Degree	Knoten mit dem höchsten Hub-Wert	Hub-Wert
1	CG7	160	Wien	207	Wien	0,5713228
2	CG0	151	Budapest	142	Budapest	0,2742937
3	CG1	115	Széps, Moritz	33	Wiener Journalisten- und Schriftstellerverein Concordia	0,107741065
4	CG12	65	Prag	41	Kohler, Karl Felix	0,06556089
5	CG16	64	Thury, Zoltán	24	Thury, Zoltán	0,028275948
6-7	CG5	62	Tauschinski, Hippolyt	35	Tauschinski, Hippolyt	0,11273917
6-7	CG6	62	Berlin	24	Stifft, Andreas d. J. Frh. von	0,071858294
8	CG15	55	Stampfl, Josef	19	Siegmund, Ferdinand	0,048249945
9	CG11	52	Universität Wien	25	Universität Wien	0,11719403
10	CG3	48	Politeo, Dinko	22	Der Süden (Wien)	0,03474134
11	CG4	45	Suttner, Bertha Freifrau von	31	Suttner, Bertha Freifrau von	0,05239226
12	CG2	43	Szántó, Simon	30	Szántó, Simon	0,081034474
13	CG9	38	Lemberg	21	Pawlikowski, Mieczysław Gwalbert Henryk	0,03982193
14	CG13	37	Triest	17	Pipitz, Franz	0,039390553
15	CG14	26	Pejko, Juraj	11	Pejko, Juraj	0,018592762
16	CG17	24	Schweiger von Lerchenfeld, Amand Frh.	15	Königsberg, Alfred	0,049440913
17	CG10	23	Paris	19	Politzer Csapó, Zsigmond	0,06405225
18	CG8	18	Murnik, Ivan	18	Murnik, Ivan	0,003156151

Tabelle 3: Die Knoten mit den höchsten Hub-Werten innerhalb des Gesamtnetzwerks sowie ihre Degree-Werte und Community-Zuordnung

	Knoten	Typ	Art	Hub-Wert	Degree	Community
1	Wien	Ort		0,5713228	207	CG7
2	Budapest	Ort		0,2742937	142	CG0
3	Universität Wien	Institution	Universität	0,11719403	25	CG11
4	Kecskeméthy, Aurél	Person		0,11302676	14	CG0
5	Tauschinski, Hippolyt	Person		0,11273917	35	CG5
6	Wiener Journalisten- und Schriftstellerverein „Concordia"	Institution	Verein	0,10774107	15	CG1
7	Neue Freie Presse	Institution	Zeitung	0,10419188	18	CG1
8	Széps, Moritz	Person		0,10391994	33	CG1
9	Singer, Sigmund	Person		0,10226768	18	CG0
10	Nordmann, Johann	Person		0,09833984	31	CG1
11	Silberer, Viktor	Person		0,09120982	26	CG7
12	Kilényi, János	Person		0,08672267	10	CG0
13	Szántó, Simon	Person		0,08103447	30	CG2
14	Neuwirth, Josef	Person		0,07840016	13	CG1
15	Neues Wiener Tagblatt	Institution	Zeitung	0,07746851	11	CG1
16	Spitzer, Daniel	Person		0,07705012	19	CG1
17	Lecher, Zacharias Konrad	Person		0,07661378	21	CG1
18	Rank, Josef	Person		0,07590612	28	CG1
19	Die Presse	Institution	Zeitung	0,07365767	10	CG1
20	Der Wanderer	Institution	Zeitschrift	0,07284097	9	CG1
21	Stifft, Andreas d. J. Frh. von	Person		0,07185829	22	CG6
22	Tencer, Pál	Person		0,06973726	19	CG0
23	Sopron, Ignaz	Person		0,06666241	17	CG11
24	Kohler, Karl Felix	Person		0,06556089	10	CG12
25	Politzer Csapó, Zsigmond	Person		0,06405225	17	CG10

Communities und Hubs in skalenfreien Graphen 275

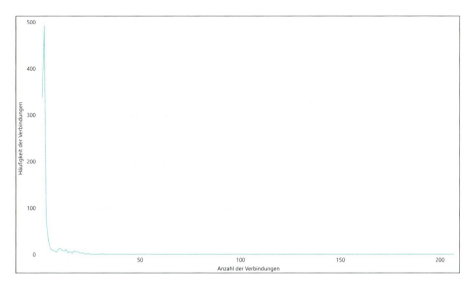

Abb. 7: Die Verteilung der Verbindungen pro Knoten im Gesamtnetzwerk (Graphik von Á. Z. Bernád)

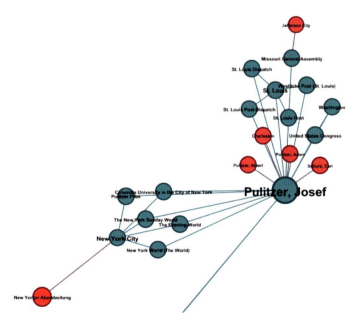

Abb. 8: Um den Knoten von Josef Pulitzer befindliche Tendrils (rot) in CG4 (Graphik von Á. Z. Bernád)

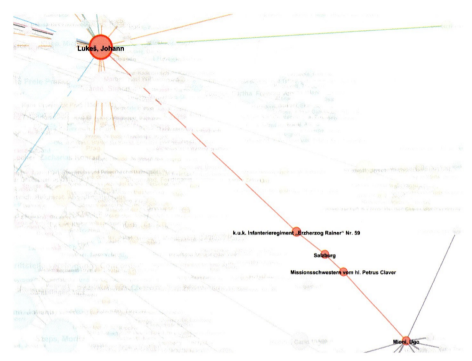

Abb. 9: Tube (rot) zwischen den Akteuren Johann Lukeš (CG12) und Ugo Mioni (CG13) im Gesamtnetzwerk (Graphik von Á. Z. Bernád)

4.2 Das Person-Ort-Netzwerk PO

Im Rahmen der Datenvorbereitung für die Analyse dieses Netzwerks wurden zunächst die Relationen „place of birth" und „place of death" entfernt. Behalten wurden somit nur jene Person-Ort-Beziehungen, die mit der Ausbildung (z. B. „studierte in", „ausgebildet in") bzw. der Ausübung einer beruflichen Tätigkeit der jeweiligen Akteure (z. B. „wirkte in", „war Journalist in", „arbeitete in") im Zusammenhang standen bzw. diese Tätigkeit beeinflussen konnten (z. B. „reiste nach", „lebte/wohnte in").[53] Aus dem bipartiten, gerichteten Person-Ort-Netzwerk wurden anschließend zwei unimodale, ungerichtete Netzwerke konstruiert: POO und POP.

POO ist ein Orte-Netzwerk, in dem die Personen die Kanten bilden. Als Beispiel sei hier Josef Rank (1815–1896), Direktionssekretär der Wiener Hofoper,

---

53 Zum Überblick der häufigsten Person-Ort-Relationen siehe Abb. 3.

genannt. Rank lebte und wirkte in der zweiten Hälfte der 1850er-Jahre als Journalist u. a. in Weimar und Nürnberg, wo er Herausgeber bzw. Redakteur des *Weimarer Sonntags-Blattes* sowie des *Nürnberger Kuriers* war. In diesem Netzwerk stellt er also die Verbindungskante zwischen den Ortsknoten Weimar und Nürnberg dar. POP ist ein Personen-Netzwerk, in dem die Orte die Kanten bilden. Um beim Beispiel Rank zu bleiben: Er wirkte, wie zahlreiche andere Journalisten in diesem Netzwerk, auch in Wien. In POP bildet also Wien Verbindungskanten zwischen Rank und allen anderen, ebenfalls in Wien aktiven Personen.

a) Das unimodale Orte-Netzwerk POO

POO (Tabelle 4–5, Abb. 10) besteht aus 99 Knoten und 259 Kanten. Der durchschnittliche Knotengrad beträgt 5,232. Die durchschnittliche Pfadlänge liegt bei 2,739 bei einem Diameter von 6, allerdings ist auch hier die Kantendichte mit 0,053 niedrig. Sie ist in erster Linie auf eine verhältnismäßig große Anzahl von 7 Community-Inseln mit insgesamt 14 Knoten, die keine Verbindung zum Central Core haben, zurückzuführen. Bei einer hohen Modularität von 0,75 konnten insgesamt 17 Communities identifiziert werden. Auch POO ist ein skalenfreies Netzwerk (über 55 % der Knoten verfügen über weniger als 5 Links), wobei die Ortsknoten Wien (44), Deutschland (21), Paris (20), Budapest (16) und München (14) die höchste Anzahl an Verbindungen aufweisen. Die größten Communities gruppieren sich um die Städte München (CPOO3, 13 Knoten), Prag (CPOO6, 13 Knoten) sowie Wien (CPOO0, 11 Knoten). Die größten Hub-Werte weisen die Ortsknoten Wien (0,437) und Deutschland (0,303) auf. Der Hub-Wert von Prag liegt nur bei 0,15, jener von Budapest bei 0,143. Beide Zentren der Monarchie liegen hinter Ortsknoten wie beispielsweise Georgien (0,209). Wien hat einen im Vergleich zu den anderen Knoten besonders hohen Betweenness-Zentralitäts-Wert von 0,4, gefolgt von Budapest (0,159) und München (0,095). D. h., dass die Stadt Wien, obwohl sie in CPOO0 nicht die größte Anzahl an Knoten um sich versammelt, dennoch bei Weitem über die größte Kontrollmöglichkeit innerhalb des POO verfügt. Angesichts dieser Daten stellen sich zwei Fragen: Die erste betrifft die Rolle der Stadt München, die zweite den hohen Hub-Wert von Georgien.

Abgesehen von der historischen Bedeutung, die die bayerische Metropole für Intellektuelle und Künstler beider Reichshälften der Monarchie im 19. Jahrhundert innehatte, bildete sich deshalb rund um München eine größere Community, weil die Stadt Studien- und Wirkungsort von gleich vier zum Teil in voneinander entfernten (geographischen) Bereichen des Pressewesens tätigen Personen war. Die Journalisten Konrad Zacharias Lecher (u. a. Greifenstein), Zsigmond Politzer Csapó (u. a. Steinamanger), Josef Stampfl (u. a. Braunau am Inn) sowie Zoltán Thury (u. a. Fünfkirchen) wirkten in Orten, die im POO keine gemeinsamen Personenlinks zu anderen Ortsknoten bilden können. Georgien (CPOO14) wiederum spielte zweifelsohne weder in der österreichischen noch in der ungarischen Medienlandschaft des 19. Jahrhunderts eine besondere Rolle. Der vom Russischen Zarenreich annektierte Kaukasusstaat war allerdings zwischen 1876 und 1885 Aufenthalts- und Wirkungsort von Bertha von Suttner. Folglich bildet die Pazifistin Kanten zwischen Georgien und alle anderen Wirkungsorten, die in ihrer Biographie genannt werden. Hinzu kommt noch, dass über Suttner auch zu anderen, unterschiedlichen Communities zugeordneten, gut vernetzten Orten wie Budapest (CPOO16) und Wien (CPOO0) Links bestehen, wodurch auch Georgien vermehrt als Verbindungsglied zwischen an sich entfernten Netzwerkarealen in Erscheinung treten kann und deshalb, zumindest aus historischer Sicht betrachtet, einen unrealistisch hohen Hub-Wert aufweist.

b) Das unimodale Personen-Netzwerk POP

POP (Tabelle 6–7, Abb. 11) besteht aus 79 Knoten und 715 Kanten. Der durchschnittliche Knotengrad beträgt 18,101. Die durchschnittliche Pfadlänge liegt bei 2,085 bei einem Diameter von 6. Die Kantendichte beläuft sich auf 0,232, somit handelt es sich zumindest im Bereich des Central Core um einen viel dichter vernetzten Graphen als POO (0,053). Bei einer niedrigen Modularität von 0,285 wurden insgesamt 14 Communities identifiziert. Allerdings beträgt die Anzahl der Inseln, die eigenständige, aus einem einzigen Knoten bestehende Communities bilden, 8 und somit etwas mehr als 10 % von POP. Der Degree-Zentralitäts-Wert dieser Knoten liegt folglich bei 0. Die höchste Anzahl an Verbindungen haben der bereits erwähnte Zsigmond Politzer Csapó (45) sowie der in Budapest, Sarajevo und Bosnien tätige Verleger und Drucker Ignaz Sopron (42). Die größten Communities gruppieren sich um die Akteure Emil Kralik (CPOP3, 27 Knoten) und Zsigmond Politzer Csapó (CPOP2, 18 Knoten). Die Hub-Werte sind sehr niedrig und weichen nur marginal voneinander ab, wobei der Wert unter den zehn bestvernetzten Akteuren zwischen 0,172 und 0,183 liegt. Gleiches gilt für die die Unabhängigkeit eines Knotens bewertende Closeness-Zentralität (0,6–0,72) sowie die Eigenvector-Zentralität (0,93–1), die Knoten umso zentraler bewertet, je mehr Verbindungen sie zu anderen, ebenfalls zentralen Knoten eines Netzwerks haben. Auch die Degree-Verteilung (siehe Tabelle 7) spricht dafür, dass in diesem Fall trotz des Inselphänomens nur beschränkt von einem skalenfreien Netzwerk gesprochen werden kann. Anders verhält es sich mit der Betweenness-Zentralität, bei der der Schriftsteller Zoltán Thury (0,116) und Zsigmond Politzer Csapó (0,1) am häufigsten als Schnittstelle für andere Knoten mit deutlich niedrigeren Werten fungieren. Es muss allerdings hinzugefügt werden, dass angesichts der Tatsache, dass die Betweenness-Zentralität in einem Netzwerk immer zwischen 0 und 1 liegt, auch diese zwei Akteure keine besonders starke Kontrollmöglichkeit innerhalb von POP haben.

Bei POP ist es lohnend, einen näheren Blick auf das Inselphänomen zu werfen und nach den Ursachen seiner Entstehung zu fragen. Die acht Communities bzw. Knoten lassen sich in zwei Gruppen unterteilen. Eine Gruppe, bestehend aus drei Personen, verdeutlicht das bereits beim Gesamtnetzwerk beobachtete Phänomen, dass es innerhalb des Pressewesens der österreichischen Reichshälfte isolierte, nicht oder weniger in den Kreislauf rund um das Zentrum Wien eingebundene Akteure gab. Dies manifestiert sich im POP am Beispiel des Tiroler Priesters und Schriftstellers Anton Oberkofler (1828–1912), des in der Lombardei tätigen Journalisten und Herausgebers der Mailänder Zeitung *Gazzetta Nazionale*, Emanuele Longo (1851–1909), sowie des slowenischen Politikers und Reichsratsabgeordneten Ivan Murnik (1839–1913). Bei der zweiten, aus fünf Personen – Lajos Kubinyi von Felsőkubin (1821–1880), Karl Pickert (1835–1888), Dinko Politeo (1854–1903), Albert Roncourt (1847–1918) und Daniel Spitzer (1835–1903) – bestehenden Gruppe, handelt es sich allerdings sehr wohl um gut vernetzte Akteure. Ihre Isolierung innerhalb von POP ist darauf zurückzuführen, dass in ihren Biographien entweder keine expliziten Ortsangaben vorkommen oder ausschließlich solche, die in keiner anderen Biographie auftreten. Dies führt dazu, dass diese Personen trotz ihrer tatsächlichen Vernetzung, die u. a. durch die Erwähnung mehrerer Institutionsnamen in der Biographie belegt ist, innerhalb des POP als vom Central Core getrennte Inseln aufscheinen. Dies führt einerseits die Grenzen netzwerkanalytischer Möglichkeiten, andererseits aber auch die Abhängigkeit der Analyse von der Art und Weise der stilistischen Beschreibung eines Lebenslaufes in den Biographien deutlich vor Augen.

Tabelle 4: Verteilung der Knotenanzahl pro Community sowie Degree- und Hub-Werte der jeweils bestvernetzten Akteure pro Community innerhalb des aus dem Person-Ort-Netzwerk konstruierten unimodalen Orte-Netzwerks (Anzahl identifizierter Communities bei einer Auflösung von 1:17)

	Community	Anzahl Knoten	Knoten mit dem höchsten Degree	Degree	Knoten mit dem höchsten Hub-Wert	Hub-Wert
1–2	CP003	13	München	14	München	0,16796242
1–2	CP006	13	Prag	12	Prag	0,150195
3	CP000	11	Wien	44	Wien	0,43778387
4	CP0014	10	Deutschland	21	Deutschland	0,30395925
5–6	CP001	9	Schweiz	10	Schweiz	0,1123044
5–6	CP0016	9	Budapest	16	Budapest	0,14348835
7–8	CP007	7	Berlin	12	Berlin	0,08347543
7–8	CP008	7	Bozen	13	Bozen	0,1523904
9	CP0011	6	Pressburg / Tyrnau	4	Pressburg	0,014350248
10	CP005	4	Jenesien / Schenna / Terlan / Trient	3	–	0
11	CP004	3	Mailand / Rovereto / Venedig	2	–	0
12	CP009	2	Ljubljana / Radovljica	1	–	0
13–17	CP0010	1	Philadelphia	0	–	0
13–17	CP0012	1	Leitmeritz	0	–	0
13–17	CP0013	1	Zadar	0	–	0
13–17	CP0015	1	Meran	0	–	0
13–17	CP002	1	Westeuropa	0	–	0

Tabelle 5: Die Knoten mit den höchsten Hub-Werten (n>0,09) innerhalb des aus dem Person-Ort-Netzwerk konstruierten unimodalen Orte-Netzwerks sowie ihre Zentralitätswerte und Community-Zuordnung

	Knoten	Hub-Wert	Degree	Betweenness	Closeness	Eigenvector	Community
1	Wien	0,43778387	44	0,400613648	0,636363636	1	CP000
2	Deutschland	0,30395925	21	0,080706922	0,494117647	0,671363308	CP0014
3	Paris	0,29331034	20	0,073688882	0,515337423	0,642816396	CP0014
4	Brünn	0,24143697	12	0,005778806	0,444444444	0,51620952	CP0014
5	USA	0,22714446	12	0,021856288	0,454054054	0,484174737	CP0014
6–10	Klosterneuburg	0,20938775	9	0	0,426395939	0,440277471	CP0014
6–10	Harmannsdorf	0,20938775	9	0	0,426395939	0,440277471	CP0014
6–10	Georgien	0,20938775	9	0	0,426395939	0,440277471	CP0014
6–10	Monaco	0,20938775	9	0	0,426395939	0,440277471	CP0014
6–10	Oslo	0,20938775	9	0	0,426395939	0,440277471	CP0014
11	München	0,16796242	14	0,095432459	0,49704142	0,398189662	CP003
12	Bozen	0,1523904	13	0,085030507	0,454054054	0,359808194	CP008
13	Prag	0,150195	12	0,026103313	0,442105263	0,347557575	CP006
14	Budapest	0,14348835	16	0,159105861	0,482758621	0,33833581	CP0016
15	Schweiz	0,1123044	10	0,030926249	0,435233161	0,267113216	CP001
16	Italien	0,11165089	10	0,043573482	0,432989691	0,264952547	CP006
17–18	Klagenfurt	0,10432033	5	0	0,435233161	0,239909381	CP003
17–18	Braunau am Inn	0,10432033	5	0	0,435233161	0,239909381	CP003
19	Ungarn	0,096517645	8	0,031656698	0,4375	0,23302032	CP003
20–21	Frankreich	0,093806095	5	0	0,413793103	0,2154134	CP001
20–21	Kopenhagen	0,093806095	5	0	0,413793103	0,2154134	CP001
22	Steinamanger	0,0932417	4	0	0,4375	0,21451672	CP003

Tabelle 6: Verteilung der Knotenanzahl pro Community sowie Degree- und Hub-Werte der jeweils bestvernetzten Akteure pro Community innerhalb des aus dem Person-Ort-Netzwerk konstruierten unimodalen Personen-Netzwerks (Anzahl identifizierter Communities bei einer Auflösung von 1:14)

	Community	Anzahl Knoten	Knoten mit dem höchsten Degree	Degree	Knoten mit dem höchsten Hub-Wert	Hub-Wert
1	CPOP3	27	Kralik, Emil	39	Suttner, Bertha Freifrau von	0,17524935
2	CPOP2	18	Politzer Csapó, Zsigmond	45	Politzer Csapó, Zsigmond	0,1825024
3	CPOP5	9	Siegmund, Ferdinand	36	Siegmund, Ferdinand	0,17088248
4	CPOP10	8	Krauß, Hans Nikolaus	35	Kraus, H. N. / Porges E. / Schlesinger M.	0,17079431
5	CPOP8	7	Thury, Zoltán	11	Thury, Zoltán	0,01702282
6	CPOP13	2	Lam, Jan Pawel Ferdinand / Rutowski, Tadeusz	2	Lam J. P. F. / Rutowski T.	0,005317985
7-14	CPOP0	1	Oberkofler, Anton	0	–	0
7-14	CPOP1	1	Longo, Emanuele	0	–	0
7-14	CPOP11	1	Politeo, Dinko	0	–	0
7-14	CPOP12	1	Spitzer, Daniel	0	–	0
7-14	CPOP4	1	Murnik, Ivan	0	–	0
7-14	CPOP6	1	Kubinyi von Felsőkubin, Lajos	0	–	0
7-14	CPOP7	1	Roncourt, Albert	0	–	0
7-14	CPOP9	1	Pickert, Karl	0	–	0

Tabelle 7: Die Knoten mit den höchsten Hub-Werten (n>0,171) innerhalb des aus dem Person-Ort-Netzwerk konstruierten unimodalen Personen-Netzwerks sowie ihre Zentralitätswerte und Community-Zuordnung

	Knoten	Hub-Wert	Degree	Betweenness	Closeness	Eigenvector	Community
1	Politzer Csapó, Zsigmond	0,1825024	45	0,100025551	0,721649485	1	CPOP2
2	Sopron, Ignaz	0,17970945	42	0,051008224	0,666666667	0,983435235	CPOP2
3-5	Kecskeméthy, Aurél	0,1795463	41	0,028031201	0,660377358	0,982277712	CPOP2
3-5	Kilényi, János	0,1795463	41	0,028031201	0,660377358	0,982277712	CPOP2
3-5	Singer, Sigmund	0,1795463	41	0,028031201	0,660377358	0,982277712	CPOP2
6	Suttner, Bertha Freifrau von	0,17524935	38	0,02161672	0,630630631	0,954800809	CPOP3
7	Kralik, Emil	0,1747903	39	0,033706269	0,630630631	0,952027098	CPOP3
8	Pawlikowski, Mieczysław Gwalbert Henryk	0,17329492	37	0,018271393	0,619469027	0,94328493	CPOP3
9-10	Klapp, Michael	0,17229418	35	0,00481685	0,608695652	0,937261309	CPOP3
9-10	Molden, Berthold	0,17229418	35	0,00481685	0,608695652	0,937261309	CPOP3

Communities und Hubs in skalenfreien Graphen

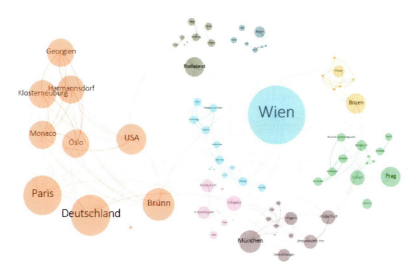

Abb. 10: Visualisierung der Communities im Central Core des Orte-Netzwerks POO: Die Kanten stellen die Personen dar, die Farben markieren die Communities, die Knotengröße entspricht dem Hub-Wert. (Graphik von Á. Z. Bernád)

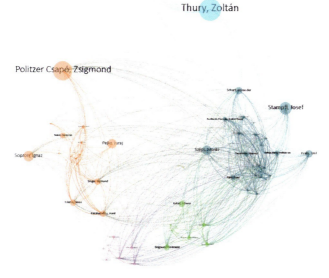

Abb. 11: Visualisierung der Communities im Central Core des Personen-Netzwerks POP: Die Kanten stellen die Orte dar, die Farben markieren die Communities, die Knotengröße entspricht der Betweenness-Zentralität. (Graphik von Á. Z. Bernád)

4.3 Das Person-Institution-Netzwerk PI

Das bipartite, gerichtete Person-Institution-Netzwerk wurde in zwei unimodale, ungerichtete Netzwerke transformiert: PIP und PII.[54] PIP ist ein Personen-Netzwerk, in dem die Institutionen die Kanten bilden. Als Beispiel seien hier die Schriftsteller Moritz von Reymond (1833–1919) und Oskar Karl Teuber (1852–1901) genannt. Beide frequentierten die Theresianische Militärakademie in Wiener Neustadt, die somit eine Verbindungskante zwischen den zwei Akteuren bildet. PII ist wiederum ein Netzwerk von Institutionen, in dem die Personen die Kanten bilden. Teuber war u. a. Theaterreferent und Feuilletonist der *Grazer Zeitung* und Redakteur des Wiener *Fremden-Blattes* und fungiert somit als Link zwischen diesen Zeitungen sowie der Theresianischen Militärakademie.

a) Das unimodale Personen-Netzwerk PIP

PIP (Tabelle 8–9, Abb. 12) besteht aus 100 Knoten und 564 Kanten. Der durchschnittliche Knotengrad beträgt 11,28, die durchschnittliche Pfadlänge 2,196 bei einem Diameter von 5. Mit einer Kantendichte von 0,114 ist PIP der dichteste aus dem Gesamtnetzwerk konstruierte Teilgraph. Allerdings ist auch dieses Netzwerk von einer starken Inselbildung geprägt (23 Knoten bilden 22 Inseln). Bei einer niedrigen Modularität von 0,387 konnten insgesamt 27 Communities identifiziert werden. Die höchste Degree-Zentralität haben die Knoten von Max Schlesinger (41), Hippolyt Tauschinski (38), Daniel Spitzer (35) sowie Johann Nordmann (34) und Karl Felix Kohler (34). Die größten Communities gruppieren sich um die Akteure Daniel Spitzer (CPIP1, 25 Knoten), Max Schlesinger (CPIP22, 22 Knoten) und Gyula Pasteiner (CPIP6, 18 Knoten). Die Hub-Werte sind auch im PIP niedrig und liegen bei den ersten zehn bestvernetzten Akteuren zwischen 0,175 und 0,236. Ähnliches gilt für die Eigenvector-Zentralität, die die besondere Rolle von CPIP1 bzw. CPIP22 innerhalb des aus lediglich fünf Communities bestehenden Central Core hervorhebt.

Widmen wir uns jedoch zunächst CPIP6, einer Community, die insgesamt 18 Protagonisten des ungarischen Pressewesens umfasst. Die Gemeinschaft gruppiert sich um den auch journalistisch tätigen Kunsthistoriker Gyula Pasteiner (1846–1924), der u. a. Redakteur der kunsthistorischen Fachzeitschrift *Művészeti Ipar*, ordentlicher Professor der Kunstgeschichte an der Universität Budapest

---

54 Zum Überblick der häufigsten Person-Institution-Relationen siehe Abb. 5.

und Mitglied der Ungarischen Akademie der Wissenschaften war. Aufgrund dieser Institutionskanten sollte er eigentlich innerhalb des PIP nicht besser eingebettet sein als andere Akteure aus CPIP6. Pasteiner studierte jedoch neben der Universität Budapest auch an der Universität Wien. Dadurch ist er nicht nur mit zahlreichen, zum Teil sehr zentralen Knoten aus den Communities CPIP1 und CPIP22 verbunden, sondern nimmt die Rolle einer Schnittstelle für alle anderen Akteure aus seiner Community ein, die keine unmittelbaren bzw. niedriger bewerteten Verbindungen zu CPIP1 und CPIP22 aufweisen.

Was die größeren Communities CPIP1 (25 Knoten) und CPIP22 (22 Knoten) anbelangt, so fällt hier nicht nur, wie bereits vorhin erwähnt und auch in Abbildung 12 sichtbar, auf, dass viele Knoten einen relativ hohen Eigenvector-Wert haben – führt man sich die Liste mit den Knoten mit den höchsten Hub-Werten (Tabelle 9) vor Augen, so zeigt sich auch, dass mit Ausnahme von Pasteiner alle Knoten diesen zwei Gruppen zugeordnet sind. Die Frage, die sich hier stellt, lautet: Von welchen Institutionskanten werden diese Gemeinschaften zusammengehalten? Die hohen Zentralitätswerte resultieren daraus, dass die Entstehung dieser Communities zwei – wie wir dann auch beim unimodalen Institutionen-Netzwerk PII sehen werden – wichtigen Institutionen zu verdanken ist. CPIP22 fasst in erster Linie jene journalistisch tätigen Personen zusammen, die u. a. an der Universität Wien studiert haben, beispielsweise den Lyriker und Dramatiker Alfred Königsberg (1829–1895), den Theater- und Literaturkritiker Albert Leitich (1869–1908) oder den in Galizien tätigen polnischen Politiker Tadeusz Rutowski (1853–1918). CPIP1 vereinigt wiederum jene Akteure, die u. a. Mitarbeiter der *Neuen Freien Presse* waren, beispielsweise Simon Szántó (1819–1882), Mitbegründer der ersten jüdischen Haupt- und Unterrealschule in Wien sowie der Wochenschrift *Die Neuzeit,* oder die bereits erwähnten Emil Kläger, Johann Nordmann und Viktor Silberer, um nur einige zu nennen.

b) Das unimodale Institutionen-Netzwerk PII

Mit 562 Knoten und 3.104 Kanten ist PII (Tabelle 10–11, Abb. 13–14) das größte Teilnetzwerk. Der durchschnittliche Degree-Wert beträgt 11,046, die durchschnittliche Pfadlänge 3,007, bei einem Diameter von 6. Die Kantendichte liegt allerdings nur bei 0,02. Bei einer hohen Modularität von 0,877 konnten insgesamt 43 Communities identifiziert werden. Die trotz eines großen und stark vernetzten Central Cores niedrige Kantendichte resultiert aus der hohen Anzahl an Knoten (125), die insgesamt 27 mit dem zentralen Kern von PII nicht verbundene Inseln bilden. Eine Besonderheit von PII liegt darin, dass diese Inseln eine Größe von bis zu 12 Knoten erreichen. Die höchste Degree-Zentralität weisen die Knoten der Universität Wien (127) und der *Neuen Freien Presse* (114) auf. Die größten Communities gruppieren sich um die Universität Wien (CPII9, 63 Knoten), die Universität Budapest (CPII5, 51 Knoten) sowie um den *Pester Lloyd* (CPII30, 37 Knoten). Die höchsten Hub-Werte wurden bei der *Neuen Freien Presse* (0,313), der Universität Wien (0,269) sowie dem Wiener Journalisten- und Schriftsteller-Verein „Concordia" (0,238) gemessen, wobei alle drei Institutionen Teil von CPII9 sind. Die hohen und Community erzeugenden Zentralitätswerte der Universitäten Wien und Budapest beweisen die Bedeutung von höheren Bildungsinstitutionen in journalistischen Lebensläufen. Dies belegt auch die hohe Zahl an Verbindungen, die beispielsweise die Prager Karls-Universität (60), die Universität Graz (37) oder die Universität Agram (25) aufweisen. In der Folge soll anhand einiger Beispiele auf das Inselphänomen, die Degree- bzw. Hub-Werte sowie ausgehend von den Communities auf die Frage nach der administrativ-geographischen bzw. sprachlichen Grenzüberschreitung näher eingegangen werden.

Die größte, aus 12 Knoten bestehende Community-Insel (CPII38) wird durch die von Josef Pulitzer erzeugten Kanten zusammengehalten. Aus pressehistorischer Sicht besteht kein Zweifel daran, dass Pulitzer zu den bedeutendsten und einflussreichsten Journalisten seiner Zeit gehörte. Es stellt sich also die Frage, ob das Netzwerk die mediengeschichtliche Realität abbildet oder ob eine grobe Verzerrung vorliegt. Der in der ungarischen Kleinstadt Makó geborene Pulitzer ging als Jugendlicher in die USA, wo er in der Folge als Journalist und Zeitungsverleger eine einmalige Karriere durchlief. Folglich gibt es zwischen den Institutionen, von Bildungsinstitutionen wie die Columbia University in New York über Zeitungen wie *The World* bis hin zu dem von ihm gestifteten Pulitzer-Preis, die in seiner Biographie erwähnt werden, keine Verbindungen zu anderen innerhalb der Monarchie befindlichen Institutionen. Insofern bildet das Netzwerk doch die Realität ab.

Anders verhält es sich allerdings mit Emil Kralik, der als Verbindungskante zwischen den 11 Knoten der Insel-Community CPII3 fungiert. Kralik konnte beispielsweise im Personen-Netzwerk POP mit 27 Knoten die größte, gut im Central Core eingebettete Gemeinschaft um sich vereinigen, was mit seiner geographisch ausgedehnten Reise- und Wirkungstätigkeit zusammenhängt, die ihn von Wien u. a. nach Kopenhagen, Paris, Italien und in die Schweiz führte. Als Mitarbeiter bzw. Redakteur der Buchdruckerzeitung *Vorwärts*, des Satireblattes

Glühlichter oder der *Volkstribüne*, der Zeitung der niederösterreichischen Sozialdemokratie, konnte er aber im PII nicht an das zentrale Netzwerkareal andocken. Auch Kraliks Fall zeigt, dass Netzwerke wie das als Ausgangspunkt vorliegende Gesamtnetzwerk G nur durch die Konstruktion mehrerer Teilnetzwerke analysiert werden sollten. Denn Kralik war 1895–1906 auch Redakteur der *Arbeiter-Zeitung*, und dass hier keine Kanten zu anderen Institutionen vorliegen, ist nur dem Zufall bzw. der Zufallsstichprobe geschuldet.

Wie die Abbildungen 13 und 14 zeigen, liegt auch im PII eine beträchtliche Diskrepanz zwischen der Degree-Zentralität und den Hub-Werten vor. Es ist auffallend, dass während Institutionen mit hohen bzw. relativ hohen Degree-Werten auf mehrere Communities verteilt sind – beispielsweise die Karls-Universität (CPII35, 60 Verbindungen), Honvéd-Armee (CPII40, 45 Verbindungen), die Universität Budapest (CPII5, 57 Verbindungen) oder der *Pester Lloyd* (CPII30, 37 Verbindungen) –, die Knoten mit den zehn höchsten Hub-Werten sich allesamt in CPII9 befinden (siehe Tabelle 11). Diese sich rund um die *Neue Freie Presse*, die Universität Wien sowie die „Concordia" gruppierende Gemeinschaft vereinigt nicht nur den Großteil der im Rahmen dieser Stichprobe erfassten Institutionen der Wiener Medienlandschaft des 19. Jahrhunderts, sondern auch die meisten Knoten, die im Rahmen dieses Graphen am häufigsten als abkürzende Verbindungselemente zwischen anderen Knoten, Communities bzw. Netzwerkarealen auftreten.

PII legt auch über die grenzüberschreitende Bewegung der Akteure in den beiden Reichshälften der Monarchie ein beredtes Zeugnis ab. So gibt es Communities, in denen sich Institutionen befinden, die geographisch bzw. administrativ unterschiedlichen Teilen der Monarchie zugeordnet werden können. Der *Pester Lloyd*, die Prager Zeitung *Bohemia* sowie die *Wiener Zeitung* sind genauso Teil einer Community (CPII30) wie das *Neue Pester Journal*, die *Temeswarer Zeitung* und die *Wiener Allgemeine Zeitung* (CPII7). In beiden Fällen handelt es sich allerdings ausschließlich um deutschsprachige Zeitungen. Die ungarischsprachigen Blätter befinden sich fast ausnahmslos in der sich um die Universität Budapest sowie um die Tageszeitung *Pesti Napló* (1850–1939) gruppierenden Gemeinschaft CPII5. Die Akteure überschreiten oft administrative Grenzen, jedoch seltener Sprachgrenzen. Letzteres kommt hier bei Institutionen, die dem Königreich Kroatien und Slawonien zugeordnet werden können, vor. So findet man innerhalb von CPII27 sowohl deutsch- als auch kroatisch- und italienischsprachige Zeitungen (beispielsweise das *Agramer Tagblatt*, *Crvena Hrvatska*, *Mlada Hrvatska*, *Il diritto croato* und *Pensiero slavo*).

Tabelle 8: Verteilung der Knotenanzahl pro Community (n>1) sowie Degree- und Hub-Werte der jeweils bestvernetzten Akteure pro Community innerhalb des aus dem Person-Institution-Netzwerk konstruierten unimodalen Personen-Netzwerks (Anzahl identifizierter Communities bei einer Auflösung von 1: 27)

	Community	Anzahl Knoten	Knoten mit dem höchsten Degree	Degree	Knoten mit dem höchsten Hub-Wert	Hub-Wert
1	CPIP1	25	Spitzer, Daniel	35	Spitzer, Daniel	0,23295744
2	CPIP22	22	Schlesinger, Max	41	Tauschinski, Hippolyt	0,23551859
3	CPIP6	18	Pasteiner, Gyula	29	Pasteiner, Gyula	0,16078866
4	CPIP20	7	Teuber, Oskar Karl	14	Schweiger von Lerchenfeld, Amand Frh.	0,05586685
5	CPIP0	5	Pickert, Karl	18	Pickert, Karl	0,09588376
6	CPIP13	2	Osvald, František Richard / Pejko, Juraj	1	–	0

Tabelle 9: Die Knoten mit den höchsten Hub-Werten (n>0,155) innerhalb des aus dem Person-Institution-Netzwerk konstruierten unimodalen Personen-Netzwerks sowie ihre Zentralitätswerte und Community-Zuordnung

	Knoten	Hub-Wert	Degree	Betweenness	Closeness	Eigenvector	Community
1	Tauschinski, Hippolyt	0,23551859	38	0,036735441	0,628099174	0,999607592	CPIP22
2	Schlesinger, Max	0,23407781	41	0,098308981	0,655172414	1	CPIP22
3	Spitzer, Daniel	0,23295744	35	0,015921114	0,612903226	0,986345339	CPIP1
4	Nordmann, Johann	0,22876129	34	0,01398332	0,603174603	0,968361041	CPIP1
5	Kohler, Karl Felix	0,22607306	34	0,014483465	0,603174603	0,956759584	CPIP22
6	Königsberg, Alfred	0,21087001	29	0,005681715	0,575757576	0,890741438	CPIP22
7	Széps, Moritz	0,21022303	32	0,021300493	0,608	0,889702879	CPIP1
8	Scheibe, Theodor	0,18754733	27	0,013465524	0,584615385	0,792482466	CPIP22
9	Löw, Philip	0,1842989	30	0,033760771	0,598425197	0,78184311	CPIP22
10	Siegmund, Ferdinand	0,17470898	24	0,005166243	0,558823529	0,736923179	CPIP22
11	Stifft, Andreas d. J. Frh. von	0,17343539	23	0,0039394	0,550724638	0,730976922	CPIP22
12	Rutowski, Tadeusz	0,1722605	25	0,029060252	0,558823529	0,727341784	CPIP22
13	Szántó, Simon	0,1716247	30	0,027563327	0,562962963	0,732407029	CPIP1
14	Sopron, Ignaz	0,1691276	25	0,010560645	0,562962963	0,716057615	CPIP22
15	Pasteiner, Gyula	0,16078866	29	0,086720915	0,589147287	0,693693796	CPIP6
16	Lecher, Zacharias Konrad	0,16044272	25	0,007701031	0,535211268	0,682096304	CPIP1
17	Silberer, Viktor	0,15797895	27	0,016813885	0,535211268	0,67484035	CPIP1
18	Politeo, Dinko	0,15680298	22	0,02110322	0,542857143	0,660173586	CPIP22
19	Polit-Desančić, Mihailo	0,15665413	22	0,010734096	0,550724638	0,664298819	CPIP22

Tabelle 10: Verteilung der Knotenanzahl pro Community (n>15) sowie Degree- und Hub-Werte der jeweils bestvernetzten Akteure pro Community innerhalb des aus dem Person-Institution-Netzwerk konstruierten unimodalen Institutionen-Netzwerks (Anzahl identifizierter Communities bei einer Auflösung von 1: 43)

	Community	Anzahl Knoten	Knoten mit dem höchsten Degree	Typ	Degree	Knoten mit dem höchsten Hub-Wert	Typ	Hub-Wert
1	CPII9	63	Universität Wien	Universität	127	Neue Freie Presse	Zeitung	0,31298974
2	CPII5	51	Universität Budapest (ELTE)	Universität	57	Universität Budapest (ELTE)	Universität	0,02922384
3	CPII30	37	Pester Lloyd	Zeitung	37	Bohemia	Zeitung	0,083430454
4	CPII17	31	Deutsche Zeitung (Wien)	Zeitung	47	Deutsche Zeitung (Wien)	Zeitung	0,11899545
5	CPII7	29	Neues Pester Journal	Zeitung	18	Wiener Allgemeine Zeitung	Zeitung	0,04621004
6	CPII40	25	Honvéd-Armee (1848/49)	Armee	45	Kaiserlich-Königliches Obergymnasium zu den Schotten in Wien	Schule	0,07397838
7–8	CPII2	24	Theresianische Militärakademie in Wiener Neustadt	Hochschule	35	Montags-Revue. Wochenschrift für Politik, Finanzen, Kunst und Literatur	Zeitung	0,056798954
7–8	CPII35	24	Österreich. Reichsrat. Abgeordnetenhaus	Parlament	62	Karls-Universität Prag (1348–1882)	Universität	0,13006692
9	CPII27	23	Universität Agram	Universität	25	Universität Agram	Universität	0,04410857
10	CPII37	19	Fremden-Blatt	Zeitung	61	Fremden-Blatt	Zeitung	0,11978237
11	CPII39	16	Akademische Legion (1848)	Paramilitärische Organisation	23	Oesterreichisches Morgenblatt. Zeitschrift für Vaterland, Natur und Leben	Zeitschrift	0,059419774
12	CPII6	16	Franz-Joseph-Orden	Ritterorden	31	Franz-Joseph-Orden	Ritterorden	0,030389683

Tabelle 11: Die Knoten mit den höchsten Hub-Werten (n>0,125) innerhalb des aus dem Person-Institution-Netzwerk konstruierten unimodalen Institutionen-Netzwerks sowie ihre Zentralitätswerte und Community-Zuordnung

	Knoten	Typ	Hub-Wert	Degree	Betweenness	Closeness	Eigenvector	Community
1	Neue Freie Presse	Zeitung	0,31298974	114	0,102314594	0,505800464	1	CPII9
2	Universität Wien	Universität	0,26891398	127	0,235924012	0,550505051	0,896549959	CPII9
3	Wiener Journalisten- und Schriftstellervereinigung „Concordia"	Verein	0,2376036	68	0,016614776	0,453694069	0,718315849	CPII9
4	Neues Wiener Tagblatt	Zeitung	0,21447793	69	0,035022406	0,448098664	0,654071053	CPII9
5	Tagespost (Graz)	Zeitung	0,15145811	47	0,026049186	0,426197458	0,462552719	CPII9
6	Kaiserlich-Königliches Akademisches Staatsgymnasium (Wien)	Schule	0,15019774	29	8,16E-04	0,412878788	0,432431358	CPII9
7	Die Presse	Zeitung	0,14808348	46	0,01214236	0,437751004	0,472846331	CPII9
8	Neues Fremden-Blatt	Zeitung	0,13619104	27	0,001232772	0,412488174	0,387644329	CPII9
9	Karl-Franzens-Universität Graz	Universität	0,13546166	37	0,01850071	0,41170916	0,397107815	CPII9
10	Universität Wien, Institut für Österreichische Geschichtsforschung	Forschungs- und Lehreinrichtung	0,13471165	24	5,15E-04	0,412878788	0,384173943	CPII9
11	Karls-Universität Prag (1348-1882)	Universität	0,13006692	60	0,053173472	0,465811966	0,452892074	CPII35
12	Der Wanderer	Zeitschrift	0,12679712	47	0,010843152	0,413662239	0,411869733	CPII9

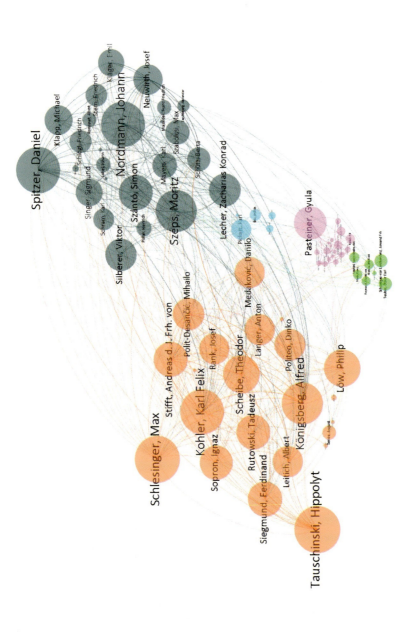

Abb. 12: Visualisierung der Communities im Central Core des Personen-Netzwerks PIP: Die Kanten stellen die Institutionen dar, die Farben markieren die Communities, die Knotengröße entspricht der Eigenvector-Zentralität. (Graphik von Á. Z. Bernád)

Communities und Hubs in skalenfreien Graphen

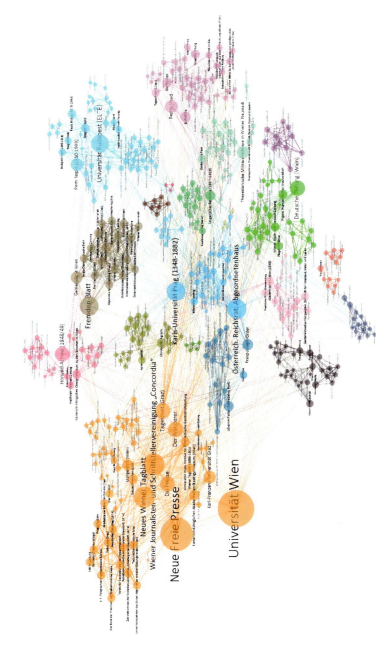

Abb. 13: Visualisierung der Communities im Central Core des Institutionen-Netzwerks PII: Die Kanten stellen die Personen dar, die Farben markieren die Communities, die Knotengröße entspricht der Degree-Zentralität. (Graphik von Á. Z. Bernád)

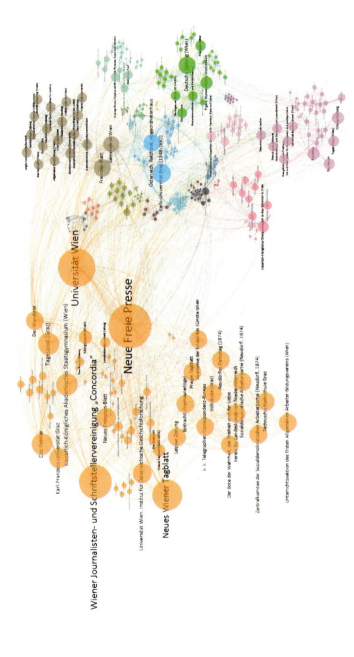

Abb. 14: Visualisierung der Communities im Central Core des Institutionen-Netzwerks PII: Die Kanten stellen die Personen dar, die Farben markieren die Communities, die Knotengröße entspricht dem Hub-Wert. (Graphik von Á. Z. Bernád)

4.4 Das unimodale, gerichtete Person-Person-Netzwerk PP

Das unimodale, gerichtete Person-Person-Netzwerk (PP) ist der einzige Teilgraph des Gesamtnetzes, der nicht transformiert wurde. Es umfasst keine Beziehungen zwischen Personen, die z. B. auf einen gemeinsamen Wirkungsort, den gleichen Arbeitsplatz oder auf die Mitgliedschaft in einem Verein zurückzuführen sind. PP basiert ausschließlich auf Relationen, die aufgrund der in den Biographien miterwähnten Personen hergestellt werden konnten, beispielsweise „war verwandt", „arbeitete zusammen", „war befreundet mit", „war Schüler von" oder „rezipierte".[55] Da es sich um ein gerichtetes Netzwerk handelt, können nicht nur die Zentralitäts-, sondern auch die Prestigemaße der Akteure berechnet werden.

PP (Tabelle 12–14, Abb. 15) besteht aus 269 Knoten und 231 Kanten. Der durchschnittliche Knotengrad beträgt lediglich 0,859, die durchschnittliche Pfadlänge 1,154, bei einem Diameter von 3. Die Kantendichte ist allerdings mit 0,003 besonders niedrig. Bei einer sehr hohen Modularität von 0,928 konnten insgesamt 47 Communities identifiziert werden. PP ist das Teilnetzwerk mit dem kleinsten Central Core, denn 43 Mikro-Communities mit insgesamt 186 Knoten verfügen über keine Links zum zentralen Kern des Graphen. Die höchste Degree-Zentralität haben die Knoten von Moritz Széps (17) sowie Simon Szántó und Freiherr Andreas von Stifft d. J. (jeweils 12), wobei Letzterer einer der Wortführer der 1848er-Revolution in Wien war und u. a. auch mit Karl Marx in persönlichem Kontakt stand. Die größten Communities gruppieren sich um Stifft (CPP7, 35 Knoten), Szántó (CPP1, 19 Knoten) und Széps (CPP15, 18 Knoten). Neben diesen drei Gruppen ist nur noch CPP29 rund um die Knoten des Wiener Volksschriftstellers Friedrich Schlögl (1821–1892) und des Wiener Gemeinderatsmitglieds und Mitbegründers der „Concordia", Zacharias Konrad Lecher (1829–1905), Teil des Central Core. Aufgrund der undichten und zerfallenden Struktur dieses Netzwerks haben, mit Ausnahme des Knotens von Moritz Széps (1), alle Knoten einen Hub-Wert von 0.

Der Graph PP bildet die Kontakte der Journalisten nur über die in den Biographien miterwähnten Personen ab. Über die tatsächliche Vernetzung der Akteure bieten deshalb die Person-Institution-Netzwerke PIP und PII ein wesentlich genaueres und diversifizierteres Bild. Deshalb, und weil es sich um einen gerichteten Graphen handelt, scheint es sinnvoller, in diesem Fall nach den

---

55 Zu den Person-Person-Relationen siehe Abb. 4.

Proximity-Prestige- bzw. In-Degree-Werten zu fragen (Tabelle 14). Welche Knoten innerhalb des gerichteten Netzwerks werden von anderen Knoten oft „gewählt", sprich welche Personen werden in den Biographien der Journalisten mehrmals miterwähnt, und lassen sich daraus Schlussfolgerungen auf die Rolle dieser Akteure im Bereich des Pressewesens ableiten? Obwohl es sich um eine kleine Zufallsstichprobe handelt, gibt es mehrere Persönlichkeiten, die in den Journalistenbiographien öfter miterwähnt werden. Interessant ist, dass keiner der Akteure, die über einen höheren In-Degree-Wert als 1 verfügen, Teil der Stichprobe ist. Unter den Miterwähnten befinden sich sowohl Politiker wie der Anführer der Ungarischen Revolution Lajos von Kossuth (1802–1894), der Wiener Bürgermeister Karl Lueger (1844–1910) oder der Staatsreformer und Mitbegründer der Ungarischen Akademie der Wissenschaften István Graf Széchenyi (1791–1860) als auch Schriftsteller wie Ludwig Anzengruber (1839–1889), Mór von Jókai (1825–1904), Heinrich Laube (1806–1884), Sándor Petőfi (1823–1849) oder Peter Rosegger (1843–1918). Der Knoten mit dem höchsten Proximity-Prestige- (0,015) bzw. In-Degree-Wert (4) ist jener des deutschen Schriftstellers Berthold Auerbach (1812–1882). Er wird in den Biographien der bereits genannten Freiherr von Stifft, Johann Nordmann, Josef Rank sowie des aus Böhmen stammenden, in Deutschland und Wien tätigen Journalisten Karl Schram (1827–1905) miterwähnt. Diese Personen standen allesamt in persönlichem Kontakt mit Auerbach, der ein Verfechter der jüdischen Emanzipation und Anhänger der Revolution war und sich in den Herbstmonaten des Jahres 1848 in Wien aufhielt. Während Freiherr von Stifft sowie Johann Nordmann und Josef Rank, die Mitglieder der revolutionären Wiener Studentenlegion waren, Auerbach bereits einige Jahre vor der Revolution in Leipzig kennenlernten, entstand der Kontakt mit Schram, ebenfalls ein Vorkämpfer der Emanzipation, erst Mitte der 1850er-Jahre in Dresden, als dieser dort Mitarbeiter bei Karl Gutzkows Zeitschrift *Unterhaltungen am häuslichen Herd* war. Es sind in diesem Fall also die politischen Ziele, die die Akteure in einer gemeinsamen Community zusammenführen.

Tabelle 12: Verteilung der Knotenanzahl pro Community (ab n>5) sowie Hub- und Zentralitätswerte der jeweils bestvernetzten Akteure pro Community innerhalb des gerichteten, unimodalen Person-Person-Netzwerks (Anzahl identifizierter Communities bei einer Auflösung von 1:47)

	Community	Anzahl Knoten	Knoten mit dem höchsten Degree	Degree	In-Degree	Out-Degree	Hub-Wert	Betweenness	Closeness	Eigenvector
1	CPP7	35	Stifft, Andreas d. J. Frh. von	12	0	12	0	0	1	0
2	CPP1	19	Szántó, Simon	12	1	11	0	1,40E-04	1	0,029203149
3	CPP15	18	Szeps, Moritz	17	1	16	1	2,93E-04	0,807692308	0,029203149
4–6	CPP0	11	Suttner, Bertha Freifrau von	10	0	10	0	0	1	0
4–6	CPP14	11	Politeo, Dinko	6	0	6	0	0	1	0
4–6	CPP29	11	Schlögl, Friedrich	6	1	5	0	1,40E-04	1	0,237860346
7–8	CPP18	9	Lueger, Karl	3	3	0	0	0	0	0,087609447
7–8	CPP23	9	Kilényi, János	4	0	4	0	0	1	0
9–12	CPP25	7	Thury, Zoltán	6	0	6	0	0	1	0
9–12	CPP26	7	Teuber, Oskar Karl	6	0	6	0	0	1	0
9–12	CPP30	7	Papp von Keresztes, Miklós	5	0	5	0	0	1	0
9–12	CPP38	7	Strache, Franz Eduard	4	0	4	0	0	1	0
13	CPP2	6	Schütz, Berta	5	0	5	0	0	1	0

Tabelle 13: Die Knoten mit den höchsten Degree-Werten (n>3) innerhalb des gerichteten, unimodalen Person-Person-Netzwerks sowie ihre Community-Zuordnung

	Knoten	Degree	In-Degree	Out-Degree	Community
1	Széps, Moritz	17	1	16	CPP15
2	Szántó, Simon	12	1	11	CPP1
3	Stifft, Andreas d. J. Frh. von	12	0	12	CPP7
4	Nordmann, Johann	11	0	11	CPP7
5	Suttner, Bertha Freifrau von	10	0	10	CPP0
6	Szabolcsi, Max	8	0	8	CPP1
7	Schram, Karl	7	0	7	CPP7
8	Rank, Josef	7	0	7	CPP7
9	Schlögl, Friedrich	6	1	5	CPP29
10	Thury, Zoltán	6	0	6	CPP25
11	Teuber, Oskar Karl	6	0	6	CPP26
12	Politeo, Dinko	6	0	6	CPP14
13	Lecher, Zacharias Konrad	5	0	5	CPP29
14	Papp von Keresztes, Miklós	5	0	5	CPP30
15	Schütz, Berta	5	0	5	CPP2
16	Auerbach, Berthold	4	4	0	CPP7
17	Kilényi, János	4	0	4	CPP23
18	Mioni, Ugo	4	0	4	CPP36
19	Pawlikowski, Mieczysław Gwalbert Henryk	4	0	4	CPP3
20	Pipitz, Franz	4	0	4	CPP4
21	Szabó, Alajos von	4	0	4	CPP5
22	Strache, Franz Eduard	4	0	4	CPP38
23	Spitzer, Daniel	4	0	4	CPP6
24	Schlesinger, Max	4	0	4	CPP7

Tabelle 14: Die Knoten mit den höchsten Prestige-Werten (In-Degree>1) innerhalb des gerichteten, unimodalen Person-Person-Netzwerks sowie ihr Eigenvector-Wert und ihre Community-Zuordnung

	Knoten	Proximity-Prestige	Proximity-Domain	In-Degree	Eigenvector	Community
1	Auerbach, Berthold	0,014925373	0,014925373	4	0,116812596	CPP7
2	Kompert, Leopold	0,01119403	0,01119403	3	0,296266644	CPP1
3	Széchenyi von Sárvár und Felsővidék, István Gf.	0,01119403	0,01119403	3	0,087609447	CPP23
4	Kuranda, Ignaz	0,01119403	0,01119403	3	0,087609447	CPP38
5	Lueger, Karl	0,01119403	0,01119403	3	0,087609447	CPP18
6	Hartmann, Moritz	0,01119403	0,01119403	3	0,087609447	CPP7
7	Meissner, Alfred von	0,01119403	0,01119403	3	0,087609447	CPP7
8	Rosegger, Peter	0,008528785	0,014925373	2	1	CPP29
9	Anzengruber, Ludwig	0,008528785	0,014925373	2	1	CPP29
10	Shakespeare, William	0,007462687	0,007462687	2	0,058406298	CPP11
11	Kossuth von Udvard und Kossut, Lajos	0,007462687	0,007462687	2	0,058406298	CPP30
12	Jókai, Mór von	0,007462687	0,007462687	2	0,058406298	CPP31
13	Petőfi, Sándor	0,007462687	0,007462687	2	0,058406298	CPP39
14	Gutzkow, Karl	0,007462687	0,007462687	2	0,058406298	CPP7
15	Laube, Heinrich	0,007462687	0,007462687	2	0,058406298	CPP7
16	Strossmayer, Josip Juraj	0,007462687	0,007462687	2	0,058406298	CPP14
17	Miletić, Svetozar	0,007462687	0,007462687	2	0,058406298	CPP14

Communities und Hubs in skalenfreien Graphen 299

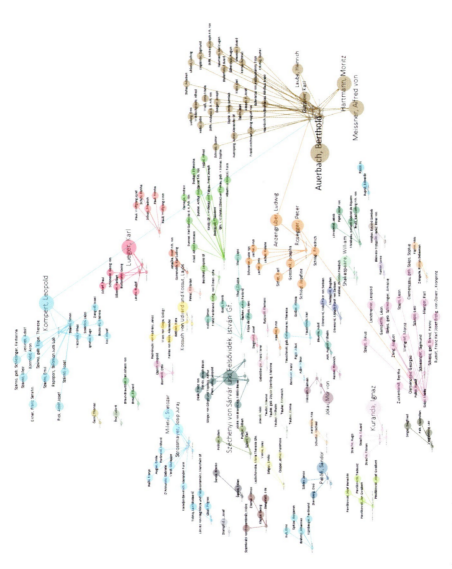

Abb. 15: Visualisierung der Communities im unimodalen, gerichteten Person-Person-Netzwerk PP: Die Farben markieren die Communities, die Knotengröße entspricht dem Proximity-Prestige-Wert. (Graphik von Á. Z. Bernád)

Zusammenfassung

Vorliegender Beitrag widmete sich – anhand einer aus den Biographien des ÖBL gezogenen, proportional geschichteten Stichprobe – der Untersuchung von Communities und Hubs in Journalistennetzwerken der Österreichisch-Ungarischen Monarchie. Eingangs wurden die Gründe für die bislang mangelnde Rezeption netzwerkanalytischer Ansätze im Bereich der historischen Presseforschung diskutiert und darauf hingewiesen, dass dies in erster Linie auf das Fehlen von maschinenlesbaren bzw. relationalen Daten zurückzuführen ist. Andere entsprechend digitalisierte Quellen wie das ÖBL können jedoch, wie gezeigt wurde, eine durchaus attraktive Alternative bieten. Im Anschluss an die Erläuterung der Stichprobenziehung sowie in diesem Zusammenhang relevanter netzwerktheoretischer Begriffe folgte im analytischen Teil die Untersuchung von Communities und die Identifizierung von Hubs im Gesamtnetzwerk sowie in den einzelnen, aus dem Gesamtnetzwerk konstruierten Teilnetzwerken.

Aus methodischer Sicht hat sich gezeigt, dass die Erfassung der komplexen Vernetzung der Journalisten nur durch die gleichzeitige Analyse von Teilnetzwerken, die aus unterschiedlichen Entitätsknoten bestehen, möglich ist. Aufgrund der Gradverteilung sowie anderer Merkmale wie Tendrils und Inseln konnte nachgewiesen werden, dass es sich bei den analysierten Journalistennetzwerken – möglicherweise mit Ausnahme des unimodalen Personen-Netzwerks POP – um skalenfreie Graphen handelt. Die Berechnungen veranschaulichen einerseits, dass die Hub-Werte in vielen Fällen nicht mit der Degree-Zentralität korrelieren, andererseits, dass nicht nur die großen geographischen bzw. administrativen Zentren der Monarchie, sondern auch Institutionen bzw. Personen mit wesentlich weniger Verbindungen eine Kontrollfunktion innerhalb des Netzwerks ausüben können. Es hat sich allerdings als sinnvoll erwiesen, neben den Hub-Werten zusätzliche Zentralitätsmaße in die Analyse miteinzubeziehen, da hiermit die Bedeutung einzelner Knoten zum Teil aus einer ganz anderen Perspektive beleuchtet werden konnte.

Auf inhaltlicher Ebene wurde auf die Bedeutung außerhalb der Monarchie liegender Wirkungsorte wie beispielsweise München oder Paris ebenso hingewiesen wie auf die unterschiedlichen Gründe der Entstehung der außerhalb der zentralen Netzwerkkerne liegenden Inseln, wie z. B. im Falle von Josef Pulitzer oder Emil Kralik. Bei den Person-Institution-Relationen konnte nicht nur die Bedeutung von Institutionen wie der Tageszeitung *Neue Freie Presse* oder der

„Concordia" hervorgehoben, sondern auch gezeigt werden, dass bei der Herausbildung größerer Communities in erster Linie die höheren Hub-Werte eine Rolle spielen und weniger die – unter Umständen ebenfalls hohe – Degree-Zentralität, die ausschließlich die Anzahl, nicht jedoch die Qualität der Verbindungen widerspiegelt. Das gerichtete unimodale Personen-Netzwerk unterstrich wiederum anhand der untersuchten Prestige-Werte von Knoten die Bedeutung gemeinsamer ideologischer und politischer Ziele einzelner Akteure im Bereich der Vernetzung.

Anhand der untersuchten Zufallsstichprobe kann zum Schluss festgehalten werden, dass das Pressewesen der Monarchie als Netzwerk von Personen, Institutionen und Orten sowohl auf der Ebene des Gesamtnetzwerks als auch im Bereich der daraus konstruierten Teilnetzwerke sich in zwei große, aus mehreren Communities bestehende Cluster unterteilt, die die jeweilige Medienlandschaft in der österreichischen bzw. der ungarischen Reichshälfte abbilden. Diese Cluster sind zwar nicht vollständig voneinander getrennt, jedoch nur durch verhältnismäßig wenige Elemente miteinander verbunden. Des Weiteren scheint das ungarische Netzwerkareal wesentlich homogener zu sein als das österreichische, in dem die Trennung zwischen Zentrum und Peripherie deutlicher zum Vorschein kommt. Dies manifestiert sich vermehrt durch die mit den jeweiligen Central Cores schwach verbundenen, die Personen und Institutionen einzelner Kronländer (z. B. die Krain, Tirol, Vorarlberg und Oberösterreich) darstellenden Tendrils.

Maximilian Kaiser – Peter Alexander Rumpolt

Netzwerke und räumliche Mobilität von Künstlern*

Während die wissenschaftliche Beschäftigung mit Künstlerpersönlichkeiten ein der Kunstgeschichte inhärentes Forschungsfeld darstellt, sind der Aspekt des Raumbezuges sowie die Visualisierung mittels kartographischer Darstellungsformen der wissenschaftlichen Disziplin der Geographie immanent. Darüber hinaus stellt die Analyse der räumlichen Mobilität von Menschen ein für die Humangeographie typisches Forschungsfeld dar. Warum aber – quasi umgekehrt – einerseits (historisch-)geographische Migrations- und Mobilitätsforschung speziell auch mit Fokus auf die Personengruppe der Künstler Sinn macht und andererseits die Beschäftigung mit Karten sowie neuerdings sogar mit räumlicher Mobilität aus kunsthistorischer Sicht ebenso an Bedeutung gewinnt, wollen die Autoren in den nachfolgenden beiden Kapiteln näher erläutern.

1. Aus geographischer Sicht: Warum eine Fokussierung auf Künstler?

Betrachtet man berufliche Netzwerke sowie Aspekte der räumlichen Mobilität und Migration für die Habsburgermonarchie im 19. und 20. Jahrhundert, so erscheint dies für zwei Berufsgruppen von besonderem Interesse zu sein: einerseits für Künstler und Kulturschaffende sowie andererseits für Wissenschaftler. Warum? Mobilität und Migration in der Habsburgermonarchie und dabei speziell im Wien der (vorletzten) Jahrhundertwende hätten in Verbindung unter anderem mit Netzwerken sowie Wissens- und Kulturtransfer sowohl gesamtgesellschaftlich als auch auf individueller Ebene implizit Bedeutung für und Einfluss auf das künstlerische oder wissenschaftliche Wirken von Personen, das Innovationspotential ihrer Werke und die – auch auf Diversität basierende – Entwicklung einer Stadt zu einer modernen und in diesen Berei-

---

* Im Sinne der leichteren Lesbarkeit wird in diesem Beitrag vorwiegend die männliche Form verwendet. Innerhalb der in diesem Beitrag vorrangig der Betrachtung unterzogenen Untersuchungsteilgruppe „Künstlerhaus" sind nur drei von 506 Personen Frauen.

chen bedeutenden Metropole gehabt, wie dies einem Beitrag von Elisabeth Röhrlich entnommen werden kann.¹

*„Beschäftigt man sich mit dem Zusammenhang von Zuwanderung und Innovation während der Wiener Jahrhundertwende, so findet man ein facettenreiches Forschungsfeld zu den künstlerischen und wissenschaftlichen Neuerungen der Zeit vor."*²

*„[...] Die Zuwanderung nach Wien war Teil des vielschichtigen Zeitkontexts, in dem die künstlerischen und intellektuellen Leistungen der Wiener Moderne entstanden."*³

Die Reichshaupt- und Residenzstadt Wien sei, so ist in der Einleitung zu der 2006 erschienenen vierten deutschsprachigen Auflage von William M. Johnstons „Österreichischer Kultur- und Geistesgeschichte" festgehalten, ein imperialer Schmelztiegel und „Treffpunkt für Intellektuelle aus allen Winkeln dieses Vielvölkerstaates" gewesen.⁴ Der Begriff „Schmelztiegel" geht auf ein in New York spielendes Theaterstück mit dem Titel *„The Melting Pot"* zurück, und diese auf der Zuwanderung in Großstädte basierende Vorstellung von der Verschmelzung von Personen „unterschiedlicher kultureller, nationaler und ethnischer Herkunft zu einer neuen Gemeinschaft" wurde auch auf Wien zu übertragen versucht.⁵ Im Falle von Wien zur Zeit des *Fin de Siècle* sei zwar „[s]chon um 1900 [...] die vollständige Assimilation das dominierende politische Leitbild"⁶ gewesen, es habe aber auch ein positiver Konnex zwischen Zuwanderung – primär im Sinne von Binnenmigration innerhalb der österreichischen Reichshälfte der Habsburgermonarchie⁷ – auf der einen und wegweisenden Innovationen auf der anderen Seite bestanden, und zwar ganz besonders in den

---

1 Vgl. Elisabeth Röhrlich, Migration als Motor für Innovation in Wissenschaft und Kultur? Forschungsperspektiven auf die Wiener Jahrhundertwende, in: Elisabeth Röhrlich (ed.) (unter Mitarbeit von Agnes Meisinger), *Migration und Innovation um 1900. Perspektiven auf das Wien der Jahrhundertwende*, Wien / Köln / Weimar: Böhlau Verlag, 2016, 9–22, hier 10, 12.
2 Ebd., 11.
3 Ebd., 12.
4 William M. Johnston, *Österreichische Kultur- und Geistesgeschichte. Gesellschaft und Ideen im Donauraum 1848 bis 1938*, Wien / Köln / Weimar: Böhlau Verlag, 2006, hier V.
5 Vgl. Röhrlich, Migration als Motor (wie Anm. 1), 9.
6 Heinz Fassmann / Rainer Münz, *Einwanderungsland Österreich? Historische Migrationsmuster, aktuelle Trends und politische Maßnahmen*, Wien: J&V, 1995, hier 20.
7 Vgl. Heinz Faßmann, Migration in Österreich: 1850–1900. Migrationsströme innerhalb der Monarchie und Struktur der Zuwanderung nach Wien, in: *Demographische Informationen* 1986, 22–36, hier 26; Heinz Faßmann, Einwanderung, Auswanderung und Binnenwanderung in Österreich-Ungarn um 1910, in: *Demographische Informationen* 1990/91, 92–101, hier 96–97.

Bereichen Kunst, Kultur und Wissenschaft[8]. Allein schon deswegen kann die Beschäftigung mit beruflichen Netzwerken und räumlicher Mobilität von Personen, welche in diesen beruflichen Bereichen tätig waren, als wissenschaftlich interessant und relevant bezeichnet werden.

Es darf aber auch noch ein weiterer Aspekt angeführt werden, der die Sinnhaftigkeit und Relevanz einer solchen Analyse zu unterstreichen vermag. Bisher lag der Schwerpunkt im Rahmen der Historischen Migrationsforschung zum 19. und frühen 20. Jahrhundert in Europa – abgesehen von Emigration nach Übersee – überwiegend auf Arbeitsmigration in die großen Metropolen, zu den Standorten groß angelegter Bauprojekte sowie in die entstehenden industriellen Zentren innerhalb Europas, wie sie u. a. von Sylvia Hahn beschrieben wird[9]. Somit standen massenhafte Wanderungsvorgänge, welche primär aus ökonomischen Gründen erfolgten, und damit tendenziell weniger privilegierte Personengruppen der Gesellschaft im Vordergrund.[10] Demgegenüber handelt es sich bei Künstlern, Kulturschaffenden und Wissenschaftlern aber zweifellos um eine intellektuelle, kreative Elite der Gesellschaft. Aussagen darüber treffen zu können, inwiefern diese Bevölkerungsgruppen in dem besagten Zeitraum räumlich mobil gewesen sind, kann einen Erkenntnisgewinn für die Historische Migrationsforschung darstellen.

In diesem Beitrag liegt der Fokus auf der Personengruppe der Künstler (die Untersuchungsteilgruppe wird weiter unten im Detail erläutert). Der Text knüpft damit an bereits vorliegende Publikationen[11] an, nimmt aber den Raumbezug und – damit in Verbindung stehend – auch die Möglichkeit der Visualisierung in Form von Karten verstärkt in den Blick.

---

8 Vgl. Röhrlich, Migration als Motor (wie Anm. 1), 10–11.
9 Siehe Sylvia Hahn, *Historische Migrationsforschung* (= Historische Einführungen 11), Frankfurt a. M. / New York: Campus Verlag, 2012, hier 152–156.
10 Es sei darauf hingewiesen, dass es sich bei den genannten Formen von Arbeitsmigration überwiegend, aber nicht ausschließlich um Massenmigration handelte. Ergänzend werden für die Zeit der beginnenden Industrialisierung auch Expertenwanderungen beschrieben, welche zum Zwecke des Wissenstransfers erfolgten. Vgl. dazu: Jochen Oltmer, *Migration vom 19. bis zum 21. Jahrhundert*. 3., aktualisierte und erweiterte Auflage (= Enzyklopädie deutscher Geschichte 86), Berlin / Boston: De Gruyter Oldenbourg, 2016, hier 23.
11 Siehe Maximilian Kaiser, Was uns Biographien über Künstlernetzwerke sagen. Konzepte für eine historische Netzwerkanalyse auf Basis biographischer Texte aus dem Österreichischen Biographischen Lexikon (ÖBL), in: Ágoston Zénó Bernád / Christine Gruber / Maximilian Kaiser (eds.) (unter Mitarbeit von Matthias Schlögl / Katalin Lejtovicz), *Europa baut auf Biographien. Aspekte, Bausteine, Normen und Standards für eine europäische Biographik*, Wien: new academic press, 2017, 383–403; Maximilian Kaiser / Matthias Schlögl / Katalin Lejtovicz / Peter Alexander Rumpolt, Artist Migration Through the Biographer's Lens: A Case Study Based on Biographical Data Retrieved from the Austrian Biographical Dictionary, in: *Journal of Historical Network Research* 2, 2018, 76–108, https://doi.org/10.25517/jhnr.v2i1.33.

2. Aus kunsthistorischer Sicht: Warum die Beschäftigung mit dem Raumbezug?

Die Hinterfragung des kunsthistorischen Kanons und der damit verbundenen Zentren steht im Mittelpunkt der *Global Art History*, einer globalen Kunstgeschichte, die entgegen der herkömmlichen Erzählung aufzuzeigen versucht, dass nicht nur wenige, in Westeuropa ausgebildete, dort wirkende und Erfolge feiernde Künstler von Bedeutung sind. Außereuropäische Zentren wie Mexiko-Stadt, Sao Paulo, Bombay oder Shanghai wurden dabei lange Zeit als Außenposten verstanden, an denen moderne Kunst westeuropäischer Prägung geschaffen und als eine Art von Exportprodukt den Einheimischen „vermittelt" wurde. So fasst es Monica Juneja, Professorin an der Universität Heidelberg für dieses Fachgebiet, zusammen, wenn sie diesbezüglich schreibt:

„Postcolonial critiques continue to expose Eurocentric paradigms within the historiography of Modernism, by seeking to replace notions of ‚export' and ‚derivativeness' with concepts such as those of mimicry or cultural translation. The emergence of modernist art across the world is now beginning to be placed within the context of colonialism, whose global connections and complex political and cultural determinations made its emergence possible."[12]

Monika Leisch-Kiesl versteht unter dem Begriff *Global Art History* vielmehr noch den einer globalen Theoriegeschichte. Aus ihrer Sicht bedeutet dies, dass in der Vergangenheit europäische Kunsttheorien vielfach als Maßstab für kunsthistorische Analysen von außereuropäischen Kunstwerken herangezogen wurden. Dabei betont sie auch, dass es der *Global Art History* genuin nicht um die Aufhebung einer im Wesentlichen stilgeschichtlichen Kunstgeschichtsschreibung ginge, sondern darum, die Forschung um trans- und interkulturelle Perspektiven zu erweitern.[13] In ihrer Skizze der Entwicklungsgeschichte dieses Forschungsfelds stellt sie ein Zitat Thomas DaCosta Kaufmanns an den Schluss, in dem dieser darauf hinweist, dass Konzepte wie das des Netzwerks oder des

---

12   Monica Juneja, Alternative, Peripheral or Cosmopolitan? Modernism as a Global Process, in: Julia Allerstorfer / Monika Leisch-Kiesl (eds.), *„Global Art History". Transkulturelle Verortungen von Kunst und Kunstwissenschaft* (= Linzer Beiträge zur Kunstwissenschaft und Philosophie 8), Bielefeld: transcript Verlag, 2017, 79–108, hier 82.
13   Monika Leisch-Kiesl, Kunstwissenschaft in globaler Perspektive. Westliche Kunstgeschichtsschreibung und Ansätze inter- bzw. transkultureller Blicke, in: Julia Allerstorfer / Monika Leisch-Kiesl (eds.), *„Global Art History". Transkulturelle Verortungen von Kunst und Kunstwissenschaft* (= Linzer Beiträge zur Kunstwissenschaft und Philosophie 8), Bielefeld: transcript Verlag, 2017, 19–28, hier 21.

Rhizoms (dt. Wurzelgeflecht) für die Erforschung globaler Phänomene im Vergleich zu älteren Modellen, welche auf wenige Zentren fokussieren, als besser geeignet erscheinen und daher hierfür heranzuziehen wären.[14] Dabei kommen diesem Ansatz die in den vergangenen zehn Jahren entwickelten digitalen Werkzeuge und Methoden entgegen.

Der *Spatial Turn*, der sich auch innerhalb der Kunstgeschichte seit den 1980er-Jahren zu vollziehen begann, brachte Forscherinnen und Forscher dazu, mittels kunsthistorischer Methoden Gegenstände wie Karten auf ihre symbolischen und ikonographischen Inhalte hin zu hinterfragen – geben diese Objekte doch ebenso Auskunft darüber, welche Orte bzw. welchen Raumausschnitt sie darstellen, wie über diejenigen Personen, die sie erstellt haben.[15] Erst durch die *Spatial Art History*, die verstärkt auf die Erstellung eigener kartographischer Darstellungen fokussiert, beginnt die Auseinandersetzung mit digitalen Werkzeugen an Bedeutung zu gewinnen. Eine Richtung innerhalb dieses Felds widmet sich der Erforschung der für den Kulturtransfer im 19. und frühen 20. Jahrhundert wichtigen Kontakt- und Begegnungszonen. Konkret handelt es sich dabei um die Kunstausstellungen internationalen Formats, wie z. B. den Pariser Salon oder die Biennalen in Venedig. Durch die Auswertung der erhaltenen Kataloge über die Artl@s-Datenbank werden diese Ereignisse in ihrer Gesamtheit dokumentarisch erfasst und können unter Berücksichtigung der digitalen Möglichkeiten für kartographische Auswertungen genutzt werden. Béatrice Joyeux-Prunel sieht diese Datenbank auch als Hilfestellung für jene Vertreter einer *„geography of art"* (Geographie der Kunst), denen sie attestiert, dass sie zwar geographische Konzepte, aber keine der geographischen Werkzeuge verwenden würden.[16]

---

14 „By at least 1800 conditions had begun to change, and more familiar patterns associated with European and American imperialism emerge that have affected cultural and other exchanges to the present. But these are passing, if not now past. Our own time suggests that other patterns based on notions of networks or even rhizomes might provide better models rather than centers, anyway." (Thomas DaCosta Kaufmann, Reflections on World Art History, in: Thomas DaCosta Kaufmann / Catherine Dossin / Béatrice Joyeux-Prunel (eds.), *Circulations in the Global History of Art* (= Studies in Art Historiography), Farnham / Burlington: Ashgate, 2015, 23–46, hier 38).

15 „As geographers know well, maps represent makers' decisions about perspective, scale, and representation of space. […] Art historians have long investigated the same characteristics of art." (Susan Elizabeth Gagliardi / Joanna Gardner-Huggett, Introduction to the Special Issue: Spatial Art History in the Digital Realm, in: *Historical Geography* 45, 2017, 17–36, hier 18).

16 „These geographical approaches make no steps towards mapping, and even less towards quantitative analysis. […] ‚Geographers of art' have borrowed their concepts from geographers but their tools rarely. They do not describe surfaces, but form theories that present art in a geographical way. It is strictly a meta-geography and not a geographic approach to history." (Béatrice Joyeux-Prunel, ARTL@S: A Spatial and Trans-national Art History. Origins and Positions of a Research Program, in: *Artl@s Bulletin* 1, 1,

Für das einzelne Ereignis dient ein gedruckter Katalog als Quellenbeleg. Durch weitere solche Ausstellungskataloge lässt sich das Einzelereignis in eine chronologische Reihenfolge bringen und in den Kontext einer Ereigniskette einordnen. Wertet man einzelne Kataloge aus, so lassen sich bestimmte Forschungsfragen aus dem Bereich der Künstlersozialgeschichte beantworten. Ohne die Verknüpfung mit den biographischen Informationen der teilnehmenden Künstlerinnen und Künstler besteht allerdings die Gefahr, Fragen, die speziell aus Sicht der Mobilitäts- und Migrationsforschung von Interesse wären, außer Acht zu lassen.

Was liegt daher näher als die Verwendung von Künstlerbiographien als Quelle, würde man denken. Die bekannteste Studie, welche diesen Gedanken aufgreift, ist „*A network framework of cultural history*", an welcher der Kunsthistoriker Maximilian Schich maßgeblich beteiligt war.[17] Darin erheben die Autoren den Anspruch, 2.000 Jahre der Menschheits- und Kulturgeschichte rekonstruieren zu wollen, und nutzen dafür die aus der Zusammenführung dreier Personendatenbanken (*Allgemeines Künstlerlexikon, freebase.com* und *Union List of Artist Names*) und einer digitalen Edition (*Corpus Winckelmann*) stammenden Geburts- und Sterbedaten sowie die entsprechenden -orte von Künstlern.

Der Historiker Malte Rehbein weist in einem lesenswerten, kritischen Forumsbeitrag einerseits auf eine Schieflage bei den Datenquellen hin, die seiner Meinung nach in erster Linie ein eurozentrisches und nordamerikanisch zentriertes Weltbild wiedergeben würden[18] (was den Autoren der Studie aber durchaus bewusst gewesen sein dürfte). Andererseits merkt er an, dass für die Analyse von Mobilität bzw. Migration mehr als die Basisdaten der Personen notwendig seien.

2012, 9–25, hier 15, https://docs.lib.purdue.edu/artlas/vol1/iss1/1/ (zuletzt abgerufen am 24.10.2019)). – Aus Sicht eines Geographen ist sogar die Bezeichnung „Geographie der Kunst" an sich diskussionswürdig, zumal mit dem Wort Geographie hier lediglich der topographische Aspekt bzw. der Raumbezug im engeren Sinn angesprochen zu sein scheint.

17 Siehe Maximilian Schich / Chaoming Song / Yong-Yeol Ahn / Alexander Mirsky / Mauro Martino / Albert-László Barabási / Dirk Helbing, A network framework of cultural history, in: *Science* 345, 6.196, 2014, 558–562.

18 Vgl. Malte Rehbein, Digitalisierung braucht Historiker/innen, die sie beherrschen, nicht beherrscht, in: *H-Soz-Kult*, 27.11.2015, www.hsozkult.de/debate/id/diskussionen-2905 (zuletzt abgerufen am 22.09.2019).

„Um die Komplexität der Daten zu reduzieren, setzen sie [die Autoren] eine (grundsätzlich notwendige, in diesem Fall aber zu starke) zweckgebundene Verkürzungsparadigmatik an: Migration wird als eine Abweichung von Sterbeort und Geburtsort der Personen betrachtet."[19]

Um dieser berechtigten Kritik an einer verkürzten Darstellung von Migrationsprozessen konsequent zu begegnen, erscheint es sinnvoll, neben den Basisinformationen Geburts- und Sterbeort auch die Biographie, also den Lebensverlauf einer Künstlerin oder eines Künstlers mit den darin enthaltenen Beschreibungen zu Ausbildungs- und Karrierewegen, in die Analyse miteinzubeziehen. Ansatzweise wurde das schon versucht, wie ein Fallbeispiel aus dem *„Grand Tour Travelers Project"* zeigt. Dabei wurden 69 Biographien von akademisch ausgebildeten Architekten oder Personen, die sich als Amateure im Bereich der Architektur betätigten, aus dem *Dictionary of British and Irish Travellers in Italy (1701–1800),* das in Summe ca. 3.000 biographische Einträge beinhaltet, ausgewählt, um einen Einblick darüber zu bekommen, in welchem Zusammenhang Reiseaktivitäten und die Entstehung von Netzwerken im 18. Jahrhundert zueinander standen. Wie die Autoren betonen, ging es ihnen dabei darum, „aggregates and patterns, but not in merely quantitative terms" zu entdecken.[20]

Datensätze, die über die beschriebenen Basisdaten einer Person hinausgehen und der Forschung zur weiteren Verwendung frei zur Verfügung stehen, sind derzeit noch rar gesät. Hinsichtlich seiner Rolle als Pionier ist das niederländische Institut für Kunstgeschichte (vormals *Rijksbureau voor Kunsthistorische Documentatie,* kurz RKD; seit 2014 *RKD – Netherlands Institute for Art History*) zu nennen, das 2017 durch das *„Mapping Artists Project"* Anstrengungen in diese Richtung unternommen hat. Die in dem kunsthistorischen Informationssystem namens *RKD Explore* gesammelten Ortsangaben – bestehend aus einer Zusammenführung von Informationen zu Kunstwerken und zur Provenienz derselben, einer biographischen Dokumentation der Urheber und einer umfassenden Bibliographie – wurden mittels automatisierter Datenverarbei-

---

19 Ebd.
20 Giovanna Ceserani / Giorgio Caviglia / Nicole Coleman / Thea de Armond / Sarah Murray / Molly Taylor-Poleskey, British Travelers in Eighteenth-Century Italy: The Grand Tour and the Profession of Architecture, in: *The American Historical Review* 122, 2, 2017, 425–450, hier 449, https://doi.org/10.1093/ahr/122.2.425.

tungsprozesse semantisch erschlossen.²¹ Dabei sind im Rahmen der automatisierten Erkennung und richtigen Zuordnung von mehrdeutigen Toponymen (z. B. Wirkungsorte von Johann Nepomuk Ender) ähnliche Schwierigkeiten festzustellen wie in anderen Digital-Humanities-Projekten.²² Die Ausdifferenzierung der die Relationen zwischen Personen und Orten beschreibenden Vocabularies, also die Unterscheidung, ob es sich um einen Wirkungs-, Reise- oder Ausbildungsort handelt, wurde bei *RKD Explore* nicht im Detail vorgenommen: Ergänzend zu Geburts- und Sterbeort existiert der „Wirkungsort" (*active in*) als *eine* weitere Kategorie. Dessen ungeachtet soll der Wert dieser Online-Ressource hier nicht geschmälert werden.

3. Die Analyse biographischer Daten im Zusammenwirken von Geographie und Kunstgeschichte

In thematischer Anknüpfung an die einleitenden Ausführungen aus geographischer sowie aus kunsthistorischer Sicht soll in diesem Beitrag in weiterer Folge ausgehend von den Daten des Österreichischen Biographischen Lexikons (ÖBL), konkret der Collection „Künstlerhaus", gezeigt werden, was eine quantitative geographische Mobilitäts- bzw. Migrationsforschung in diesem Kontext methodisch wie inhaltlich einer digitalen Kunstgeschichte bringen kann. Dabei sollen sowohl kartographische Darstellungen für die Datenanalyse genutzt als auch Methoden der historischen Netzwerk- sowie der geographischen Migrationsforschung miteinbezogen werden.

Die verstärkte Berücksichtigung des Raumbezugs auch in der (digitalen) Kunstgeschichte lässt eine Beschäftigung mit Fragen der räumlichen Mobilität von Künstlerpersönlichkeiten aus kunsthistorischer Sicht ebenso sinnvoll erscheinen, wie dies aus geographischer Sicht ohnehin der Fall ist.²³ Biographische

---

21 Die Formulare für die erweiterte Suche ermöglichen eine Abfrage nach Nationalität oder Schule. Unter dem Suchbegriff „Austrian" erhält man 5.578 Treffer (Stand 23.05.2019). Diese Datensätze sind über 11.160 Relationen mit Orten verbunden. Der größte Teil dieser Künstler ist über die Zuordnung zu ihrer Schaffenszeit *(period of activity)* dem Zeitraum 1885–2019 zuzurechnen (4.282), gefolgt von den zwischen Mitte des 18. und Ende des 19. Jahrhunderts tätigen Künstlern. (*RKD Explore/RKDartists&*, https://rkd.nl/en/explore/artists (zuletzt abgerufen am 23.05.2019)).

22 Davon ist auch das APIS-Projekt nicht ausgenommen. Zu diesem Zweck wurde für die APIS-Webapplikation (https://apis.acdh.oeaw.ac.at/) seitens des ACDH ein eigenes Tool zur Disambiguierung von Toponymen entwickelt. Es fand vorrangig bei der Verortung von Geburts- und Sterbeorten Anwendung. Alle weiteren in den Biographietexten enthaltenen Ortsangaben wurden manuell annotiert (siehe auch Kap. 4 sowie generell zum Vorgang des manuellen Annotierens den Beitrag von Maximilian Kaiser „Leitfaden für die Annotation von Named Entities (NE) in Biographien" in diesem Band).

23 Der Vollständigkeit halber soll hier auch auf den *Migratory Turn* hingewiesen werden, der durch die

Daten als Grundlage für quantitative Analysen zu räumlicher Mobilität und Migration zu verwenden, stellt einen sowohl für die Kunstgeschichte als auch für die Geographie relativ neuen Ansatz dar.[24] Das Forschungsprojekt APIS im Allgemeinen sowie vorliegender Beitrag im Besonderen können dabei auch als ein produktives Beispiel interdisziplinärer Zusammenarbeit angesehen werden.

4. Toponyme als Grundlage für Analysen zu räumlicher Mobilität

Unter einem Toponym versteht man einen Eigennamen für ein topographisches Objekt – handelt es sich dabei um ein topographisches Objekt auf der Erde, spricht man auch von einem geographischen Namen.[25] Dazu zählen sowohl Namen von Siedlungen (also Ortsnamen im engeren Sinn) als auch Namen von anderen topographischen Objekten oder übergeordneten Raumeinheiten (quasi Ortsnamen im weiteren Sinn). So können neben Siedlungsnamen (Namen von Städten wie z. B. Paris oder von Ortschaften wie z. B. Reichenau an der Rax) u. a. auch Namen von technischen Objekten (z. B. Brennerbahn), von physisch-geographischen Objekten (z. B. Hohe Tatra), von Landschaften (z. B. Salzkammergut) oder von – gegebenenfalls historischen – Verwaltungseinheiten (z. B. Böhmen) als geographische Namen und damit als Toponyme bezeichnet werden.[26] Bei den hier angeführten Beispielen handelt es sich um Toponyme, die in Künstlerbiographien des ÖBL enthalten sind. In vorliegendem Beitrag werden die Fachbegriffe geographischer Name und Toponym in weiterer Folge de facto synonym verwendet.

Kunsthistorikerin Burcu Dogramaci vorgeschlagen wurde. Durch eine solche Wende würde ein Brückenschlag zwischen den Forschungsfeldern der *Global Art History* und der *Spatial Art History* geschaffen werden, wobei sich diese Richtung methodisch einer qualitativen Erforschung von Wechselwirkungen zwischen transnationaler Mobilität und der künstlerischen Produktion widmen würde. Mit der *Global Art History* wäre das kritische Hinterfragen des Kanons verwandt, mit der *Spatial Art History* eine Übereinstimmung durch das Interesse für geographische/räumliche Verteilungsmuster und das „Mapping" als künstlerisch-ästhetische Praxis zur Verarbeitung von Migrationserfahrungen gegeben. Vgl. dazu: Burcu Dogramaci, Toward a Migratory Turn. Art History and the Meaning of Flight, Migration and Exile, in: Burcu Dogramaci / Birgit Mersmann (eds.), *Handbook of Art and Global Migration. Theories, Practices, and Challenges*, Berlin / Boston: De Gruyter, 2019, 17–37.

24 In Bezug auf die Geographie siehe dazu auch: Peter Alexander Rumpolt, Biographien, Netzwerke und Mobilität – Digital Humanities und Geographie, in: *Geographie aktuell. Informationen der Österreichischen Geographischen Gesellschaft* 11, 3, 2019, 6.

25 Vgl. Ständiger Ausschuss für geographische Namen (ed.), *Deutsches Glossar zur toponymischen Terminologie. Deutsches Wörterverzeichnis zur Fachsprache der geographischen Namenkunde. 3. Ausgabe*, Frankfurt am Main, 2010, hier 28, 35, http://www.stagn.de/SharedDocs/Downloads/DE/StAGN_Publikationen/100419_Glossar_3.pdf?__blob=publicationFile&v=4 (zuletzt abgerufen am 13.08.2019).

26 Vgl. Peter Jordan, *Kritische Toponomastik*, unveröffentlichtes Skriptum zur gleichnamigen Vorlesung an der Universität Wien im Sommersemester 2017, o.O., 2017, hier 1–2.

In den Biographien (Lexikonartikeln) des ÖBL sind neben Ortsnamen im engeren oder weiteren Sinn (siehe oben) vielfach auch Namen von Institutionen angegeben. Da das wesentliche Charakteristikum von geographischen Namen darin besteht, dass sie sich auf ein topographisches und damit ortsfestes Objekt beziehen, können Institutionsnamen nur dann gleichzeitig auch als geographische Namen angesprochen werden, wenn damit eine exakte Ortsangabe einhergeht: Dies ist u. a. dann der Fall, wenn eine Institution – wie z. B. das Institut für Stadt- und Regionalforschung (ISR) der Österreichischen Akademie der Wissenschaften – nur einen einzigen Standort aufweist.[27]

Grundlage, um anhand biographischer Daten Aussagen darüber tätigen zu können, inwieweit eine porträtierte Person im Laufe ihres Lebens räumlich mobil gewesen ist, sind die im Biographietext enthaltenen raumbezogenen Informationen zu den einzelnen Lebensstationen dieser Person. Dabei müssen die über den Geburts- und Sterbeort hinausgehenden weiteren Aufenthaltsorte einer Person annotiert, das heißt auf Basis der Lektüre des Biographietextes als solche identifiziert sowie inhaltlich – u. a. mit Informationen zur Art/Funktion des Aufenthalts – angereichert werden.[28] Von den im Rahmen von APIS festgelegten fünf Entitäten an biographischer Information (Person, Ort, Institution, Ereignis, Werk) sind für Analysen zu räumlicher Mobilität die Entitäten Ort und Institution entscheidend. Inwieweit die biographierte Person mit den im Text genannten Orten und Institutionen in Verbindung steht, wird im Zuge des Annotierens durch die Festlegung von Person-Ort-Relationen bzw. Person-Institution-Relationen aufzudecken versucht.[29]

Um kartographische Visualisierungen und Mobilitätsanalysen zu ermöglichen, ist es anschließend erforderlich, die identifizierten Orte und Institutionen auch tatsächlich zu „verorten", also zu georeferenzieren. Dies erfolgt durch Verknüpfung (*Entity Linking*) mit externen Datenbanken in Form von *Linked Open Data* (LOD). Durch die Verbindung mit den entsprechenden Einträgen in der geographischen Datenbank *GeoNames* ist es möglich, die Ortsangaben mit Geokoordinaten zu versehen (Georeferenzierung). Bei den Institutionen ist in

---

27 Gemäß E-Mail-Korrespondenz von Peter A. Rumpolt mit Peter Jordan, einem ausgewiesenen Experten für Toponomastik, am 17./18.08.2019.
28 Die 506 ÖBL-Biographien der Collection „Künstlerhaus" (siehe dazu auch Kap. 5) wurden von Maximilian Kaiser manuell annotiert. Zum Arbeitsvorgang des manuellen Annotierens siehe den Beitrag von Maximilian Kaiser „Leitfaden für die Annotation von Named Entities (NE) in Biographien" in diesem Band.
29 Zu den verschiedenen Arten von Entitäten sowie von Relationen siehe auch den Beitrag von Maximilian Kaiser „Leitfaden für die Annotation von Named Entities (NE) in Biographien" in diesem Band.

einem ersten Schritt die Verknüpfung mit den Einträgen in der GND (Gemeinsame Normdatei der Deutschen Nationalbibliothek) notwendig.[30] Falls dort noch nicht vorhanden, erfolgt die Georeferenzierung des dazugehörigen Orts in einem weiteren Schritt. Im Falle der in den Biographietexten angeführten Ortsnamen liegt der Raumbezug in der Regel also explizit vor bzw. kann dieser durch Verlinkung mit den geographischen Koordinaten direkt hergestellt werden. Bezüglich der genannten Institutionen ist eine Information hinsichtlich deren Verortung demgegenüber zumeist implizit gegeben – zumindest dann, wenn die Möglichkeit besteht, die Institution einem Ort zuzuordnen.

5. Beschreibung des Datensatzes

Ausgangspunkt für die weiteren Analysen ist die Collection „Künstlerhaus", bestehend aus jenen 506 Künstlerbiographien des ÖBL, für die eine Mitgliedschaft in der Künstlervereinigung „Genossenschaft der bildenden Künstler Wiens" über die Mitgliederlisten des Vereins bestätigt werden konnte.[31] Die Collection „Künstlerhaus" kann einerseits als eine Grundgesamtheit all jener im ÖBL biographierten und der Berufsgruppe „Bildende und angewandte Kunst" zugeordneten Personen, die gleichzeitig auch Mitglied in der Genossenschaft der bildenden Künstler Wiens (Künstlerhaus) waren, verstanden werden. Andererseits kann die Collection „Künstlerhaus" aber auch als Teilmenge der Gesamtheit aller Mitglieder dieser Künstlervereinigung in jenem Zeitabschnitt, auf welchen sich die Print-Edition des ÖBL bezieht, betrachtet werden. Von einer für die Gesamtheit aller Künstlerhaus-Mitglieder des untersuchten Zeitraums (oder für die gesamte ÖBL-Berufsgruppe „Bildende und angewandte Kunst") repräsentativen Stichprobe kann dabei genau genommen nicht gesprochen werden, da es sich um keine Zufallsauswahl, sondern vielmehr um eine bewusste, thematische Auswahl all jener Persönlichkeiten handelt, die sowohl Künstlerhaus-Mitglied gewesen waren als auch im ÖBL biographiert wurden. Daher soll im Folgenden anstelle des Begriffs „Collection"

---

30 Siehe ebd.
31 Zum Begriff Collection siehe ebd. Zur Collection (Untersuchungsteilgruppe) „Künstlerhaus" siehe auch Kaiser / Schlögl / Lejtovicz / Rumpolt, Artist Migration (wie Anm. 11), 81. – Die Datengrundlage für die Untersuchungsteilgruppe „Künstlerhaus" sowie auch für die fallweise zu Vergleichszwecken herangezogene Gesamtheit aller im ÖBL der Berufsgruppe „Bildende und angewandte Kunst" zugeordneten Personen stellen die in die APIS-WebApp (https://apis.acdh.oeaw.ac.at/) importierten Biographien der ÖBL-Print-Bände 1–14 und ÖBL-Online-Tranchen 1–4 mit Zuordnung zu dieser Berufsgruppe dar.

auch nicht jener der Stichprobe, sondern jener der Untersuchungsteilgruppe Verwendung finden.[32]

Während die in den Biographien miterwähnten Personen und angeführten Institutionen Gegenstand der Analyse eines anderen Beitrags dieses Bandes sind,[33] stehen in der vorliegenden Abhandlung die Ortsangaben im Fokus der Betrachtung (teilweise auch indirekt über die mit den Institutionen verbundenen Ortsangaben).

Typ der Person-Ort-Relation	Anzahl an Person-Ort-Relationen, d. h. Verbindungen (Kanten)	Anzahl an Orten (Knoten)	Netzwerkdichte / Verbundene Komponenten
war Geburtsort	605	242	0,002 / 242
ausgebildet in	157	61	0,011 / 35
reiste nach	687	126	0,012 / 9
wirkte in	854	263	0,004 / 19
stellte aus	232	48	0,023 / 4
war Sterbeort	596	121	0,002 / 121

Tab. 1: Anzahl der Person-Ort-Relationen und Orte sowie die aus den verschiedenen Relationstypen resultierenden Dimensionen der Netzwerke der Untersuchungsteilgruppe „Künstlerhaus" (n = 506 plus miterwähnte Personen), differenziert nach dem Typ der Person-Ort-Relation

In der APIS-Datenbank (APIS-Webapplikation)[34] ist der Relationstyp Geburtsort als „place of birth" und der Sterbeort als „place of death" abgespeichert. Dass diese Begriffe im Gegensatz zu den durch den User definierten Relationen in englischer Sprache angegeben sind, liegt daran, dass bei der Übernahme von Einträgen aus der GND (Gemeinsame Normdatei der Deutschen Nationalbibliothek) auf bestehende Relationen dieser LOD-Ressource aufgebaut werden kann und dass dies im Falle der Geburts- und Sterbeorte auch so durchgeführt wurde. Dies erleichtert die Syntaxanalyse (engl. *parsing*) der vorhandenen Metadaten der GND und erspart eine erneute manuelle Eingabe in der APIS-WebApp. Der Wert der Netzwerkdichte (*density*) gibt an, wie

---

32 Zu den verschiedenen methodischen Möglichkeiten zur Bildung von Untersuchungs(teil)gruppen bzw. Stichproben nach der beruflichen Zugehörigkeit der Personen siehe auch den Beitrag von Peter Alexander Rumpolt in diesem Band.
33 Siehe den Beitrag von Maximilian Kaiser „Künstlerbiographien und historische Netzwerkforschung" in diesem Band.
34 Die APIS-Webapplikation (APIS-WebApp unter https://apis.acdh.oeaw.ac.at/) stellt ein *Virtual Research Environment* dar, welches vorerst (per Stand Juni 2019) nur für ÖBL- und APIS-Mitarbeiter/innen zugänglich ist (passwortgeschützt).

stark die Knoten innerhalb eines Netzwerks miteinander verbunden sind.[35] Die Anzahl verbundener Komponenten (*connected components*) wiederum liefert Aufschluss darüber, aus wie vielen Teilnetzwerken sich das Person-Ort-Netzwerk zusammensetzt.[36] Beide Werte ermöglichen es, einen ersten Überblick über die Dimensionen des Netzwerks zu bekommen. So erscheinen jene Person-Ort-Netzwerke, die auf Basis der Relationstypen „reiste nach" und „wirkte in" gebildet werden, als am vielversprechendsten für eine tiefergehende Analyse, weil sie einerseits die meisten Kanten aufweisen und andererseits jeweils in eine überschaubare Anzahl von Teilnetzwerken gruppiert sind.

Da die Künstlervereinigung „Genossenschaft der bildenden Künstler Wiens" ihren Sitz in Wien hat, liegt der Schwerpunkt der vor allem auf das 19., aber auch auf die erste Hälfte des 20. Jahrhunderts bezogenen biographischen Daten einerseits auf in Wien geborenen Künstlern und Künstlerinnen – 275 der 506 Personen (54 %) sind mit Wien als Geburtsort verbunden – und andererseits vor allem auch auf solchen, die ihre Wirkung an selbigem Ort entfaltet haben.

Sieht man sich die Gesamtgruppe aller der Berufsgruppe „Bildende und angewandte Kunst" zugehörigen Personen näher an, so zeigt sich, dass die Vielfalt an Ortsangaben bei den Sterbeorten (510) um rund 47 Prozent geringer ist als bei den Geburtsorten (958). Die Sterbeorte weisen somit eine Konzentration auf bestimmte Toponyme auf. Bezieht man die Kategorien der Ortsangaben mit ein, ist festzustellen, dass der Anteil der hier als „städtisch" (im Sinne von großen Städten) charakterisierten Kategorien von Orten im Falle der Sterbeorte mit gut 19 Prozent höher ist als bei den Geburtsorten (11 %) (vgl. Tab. 2).

Daraus kann geschlossen werden, dass die Migrationswege und Lebensverläufe von bildenden und angewandten Künstlern auf Basis der Gegenüberstellung von Geburts- und Sterbeorten insgesamt tendenziell in Richtung größerer Städte orientiert waren. Somit würden diese allgemeinen Wanderungsmuster von Künstlern mit jenen koinzidieren, welche in der Literatur für die Bevölke-

---

35 Die Netzwerkdichte wird durch das Verhältnis vorhandener zu möglichen Kanten ermittelt. Vgl. Jürgen Lerner, Beziehungsmatrix, in: Christian Stegbauer / Roger Häußling (eds.), *Handbuch Netzwerkforschung*, Wiesbaden: VS Verlag für Sozialwissenschaften, 2010, 355–364, hier 358.

36 „A directed graph G = (V, E) is strongly connected if there is a directed path from every vertex to every other vertex. [...] For a given undirected graph G = (V, E), a connected component of G is an induced subgraph G[V'] that is connected and maximal, i. e., there is no connected subgraph (G[V"] with V" ⊃ V'). For directed graphs, weakly and strongly connected components are defined analogously." (Michael Baur, *Visone. Software for the Analysis and Visualization of Social Networks*, Konstanz: Dissertation, 2008, hier 20).

	GeoNames-Kategorie		Zuordnung Stadt – Land	Geburtsorte	Sterbeorte
P	PPLC	capital of a political entity	Stadt	13	21
	PPLA	seat of a first-order administrative division	Stadt	90	72
	PPLA2-4	seat of a second/third/fourth-order administrative division	Land	343	216
	PPL	populated place	Land	480	169
	PPLX	section of populated place	Stadt	3	2
A	PCLI	independent political entity	Stadt	0	3
	ADM1	first-order administrative division	Stadt	1	0
	ADM2-3	second/third-order administrative division	Land	6	8
	ADMD	administrative division	Stadt	0	1
L	RGN	region	Land	0	1
	Berg (jew. manuell angelegt)		Land	0	4
gesamt	absolut		Stadt	107	99
			Land	829	398
			no value	22	13
				958	510
	relativ		Stadt	11,17%	19,41%
			Land	86,53%	78,04%
			no value	2,30%	2,55%
				100,00%	100,00%

Tab. 2: Geburts- und Sterbeorte der im ÖBL biographierten Personen mit Zuordnung zur Berufsgruppe „Bildende und angewandte Kunst" (n = 2.502), differenziert nach *GeoNames Feature Codes*

Anmerkung: Die *GeoNames Feature Codes* sind unter https://www.geonames.org/export/codes.html (zuletzt abgerufen am 07.10.2019) einsehbar. Es sei auch darauf hingewiesen, dass diese *GeoNames*-Kategorien primär aktuellen Zeitbezug aufweisen. Die Zuordnung der einzelnen *GeoNames*-Kategorien zu den beiden Kategorien „Stadt" und „Land" erfolgte aufgrund einer persönlichen Einschätzung durch die Autoren. Die Kategorie „Stadt" bezieht sich dabei primär auf größere Städte, deren Rang heute jenem einer Bundes- oder Landeshauptstadt entsprechen würde.

rung insgesamt konstatiert werden. So bedeutete räumliche Mobilität im Europa des 19. Jahrhunderts, wie Heinz Faßmann festhält, „in den meisten Fällen Land-Stadt-Wanderung [...]"[37], und so wiesen, wie Josef Ehmer darlegt, vor al-

---

37 Heinz Fassmann, Europäische Migration im 19. und 20. Jahrhundert, in: Albert Kraler / Karl Husa / Veronika Bilger / Irene Stacher (eds.), *Migrationen. Globale Entwicklungen seit 1850* (= Globalgeschichte und Entwicklungspolitik 6), Wien: Mandelbaum Verlag, 2007, 32–53, hier 38.

lem Groß- und Industriestädte in den deutschen Ländern im 19. Jahrhundert insgesamt doch Wanderungsgewinne auf[38] – trotz hoher Fluktuation von Ein- und Auswanderung im städtischen Kontext[39].

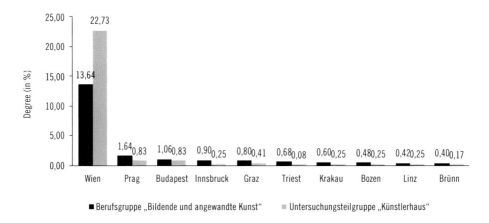

Abb. 1: Top-10-Geburtsorte nach Degree (in Prozent) – Berufsgruppe „Bildende und angewandte Kunst" (n = 2.502; schwarz) und Untersuchungsteilgruppe „Künstlerhaus" (n = 506; grau) im Vergleich (Darstellung: M. Kaiser)
Anmerkung: Für 2 der 506 Personen der Untersuchungsteilgruppe war im ÖBL kein Geburtsort ausgewiesen (Georg Decker und John Quincy Adams).

Welche Bedeutung bestimmte Orte im Künstlernetzwerk im Vergleich zu anderen Orten aufweisen, ist in Abbildung 1 anhand der Top-10-Geburtsorte dargestellt. Darin ist erkennbar, dass Wien als Geburtsort von Künstlern und Künstlerinnen mit deutlichem Abstand an erster Stelle liegt. Innerhalb der Untersuchungsteilgruppe „Künstlerhaus" sind der Anteil (Degree) und damit die Bedeutung Wiens als Geburtsort sogar noch deutlich größer als für die Berufsgruppe „Bildende und angewandte Kunst" insgesamt.

Um feststellen zu können, innerhalb welcher – ggf. historischer – Grenzen eine Person geboren worden war, wurden in einem ersten Schritt die Geburtsorte auf eine Karte projiziert. Dies kann beispielsweise mit der Software „*QGIS*"

---

38 Vgl. Josef Ehmer, *Bevölkerungsgeschichte und Historische Demographie 1800–2010*. 2., um einen Nachtrag erweiterte Auflage (= Enzyklopädie deutscher Geschichte 71), München: Oldenbourg, 2013, hier 20–21.
39 Vgl. auch Oltmer, *Migration vom 19. bis zum 21. Jahrhundert* (wie Anm. 10), hier 26–27.

durchgeführt werden.⁴⁰ Sogenannte Shape-Files, also Polygone, die entsprechend der Ländergrenzen digitalisiert wurden, ermöglichen die genaue Zuordnung zu jener administrativen Einheit, in der eine im ÖBL biographierte Person geboren wurde. Da solche Geometriedaten in erster Linie nur für Kartendarstellungen mit aktuellem Gebietsstand verfügbar sind, wurde von Peter Andorfer und Matthias Schlögl am *Austrian Centre for Digital Humanities* (ACDH) der ÖAW das Projekt „HistoGIS" lanciert. Dabei werden historische Ländergrenzen Europas für den auch für das APIS-Projekt interessanten Zeitraum von 1780 bis 1918 digitalisiert und „open access" zur Verfügung gestellt sowie Veränderungen administrativer Grenzverläufe für entsprechende Zeitabschnitte aufbereitet.⁴¹ Auch in dem spezifischen Fall der Mitglieder der Genossenschaft der bildenden Künstler Wiens ist von Interesse, welche Länder bzw. Regionen der Habsburgermonarchie innerhalb der Untersuchungsteilgruppe besonders stark vertreten sind.

Die der Berufsgruppe „Bildende und angewandte Kunst" zugeordneten Personen weisen in Summe 958 unterschiedliche eindeutige Geburtsorte auf, jene der Untersuchungsteilgruppe „Künstlerhaus" 242. In beiden Fällen sind ca. 80 Prozent aller Personen innerhalb der Grenzen der Habsburgermonarchie geboren worden. Auffallend ist bei den Mitgliedern der Genossenschaft allerdings (vgl. Abb. 2), dass im Vergleich zur Gesamtheit der bildenden und angewandten Künstler im ÖBL mehr Personen in Deutschland (15,2 im Vergleich zu 10,9 %), im Erzherzogtum Österreich unter der Enns (11,8 verglichen mit 4,9 %) und in Mähren (8,8 gegenüber 5,8 %) geboren wurden. Die Tatsache, dass mehr als die Hälfte aller im heutigen Niederösterreich geborenen und in das ÖBL aufgenommenen Künstler auch Mitglied der Künstlervereinigung waren, könnte durch die räumliche Nähe zu Wien erklärt werden.

---

40 Siehe *QGIS. Ein freies Open-Source-Geographisches-Informationssystem*, https://www.qgis.org/de/site/ (zuletzt abgerufen am 24.10.2019).

41 Siehe https://www.oeaw.ac.at/acdh/projects/histogis/ und https://histogis.acdh.oeaw.ac.at/ (zuletzt abgerufen am 29.05.2019). – Für alle nachfolgenden Kartendarstellungen wurde das HistoGIS-Shape-File von Österreich-Ungarn (1867–1878) verwendet. Zusätzlich wurden die heute innerhalb Europas gültigen Staatsgrenzen (Stand 2016) von Eurostat bzw. *EuroGeographics* übernommen. Vgl. Antonia Dückelmann / Anna Piechl / Peter Paul Marckhgott-Sanabria, *Österreich-Ungarn (1867–1878)*, https://histogis.acdh.oeaw.ac.at/shapes/permalink/5ce27a2f7f9260973d2858d398e618ec/ (zuletzt abgerufen am 29.05.2019); Eurostat, *Your key to European statistics*, https://ec.europa.eu/eurostat/web/gisco/geodata/reference-data/administrative-units-statistical-units/countries#countries16 (zuletzt abgerufen am 29.05.2019).

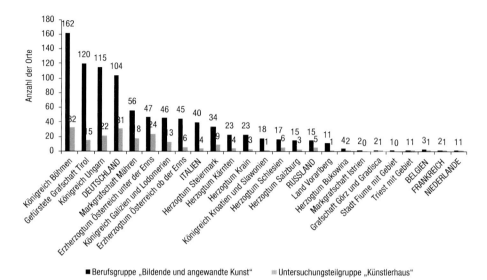

Abb. 2: Zuordnung der Geburtsorte zu historischen Ländern – Berufsgruppe „Bildende und angewandte Kunst" (n = 2.502; schwarz) und Untersuchungsteilgruppe „Künstlerhaus" (n = 506; grau) im Vergleich (in absoluten Zahlen) (Darstellung: M. Kaiser) Anmerkung: Die in diesem Diagramm berücksichtigten Orte beziehen sich auf die Verteilung der Geburtsorte in der Untersuchungsteilgruppe. Alle weiteren 51 Geburtsorte der Berufsgruppe „Bildende und angewandte Kunst", die sich darüber hinaus auf andere Länder bzw. Polygone (wie z. B. Nord- und Südamerika, die Schweiz, Griechenland usw.) verteilen, wurden in diesem Diagramm nicht berücksichtigt.

In anderen Staaten liegende, in der Berufsgruppe insgesamt häufiger vorkommende Geburtsorte befinden sich – hinsichtlich der Häufigkeit des Auftretens dieser Staaten in absteigender Reihenfolge – in Deutschland, Italien und Russland.[42] Außerhalb Europas liegende Geburtsorte sind in den USA und in Südamerika zu finden.

---

42 Angemerkt werden darf an dieser Stelle, dass das heutige Polen in dem für die HistoGIS-Daten gewählten Zeitabschnitt auf das Deutsche Reich, Russland und die Habsburgermonarchie aufgeteilt war.

6. Das „Mapping" historischer Netzwerke anhand von Ortsangaben

Mit dem Zuwachs an zur Verfügung stehenden Daten kann es vorkommen, dass zugleich die Übersichtlichkeit der Darstellungen abnimmt. Abhängig vom Maßstab und Kartenausschnitt kann dies in manchen Fällen zu Verallgemeinerungen oder sogar zu falschen Schlussfolgerungen führen. Unter dem Begriff der *„Visual Literacy"* – im Deutschen auch als Bildpädagogik bekannt – kann eine Reihe von Grundregeln verstanden werden, mit denen solche Fehlinterpretationen u. a. auch bei Kartenvisualisierungen vermieden werden können. Der Begriff wurde vor allem durch Edward Tufte geprägt. Dabei empfiehlt er nicht nur die Auswahl der passenden Darstellungsform und das gezielte Kombinieren von verschiedenen Inhaltselementen wie Texten, Zahlen oder Zeichnungen, sondern spricht auch davon, unnötiges Beiwerk, Dekoration und „Chartjunk" zu vermeiden.[43]

In den nachfolgenden Graphiken wird auf historische Vorlagen zurückgegriffen, um zu verdeutlichen, dass sich die in diesem Beitrag in weiterer Folge noch verwendeten Visualisierungen in eine gewisse Darstellungstradition einordnen lassen. Das bedeutet, dass im Hinblick auf räumliche Netzwerkdarstellungen auf existierenden Typologien aufgebaut werden konnte.

6.1 Typologien räumlicher Netzwerkdarstellungen am Beispiel von Ausstellungsorten

Verbreitung, Reichweite und Mobilität sind als visuelle Konzepte für Kartendarstellungen durchaus bekannt. Die nachfolgenden historischen Vergleichsbeispiele sollen dies kurz veranschaulichen. Grundsätzlich kann zwischen Punkteverteilung und Wegenetzen unterschieden werden. In Abbildung 3 sind sowohl die Verteilung von punkthaften Standorten als auch Verbindungen zwischen Standorten dargestellt.

---

43 Vgl. Edward R. Tufte, *The Visual Display of Quantitative Information*, Cheshire: Graphics Press, 2001 (2. Auflage), hier 177.

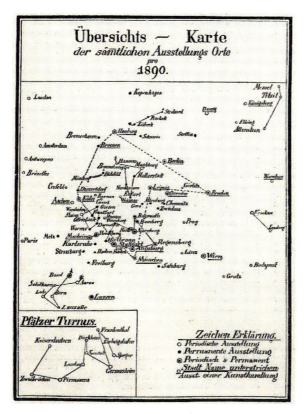

Abb. 3: Übersicht über jene Orte, an denen Künstler im Jahr 1890 ausstellen konnten (Quelle: *Die Kunst für Alle* 5, 12, 15.03.1890, 287 [Heidelberger historische Bestände – digital])

Die in Abbildung 3 enthaltene Übersicht wurde im Auftrag der Speditionsfirma Gebrüder Wetsch in München erstellt. Diese Spedition war auf den Transport von Kunstwerken zu den verschiedenen Ausstellungsorten spezialisiert. Neben der Integration in einen Kalender[44] wurde diese Visualisierung zwischen 1887 und 1900 mehrfach in der Kunstzeitschrift *„Die Kunst für Alle"* abgedruckt, um den Transportservice einem größeren Kreis bekannt zu ma-

---

44 Der Kalender wurde bereits im Jahr 1878 erstmals als *„Allgemeiner Kunst-Ausstellungskalender"* publiziert. Ursprüngliche Intention war es, Künstler über die verschiedenen aktuellen Ausstellungsmöglichkeiten zu informieren. „Das Büchlein, das in einer Reihe von Jahren sich bestens bewährt hat, sei allen denen, welche an den Ausstellungen ein Interesse haben, bestens empfohlen." (*Die Kunst für Alle* 6, 10, 15.02.1891, 160).

chen und in der Zielgruppe entsprechend zu vermarkten. Auf früheren Karten sind in erster Linie Orte innerhalb Deutschlands zu finden (siehe Abb. 3). Später wurden vom selben Illustrator auch fernere Standorte in anderen deutschsprachigen sowie weiteren europäischen Ländern berücksichtigt. Das Wegenetzwerk (zusammenhängende Verbindungslinien) in dieser spezifischen Darstellung stellt Wanderausstellungen wie den „Pfälzer Turnus" (begann in Speyer und endete in Kaiserslautern, siehe Abb. 3) dar. Die unterschiedlichen Knotenkategorien wiederum repräsentieren die sich wiederholenden (periodischen) und/oder permanenten Kunstausstellungen. Die Unterstreichung eines Ortsnamens zeigt zusätzlich an, dass an diesem Ort eine oder mehrere Ausstellungen durch eine Galerie oder Kunsthandlung organisiert wurden.

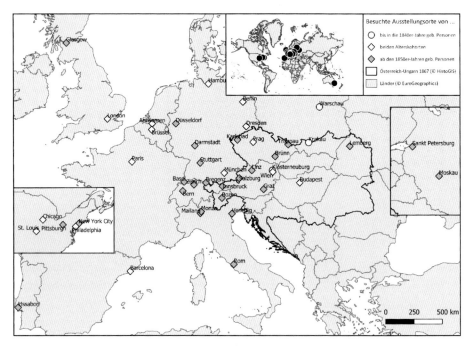

Abb. 4: Ausstellungsorte von Künstlerhaus-Mitgliedern (Untersuchungsteilgruppe „Künstlerhaus", n = 506) auf Basis der in den ÖBL-Biographien annotierten Person-Ort-Relationen des Typs „stellte aus" (*GeoNames*-Kategorien PPLC, PPLA und PPL), differenziert nach zwei Geburtskohorten (kartographische Darstellung: M. Kaiser)

Betrachten wir die Ausstellungsorte demgegenüber nicht aus der Angebots-, sondern quasi aus der Nachfrage- oder Teilnahmeperspektive, so zeigt uns Abbildung 4 in Form von Punktsignaturen, an welchen Orten im ÖBL biographierte Künstler ausgestellt haben. Diese Informationen basieren auf den in den entsprechenden Lexikonartikeln des ÖBL als Ausstellungsorte identifizierten und annotierten Nennungen. Von den angeführten Toponymen fanden nur die Ortsnamen im engeren Sinn (Siedlungsnamen) Eingang in die kartographische Darstellung. In den Biographien im Kontext von Ausstellungstätigkeiten genannte Namen von Staaten/Ländern (Deutschland, Schweiz, Spanien), also Ortsnamen im weiteren Sinn, sind nicht berücksichtigt, da hierfür hinsichtlich der Lagegenauigkeit keine mit den Punktsignaturen vergleichbare Verortung möglich ist. Konkret bedeutet dies, dass 45 der insgesamt 48 Toponyme in diese Darstellung miteingeflossen sind.

Im Vergleich zur historischen Vorlage (Abb. 3) stellt hier (in Abb. 4) jeder Punkt bzw. Netzwerkknoten eine tatsächliche Teilnahme einer oder mehrerer Personen an einem Ausstellungsereignis, welches präzise verortet werden konnte, dar. Basierend auf den jeweiligen Präferenzen der Mitglieder der Genossenschaft der bildenden Künstler Wiens repräsentiert die Karte die spezifische Auswahl von Orten, wie sie in den ÖBL-Biographien genannt werden. Die Angaben zu den Ausstellungsaktivitäten bzw. -orten der 506 der Untersuchungsteilgruppe „Künstlerhaus" angehörenden Personen (insgesamt 48 verschiedene Toponyme) finden sich in 92 der 506 Biographien.

Um auch eine nach Zeitabschnitten differenzierte Betrachtung zu ermöglichen, wurde die Untersuchungsteilgruppe „Künstlerhaus" in zwei Geburtskohorten unterteilt: Die erste Kohorte stellen die in den 1840er-Jahren oder davor, d. h. die bis Mitte des 19. Jahrhunderts geborenen Personen dar. Die zweite Kohorte wird von den ab den 1850er-Jahren Geborenen gebildet. Dabei verteilen sich die in den Biographien angegebenen Ausstellungsorte auf die beiden Teilgruppen (Geburtskohorten) anteilsmäßig ähnlich (bis 1840er: 43 %; ab 1850er: 57 %) wie die biographierten Personen selbst (bis 1840er: 45 %; ab 1850er: 55 %).[45] Nach Wien sind es für beide Geburtskohorten Orte wie München oder Paris, die im Kontext der Kunstausstellungen von besonderer Bedeu-

---

45 Die Biographien der bis in die 1840er-Jahre geborenen Personen sind auch im *Biographischen Lexikon des Kaiserthums Oesterreich* von Constantin von Wurzbach beschrieben (vgl. Kaiser, Künstlernetzwerke (wie Anm. 11), 384). Eine Aufteilung der Personen auf zwei Geburtskohorten in der vorgenommenen Weise erscheint auch aus diesem Grund sinnvoll.

tung sind, also öfter in den Biographien genannt werden. Dort fanden regelmäßig Großausstellungen wie z. B. die Ausstellungen im Münchner Glaspalast oder im Pariser Salon statt, die mit den in Wien abgehaltenen Jahresausstellungen der Genossenschaft vergleichbar waren.

Innerhalb der Genossenschaft der bildenden Künstler Wiens bildeten die Maler eine klare Mehrheit. Oft stellten sie bei solchen Ereignissen anteilsmäßig auch die meisten Werke aus. In den Biographien von Bildhauern, Graphikern oder Architekten spielt die Nennung von Ausstellungsorten eine im Vergleich untergeordnete Rolle. In der Gruppe der Bildhauer liegt dies naturgemäß an den hohen Transportkosten ihrer Werke. Manche Bildhauer, Graphiker oder Architekten waren aber darüber hinaus auch malerisch tätig. Tendenziell lässt sich für die ab den 1850er-Jahren geborenen Künstler feststellen, dass sie im Vergleich zu den früheren Generationen mehr dazu neigten, abseits der etablierten Plattformen wie z. B. der Jahresausstellungen auszustellen. Für sie waren Einzel- oder Gruppenausstellungen in Galerieräumlichkeiten von größerer Bedeutung, weil ihnen dort mehr Raum für die Präsentation und Vermarktung ihrer Werke zur Verfügung gestellt wurde. Zudem waren solche Veranstaltungen mit weniger Bürokratie verbunden und konnten deshalb auch schneller abgewickelt werden. Für die jüngeren Generationen kamen außerdem neue internationale Formate wie die Biennale von Venedig hinzu.

In dieses Bild passt, dass die frühere der beiden Geburtskohorten lediglich mit 19 der gesamt 45 Ausstellungsorte verknüpft ist, während die spätere bereits Verbindungen mit 41 von 45 Orten aufweist. Zwar existieren mit Krakau und Warschau sowie Klosterneuburg bei Wien auch Städte, die als Standorte von Ausstellungen ausschließlich der ersten Kohorte zugeordnet werden können (siehe Abb. 4), andererseits kann aber eine deutlich größere Zahl an Orten konstatiert werden, die hinsichtlich Ausstellungsaktivitäten nur für die ab Mitte des 19. Jahrhunderts geborenen Künstler (zweite Kohorte) Relevanz besitzen. Zu diesen Städten zählen Basel und Venedig ebenso wie zum Beispiel Moskau oder New York. Die Schnittmenge von 15 übereinstimmenden, d. h. für beide Teilgruppen relevanten Ausstellungsorten erklärt sich durch die unveränderte Bedeutung der Großausstellungen in Paris, München oder Wien.

Der 1872 geborene Maler Rudolf Quittner beispielsweise stellte in den eben genannten drei Städten ebenso aus wie im Jahr 1907 in Venedig. Der im ÖBL über ihn verfasste Biographie kann zu seinen Ausstellungsaktivitäten folgende Auflistung entnommen werden: „Ausst.: Venedig 1907, Paris, München, Düsseldorf, Dresden, Berlin, mehrmals Wr. Künstlerhaus, u. a. 1910 Nachlaßausst."⁴⁶ Venedig wiederum war gleichermaßen auch Ausstellungsort für die Mitglieder des Hagenbunds oder für jene des *S.V.U. Mánes (Spolek výtvarných umělců Mánes)* als *„un Gruppo di Artisti Viennesi"*.⁴⁷

Neben zahlreichen Orten in Europa sind in den Biographien – allerdings nur für die ab den 1850er-Jahren geborenen Künstler – auch einige in den Vereinigten Staaten von Amerika gelegene Orte angegeben. Vor allem St. Louis, Veranstaltungsort der Weltausstellung 1904, wird in den Biographien häufig genannt. Eine andere Besonderheit in diesem Zusammenhang ist Sydney. Dort haben die der ersten Kohorte angehörenden Maler Max Schödl und Edmund Mahlknecht an der Weltausstellung 1879 teilgenommen.

Auch werden in den Künstlerbiographien in Verbindung mit dem Relationstyp „stellte aus", wie bereits erwähnt, nicht immer nur konkrete Siedlungsnamen (Namen von Städten) angeführt. Manchmal, und dies gilt vor allem – aber, wie nachfolgendes Beispiel zeigt, nicht ausschließlich – für die in Bezug auf ihr Erscheinen frühen Biographien des ÖBL, werden auch allgemeinere Aussagen über die Teilnahme an einer Ausstellung getätigt. Das folgende Zitat vermag dies am Beispiel des Malers und Bildhauers Alwin von Stein zu illustrieren: „Seine Werke stellte er u. a. in Dtld. und Spanien aus; im Wr. Künstlerhaus war er mit seinen Bildern bereits ab 1871 vertreten."⁴⁸

---

46 Redaktion des ÖBL, „Quittner Rudolf, Maler", in: *Österreichisches Biographisches Lexikon 1815–1950*, Bd. 8, 1983 (Lfg. 39, 1982), 355. – Das Archiv und die biographische Dokumentation des ÖBL zeigen, dass in den 1980er-Jahren wenige Informationen über den Künstler existierten. Der jüdische Künstler, der zu seiner Zeit größere Bekanntheit erlangt hatte, war in Troppau geboren worden. Während des Zweiten Weltkriegs wurde nahezu das gesamte Material zu seiner Person, das sich im Stadtarchiv seiner Geburtsstadt befand, durch die Nationalsozialisten vernichtet. So entschied sich die Redaktion des ÖBL dafür, auf einen handgeschriebenen Lebenslauf aus dem Künstlerhaus-Archiv und auf gesammeltes Zeitungsmaterial zurückzugreifen.

47 Die Geschichte der Beteiligung Österreichs an der Biennale ist gut dokumentiert. Rudolf Quittner stellte dort gemeinsam mit John Quincy Adams, Heinrich von Angeli, Ferdinand Brunner, Albin Egger-Lienz, Jehudo Epstein, Leopold Horovitz, Josef Jungwirth, Eduard Kasparides, Adolf Kaufmann, Isidor Kaufmann, Wilhelm Viktor Krausz, Hans Larwin, Philip Alexius de László, Kasimir Pochwalsky, Max von Poosch, Victor Scharf, Nikolaus Schattenstein, Robert Schiff und Charles Wilda als eine Gruppe Wiener Künstler aus. Vgl. *La Biennale. Österreich auf der Biennale Venedig*, https://www.labiennale.at/ (zuletzt abgerufen am 14.03.2018).

48 Wladimir Aichelburg, „Stein Alwin (Alwyn) von, Maler und Bildhauer", in: *Österreichisches Biographisches Lexikon 1815–1950*, Bd. 13, 2010 (Lfg. 60, 2008), 145–146.

6.2 Historische Netzwerkforschung und Toponyme am Beispiel von Reisezielen

Bei anderen Typen von Person-Ort-Relationen wie etwa „reiste nach" spielt die Nennung von Ländernamen in den Biographien sogar eine weitaus größere Rolle als jene konkreter Siedlungsnamen (Namen von Städten oder Dörfern).[49] Das ist typischerweise dann der Fall, wenn wenig bis gar nichts darüber bekannt ist, welche Orte ein Künstler frequentierte oder in welcher Reihenfolge er diese besucht hat. Eine in der Zeitschrift *Radio Wien* abgedruckte Illustration verdeutlicht die idealtypische Darstellung einer solchen Reise (Abb. 5). Sie bezieht sich zwar nicht auf die Person eines Künstlers, erscheint an dieser Stelle zur Illustration aber dennoch geeignet. Die Karte zeigt ausgehend von einem Startpunkt alle Orte, die in dem Reiseroman *„Eines Arbeiters Weltreise"* genannt werden. Ihre Reihenfolge entspricht dabei der jeweiligen Nennung durch den Autor Fritz Kummer.

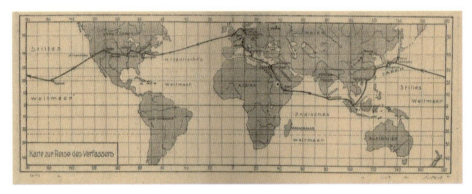

Abb. 5: Wegenetzwerk mit Orten in der Reihenfolge, wie sie von Fritz Kummer in seinem Roman *„Eines Arbeiters Weltreise"* aus dem Jahr 1913 genannt werden (Quelle: *Radio Wien* 4, 31, 27.04.1928, 1.093 [ÖNB|ANNO])

Kummer war ein deutscher Metallarbeiter und Mitglied der Sozialdemokratischen Partei Deutschlands. Als er eine ihm versprochene Stelle in Deutschland nicht bekommen hatte, wanderte er kurzerhand in die USA aus. In der *Arbeiter-Zeitung*, Parteizeitung der Österreichischen Sozialdemokratie, wurde

---

49 In der *GeoNames*-Datenbank stehen u. a. die *Feature Codes* bzw. Kategorien PCL *(political entity)*, PCLH *(historical political entity)* und PCLI *(independent political entity)* für Namen von Ländern bzw. Staaten. Vgl. dazu https://www.geonames.org/export/codes.html (zuletzt abgerufen am 07.10.2019).

der Inhalt des Buches genauestens besprochen, und Kummers Erzählungen wurden gelobt:

„Der deutsche Metallarbeiter Fritz Kummer ist ein prächtiger Kerl: ein echter deutscher Sozialdemokrat und in seiner Art ein Welteroberer, der uns von der ersten bis zur letzten Zeile in den Bann seines Erlebnisses zieht, in das er sich frisch zugreifend gestürzt. [...] Er sammelt Erfahrungen für die anderen und setzt ein Beispiel, wie ein Arbeiter seinem Drange, die Welt zu sehen, folgen kann. [...] Der Arbeitssuche des Eingewanderten gilt das nächste Kapitel und dem Leben des Arbeiters in Amerika alle folgenden, bis er nach einer jahrelangen Wanderung kreuz und quer durch Amerika in San Francisco das Schiff besteigt, das ihn nach Japan und nach monatelangem Aufenthalt im England des Ostens über Indien nach Europa bringt. Diese Wanderungen eines deutschen Arbeiters durch Amerika zählen zu den wertvollsten Abschnitten des Buches."[50]

Anders als in diesem Roman, auf welchen die eben zitierte Buchbesprechung zusammenfassend Bezug nimmt, kommen in den ÖBL-Biographien konkrete Ortsnamen nicht immer in derselben Detailgenauigkeit und Häufigkeit vor.

In Ergänzung zur kartographischen Darstellung der verschiedenen von Künstlern besuchten Ausstellungsorte im vorangegangenen Kapitel soll anschließend die Methode der historischen Netzwerkforschung am Beispiel von Reisezielen weitere Einblicke liefern. Liest man nämlich mehr und mehr Biographien, also Lexikonartikel des ÖBL, so fällt einem auf, dass darin eine sehr große Vielfalt an Formulierungen existiert, die Relationen (Verbindungen) zwischen der jeweils porträtierten Person und den von dieser besuchten Orten (genannte Toponyme) beschreiben können. Dies darf an dieser Stelle anhand von Studienreisen exemplarisch veranschaulicht werden. So ist es einerseits möglich, dass die Information über eine Studienreise ausführlich und unter Angabe des für verschiedene Reiseziele jeweiligen Zeitbezugs erfolgt. Dies ist beispielsweise im Lexikonartikel über den in Böhmen geborenen Maler und Graphiker Ferdinand Laufberger der Fall, in dem die entsprechende Formulierung folgendermaßen lautet: „Studienreisen führten ihn 1852 in die Slowakei und nach Galizien, 1856 in die Alpen Bayerns, 1862 nach Deutschland und Paris (zu L. Cogniet, bis 1863) und 1864 nach Rom."[51]

---

50 m. wa. [Autorenkürzel], Vom Büchertisch, in: *Arbeiter-Zeitung* 26, 143, 25.05.1914, 5.
51 Hans Schöny, „Laufberger Ferdinand Julius Wilhelm, Maler und Graphiker", in: *Österreichisches Biographisches Lexikon 1815–1950*, Bd. 5, 1972 (Lfg. 21, 1970), 49.

Andererseits kann der Autor einer Biographie mehrere Toponyme auch einfach nacheinander aufzählen und den Zeitbezug dabei nur kollektiv anführen, wie dies z. B. bei der Biographie über den in Wien geborenen Maler Hans Larwin vorgenommen wurde. Darin steht geschrieben, dass dieser 1898/99 Studienreisen nach Rom, München, Paris und in die Niederlande unternommen habe.[52] Des Weiteren können in ÖBL-Biographien aber auch noch allgemeiner gehaltene Angaben zu Studienreisen vorkommen, die überhaupt keinen Zeitbezug und teilweise auch nicht lokalisierbare Begriffe wie „Gebirge" beinhalten. Als Beispiel dafür dient der erste Satz aus der Biographie des in Nürnberg geborenen Malers und Graphikers Johann Adam Klein: „K. unternahm eine Wanderung ins Gebirge, nach Golling und über den Paß Lueg und kehrte dann nach München zurück. Weitere Reisen führten ihn 1819 über die Schweiz nach Rom und Neapel […]."[53] Ohne genaues Wissen über das Leben und Werk dieses Künstlers und/oder entsprechende topographische Kenntnisse ist es nicht möglich, den Ortsnamen Golling mit der Relation „reiste nach" zu annotieren und korrekt zu verorten.

Gemeinsam ist den drei hier exemplarisch vorgestellten, in ÖBL-Biographien enthaltenen Angaben zu Studienreisen, dass es sich bei den genannten Toponymen teilweise um Ortsnamen im engeren Sinn (Siedlungsnamen), teilweise aber auch um Ortsnamen im weiteren Sinn (z. B. Namen von Staaten bzw. historischen Verwaltungseinheiten oder von Landschaften) handelt. Während Erstere für kartographische Darstellungen punktuell verortet werden können, ist für Letztere eine Georeferenzierung in Form einer Punktsignatur vor allem in Karten größeren Maßstabs wenig zielführend bzw. zumindest sehr lageungenau. Bei Letzteren, d. h. bei auf Flächen/Polygone bezogenen Toponymen, ist eine Georeferenzierung anhand der *GeoNames*-Datenbank auch nur nach aktuellem Gebietsstand möglich, zumal dort für historische Länder keine Referenzeinträge zu finden sind und diese daher erst angelegt werden müssen.

Die Tatsache, dass sich Toponyme sowohl bezüglich ihrer räumlichen Verteilung als auch hinsichtlich ihrer konkreten Kategorie und damit auch des Detailgrads der raumbezogenen Information unterscheiden können, spielt auch bei der Anwendung von Methoden der historischen Netzwerkanalyse eine

---

52 „Nach dem Rom-Preis, dem 1898/99 Studienreisen nach Rom, München, Paris und Holland folgten, […]." (Hans Schöny, „Larwin Hans (Johann), Maler", in: *Österreichisches Biographisches Lexikon 1815–1950*, Bd. 5, 1972 (Lfg. 21, 1970), 29–30).

53 N. N., „Klein Johann Adam, Maler und Graphiker", in: *Österreichisches Biographisches Lexikon 1815–1950*, Bd. 3, 1965 (Lfg. 14, 1964), 381.

wichtige Rolle. Die im Zuge der Verlinkung mit *GeoNames* übernommenen Kategorien wie etwa PCLI oder ADM1[54] müssen bei der Analyse miteinbezogen werden. Sie stellen sich als äußerst hilfreiche Ergänzung heraus, wenn es um die Unterscheidung der Namen von Dörfern, Städten oder sogar Ländern/Staaten und um eine entsprechende Filterung der Daten geht. Nach der Umwandlung der aus der APIS-WebApp exportierten Daten in ein unimodales Netzwerk, wie an anderer Stelle bereits beschrieben[55], können beispielsweise Communities ermittelt werden (siehe Abb. 6).

Für die Ermittlung der Communities wurde eine als „*Louvain Modularity*" bekannte Methode gewählt. Es handelt sich dabei um einen von mehreren Algorithmen, die in der Software „*Visone*" zur Verfügung stehen.[56] Ein Vergleich der beiden in Abbildung 6 dargestellten Netzwerke verdeutlicht, dass jenes auf Basis der Staaten- bzw. Ländernamen eine geringere Anzahl von solchen Communities aufweist, gleichzeitig aber die Knoten dieses Netzwerks stärker untereinander vernetzt sind. Beim zweiten Netzwerk verhält es sich diesbezüglich genau umgekehrt.

Es kann für die Künstlerbiographien der Untersuchungsteilgruppe „Künstlerhaus" festgehalten werden, dass die Autoren der Biographien eine begrenzte Zahl an Kombinationen von Staaten-/Ländernamen, jedoch eine große Vielfalt an Siedlungsnamen für sehr spezielle Studienreisen verwendet haben. Ein solcher Fall wäre der Maler Rudolf Swoboda d. J., Neffe von Leopold Karl Müller. Dieser unternahm Reisen in den Orient sowie nach Indien.[57] Kein anderer Künstler aus der Untersuchungsteilgruppe teilt mit ihm diese Reiseziele. Auf der anderen Seite stellen die Städte Rom, Florenz, Paris und London Beispiele für sehr häufig genannte Destinationen von Studienreisen der Mitglieder der Genossenschaft der bildenden Künstler Wiens dar. Die Kombination von zumindest zwei dieser Städte kann dementsprechend häufig in den Künstlerbio-

---

54 ADM1 *(first-order administrative division)*, PCLI *(independent political entity)*. Vgl. https://www.geonames.org/export/codes.html (zuletzt abgerufen am 07.10.2019).
55 Siehe Ágoston Zénó Bernád / Maximilian Kaiser / Sebastian M. Mair / Alexander Rind, Communities in biographischen Netzwerken, in: Wolfgang Aigner / Thomas Moser / Kerstin Blumenstein / Matthias Zeppelzauer / Michael Iber / Grischa Schmiedl (eds.), *FMT 2017. 10th Forum Media Technology. 3rd All Around Audio Symposium. Proceedings of the 10th Forum Media Technology and 3rd All Around Audio Symposium. St. Pölten, Austria, November 29-30,* 2017, 2017, 83–87, http://ceur-ws.org/Vol-2009/fmt-proceedings-2017-paper12.pdf (zuletzt abgerufen am 07.10.2019).
56 *Visone. visual social networks*, http://visone.info/ (zuletzt abgerufen am 24.10.2019).
57 Siehe Christine Gruber, „Swoboda Rudolf d. J., Maler", in: *Österreichisches Biographisches Lexikon 1815–1950*, Bd. 14, 2015 (Lfg. 63, 2012), 88–89.

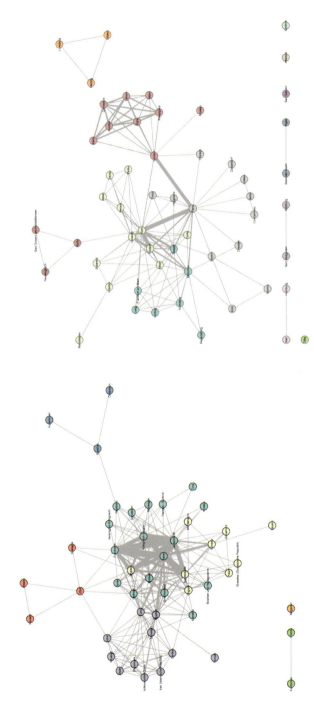

Abb. 6: Ort-Ort-Netzwerke von Künstlerhaus-Mitgliedern (Untersuchungsteilgruppe „Künstlerhaus", n = 506) auf Basis der in den ÖBL-Biographien annotierten Person-Ort-Relationen des Typs „reiste nach" (Darstellung: M. Kaiser)

Anmerkung: Das links dargestellte Netzwerk zeigt den Graph nach Filterung jener Knoten, welche Namen von Staaten oder Ländern symbolisieren (*GeoNames*-Kategorien PCLI und ADM1). Demgegenüber zeigt das rechts visualisierte Netzwerk das Ergebnis der Filterung jener Knoten, welche v. a. Siedlungsnamen repräsentieren (*GeoNames*-Kategorien PPLC, PPLA1-3 und PPL).

graphien vorkommen. Über London, wo er sich mehrmals aufhielt, ist Swoboda mit dem restlichen Netzwerk verbunden.

Anders als bei der Visualisierung des am Beginn dieses Kapitels thematisierten Reiseberichts von Fritz Kummer gehen bei solchen Netzwerken, wie sie in Abbildung 6 dargestellt sind, gewisse personenbezogene Details jedoch verloren. Die Verbindung zwischen einer Person aus der Untersuchungsteilgruppe und den von ihr bereisten Orten wird hier nur mehr durch eine (nicht beschriftete) Kante symbolisiert, welche zwei Knoten (bereiste Orte) verbindet. Diese Ortsangaben bzw. Toponyme wiederum beruhen jeweils auf einer korrespondierenden Textstelle in der entsprechenden Biographie.

6.3 Spuren transnationaler Mobilität in Künstlerbiographien

Die Zuordnung einer Künstlerin oder eines Künstlers zu einem Staat bzw. einer Nationalität kann Thema des öffentlichen Diskurses sein. Kunsthistoriker orientieren sich als Wissenschaftler üblicherweise an der Relevanz des individuellen Schaffens und am Einfluss einer Person auf die Kunstentwicklung. Durch die erste Kategorie ist eine Gemeinsamkeit mit den Aufnahmekriterien von Nationalbiographien wie dem ÖBL gegeben (besondere, bemerkenswerte Leistungen[58]). Im Jahr 1918, als sich das Ende der Habsburgermonarchie abzeichnete und in weiterer Folge die Republik Österreich gegründet wurde, schrieb Hans Tietze in einem Artikel in der Zeitschrift für historische Forschung namens *Österreich* einen Artikel über die Zukunft der österreichischen Kunstgeschichte. Darin heißt es:

„Ein Künstler gehört ja in gewissem Sinne außer dem Volke, dem er entstammt, auch jenem an, das ihm Gelegenheit bot, sein Können zu entfalten und in dessen Kunstleben die Spur von seinen Erdentagen weiterlebt; so läßt sich Tilgner aus der österreichischen, Pettenkofen aus der ungarischen Kunst nicht herauslösen. Durch das ganze XIX. Jahrhundert dauert die reiche Wechselwirkung durch ein- und auswandernde Künstler, durch Schüler, die beim Nachbarn lernten, durch Meister, die durch Arbeiten Einfluß übten, ungemindert an, und da sollte das Netz aus all diesen zahlreichen Fäden sich nicht bis zur Unentwirrbarkeit verdichtet haben!"[59]

---

58 Zu den Auswahl- und Aufnahmekriterien des ÖBL siehe auch den Beitrag von Peter Alexander Rumpolt in diesem Band.
59 Hans Tietze, Das Problem der Österreichischen Kunstgeschichte, in: *Österreich. Zeitschrift für Geschichte* 1, 1918/1919, 52–63, hier 59–60.

Welche Biographien können nun als transnational charakterisiert werden?[60] Beschäftigt man sich mit dieser Frage, so hat man es dann doch wieder mit dem Überschreiten (national-)staatlicher Grenzen zu tun. Um die Frage beantworten zu können, ist es in einem ersten Schritt hilfreich, räumliche Mobilität auf Basis der Geburts- und Sterbeorte der Künstler zu visualisieren (siehe Abb. 7), wie dies auch von Maximilian Schich et al. durchgeführt wurde[61]. So gewinnt man einen ersten Eindruck davon, bei den Lebensläufen welcher Personen es sich um transnationale Biographien handeln könnte. Jede Kante in diesem auf eine Karte projizierten Netzwerk symbolisiert, dass eine Person an einem Ort geboren und an einem anderen gestorben ist. Daraus kann grundsätzlich jeweils ein Vorgang individueller räumlicher Mobilität abgeleitet werden. Die Tatsache, dass Wien als Reichshaupt- und Residenzstadt der Habsburgermonarchie den zentralen Knotenpunkt innerhalb dieses Netzwerks darstellt, kann auch als Merkmal der Konstituierung der Untersuchungsteilgruppe anhand der Mitgliedschaft in der – in Wien ansässigen – Genossenschaft der bildenden Künstler Wiens gesehen werden.

---

60 Teilergebnisse dieses Textteiles beruhen auf einem Vortrag, der von Maximilian Kaiser im Rahmen des Seminars *„Transnational Biography in Europe"* auf der *ESSE Conference* in Brünn (01.–02.09.2018) gehalten wurde.
61 Siehe Schich et al., network framework (wie Anm. 17).

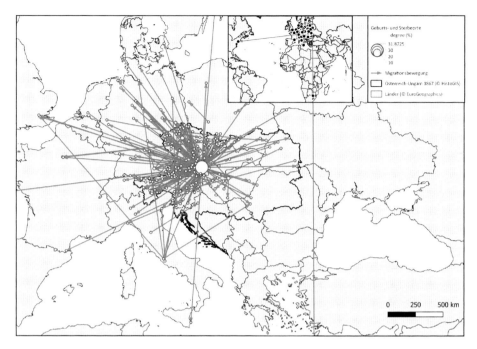

Abb. 7: Räumliche Mobilität („Migrationswege") im Lebenslauf von Künstlerhaus-Mitgliedern (Untersuchungsteilgruppe „Künstlerhaus", n = 506) auf Basis einer Gegenüberstellung der Geburts- und Sterbeorte (kartographische Darstellung: M. Kaiser)

Aber kehren wir nun zu den Künstlerbiographien zurück und beschäftigen uns mit ausgewählten Akteuren dieses Netzwerks. Der Maler Eduard Ender, als ein Beispiel aus der Untersuchungsteilgruppe, wurde 1822 in Rom geboren und verstarb 1883 in London. Sein Lebenslauf wird in der im ÖBL über ihn veröffentlichten, kurz gehaltenen Biographie im Anschluss an die Geburts- und Sterbedaten wie folgt beschrieben:

„Schüler seines Vaters Johann Nepomuk (s. d.) und der Wr. Akad. d. bild. Künste, letzte Ausbildung in Paris. Von der zeitgenössischen Kritik meist abgelehnt."[62]

Sein Lebenslauf ist einer von jenen, die in dieser Kartendarstellung aufgrund ihrer Einzigartigkeit innerhalb des Datensatzes leicht zu erfassen sind

---

62 N. N., „Ender Eduard, Maler", in: *Österreichisches Biographisches Lexikon 1815–1950*, Bd. 1, 1957 (Lfg. 3, 1956), 247.

(siehe Abb. 7: Kante/Verbindungslinie von Rom nach London). Zwei Migrationsetappen zwischen Rom und London sind zwar in der Biographie angegeben, können dieser Darstellung aber nicht entnommen werden. Erstens ist Enders Ausbildungszeit an der Wiener Akademie der bildenden Künste durch diese Institutionsangabe als implizite raumbezogene Information enthalten, wodurch eine Verortung nur auf indirektem Weg möglich ist. Und zweitens ist im Lexikonartikel erwähnt, dass er für die Vollendung seiner Studien nach Paris ging. Bei dieser (Orts-)Angabe ist der Raumbezug somit explizit vorhanden. Diese Information wurde allerdings mit dem Person-Ort-Relationstyp „ausgebildet in" annotiert. Daher ist auch diese Verbindung in Abbildung 7 verständlicherweise nicht zu sehen. Auf Basis der in der ÖBL-Biographie enthaltenen Informationen sieht der vollständige raumbezogene Lebensverlauf Eduard Enders daher folgendermaßen aus: Rom – Wien – Paris – London.

Daraus kann abgeleitet werden, dass Eduard Ender im Laufe seines Lebens in Staatsgrenzen überschreitender Weise räumlich mobil gewesen sein muss, sein Lebensverlauf also durch internationale Wanderungsbewegungen charakterisiert werden kann. Ist es aber zutreffend, dabei nicht nur von internationaler Migration, sondern zusätzlich auch von transnationaler Migration bzw. Mobilität zu sprechen?

Dies führt uns zu der Frage, was überhaupt unter transnationaler Migration oder Mobilität verstanden werden kann. Während die Bezeichnung „transnationale Migrationen" in den Geschichtswissenschaften offenbar teilweise als Überbegriff für Auswanderung, Einwanderung und Rückwanderung[63] – und somit eigentlich im Sinne des Begriffs der internationalen (also nationalstaatliche Grenzen überschreitenden) Migration[64] – verwendet wird, weist „transnational" in der geographischen Literatur einen zusätzlichen Bedeutungsgehalt auf. So hält Heinz Faßmann fest, dass „transnationale Mobilität" als Oberbegriff über alle internationalen Mobilitätsformen verstanden werden kann, der zusätzlich zu Emigration und Immigration auch die Form der nicht auf Dauer

---

63 Siehe Ehmer, *Bevölkerungsgeschichte und Historische Demographie* (wie Anm. 38), 77–80.
64 „Ein Wohnortwechsel über eine staatliche Außengrenze hinweg, der die Merkmale der UN-Empfehlung erfüllt und damit als internationale Migration gezählt wird [...]" (Heinz Faßmann, Über den Zusammenhang von Grenze und Migration, in: Martin Heintel / Robert Musil / Norbert Weixlbaumer (eds.), *Grenzen. Theoretische, konzeptionelle und praxisbezogene Fragestellungen zu Grenzen und deren Überschreitungen* (= RaumFragen: Stadt – Region – Landschaft), Wiesbaden: Springer VS, 2018, 339–349, hier 341, https://doi.org/10.1007/978-3-658-18433-9_15).

angelegten transnationalen Pendelwanderung umfasst.⁶⁵ Als spezifische Charakteristika einer rezenten transnationalen Mobilität werden des Weiteren u. a. eine Einbettung in ethnische Netzwerke sowie das Leben in zwei Gesellschaften inklusive der Beibehaltung von mindestens zwei Lebensmittelpunkten beschrieben, darüber hinaus werden auch unmittelbare Wechselwirkungen mit dem Prozess der Globalisierung konstatiert.⁶⁶ Felicitas Hillmann weist darauf hin, dass transnationale Verbindungen und Netzwerke in jüngster Vergangenheit an Bedeutung gewonnen hätten.⁶⁷

Kann das Konzept einer transnationalen Mobilität nun aber auch quasi retrospektiv auf Lebensverläufe historischer Persönlichkeiten (z. B. im ÖBL biographierte Künstler) angewendet werden? Um auf eine potentielle Transnationalität der Einzelbiographie über Eduard Ender zu sprechen zu kommen, scheint eine Detailanalyse seiner Wirkungsgeschichte notwendig zu sein: Paris, eine für seine Karriere wichtige Station, wird hier nur im Zusammenhang mit seiner Ausbildung erwähnt. Dass der Maler in London nicht nur gestorben ist, sondern dort auch gewirkt hat, lässt sich daraus ebensowenig explizit erschließen. Neben dem Eintrag im ÖBL finden sich allerdings auch noch in weiteren deutschsprachigen Lexika Biographien über Ender. Dabei können diese Texte entweder – wie im Fall des *Biographischen Lexikons des Kaiserthums Oesterreich* von Constantin von Wurzbach – zeitlich früher oder – wie im *Allgemeinen Künstlerlexikon* von Ulrich Thieme und Felix Becker – auch später entstanden sein. Eduard Ender war wie schon sein Vater vor ihm als Porträtist meist adeliger Auftraggeber tätig. Seinen eigenen Ruhm begründete er aber letztlich mit Historienbildern. In Paris konnte er beispielsweise zwischen 1847 und 1849 mehrmals im Pariser Salon – u. a. auch neben seinem Vater – ausstellen. Danach zog es ihn weiter nach London. Bei diesem Aufenthalt entstanden nicht nur Porträts, sondern auch Gemälde wie z. B. „Shakespeare liest MacBeth am Hof von Königin Elisabeth". Sein Wirken fand sogar dahingehend seinen Niederschlag, dass seine Biographie auch in französisch- und englischsprachigen Lexika abgedruckt wurde. Als ein Beispiel dafür mag der Artikel in dem von Emanuel Bénézit herausgegebenen Lexikon *Dictionnaire critique et documentaire des peintres, sculpteurs, dessinateurs et graveurs* von 1924 gesehen werden.

---

65 Vgl. Heinz Fassmann, Transnationale Mobilität: Empirische Befunde und theoretische Überlegungen, in: *Leviathan. Berliner Zeitschrift für Sozialwissenschaft* 30, 3, 2002, 345–359, hier 345.
66 Vgl. ebd., 346–347, 357–358.
67 Felicitas Hillmann, *Migration. Eine Einführung aus sozialgeographischer Perspektive* (= Sozialgeographie kompakt 4), Stuttgart: Franz Steiner Verlag, 2016, hier 74, 82.

„ENDER (Eduard), peintre d'histoire, de genre, de nature morte et portraitiste, né à Rome le 3 mars 1822, mort à Londres le 28 décembre 1883 (Ec. Aut.).
Fit ses études à la Académie des Beaux-Arts à Vienne, et sous la direction de son père le professeur Johann Ender. Il finit ses études à Paris sous la direction de célèbres artistes francais. Ensuite il retourna à Vienne où il devint président d'un cercle d'artistes (L'Union). Traivailla à Vienne, Paris et Londres. Le musée de Vienne conserve de lui: Scéne d'intérieur; –Portrait de l'artiste, et le musée des Tours: Nature morte."[68]

Zwar kann nicht nachvollzogen werden, ob der porträtierte Künstler im Laufe seines Lebens gleichzeitig mehrere Lebensmittelpunkte aufrechterhalten hat, jedoch kann es infolge der Erwähnung seiner Person in fremdsprachigen Lexika als durchaus naheliegend betrachtet werden, dass er auch tatsächlich in mehreren Gesellschaften gelebt hat und in diesen Staaten auch jeweils in persönliche Netzwerke eingebunden gewesen ist. Deswegen erscheint es nicht allein aus kunsthistorischem Blickwinkel, sondern durchaus auch aus geographischer Sicht plausibel, Eduard Ender als transnational mobilen Künstler seiner Zeit zu bezeichnen.

Die Frage nach der Transnationalität der räumlichen Mobilität von im ÖBL biographierten Künstlern soll auch noch anhand eines weiteren Beispiels besprochen werden. Eine Besonderheit innerhalb des Datensatzes stellen jene Personen dar, die an ein und demselben Ort geboren wurden und verstorben sind. Diese sind in der Karte (Abb. 7) jeweils als einzelner Punkt (ohne dazugehörige Kante) dargestellt. Solche Fälle sind nicht unbedingt typisch für die Mitglieder der Genossenschaft, wie ein Blick auf die Untersuchungsteilgruppe insgesamt zeigt. Es ist aber trotzdem möglich, dass auch hinter solchen Fällen eine Migrationsgeschichte steht. Ein prominentes Beispiel für einen solchen im ÖBL enthaltenen Fall ist der ungarische Maler und Graphiker József Rippl-Rónai. Er verstarb 1927 am Ort seiner Geburt (1861), der Stadt Kaposvár in Ungarn. Bei der Lektüre seiner Biographie findet man jedoch eine ganze Reihe von Orten, die er im Laufe seines Studiums und seiner Karriere besucht hat.

„War nach dem Besuch des Gymn. Erzieher bei der gräflichen Familie Zichy und begann in dieser Zeit zu zeichnen. Ab 1884 stud. er an der Münchener Akad. der bildenden Künste

---

68 Emmanuel Bénézit (ed.), *Dictionnaire critique et documentaire des peintres, sculpteurs, dessinateurs et graveurs. De tous les temps et de tous les pays*, Tome 2: D–K, Paris, 1924, 220.

und war u. a. Schüler Herterichs. Ab 1887 arbeitete er in Paris bei Munkácsy [...] Ab 1892 bewohnte er gem. mit dem Bildhauer Maillol ein Atelier in Neuilly. Um 1900 kehrte er nach Ungarn zurück und lebte einige Zeit in Budapest, ab 1902 in Kaposvár."[69]

Der vollständige raumbezogene Lebensverlauf von József Rippl-Rónai sieht daher – auf Basis der in der Biographie angeführten Informationen – wie folgt aus: Kaposvár – München – Paris – Neuilly – Budapest – Kaposvár. Rippl-Rónai gilt heute als einer der bedeutendsten ungarischen Impressionisten. Seine Autobiographie „*Emlékezései*" (dt. „Meine Erinnerungen") erschien 1911. In diesem Buch werden dem Leser zahlreiche Geschichten geboten, in denen der Künstler die verschiedenen Begegnungen während seines Parisaufenthalts beschreibt. So erzählt er etwa, wie er Aristide Maillol, mit dem er sich ein Atelier teilte, kennengelernt hatte. Darüber hinaus berichtet er von den Begegnungen mit Künstlern wie z. B. Maurice Denis, Pierre Bonnard oder James Pitcairn-Knowles, die alle der Gruppe der „Nabis" zugerechnet werden. In seine Erzählungen baut er oft Anekdoten ein – eine erzählerische Eigenart, auf die andere Künstler wie beispielsweise Josef Engelhart, Mitbegründer der Wiener Secession, beim Verfassen ihrer Memoiren ebenfalls zurückgegriffen haben.[70] Rippl-Rónai wurde, wie der ÖBL-Biographie ferner entnommen werden kann, „als erster Nichtfranzose in den Kreis der Nabis aufgenommen".[71] Als Mitglied dieser Künstlergruppe war er Teil eines internationalen Netzwerks. So mag es auch nicht weiter verwundern, dass sich sein Leben in mehreren biographischen Artikeln niedergeschlagen hat. Die Mehrheit stellen dabei nicht deutschsprachige Lexika, sondern ungarisch-, französisch- und englischsprachige Nachschlagewerke dar.[72] Aus diesen Gründen erscheint es auch im Fall von József Rippl-Rónai durchaus angebracht zu sein, Lebenslauf und räumliche Mobilität sowohl aus kunsthistorischer als auch aus geographischer Perspektive als transnational zu bezeichnen.

---

69 Kálmán Benda, „Rippl-Rónai József, Maler und Graphiker", in: *Österreichisches Biographisches Lexikon 1815–1950*, Bd. 9, 1988 (Lfg. 42, 1985), 174.
70 Siehe Josef Engelhart, *Ein Wiener Maler erzählt. Mein Leben und meine Modelle*, Wien: Andermann, 1943.
71 Benda, „Rippl-Rónai József" (wie Anm. 69).
72 Um nur ein paar Beispiele zu geben, sei hier auf die Lexika in deutscher Sprache wie z. B. *„Das geistige Ungarn"* (1918), das *Allgemeine Künstlerlexikon* (1907–1950) und das schon zitierte ÖBL verwiesen. József Rippl-Rónais Biographie ist aber auch in ungarischen Werken wie z. B. dem *Müvészeti lexikon* (1935), dem *Magyar irodalmi lexikon* (1963–1965) und dem *Új magyar irodalmi lexikon* (1994) zu finden. Das *Dictionaire des arts* (2000) oder *Dictionaire de la peinture* (2003) sind Beispiele, in denen Einträge über seine Person in französischer Sprache enthalten sind.

Damit wurde gezeigt, dass sorgfältig gesammelte biographische Daten bei der Bestimmung von transnationalen Biographien hilfreich sein können. Die Methode der historischen Netzwerkforschung und die kartographische Darstellung können dieses Vorgehen auf zwei Arten unterstützen. Erstens kann dadurch ein Einblick vermittelt werden, inwieweit räumliche Mobilität einzelne Künstlerbiographien und die Kunstgeschichtsschreibung im Allgemeinen beeinflusst hat. Und zweitens kann dazu beigetragen werden, Individuen oder Gruppen zu identifizieren, die transnational mobil gewesen sind und auf diese Weise auch gewirkt haben.

7. Räumliche Bildungsmobilität von Künstlern

Die Möglichkeiten der künstlerischen Aus- und Weiterbildung, ob akademisch an einer Institution wie der Akademie der bildenden Künste Wien, an einer privaten Kunstschule wie der privaten Zeichenschule Joseph Eugen Höhrwarters oder in einem Künstleratelier wie dem von Carl Rahl, waren im 19. Jahrhundert vielfältig. Werkstätten, als wohl eine der klassischsten Formen der künstlerischen Ausbildung seit dem Mittelalter, verloren zunehmend an Bedeutung. Sie haben ihren Ursprung im Zunftwesen der Vergangenheit und wurden durch das zunehmende Streben nach künstlerischer Autonomie durch andere Organisationsformen verdrängt. In den Werkstätten hatten die Meister ihre Schüler schon als junge Lehrlinge in ihre Betriebe aufgenommen und sie über mehrere Jahre hinweg ausgebildet. Bewahren konnten die Werkstätten ihre Rolle meist in bestimmten Nischen, in denen die handwerkliche Tradition weiterhin eine gewichtige Rolle spielte, wie z. B. im Kunsthandwerk oder bei bestimmten Formen der Bildhauerei. Im Übergang zur Moderne, und noch stärker beschleunigt durch das Zeitalter der internationalen Avantgarde, veränderte sich das Spektrum durch die Gründung von Künstlervereinen und die Zusammenschlüsse zu Künstlergruppen nochmals. Ging der Wandel an den etablierten Wiener Institutionen, an denen das Studium bis 1920 exklusiv nur männlichen Studierenden offenstand, nur langsam vonstatten, änderte sich die Situation im Falle privater Initiativen, wie der 1897 von Adalbert Franz Seligmann gegründeten Kunstschule für Frauen und Mädchen, bereits früher.[73] Im

---

73 Vgl. Almut Krapf, *Zur Geschichte des Frauenstudiums an der Akademie der bildenden Künste Wien*, https://www.akbild.ac.at/Portal/organisation/uber-uns/Organisation/arbeitskreis-fur-gleichbehandlungsfragen/geschichte/zur-geschichte-des-frauenstudiums-an-der-akademie-der-bildenden-kunste-wien/ (zuletzt abgerufen am 10.10.2019).

darauffolgenden Jahr wurden Seligmanns Bemühungen durch die aus München zurückgekehrte Malerin Tina Blau unterstützt. Solche Institutionen schufen erstmals wegweisende Ausbildungs- und Karrierewege für Künstlerinnen. Auch die *Académie Julian* in Paris, die berühmteste private Kunstschule dieser Stadt, bot Frauen die Möglichkeit zu einer künstlerischen Ausbildung. In einer Studie von Marek Zgórniak über die polnischen Student/inn/en der Académie merkt dieser an, dass die weiblichen Studierenden dort häufig länger studierten als ihre männlichen Kommilitonen.

„The period of stay in the male ateliers varied but was usually shorter than in the female ones. The men treated the studies at the Académie Julian as a supplement to their education or as a vacation adventure. Amateur painters, landowners and people from other walks of life, stayed very shortly at the academy."[74]

Das bedeutet zugleich, dass für Künstlerinnen, denen zu dieser Zeit noch weniger Aus- und Weiterbildungsinstitutionen zur Auswahl standen, diese Institutionen eine größere Bedeutung hatten. Um die Aufzählung der Institutionstypen abzuschließen, sei noch darauf verwiesen, dass neben Werkstätten, Universitäten, Technischen Hochschulen oder Ateliers und anderen mehr auch Künstlerkolonien ihren Anteil an der Ausbildung von Künstlerinnen und Künstlern hatten. Diese informellen Zusammenschlüsse boten die Möglichkeit, Gleichgesinnte zu treffen und sich auf künstlerischer Ebene auszutauschen.

„Rural artists' communities were characterised by a particular form of sociability. Artists lived, worked, dined, sang and played together; they organised communal picnics and parties; they admired, befriended, irritated and, not infrequently, married each other. [...] It is crucial to note that artists' colonies were not simply haphazard collections of individuals who happened to share the same space but cohesive social entities with shared rituals and commitments. In artists' villages, sociability and artistic production were closely intertwined."[75]

---

74 Marek Zgórniak, Polish students at the Académie Julian until 1919, in: *RIHA Journal* 50, 10.08.2012, hier Absatz 22, http://www.riha-journal.org/articles/2012/2012-jul-sep/zgorniak-polish-students (zuletzt abgerufen am 24.10.2019).
75 Nina Lübbren, *Rural artists' colonies in Europe 1870–1910*, Manchester: Manchester University Press, 2001, hier 17.

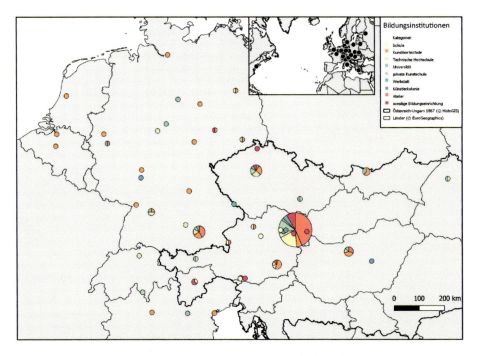

Abb. 8: Ausbildungsinstitutionen von Künstlerhaus-Mitgliedern (Untersuchungsteilgruppe „Künstlerhaus", n = 506) und deren Gewichtung im Netzwerk auf Basis der in den ÖBL-Biographien im Kontext der künstlerischen Ausbildung annotierten Person-Institution-Relationen (kartographische Darstellung: M. Kaiser)

Werfen wir nun einen Blick auf die ÖBL-Biographien der Untersuchungsteilgruppe „Künstlerhaus", so kann festgestellt werden, dass darin 208 Institutionen mit der Ausbildung von Künstlern verbunden sind. Darunter zählen Ateliers (53), Kunsthochschulen (48) und Schulen (25) zu den am häufigsten vergebenen Kategorien.[76] Diese Institutionen verteilen sich auf 59 Standorte nicht nur in Europa, sondern auch an der Ostküste der USA (vgl. Abb. 8). Die größte Vielfalt an Bildungsinstitutionen weisen naturgemäß die Großstädte auf, allen voran Wien. Hinsichtlich der Anzahl der Institutionen und damit auch ihrer Bedeutung folgen auf die Reichshaupt- und Residenzstadt innerhalb der Habsburgermonarchie noch Prag, Budapest, Graz, Krakau und Bozen. Interessant ist in diesem Zusammenhang auch, dass 22 der 59 Standorte (37 %)

---

76 Die Werte in Klammern geben die jeweilige Häufigkeit der verschiedenen Kategorien an. Die Reihenfolge entspricht den Top-3 der Liste.

innerhalb des Territoriums der Habsburgermonarchie, immerhin 19 hingegen auf dem Gebiet des heutigen Deutschlands liegen. Dazu zählt mit München auch der nach Wien insgesamt zweitwichtigste Standort. Hinsichtlich der Institutionskategorien zeigt sich die sowohl für Wien und München als auch für Budapest besonders große Bedeutung von Ateliers.

Zwei der Standorte von Bildungsinstitutionen befinden sich sogar außerhalb Europas, nämlich New York City und New Haven (Connecticut). An letztgenanntem Ort befindet sich die Institution *Yale University*, mit welcher der Maler John Quincy Adams (1873–1933) verknüpft wurde. In seiner überarbeiteten ÖBL-Biographie heißt es diesbezüglich, dass er 1930 für die Erfüllung einiger Porträtaufträge nach Connecticut reiste und sich auch in Florida und Kalifornien aufhielt.[77] Der aus Ungarn stammende Bildhauer Othmar Schimkowitz (1864–1947), der Ende der 1920er-Jahre Präsident der Wiener Secession wurde, hatte wiederum von 1892 bis 1895 u. a. im Atelier Karl Bitters in New York mitgearbeitet.[78]

Auch das in Abbildung 9 visualisierte Wegenetz baut auf all jenen Relationstypen auf, die mit der Ausbildung an den erwähnten Institutionen bzw. den Kategorien von Institutionen durch die Beschreibung in den Biographien verbunden werden können.[79] In absteigender Reihenfolge und entsprechend ihrer Häufigkeit, in welcher die einzelnen Relationen in den Biographietexten der Untersuchungsteilgruppe „Künstlerhaus" vorkommen, gehören dazu „war Student" (602), „war Schüler" (46), „war Gasthörer" (8), „war Lehrling" (2) und „war außerordentlicher Hörer" (1).[80] Jene Kategorien wie beispielsweise das

---

[77] „1930/31 wechselte er wegen Porträtaufträgen für einige Monate an die Yale University und unternahm Reisen nach Florida und Kalifornien." (René Schober, „Adams, John Quincy (1873–1933), Maler", in: *Österreichisches Biographisches Lexikon ab 1815 (2. überarbeitete Auflage – online)*, Lfg. 4 (= Online-Tranche 4), 2015, https://www.biographien.ac.at/oebl/oebl_A/Adams_John-Quincy_1873_1933.xml (zuletzt abgerufen am 02.10.2019)). – Die ursprüngliche Version der Biographie erschien 1954 als Teil der ersten Lieferung der Print-Edition des ÖBL und enthielt keinen dieser Ortswechsel.

[78] „1892–95 arbeitete er in New York im Atelier Karl Bitters, aber auch in Chicago und Philadelphia." (Maria Pötzl-Malikova, „Schimkowitz Othmar, Bildhauer", in: *Österreichisches Biographisches Lexikon 1815–1950*, Bd. 10, 1994 (Lfg. 47, 1991), 140).

[79] Für die Visualisierung des Wegenetzwerks in QGIS war es vorab notwendig, die Netzwerkdaten in das Dateiformat KML *(Keyhole Markup Language)* umzuwandeln. Dies erfolgte mittels der Software ORA-LITE. Die Berechnung der in Abbildung 10 dargestellten Communities wurde in *Visone* durchgeführt und nachträglich in QGIS geladen. Vgl. dazu *ORA-LITE*, http://www.casos.cs.cmu.edu/projects/ora/software.php (zuletzt abgerufen am 25.09.2019).

[80] Die Werte in Klammern geben die jeweilige Häufigkeit dieser Relationstypen im Netzwerk an. Dabei handelt es sich um Person-Institution-Relationen im Kontext der Ausbildung.

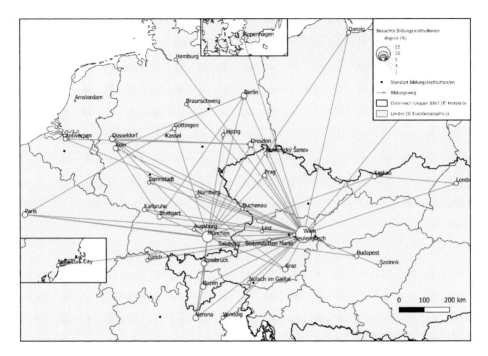

Abb. 9: Wegenetzwerk der räumlichen Bildungsmobilität (Bildungsmigrationswege) im Lebenslauf von Künstlerhaus-Mitgliedern (Untersuchungsteilgruppe „Künstlerhaus", n = 506) auf Basis der in den ÖBL-Biographien im Kontext der künstlerischen Ausbildung annotierten Person-Institution-Relationen (kartographische Darstellung: M. Kaiser)

Atelier oder die Künstlerkolonie, die implizit sowohl mit einer Wirkung als auch einer Ausbildung verknüpft werden können, aber bei dieser Analyse genauso mitberücksichtigt werden sollen, sind über die Relationstypen „war Mitarbeiter" (60), „war Mitglied" (5) und „war Hilfskraft" (1) mit diesen beiden Institutionskategorien verbunden.

Im Vergleich zur vorhergehenden Karte (Abb. 8), die alle in den Biographien genannten Bildungsinstitutionen beinhaltet (Punktsignaturen), zeigt diese Darstellung nun auch die Bewegung einzelner Personen zwischen den verschiedenen Standorten und im Kontext der genannten Relationstypen (Liniensignaturen). Nicht jede Verbindung der Künstler zu einem dieser Standorte muss im Kontext der Ausbildung erfolgt sein. Jene Orte, an denen sich eine Person aus der Untersuchungsteilgruppe nicht im Rahmen der Ausbildung aufgehalten hatte – dazu wären z. B. Weimar, Brünn oder Mailand zu zählen –, sind im Kontext ihrer weiteren beruflichen Karriere annotiert worden. In diesen Fällen sind die Orte als schwarze Punkte ohne Beschriftung und ohne Verbindungslinien dargestellt.

Der Grund für die Visualisierung in Form von nicht beschrifteten schwarzen Punktsignaturen ohne Verbindungslinien kann aber auch ein anderer sein, und zwar konkret darin bestehen, dass für eine Person nur eine Ausbildungsinstitution genannt ist. Das ist etwa bei den beiden Städten Amsterdam und Kassel der Fall. In der Biographie des Malers und Offiziers Otto Ritter von Thoren (1828–1889) wird beispielsweise erwähnt, dass er zusätzlich zu seinen autodidaktischen Studien in Paris und Brüssel und einem Aufenthalt in Szolnok [Anmerkung: Künstlerkolonie] auch eine akademische Ausbildung an der Kunstakademie in Amsterdam [Anmerkung: Reichsakademie für bildende Künste Amsterdam (Rijksakademie van beeldenden Kunsten)] durchlaufen hat.[81] Wären seine anderen Ausbildungsstationen in Paris, Brüssel und Szolnok im Biographietext durch die Angabe konkreter Institutionen beschrieben worden, würde sich ein anderes Person-Institution-Netzwerk ergeben.[82] Kassel

---

81 „Anfang der 1860er-Jahre unternahm er eine Reise nach Szolnok, wo v. a. Tierbilder entstanden, 1863 bildete er sich an der Kunstakad. in Amsterdam weiter." (Andreas Nierhaus, „Thoren (Karl Kasimir) Otto Ritter von, Maler und Offizier", in: *Österreichisches Biographisches Lexikon 1815–1950*, Bd. 14, 2015 (Lfg. 65, 2014), 309–310).

82 Das biographische Netzwerk, das sich auf Basis der Person-Ort-Relationen auf Ebene der Ausbildung (Relationstyp „ausgebildet in") bilden lässt, besteht aus 61 Orten. Auf Basis der annotierten ÖBL-Biographien lassen sich zwischen 28 dieser Orte 47 Vorgänge räumlicher Mobilität feststellen. Siehe weiterführend auch Abb. 10 und den erläuternden Text dazu.

wiederum, genauer gesagt das 1832 gegründete Polytechnikum Kassel, ist in der Biographie des Photographen Fritz Luckhardt (1843–1894) annotiert worden. „Fachliche Erfahrungen sammelte er als Korrespondent der Hofkunsthandlung O. Kramer und stud. am Polytechnikum in Kassel"[83], heißt es in dem seinem Lebenslauf gewidmeten Eintrag im ÖBL. Nachdem dort keine weiteren Institutionen im Kontext seiner Ausbildung genannt werden, führt in der in Abbildung 9 visualisierten Karte von Kassel kein Weg zu einem weiteren Ort.

Die häufigsten Bewegungen innerhalb dieses Netzwerks gehen im Übrigen von Wien aus nach München, nach Prag und nach Budapest. Mehrere aufeinanderfolgende Schritte, wie z. B. von Lemberg nach Krakau und dann nach Wien, wie im Fall des in Brody geborenen Malers Franciszek Streitt (1839–1890)[84], kommen im ÖBL zwar insgesamt seltener, aber doch fallweise vor.

Zu berücksichtigen ist des Weiteren, dass sich nicht jeder Hinweis auf einen Studienaufenthalt im Ausland, eine Mitarbeit in einem im Ausland befindlichen Atelier oder einer Werkstatt, dem die Autorinnen und Autoren der ÖBL-Biographien nachgegangen sind, durch die erhaltenen und zugänglichen Quellen auch bestätigen lässt. In diesen Fällen bleibt es oft bei einer Aufzählung von Toponymen und der Angabe des größeren Kontextes (z. B. Studienreise), in dem sich ein Künstler oder eine Künstlerin an diese Orte begeben hatte. Eine andere Besonderheit, die im Zuge der Umwandlung der Netzwerkdaten entsteht, ist die, dass Orte von Bildungsinstitutionen, an denen Personen mehr als eine Verbindung zu Institutionen aufweisen, in sogenannte Schleifen (engl. *loops*) umgewandelt werden. Das bedeutet, dass es sich genau genommen nicht um einen räumlichen Wechsel von einem Ort an einen anderen handelt, sehr wohl aber um einen Wechsel zwischen verschiedenen Bildungsinstitutionen.

An manchen Standorten wie z. B. München haben sich, begünstigt durch das Vorhandensein einer renommierten Bildungsinstitution wie der Akademie der Bildenden Künste München, Exil-Communities gebildet. Je nach Herkunft übten manche Kunsthochschulen im Vergleich zu anderen Institutionen eine stärkere oder schwächere Anziehungskraft auf Studierende aus. Sabine Morgen erforschte beispielsweise die Gruppe der an der Düsseldorfer Kunstakademie

---

83 Anton Durstmüller, „Luckhardt Fritz, Photograph", in: *Österreichisches Biographisches Lexikon 1815–1950*, Bd. 5, 1972 (Lfg. 24, 1971), 343.
84 Vgl. Tomasz Szybisty, „Streitt Franciszek (Franz), Maler", in: *Österreichisches Biographisches Lexikon 1815–1950*, Bd. 13, 2010 (Lfg. 62, 2010), 395–396.

studierenden Amerikaner und die sich daraus ergebenden Einflüsse auf die amerikanische Kunstentwicklung.[85]

„Fast die Hälfte aller Maler, die in den Jahren 1867 bis 1904 über einen längeren Zeitraum mit dieser Stadt [Krakau] eng verbunden waren, ergänzte ihre Ausbildung durch Studienerfahrungen in München, Wien oder Paris"[86], fasst es wiederum Marta Koscielniak zusammen. Sie baut in ihrer Analyse über die polnische Künstler-Community in München auf eine Arbeit von Halina Stępień auf. Stępień hat mit ihrer Habilitationsschrift ein Grundlagenwerk geschaffen, indem sie eine vollständige Dokumentation aller sich in Ausbildung befindlichen Künstler polnischer Herkunft über die Matrikeln der Münchner Akademie und über die dort ansässigen Privatateliers zusammenstellte. Dabei kam sie für den Zeitraum von 1828 bis 1914 zu dem Ergebnis, dass sich in dieser Stadt rund 700 Personen polnischer Herkunft aufgehalten hatten.[87] Wenn man dazu im Vergleich die Daten der digitalen Edition der Matrikelbücher der Münchner Akademie setzt, findet man in der Datenbank 562 Personen, bei denen als Herkunftsland das heutige Polen (Datenbankkategorie „Herkunftsland heute") angegeben wird.[88] Über die Herausforderungen der historischen Geographie und einer Zuordnung zu einem in unserer Zeit existierenden Staat/Land bzw. einer Nation schreibt die für die Erstellung dieser Edition verantwortliche Kunsthistorikerin Birgit Jooss:

„Die Recherchen zu den Ortsnamen hängen eng mit den Recherchen zum jeweiligen Land zusammen, das zum Zeitpunkt der Einschreibung ein anderes gewesen sein kann, als das heutige Land. [...] Ebenso eklatant wird es etwa bei allen polnischen Studierenden, der größten ausländischen Gruppe an der Münchner Kunstakademie, die damals als Preußen, Österreicher oder Russen kamen, da Polen als Nation über Jahrzehnte hinweg nicht auf der

---

85 Siehe Sabine Morgen, *Die Ausstrahlung der Düsseldorfer Schule nach Amerika im 19. Jahrhundert. Düsseldorfer Bilder in Amerika und amerikanische Maler in Düsseldorf* (= Göttinger Beiträge zur Kunstgeschichte 2), Göttingen: Edition Ruprecht, 2008.

86 Marta Koscielniak, Polnische Künstler in der internationalen Kunstszene Münchens im ausgehenden 19. Jahrhundert: Theorien der Migration in historischer Perspektive, in: Burcu Dogramaci (ed.), *Migration und künstlerische Produktion. Aktuelle Perspektiven* (= Image 52), Bielefeld: transcript Verlag, 2013, 271–286, hier 273.

87 Vgl. ebd., 271. – Koscielniak bezieht sich auf nachfolgende drei Bände: Halina Stępień, *Artyści polscy w środowisku monachijskim w latach 1828–1855*, Warschau, 1990; Halina Stępień / Maria Liczbińska, *Artyści polscy w środowisku monachijskim w latach 1828–1914, Materiały źródłowe*, Warschau, 1994; Halina Stępień, *Artyści polscy w środowisku monachijskim w latach 1856–1914*, Warschau, 2003.

88 Vgl. die digitale Edition der Matrikelbücher der Akademie der Bildenden Künste München 1809–1935, http://matrikel.adbk.de (zuletzt abgerufen am 05.06.2019).

Landkarte existierte. Dennoch ist natürlich die polnische Kunstgeschichtsschreibung an den polnischen Malern jener Zeit sehr interessiert."[89]

Bei einer Datenbankabfrage nach Studenten aus Österreich-Ungarn kommt man auf insgesamt 1.324 Treffer.[90] Ebenfalls mit der Zuordnung einzelner Personen zu einem Herkunftsland beschäftigte sich Marek Zgórniak im Kontext der *Académie Julian* in Paris. Er griff methodisch bei der Zuordnung der in den Matrikeln gelisteten Namen in einem ersten Schritt auf biographische Nachschlagewerke zurück. Falls ein Personenname dadurch nicht aufzulösen war, ging er dazu über, die per Hand ausgefüllten Anmeldeformulare zu sichten. Dass sich bei der Rekonstruktion eines einzelnen Bildungsweges auch die mit der Migration verbundenen sprachlichen Probleme abzeichnen, schildert Zgórniak eindrucksvoll am Beispiel des Malers Wladimir Schereschewski (1863–1943):

„*An interesting case is that of Rufin ‚Cherechevsky' or ‚Schereschewsky' from Odessa (1898), [...] whom I first took for a Russian. In the Munich Academy register he is put as Schereschewsky, a twenty-year-old son of a merchant, of the Israelite confession, [...] but in the open-air Hollósy's school in Nagybánya he wrote his name down in Polish as Szereszewski (1896, 1897, 1898).*"[91]

Das Beispiel Schereschewski zeigt einerseits gut, mit welcher Detailarbeit die Rekonstruktion einzelner Stationen eines Bildungsweges verbunden sein kann, andererseits auch, welche Zentren Anziehungskräfte auf Künstler unterschiedlicher Nationen ausübten. Zum Standort München schreibt Jooss, dass unter der Regentschaft der Wittelsbacher die Hauptstadt zur Kunstmetropole ausgebaut wurde. Des Weiteren weist sie, genauso wie Marta Koscielniak, auf die zunehmend günstigeren Ausstellungs- und Verkaufsmöglichkeiten in der Stadt hin.

„*In den 1870er und 1880er Jahren lag der Ausländeranteil bei durchschnittlich 50 Prozent. Damit war die Münchner Kunstakademie die mittel- und osteuropäische Künstlerausbil-*

---

89 Birgit Jooss, *Die Digitale Edition der Matrikelbücher der Akademie der Bildenden Künste München* (= Schriften des Instituts für Dokumentologie und Editorik 4), Norderstedt: Books on Demand, 2010, hier 39–40.
90 Vgl. Matrikelbücher (wie Anm. 88).
91 Zgórniak, Polish students (wie Anm. 74), Absatz 15.

dungsstätte, in ihrer Bedeutung nur noch vergleichbar mit der Pariser Akademie, deren Einzugsgebiet mit den Niederlanden und Belgien sowie Spanien und Italien zunächst eher West- und Südeuropa umfasste."[92]

Dem Thema der biographischen Spurensuche anhand der Bildungswege hat sich ein deutsch-französisches Forschungsprojekt namens *„ArtTransForm"* in besonderer Form angenommen.[93] Auf die Frage „Warum Paris?" antworten die Herausgeberinnen des Buches *„Pariser Lehrjahre"*, dass sich durch das Ausspielen „transnationale[r] Künstlermobilität gegen nationale Kategorien" die Möglichkeit biete, Kunstgeschichte „anders" zu schreiben.[94] Damit deckt sich die Motivation mit der eingangs beschriebenen Zielsetzung einer *Global Art History*. Das deutsch-französische Forscherinnenteam zog dafür prosopographische Methoden heran, entschied sich aber dafür, sich nicht allein am Kanon zu orientieren, sondern in ihrer Auswahl aufzunehmender Personen mehr Rücksicht auf das Alter und die Herkunft derselben zu nehmen. Für die Rekonstruktion und Analyse weitergehender Fragestellungen wählten die Autorinnen die Erstellung von Biographien, um abschließend zeigen zu können, welche Parallelen sich hinsichtlich der Ausbildungswege und Karriereentscheidungen feststellen lassen.

Zieht man die in den ÖBL-Biographien der Untersuchungsteilgruppe „Künstlerhaus" im Kontext der Ausbildung annotierten Toponyme in Form aller Verbindungen des Person-Ort-Relationstyps „ausgebildet in" in Betracht, kommt man auf insgesamt 61 Orte (siehe Abb. 10). Dabei findet nur zwischen 28 Orten auch ein tatsächlicher Wechsel von einem zu einem anderen statt bzw. wird ein weiterer Ort in diesem Zusammenhang im Text genannt. Es kommen darin weit entfernte Destinationen (Boston) genauso vor wie seltener genannte (z. B. Olmütz).

---

92 Jooss, *Matrikelbücher München* (wie Anm. 89), 6.
93 Siehe *ArtTransForm: Formations artistiques transnationales France – Allemagne au XIXe siècle*, http://atf.needsolutions.fr/accueil.html; *ArtTransForm. Transnationale Künstlerausbildung zwischen Frankreich und Deutschland 1793–1870*, https://www.kuk.tu-berlin.de/menue/forschung/einzelne_forschungsprojekte/arttransform/ (jeweils zuletzt abgerufen am 24.10.2019).
94 Vgl. France Nerlich / Bénédicte Savoy (eds.) (unter Mitarbeit von Arnaud Bertinet / Lisa Hackmann / Gitta Ho / Frauke Josenhans / Nina Struckmeyer / Sylva van der Heyden), *Pariser Lehrjahre. Ein Lexikon zur Ausbildung deutscher Maler in der französischen Hauptstadt. Bd. I: 1793–1843*, Berlin / Boston: De Gruyter, 2013, VII.

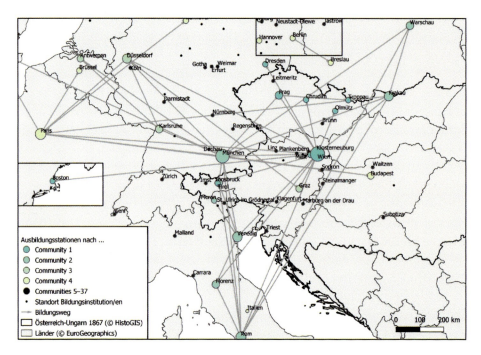

Abb. 10: Wegenetzwerk der räumlichen Bildungsmobilität (Bildungsmigrationswege) im Lebenslauf von Künstlerhaus-Mitgliedern (Untersuchungsteilgruppe „Künstlerhaus", n = 506) auf Basis der in den ÖBL-Biographien annotierten Person-Ort-Relationen des Typs „ausgebildet in", differenziert nach der Zugehörigkeit zu Teilnetzwerken (Communities) (kartographische Darstellung: M. Kaiser)

Ermittelt man auf Basis dieses auf eine Karte projizierten biographischen Netzwerks die Communities, erhält man fünf unterschiedliche – in Abbildung 10 farblich differenziert dargestellte – Teilnetzwerke. Die größte Community ist jene der mit Wien verbundenen Knoten. Zu diesem Teilnetzwerk gehören Orte in Böhmen und Mähren ebenso wie z. B. auch Boston, der am weitesten entfernte Ort in diesem Netzwerk. An zweiter Stelle folgen jene Ausbildungswege, die über München, den zweitwichtigsten Knoten des Gesamtnetzwerks, verlaufen. Dieses Teilnetzwerk weist Verbindungen unter anderem mit Orten in Italien wie z. B. Florenz, Venedig oder Rom auf. Dass es sich bei den Künstlern, welche dieser Nord-Süd-Bewegung folgten, zumeist um aus Tirol stammende Personen handelt, wird u. a. durch die Knoten Innsbruck und Meran deutlich. Beispielsweise werden in der ÖBL-Biographie des aus Nauders in Tirol stammenden Akademieprofessors Karl von Blaas (1815–1894) neben seiner Ausbildung in Innsbruck auch das Studium in Venedig und seine Zeit in Rom genannt.[95] In seiner Autobiographie beschreibt Blaas seine Jugend und künstlerischen Anfänge in Tirol detailliert. Nach seiner Rückkehr aus Innsbruck, wo er in ärmlichen Verhältnissen lebte und seine Grundschulausbildung absolvierte, fasste er erstmals den Entschluss, Künstler zu werden. Über die damit verbundenen Konsequenzen schrieb er in seinen Erinnerungen: „Ich wußte nun wohl, daß man um Künstler zu werden, in einer Akademie studieren müsse, und daß die nächsten Akademien in München, Wien und Venedig waren."[96] Das lag daran, dass es für jene, die damals Kunst studieren wollten, in Tirol keinen Standort einer Kunsthochschule gab. Somit führte sie der Bildungsweg oftmals in räumlich näher gelegene Orte wie München oder in die Städte Norditaliens, seltener hingegen nach Wien. Die Mehrheit im Gesamtnetzwerk aller Künstler der Untersuchungsteilgruppe „Künstlerhaus" bilden übrigens jene Orte, die in deren Biographien nur einmalig vorkommen und als „ausgebildet in"-Relation annotiert wurden.

Zieht man die Verbindungen zu Paris heran, so kommt man auf eine Gruppe von 13 Künstlern, in deren Biographien Paris als Ausbildungsort Erwähnung findet. Das ist zum Beispiel im Text über den Maler Adolf Kaufmann (1848–1916) der Fall. In seiner ÖBL-Biographie ist zu lesen: „Anfangs Autodidakt, wurde aber bei einer Reise nach Paris um 1870 Privatschüler des Tier- und Landschaftsmalers E. van Marcke de Lummen (1827–90)."[97] Im zweiten Band des Lexikons „*Pariser Lehrjahre*", in dem auch das ÖBL als Quelle zitiert wird, steht zu seiner künstlerischen Ausbildung Ausführlicheres geschrieben.

„In Paris trat Kaufmann in das Atelier des Tier- und Landschaftsmalers Émile van Marcke de Lummen ein, wo er ‚ein wenig systematischen Unterricht' erhielt [...]. Anzunehmen ist, dass van Marcke de Lummen, selbst Schüler des Landschafts- und Tiermalers Constant Troyon, Kaufmann den Kontakt mit den in Barbizon wirkenden Malern vermittelte, die ihn nachhaltig prägten [...]."[98]

---

95 „Sohn eines Bauern, stud. in Innsbruck, seit 1832 in Venedig und Rom [...]." (N. N., „Blaas Karl von, Maler", in: *Österreichisches Biographisches Lexikon 1815–1950*, Bd. 1, 1957 (Lfg. 1, 1954), 90–91).
96 Adam Wolf (ed.), *Selbstbiographie des Malers Karl Blaas, 1815–1876*, Wien: Carl Gerold's Sohn, 1876, hier 31.
97 N. N., „Kaufmann Adolf, Maler", in: *Österreichisches Biographisches Lexikon 1815–1950*, Bd. 3, 1965 (Lfg. 13, 1963), 269–270.
98 Anna Ahrens / Lisa Hackmann, „Kaufmann, Adolf (Pseud.: u.a. A. Guyot)", in: France Nerlich / Bénédicte Savoy (eds.) (unter Mitarbeit von Jennifer Fischer-Falckenberg / Lisa Hackmann / Gitta Ho / Eva Knels / Nina Struckmeyer), *Pariser Lehrjahre. Ein Lexikon zur Ausbildung deutscher Maler in der französischen Hauptstadt. Bd. II: 1844–1870*, Berlin / Boston: De Gruyter, 2015, 120–121, hier 120.

Bemerkenswert ist die biographische Zusammenstellung des Lexikons „Pariser Lehrjahre" auch dahingehend, dass dafür Quellen wie zum Beispiel ein 1916 im *Neuen Wiener Tagblatt* veröffentlichter Nachruf herangezogen wurden. Es sind solche durch Zeitgenossen überlieferte und in das Lexikon integrierte Details, die Aufschluss über die Arbeitsbedingungen Kaufmanns während seines ersten Parisaufenthalts geben.

> *„Seinen Unterhalt verdiente sich Kaufmann in seinen französischen Jahren als ‚Schnellmaler'. Unter dem Pseudonym ‚Monsieur Guyot' erregte er ‚das Staunen und die Bewunderung weiter Gesellschaftskreise in Paris [...]. Er malte ein künstlerisch durchaus nicht niedrig zu schätzendes Landschaftsbild, noch lieber eine Marine, innerhalb von zwanzig bis dreißig Minuten vor der ihn umringenden Zuschauerschaft' [...]."*[99]

Digitale Recherchemöglichkeiten, wie sie beispielsweise die Plattformen „ANNO" oder „Gallica" bieten, erleichtern das Auffinden solch transnationaler Spuren immens.[100] In älteren Lexika finden sich lediglich verkürzt wiedergegebene Hinweise auf Kaufmanns Parisaufenthalt und den Einfluss der Schule von Barbizon.[101]

Die Ausführungen in diesem der räumlichen Mobilität von Künstlern zum Zwecke der Aus- und Weiterbildung gewidmeten Kapitel zeigen, welche Möglichkeiten quantitative Auswertungen biographischer Daten bieten und welche Rolle dabei auch die Berücksichtigung weiterer Quellen spielt.

8. Fazit (die Zusammenführung)

Die Historische Migrationsforschung befasst sich mit Blick auf das Europa des 19. und frühen 20. Jahrhunderts vielfach mit Arbeitsmigration, die u. a. in Verbindung mit der Entstehung von industriellen Zentren massenhaft aufgetreten ist. Im Kontext der Beschäftigung mit Mitgliedern der Genossenschaft der

---

99 Ebd., 121.
100 Siehe *ANNO – AustriaN Newspapers Online*, http://anno.onb.ac.at/; *Gallica. La Bibliothèque numérique de la BnF et de ses partenaires*, https://gallica.bnf.fr/html/und/presse-et-revues/les-principaux-quotidiens (jeweils zuletzt abgerufen am 06.06.2019).
101 „Ist Autodidakt und vollendete seine Studien in Paris." (Eisenberg, 1893); „Schüler von van Mark in Paris" (Kosel, 1902); „Bildete sich als Autodidakt aus und vollendete seine Studien bei Emile van Marcke de Lummen in Paris." (Thieme / Becker, 1927); „Anfangs Autodidakt, wurde aber bei einer Reise nach Paris um 1870 Privatschüler des Tier- und Landschaftsmalers E. van Marcke de Lummen (1827–90)." (ÖBL, 1965).

bildenden Künstler Wiens bzw. auch aus kunsthistorischer Sicht erscheint eine differenzierte Betrachtung des Begriffs „Arbeitsmigration" sinnvoll, zumal Künstler – ebenso wie zum Beispiel auch Wissenschaftler – einen Teil der intellektuellen, kreativen Elite der Gesellschaft darstell(t)en und deren räumliche Mobilität daher auch nicht als Massenwanderung charakterisiert werden kann.

Viele der im ÖBL enthaltenen Künstler entziehen sich nach ihrer künstlerischen Ausbildung dem Erfassungsschema des Lexikons, da institutionelle Anbindungen, wie sie beispielsweise bei der Personengruppe der Wissenschaftler[102] oft zu finden sind, bei Künstlern in dieser Form meist nicht vorhanden waren. Ihr individuelles Wirken hat nichtsdestotrotz stattgefunden, manifestiert sich aber im Vergleich zur Gruppe der Wissenschaftler auf andere Art und Weise. So lassen sich verstärkt personelle Verbindungen biographisch erfassen. Auf der Ebene der Institutionen sind es vor allem die Mitgliedschaften in Künstlervereinigungen und -gruppen oder andere Formen sozialen Zusammenschlusses wie z. B. jene des Stammtischs oder des Clubs, welche für den beruflichen Erfolg der Kunstschaffenden ebenso ausschlaggebend gewesen sein können wie die Lehrtätigkeit eines Wissenschaftlers an einer Universität. Die Nennung von Ausstellungsteilnahmen im In- und Ausland ist ein weiteres Charakteristikum, welches den Unterschied zu anderen Berufsgruppen des ÖBL besonders deutlich macht. Dies zeigt sich auch in der eigens für die Personengruppe der Künstler angelegten Person-Ort-Relation „stellte aus". Noch häufiger als in diesem Zusammenhang werden Toponyme in Künstlerbiographien im Kontext von Studienreisen genannt.

Für die quantitative Erforschung respektive Erfassung von Migration ist es notwendig, mehr als die Basisdaten der untersuchten Personen zu verwenden. Darauf hat Malte Rehbein in seinem Forumsbeitrag deutlich hingewiesen.[103] Jener Datensatz, welcher vorliegendem Beitrag zugrunde liegt, bietet auf Basis manuellen Annotierens die Möglichkeit, zusätzlich zu Geburts- und Sterbeort auch noch weitere vier Kategorien („ausgebildet in", „reiste nach", „wirkte in", „stellte aus") in die Analyse der räumlichen Mobilität von Künstlern miteinzubeziehen. Darauf aufbauend, wurden Methoden der digitalen Kartographie für die Datenvisualisierung und -analyse herangezogen, um Verteilungsmuster und Wegenetzwerke darzustellen und damit einen ersten Überblick über die

---

102 Analysen zur räumlichen Mobilität von Wissenschaftlern auf Basis von Biographiedaten des ÖBL sind in Planung und sollen den Fokus weiterer Publikationen darstellen.
103 Siehe Kap. 2 und Anm. 18.

Daten zu schaffen. „[...] digital approaches that grapple with a larger body of evidence as well as its complexity *can* help us to think anew about the nature of our art-historical evidence in innovative ways", fasst Paul Jaskot, Direktor des *„Wired! Lab for Digital Art History and Visual Culture"* der *Duke University*, die Vorzüge dieser Herangehensweise des digitalen Kartographierens zusammen.[104]

Diesen Punkt aufgreifend und die zuvor erwähnten Besonderheiten der Künstlerbiographien berücksichtigend, wurde die Bildungsmigration der Künstler und Künstlerinnen als eine Fallstudie gewählt. In diesem Kontext sollten die Möglichkeiten der zur Verfügung stehenden Daten ausgelotet werden. In einem ersten Schritt erfolgten eine Darstellung der Verteilung von Institutionsstandorten und die Kategorisierung derselben. Danach wurden die Verbindungen der Künstler zu den jeweiligen Institutionen in Form von Verbindungslinien zwischen den Einzelstandorten visualisiert. Methoden der historischen Netzwerkanalyse wie z. B. die Identifizierung von Communities innerhalb dieses Datensatzes brachten weitere Erkenntnisse über Bewegungsmuster. Es zeigte sich dabei, dass sowohl die der Untersuchungsteilgruppe zugrunde liegende Auswahlmethode als auch die Größe des Datensatzes geeignet erscheinen, um auch Unterschiede in den Migrationsmustern feststellen zu können, wie z. B. anhand der in Tirol geborenen Künstler bereits in einem anderen Artikel dargelegt werden konnte.[105]

In ihrem Appell für einen *Migratory Turn* stellt die Kunsthistorikerin Burcu Dogramaci die Frage, ob man sich heute weiterhin damit begnügen müsse, aufgrund von Emigration vergessene Künstlerinnen und Künstler in das kunsthistorische Bewusstsein zurückzuholen, oder ob es nicht einer anderen Herangehensweise in Bezug auf die Erforschung von Migration bedürfe.

„Or should the circles and routes, the contacts and networks, the preserved and destroyed works and legacies be the starting point from which to understand art history, more clearly than before, as at once a history of gaps, of circular relations, of processes of attraction and rejection, as progress and reversion? A study of art history as a study of migration (and vice versa) must pose new questions [...]."[106]

---

104 Paul B. Jaskot, Commentary: Art-Historical Questions, Geographic Concepts, and Digital Methods, in: *Historical Geography* 45, 2017, 92–99, hier 94.
105 Siehe Kaiser et al., Artist Migration (wie Anm. 11), 99–104.
106 Dogramaci, Migratory Turn (wie Anm. 23), 21.

Abschließend lässt sich zusammenfassen, dass Methoden der digitalen Kartographie sowie der historischen Netzwerkanalyse neue Möglichkeiten zur Erforschung der Migration von Künstlern bieten. Gleichzeitig stellt sich jedoch die Frage, wie eine inhaltliche Neuausrichtung der Kunstgeschichte im Zeichen der Migrationsforschung genau aussehen könnte. Gerade für eine quantitative Annäherung an diese Thematik können klare Wünsche nach einer systematischen Erfassung von räumlicher Mobilität in bestimmten historischen Zeitabschnitten, einer flächendeckenden Erfassung der Institutionen in den einzelnen historischen Regionen, der Digitalisierung und Aufbereitung weiterer historischer Quellen und der Erstellung biographischer Vergleichsdaten geäußert werden. Damit könnte es in Zukunft möglich werden, dass sich thematische Einzelstudien und die Digitalisierung biographischer Nachschlagewerke, wie z. B. des ÖBL, Stück für Stück zu einem die Migrationsbewegungen von Künstlerinnen und Künstlern im 19. und 20. Jahrhundert rekonstruierenden Gesamtbild zusammenfügen.

Innerhalb der Geographie konstatieren Benedikt Korf und Julia Verne, dass nicht nur geisteswissenschaftliche Strömungen in die eigene Disziplin aufgenommen worden seien, sondern dass umgekehrt auch geographische Fragen und geographische Konzepte vermehrt Eingang in andere – eben geisteswissenschaftliche – Disziplinen finden würden.[107] Auch vonseiten der Kunstgeschichte wird beispielsweise die Visualisierung in Form von Karten als neuartiges Phänomen gesehen, wie bei Susan Elizabeth Gagliardi und Joanna Gardner-Huggett nachgelesen werden kann:

„*We assert that this turn to the production of maps in art-historical research is an endeavor separate from the art-historical study of maps as images. It actually constitutes a break with longstanding scholarly conventions in the discipline, especially with respect to the role of iteration in research and to the presentation of results.*"[108]

Im Fall des vorliegenden Beitrags kann vielmehr aber von einer interdisziplinären Zusammenarbeit gesprochen werden, welche die sowohl für die

---

107 Vgl. Benedikt Korf / Julia Verne, Editorial: Geographie als Geisteswissenschaft – Geographie in den Geisteswissenschaften, in: *Geographica Helvetica* 71, 4, 2016, 365–368, hier 367, https://doi.org/10.5194/gh-71-365-2016.
108 Gagliardi / Gardner-Huggett, Spatial Art History (wie Anm. 15), 20.

Kunstgeschichte als auch für die Geographie vergleichsweise neuartigen quantitativen Analysen zu Netzwerken und räumlicher Mobilität auf Basis von Biographiedaten als besonders spannend sowie auch konstruktiv und fruchtbringend erscheinen lässt.

Autorinnen- und Autorenbiographien

Ágoston Zénó Bernád, 2015–2019 Mitarbeiter des Forschungsprojekts Mapping historical networks: Building the new Austrian Prosopographical/Biographical Information System (APIS) am Institut für Neuzeit- und Zeitgeschichtsforschung der Österreichischen Akademie der Wissenschaften. Arbeitsschwerpunkte: Biographik, Mediengeschichte, Wissenschaftsgeschichte und Netzwerkforschung. Publikationen in Auswahl: The Biographical Formula: Types and Dimensions of Biographical Networks, in: A. Fokkens et al. (eds.), *BD-2017. Biographical Data in a Digital World 2017*, 2018, 45–52 (gem. mit M. Kaiser); Europäische Biographik während des Kalten Krieges. Zur Geschichte der Kooperation zwischen dem Österreichischen Biographischen Lexikon und wissenschaftlichen Institutionen in Ungarn 1956–1989, in: Á. Z. Bernád, Ch. Gruber, M. Kaiser (eds.), *Europa baut auf Biographien. Aspekte, Bausteine, Normen und Standards für eine europäische Biographik*, Wien 2017, 81–105; Das Österreichische Biographische Lexikon 1815–1950. Ein Nachschlagewerk im Wandel der Zeit, in: K. Á. Bartha, A. Biró, Zs. Demeter, G.-N. Tar (eds.), *Hortus amicorum*, Kolozsvár 2017, 457–467.

Roland Feigl, Mitarbeiter am Austrian Centre for Digital Humanities and Cultural Heritage der Österreichischen Akademie der Wissenschaften/Arbeitsgruppe Österreichisches Biographisches Lexikon. EDV-Verantwortlicher für das ÖBL. Publikationen: Das „Biographie-Portal" – work in progress, in: *Germanistik in der Schweiz. Zeitschrift der Schweizerischen Akademischen Gesellschaft für Germanistik* 8, 2011, 211–220 (gem. mit Ch. Gruber); Von der Karteikarte zum biografischen Informationsmanagementsystem. Neue Wege am Institut Österreichisches Biographisches Lexikon und biographische Dokumentation, in: M. Schattkowsky, F. Metasch (eds.), *Biografische Lexika im Internet. Internationale Tagung der „Sächsischen Biografie" in Dresden (30. und 31. Mai 2008)* (= Bausteine aus dem Institut für Sächsische Geschichte und Volkskunde 14), Dresden 2009, 55–75 (gem. mit Ch. Gruber).

Christine Gruber, Mitarbeiterin am Austrian Centre for Digital Humanities and Cultural Heritage der Österreichischen Akademie der Wissenschaften/Arbeitsgruppe Österreichisches Biographisches Lexikon. Fachgebiete im Lexikon: Bildende Kunst und Journalistik. Publikationen in Auswahl: Österreichische Orientmaler, in: B. Haider-Wilson, M. Graf (eds.), *Orient & Okzident. Begegnungen und Wahrnehmungen aus fünf Jahrhunderten* (= Forschungen zu Orient und Okzident 4), Wien 2016, 519–554 (gem. mit E. Czerny); Das „Biographie-Portal" – work in progress, in: *Germanistik in der Schweiz. Zeitschrift der Schwei-*

zerischen Akademischen Gesellschaft für Germanistik 8, 2011, 211–220 (gem. mit R. Feigl); Von der Karteikarte zum biografischen Informationsmanagementsystem. Neue Wege am Institut Österreichisches Biographisches Lexikon und biographische Dokumentation, in: M. Schattkowsky, F. Metasch (eds.), *Biografische Lexika im Internet. Internationale Tagung der „Sächsischen Biografie" in Dresden (30. und 31. Mai 2008)* (= Bausteine aus dem Institut für Sächsische Geschichte und Volkskunde 14), Dresden 2009, 55–75 (gem. mit R. Feigl).

Maximilian Kaiser, bis 2020 Mitarbeiter am Austrian Centre for Digital Humanities and Cultural Heritage der Österreichischen Akademie der Wissenschaften/Forschungsprojekt Mapping historical networks: Building the new Austrian Prosopographical/Biographical Information System (APIS). Arbeitsschwerpunkte: Kunst des 19. Jahrhunderts, internationale Avantgarden, Künstlervereine und historische Netzwerkforschung. Publikationen in Auswahl: Artist Migration Through the Biographer's Lens, in: *Journal of Historical Network Research*, 2/2018, 3.12.2018, 76–108 (gem. mit M. Schlögl, K. Lejtovicz, P. A. Rumpolt); *Der Wiener Diskurs zur Avantgarde*, phil. Diss., Wien 2018; Was uns Biographien über Künstlernetzwerke sagen. Konzepte für eine historische Netzwerkanalyse, in: Á. Z. Bernád, Ch. Gruber, M. Kaiser (eds.), *Europa baut auf Biographien. Aspekte, Bausteine, Normen und Standards für eine europäische Biographik*, Wien 2017, 383–403; Struktur, Netzwerk, Diskurs. Anatomie einer Künstlervereinigung, in: A. Husslein-Arco, M. Boeckl, H. Krejci (eds.), *Hagenbund. Ein europäisches Netzwerk der Moderne (1900–1938)*, Ausst.-Kat. Österreichische Galerie Belvedere, München 2014, 103–112.

Josef Kohlbacher, Mitarbeiter am Institut für Stadt- und Regionalforschung der Österreichischen Akademie der Wissenschaften/Arbeitsgruppe Urbane Transformation. Arbeitsschwerpunkte: Migrations- und Mobilitätsforschung, Arbeits- und Wohnungsmarktintegration, Ethnic Coexistence im urbanen Kontext, Refugee Studies. Publikationen in Auswahl: Globalization, Immigration and Ethnic Diversity: The Exceptional Case of Vienna, in: S. Musterd (ed.), *Handbook of Urban Segregation*, London (im Druck) (gem. mit U. Reeger); *Die lange Dauer der Flucht – Analysen aus Wissenschaft und Praxis* (= ISR-Forschungsbericht 49), Wien 2019 (gem. mit M. Six-Hohenbalken, eds.); „... aber zu finden eine Wohnung ist so schwer!" – Wohnintegration und „Vulnerability" geflüchteter Afghan/inn/en sowie die kompensatorische Rolle sozialer Netzwerke, in: J. Kohlbacher, M. Six-Hohenbalken (eds.), *Die lange Dauer der Flucht – Analysen aus Wissenschaft und Praxis* (= ISR-Forschungsbericht 49), Wien 2019, 143–169.

Katalin Lejtovicz, 2015–2019 Mitarbeiterin am Austrian Centre for Digital Humanities der Österreichischen Akademie der Wissenschaften/Forschungsprojekt Mapping historical networks: Building the new Austrian Prosopographical/Biographical Information System (APIS). Arbeitsschwerpunkte: Natural Language Processing und Semantische Technologien. Publikationen in Auswahl: APIS: How Computational Linguistics and Semantic Web can support the Exploration of Biographical Data. Im Rahmen von: *Biographical Data Workshop, Digital Humanities 2016 Conference*, Krakau 2016 (gem. mit M. Schlögl, M. Durco, E. Wandl-Vogt); *APIS. New Austrian Prosopographical Information System. Mapping Historical Networks*, Poster bei der DHA2015 Conference, Wien 2015 (gem. mit M. Durco, M. Schlögl, E. Wandl-Vogt); Mining Hierarchical Frequent Sequences in Medical Reports for Domain Model Creation, in: N. Collier et al. (eds.), *Proceedings of the Fourth International Symposium on Semantic Mining in Biomedicine (SMBM' 10)*, Cambridge (UK) 2010 (gem. mit J. Petrak).

Peter Alexander Rumpolt, Mitarbeiter am Institut für Stadt- und Regionalforschung der Österreichischen Akademie der Wissenschaften/Arbeitsgruppe Urbane Transformation/Forschungsprojekt Mapping historical networks: Building the new Austrian Prosopographical/Biographical Information System (APIS). Arbeitsschwerpunkte: Bevölkerungs- und Sozialgeographie, räumliche Bevölkerungsforschung, geographische Migrations- und Mobilitätsforschung, Gebietsschutz und Regionalentwicklung. Publikationen in Auswahl: Biographien, Netzwerke und Mobilität – Digital Humanities und Geographie, in: *Geographie aktuell* 11, 3, 2019, 6; *Migration & Integration. Zahlen. Daten. Indikatoren 2016*, Wien 2016 (gem. mit E. Baldaszti et al.); Der (österreichische) Alpenraum – demographisch betrachtet. Ein Blick in den 5. Alpenzustandsbericht, in: *Die Alpenkonvention* 81, 2015, 9–10; Multi-Local Living Arrangements: Approaches to Quantification in German Language Official Statistics and Surveys, in: *Tijdschrift voor Economische en Sociale Geografie* 106, 4, 2015, 409–424 (gem. mit A. Dittrich-Wesbuer, C. Kramer, C. Duchêne-Lacroix).

Matthias Schlögl, Mitarbeiter am Austrian Centre for Digital Humanities and Cultural Heritage der Österreichischen Akademie der Wissenschaften/Arbeitsgruppe Data, Services, Infrastructure, Education/Forschungsprojekt Mapping historical networks: Building the new Austrian Prosopographical/Biographical Information System (APIS). Arbeitsschwerpunkte: Semantische Technologien, Data-Mining, Datenmodellierung, Natural Language Processing. Publikationen in Auswahl: Data exchange in practice: Towards a prosopographical API. In: *Proceedings of the 3rd Conference of Biographical Data in a Digital World, Varna 2019. CEUR Workshop Proceedings (CEUR-WS.org)*, Forthcoming (gem. mit G. Vogeler, G. Vasold), *Impact of Market Forces on Addictive Substances and Behaviours. The web of influence of the addictive industries*, Oxford 2018 (gem. mit D. Miller, C. Harkins, B. Montague); *APIS. New Austrian Prosopographical Information System. Mapping Historical Networks*, Poster bei der DHA2015 Conference, Wien 2015 (gem. mit K. Lejtovicz, M. Durco, E. Wandl-Vogt).

Eveline Wandl-Vogt, Mitarbeiterin am Austrian Centre for Digital Humanities und Cultural Heritage der Österreichischen Akademie der Wissenschaften/Arbeitsgruppe Knowledge Representation, Gründerin und Koordinatorin des „exploration space"; Gründerin und Direktorin des Ars Electronica Research Institute „knowledge for humanity (k4h+)"; Affiliate des metaLAB (at) Harvard. Arbeitsschwerpunkte: Applied Humanities, Digital Transformation, Open Innovation in Science, Social Innovation, Challenge based Innovation, Research Infrastructures, Standards und Interoperability. Publikationen in Auswahl: *Flourishing in a Data-enabled Society* (= ALLEA Discussion Paper 4), Berlin 2019 (gem. mit R. Catlow et al.); *Digital Art through the Looking Glass. New strategies for archiving, collecting and preserving in digital humanities*, Krems 2019 (gem. mit O. Grau, J. Hoth, eds.); Challenge based Innovation for Humanitarian Purposes: Designing a Web-App to fight Obesity, in: M. Ambrosio / C. Vezzoli (eds.), *Designing Sustainability for all.* Proceedings of the 3rd *LeNS World Distributed Conference*, 3–5 April 2019 , Vol. 2, Milano 2019, 524–528 (gem. mit A. Dorn et al.); *Going Digital: Creating Change in the Humanities* (= ALLEA E-Humanities Working Group Report), Berlin 2015 (gem. mit S. Collins et al.).